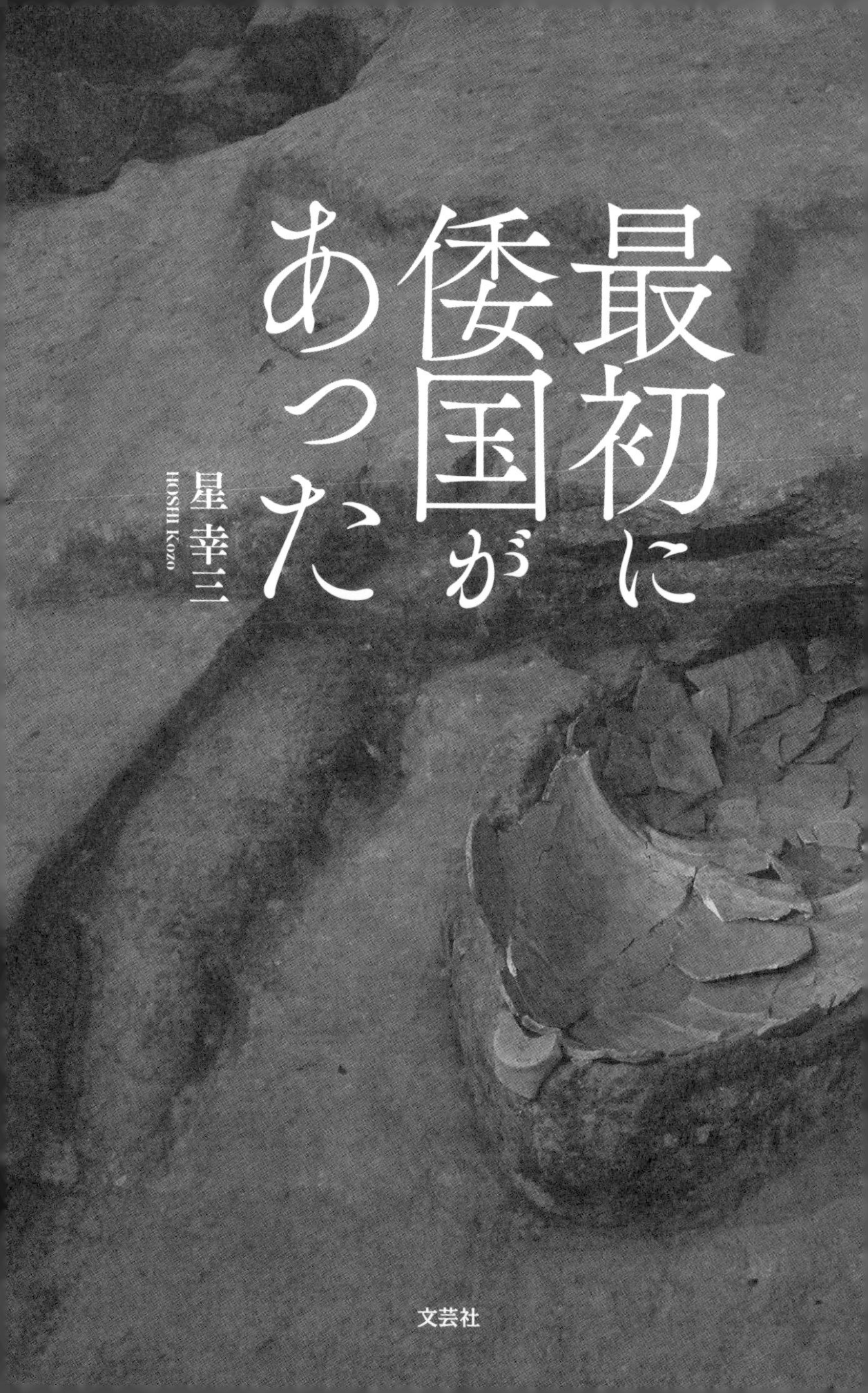

最初に倭国があった

星 幸三
HOSHI Kozo

文芸社

はじめに

ある日、歴史の本を眺めていたとき、卑弥呼の文字が目にとまった。卑弥呼は邪馬台国の女王である、と教えられてきたので特に注目するものではないが、このとき、多少古代史に関心があったせいもあり、原文を見てみることを思いついた。

卑弥呼は、魏の正史である三国志魏書倭人伝（通称：魏志倭人伝）に倭国の王として初めて登場する。原文は漢文であるので、つたない漢文力だけでは理解がおぼつかないが、訳文と対比できる基礎資料が多く出回っているので、支障はない。しかし、魏志倭人伝の文中には卑弥呼の名はあるが邪馬台国の国名はない。何回読み直しても見当たらず、「卑弥呼の都は邪馬壹國にある」とだけ記されている。邪馬台国とは邪馬壹國（邪馬壱国）のことで、これまで原文と異なっていたことを知って軽い驚きをもった。さらに読み進めると、「倭国」と「日本国」とは別物ではないか、との思いに至ったのである。このことが、古代史を知ろうとしたきっかけとなった。

日本の古代史を知るにはどうすればよいか、日本書紀・古事記、中華王朝の正史に付帯する列伝及び考古学の研究成果によるしかない。ところが、日本書紀・古事記には卑弥呼や邪馬台国は出現しない。「倭」は出現するが大和朝廷を指し示すのか明確ではない。魏志倭人伝以降の正史では、後漢書に「邪馬臺國」が出現する。後代、大和朝廷が奈良大和にあったので「ヤマト」と呼ばれており発音が似ている「邪馬臺國」が正しい、としたようであるが、仔細はよくわからない。

古代日本国の正史である日本書紀は、歴代天皇の系譜及び在位期間や大和朝廷の内外で起きた主要な事績（遠征・内乱・制度改革・外交など）を年代で編纂したものであるが、背景や相互の関連が希薄であるので、真意を知るには歴史学の力が必要である。この点について、本居宣長を嚆矢とし、明治以降、伝承文書、内外の歴史書・歴史物を対象に本格的な研究が行われ、敗戦後は新たな視点から見直されるなど、多くの研究成果があり、歴史学界では研究し尽くされているように見える。しかし、中華王朝の歴代正史にある倭国（日本）の記事と日本書紀の事績とが整合していないのは事実で、その理由に諸説あって未だ結論が出ていない。

古代史を知るもう一つの手段は、考古学である。西日本・近畿を中心に弥生・古墳時代を知る重要な遺跡が発掘され、その出土物を通じて生活環境や社会環境の研究が進んでいる。しかし、時代特定の指標となる土器類は、型式分類とその編年（相対的な年代の古さ）がわかってきたが、実年代がわからないので出土した遺跡と歴史上の事績との関連付けができないと言ってよい。また、中華王朝が漢の時代になると日本に漢鏡（銅鏡）が舶載するが、漢鏡は裏面に刻まれた模様によって年代が区分でき、実年代を知る手がかりになり詳細な研究が行われてきたが、実年代を比定できる指標となるまでには至っていないとするのが学界の評価のようである。

古代日本は歴史を文字で残す習慣が希薄で、初めて歴史書が編纂されたのは聖徳太子の時代であると言われている。ましてや、文字社会が発達していない弥生時代の事績が記録として残されているはずもない。したがって、歴史書や遺跡の知見だけでは事績の裏付けや相互の関係付けができず、研究者の「想定」が加わることから、多くの諸説が生まれることになったのである。誤解を承知で言わせてもらえば、私たちが知る日本の古代史は、日本書紀にある事績を中華王朝の正史にある記事や考古学的な知見から得られた事実から、「想定」という接着剤で繋いだものなのである。

自らの存在を語るときに、自分の住む国のカタチを下敷きにするのは私だけではないと思っている。日本という国を意識せずとも、ごく普通に移り行く季節と日々の生活、祭りや行事などを思い浮かべることができる。そこには、人々が共有する緩やかな行動規範が存在している。それは文化と呼ぶべきもので、そこに住む人々が有する礼節と言い換えることができ、異なる人種が生活圏に入ってきても、その礼節に従えば容易に受け入れられるのである。この文化を培うにはその国の歴史を共有することが極めて重要であり、世界各国が自国の教育で歴史教育に力を注ぐのはそのためであろう。

歴史教育はある意味で民族教育であり、日本では天皇を中心とした途切れのない国の精神を前面に出し、これを中心に語っている。しかし、歴史を知るということは、学校での歴史教育とは違うのであるから、明らかに事実と相違する事績を含む日本の古代史をこのまま継続させて良いわけがない。

日本の歴史学・考古学は、未だ多くの未知分野を残しており、我が国が統一した見解の下で古代史を語れるのはまだ先になるとしか思えない。私には寿命の限りが近くに来ているので、これ以上待ってもいられないのである。

幸い、古代の歴史学や考古学の研究成果は、微細な分野から工学的な技術を取り入れた新たな試みなど、深く広い範囲に及んでいる。それらを一定の評価で取捨選択していけば、一貫した古代史の流れが見えてくるのではないだろうか。一定の評価とは、歴史書の事績に工学的な合理性が存在するのであれば事実の裏付けになり、「想定」を「推定」に変えることができ精度の向上が見込める、ということである。

私は、建設分野で長く調査・計画に関する業務に携わってきたが、工学的な分析手法やハード・ソフトの技術的な構築・適用に経験があり、歴史学・考古学と多少異なった視点で古代史を追跡し、「倭国」と「日本国」の違いを何とか明らかにすることができた、と思っている。

本書は、結果に至る条件設定に気を配るあまり、詳細な書き込みとなってしまったが、中学校や高等学校で習った古代史を一度見直す気で読み進めていただければ、幸いである。

目　次「最初に倭国があった」

第八章　倭国の滅亡と日本国　349

第一章　古代の日本人

1　倭人と東鯷人《とうていじん》

歴史に初めて登場する人々

日本列島には倭人がいたことは知られているが、東鯷人がいたことを知る人は少ない。倭人が歴史に出現するのは、班固（三二〜九二）が編纂した前漢（前二〇二〜八）の正史の「漢書」である。「漢書」に中国全土を地域に分けそこに住む民族の特性を簡略に記事にしている地理志がある。その中の燕地に倭人が「歳時貢献」した、と伝えている。

夫樂浪海中有倭人　分爲百餘國　以歳時來獻見云（漢書地理志燕地条）

〈楽浪海中に倭人がいて、百余国をなしている。季節ごとに来て貢物を献上していたという〉

前漢時代は楽浪郡治の統括下に朝鮮半島や日本列島があった。「楽浪海中」とは楽浪郡に属している地域で、そこは島であるというのだから、倭人は北部九州を中心にして国々が集まっていたのだろう。

東鯷人は地理志の中の呉地にあり、倭人と同じく「歳時貢献」の記事が載せられている。

會稽海外有東鯷人　分爲二十餘國　以歳時來獻見云（漢書地理志呉地条）
〈会稽の海の外に東鯷人がいて、二十余国をなしていた。季節ごとに来て貢物を献上していたという〉

倭人の「歳時貢献」の記事との違いは、東鯷人が「会稽海外」にいて、国の数が違うだけである。地域の違いは、常にどこの地域から入国していたかの違いであるが、東鯷人は呉の会稽郡治を通じて朝貢してきたというのである。

東鯷人の地はどこか

東鯷人はどこに住んでいたのだろうか。この所在について、「会稽海外」は東シナ海の外に浮かぶ島を示し、東鯷人の呼称が語義から「海上、東の一番端っこの人」という意味を持つことから、東夷の最東端にいる人種とみなせ、本州（及び四国）にいたとする説がある（古田武彦二〇一〇）。知られていない解釈である。

漢書を編纂した班固は、東鯷人の存在を伝承として書き表しているが、「歳時貢献」は前漢が始まる前からなのであろう。「会稽海外」の「会稽」とは長江から台湾付近に至る地域にあった会稽郡である。「海外」とはそこから海を隔てたところというのであるから、会稽郡治（呉県）を基点として、東にある海を越えたところに島があると解釈できる。古代研究者のシャーロット・ハリス・リースが発見した古代地図やマテオ・リッチの「坤輿万国全図」では、中国大陸と海を挟んだ東に日本列島があり、長江河口からほぼ真東の方向にあたる。古代の日本列島は、現在よりやや南に及んでいた。とすれば、東鯷人は倭人と同じ日本列島にいたのである。倭人は日本列島の西にいて九州を中心に居住しているのであるから、東鯷人がいたのは残るところの本州しかない。

前漢時代の倭人は唐津、壱岐・対馬、釜山（任那）を経て海岸沿いに航行して楽浪郡治に詣で、官吏が同行して黄海を渡海し、大陸に上陸して長安に向かっていた。東鯷人も「歳時貢献」したのであるから、海を渡って呉地にある会稽郡治に詣で、そこから官吏が先導して京都（長安）へ向かったと考えてよい。

朝貢するのに上陸地点が大きく相違しているということは、東鯷人は倭人と親密ではなかったのである。とすれば、呉地に上陸して長安に向かうのに朝鮮半島を経由するルートを選ぶことの必然性が見いだせない。東鯷人が倭人の国々を避け呉地へ向かうには、日本列島の太平洋側を廻船し東シナ海を渡海するしかない。長期の航行となるのだから休息や飲料水・食料の補給が必要で、奄美・沖縄を経由する選択をしたであろう。古代の和船は、カッター船に近い構造の手漕ぎの船で、船速を１・５㏏とすると二十四時間で６７㎞進む、帆が使えたとしてもその二倍程度である。沖縄から寧波（浙江省）付近まで約６６０㎞で直接渡海するにしても無理

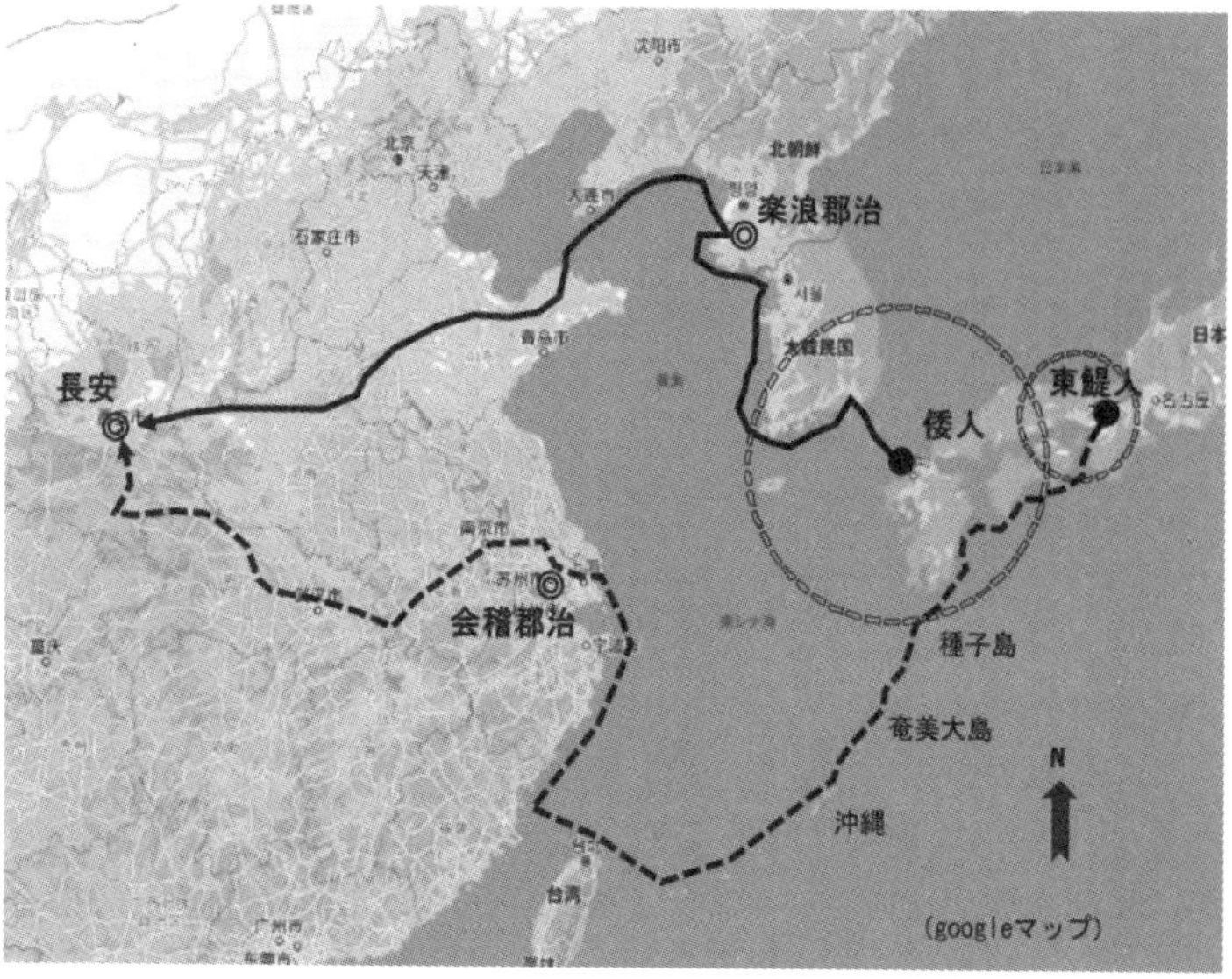

図1-1　倭人と東鯷人の朝貢経路（推定）

がある。島嶼を中継地として利用したと考えるのが合理的である（図１－１）。

前漢時代は、日本の弥生前期後半〜中期後半にあたるが、その頃の大規模集落は西日本に集中していた。北部九州を除いた大規模集落では唐子・鍵遺跡（奈良）や東奈良遺跡（大阪）が著名であり、大阪湾岸や内陸部には多数の弥生集落遺跡群が出土しており、そこに首長たちがいたであろう。紀元前後は河内湖の土砂堆積が進んでいる時代であり、淀川左岸を起点とするのは物理的なリスクが多すぎる。茨木市・摂津市あたりを起点とすれば、太平洋側経路は現実味を帯びてくる。班固が、近畿を中心に東鯷人の国がありこれを「東夷の隅っこにいる人種」と理解していたとすれば、「会稽海外」の表記と辻褄が合う。

古代の歴史を知るのは容易ではないが、限

りある歴史書について、分野を超え広く理解を得ようとすれば、古代日本には二つの民族が地域を分けて居住し、大陸の文化を得ようと、危険をおかしながらもひたすら中華王朝に詣でていた事実を知ることができるのである。

「歳時來獻見」の「歳時」は「一年の、そのおりおり、四季おりおり」という意味からも定期的にという意味合いに違いない。倭人と東鯷人は、他の蛮夷とは違い決まって朝貢していた。苦労を重ねて朝貢していた事実は、中華王朝の歴代天子が知る所であり、古より信頼と懇意な関係が築かれていたのである。

2 祭祀文化と青銅器

青銅器は祭祀具になった

青銅製品は、弥生時代初頭前後に完品として出現したと言われている。弥生時代の青銅は、原料となる銅、錫、鉛が我が国で採掘・精製ができなかったため、青銅材を輸入し北部九州で青銅器製品が生産された。北部九州で生産された青銅器は、当初、領域内の余剰分が中四国以東へ流出していたが、その後、近畿に鋳型を持つ生産拠点ができたことから、青銅器が広範囲に行き渡ったとされている。ただし、青銅材は、朝鮮半島からではなく、中国大陸からもたらされたものが殆どであった（新井宏二〇〇一）。

舶載された完成品は北部九州・玄界灘沿岸地域で弥生時代中初頭に出現している。青銅は祭祀具として重宝された。青銅の祭祀具には、武器形青銅器と銅鐸があり、武器形青銅器には銅剣、銅矛、銅戈がある。

武器形は、青銅器以前の祭祀具として武器形石器が用いられていた。青銅器の国産が本格化すると、武器形青銅器は次第に大型化した。こうした武器形青銅器は刃がつけられていないため、実用品でない。その、多くは集落や墓地から離れた場所で出土することから、大型の青銅器は、祭祀の道具であったと考えられている。武器形石器は、武威の象徴として祭祀に用いられてきたが、青銅器に代わった段階で武器の実用性と武威に発する祭祀性が形成された、とするのが定説である。

銅鐸の原型は朝鮮式小銅鐸だが、源流は中央アジアの動物の首にぶら下げた呼び鈴と考えられている。馬につけるものは特に馬鈴と呼ばれるが、その鈴は、中国・朝鮮に入ってきて「鐸《たく》」と呼ばれる小さな鐘になる。この「鐸」が日本列島に入ってくると鏡や剣・矛と同様に次第に大型になり、様々な文様を有し、大きな鰭《ひれ》を持つようになる。弥生時代に近畿地方を中心に発達したという説が有力である。銅鐸は、朝鮮からの音響器故に儀礼的性格を具備し祭器として一貫していくのである。

二つの祭祀文化圏

祭祀具としての武器形青銅器と銅鐸は、出土した地域に明確な区分が見られる。明治以来の発掘調査、研究により、北部九州を中心とし四国・瀬戸内に広がる「銅剣銅矛文化圏」と四国・中国域以東の「銅鐸文化圏」の二つの文化圏が存在することがわかっている（図1－2）。

この二つの文化圏という考えを広めたのは和辻哲郎である。和辻哲郎以後、九州・近畿の双方で、弥生時代初期後半～中期前半には青銅器の生産が始まっていることが確認され、近畿でもその時期の銅鐸の鋳型が発見されたため、銅鐸を巡る起源論争には決着がついていない。平成一〇年（一九九八）には、吉野ケ里遺跡から鈕《ちゅう》を下に向け、逆立ちした形で埋められた銅鐸が出土した。この発見はそれまでに発見されていた鋳型と文様などの特徴が同じで、ここで

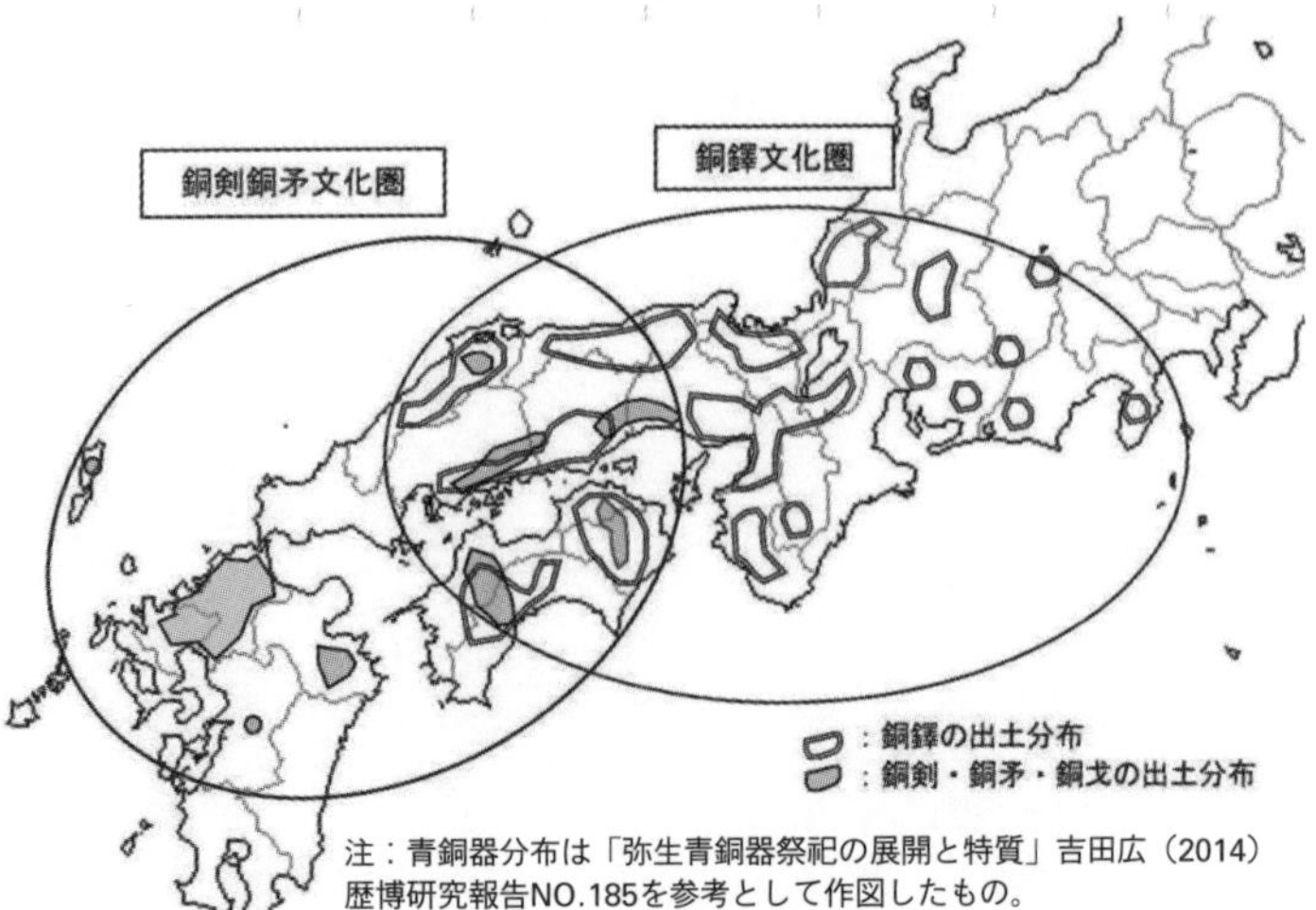

注：青銅器分布は「弥生青銅器祭祀の展開と特質」吉田広（2014）歴博研究報告NO.185を参考として作図したもの。

図1-2　弥生時代の青銅器祭祀と文化圏

製造だけでなく祭祀も行われていた可能性があるという説に繋がっている。

青銅器は弥生時代の先端生産物であり、北部九州には生産拠点があったことはよく知られている。このことは、工房跡などの遺跡の量だけでなく、原材料が得やすい地理的条件の優位性から考えれば疑問の余地がない。顧客（近畿中国）の要望によって銅鐸製造も行われていた、とするのは極めて合理的な考えである。とすれば、銅鐸を用いた祭祀が日本列島の全土に広がっていたとする説には到底いきつかない。

祭祀儀礼の制は王が決める

広形銅矛・広型銅戈及び銅鐸の分布はそれぞれ同じ文化圏を表すが、政治圏とは関わりがないと唱える歴史学者がいる。しかし、「銅鐸信奉民族が、そのまま近畿で一大勢力となり、倭国統一の礎となったのならば、国家権力の保護のもとに、祭器として、銅鐸の伝統と記憶とを温存させたはずであるが、我が国の最古の史書である古事記・日本書紀には、銅鐸についての記事が全く登場しないのは不可思議である」（安本美典）、との指摘は重要である。

古代の祭祀は長い間に培って成立した儀式である。王の墳墓には殉死者が埋葬されたこともその一つである。王の死後の世界での安寧のほか、神への人身御供もあったであろう。祭祀に用いられる祭祀器は儀式の要（象徴）であり、個々人の慣習や好みで成立するようなルーティンではない。

有力な国が他国に対して力を以て統合させるには、まず、相手の宗教的儀式を含めた社会制度を自国の制度に従えることである。例をあげれば共和国時代のローマや中華統一を果たした秦である。

中国が金石併用文化から青銅器文化の段階に入るのはおおよそ紀元前一七〇〇年頃と考えられている。中国最古の青銅文化を担った殷や周の時代の青銅容器は、単なる酒器や食器ではなく、宗教的儀礼のための祭器であり、後には器の所有者の地位や権威を象徴する政治的・社会的意味も担った。青銅製の器物はその後も秦・漢時代までは引き続き製作されるが、中華を統一した秦は、周の制度を徹底的に否定したため、礼器としての生産は終わり、燭台、香炉等の日常生活用品が主体となった。秦は、それまでの王国とは違い中国全土を統一した王権であり、新制度での統一事業を成し遂げた大国である。秦の統一は、新しい支配者がそれまでの支配者が行っていた宗教的儀礼の様式が変われば、祭祀具も変わることの実例であり、先ほどの安本美典の指摘が理解できる。

銅鐸は二世紀代に盛んに作られた。二世紀末葉になると近畿式のみとなる。銅鐸はさらに大型化するが、三世紀になると突然作られなくなる。青銅器の分布は、弥生時代を通じて大きく変わらないが、弥生時代末に突如中断するのは、銅鐸文化圏にこれと異なる文化を信奉する民族が侵入し征服したため銅鐸文化圏が消滅したとしか考えられない。

3　最近の研究成果から見えるもの

青銅器の分布と二つの文化圏

銅鐸圏が東鯷人の住む地域であることを、中華王朝の史書にある資料的事実と日本列島内の青銅器分布圏と対応させて、分析して導き出した説があり、東鯷人の出現と消滅の絶対年代が銅鐸圏の消長に等しいことを突き止めている（古田武彦二〇一〇）。

この東鯷人がいたという銅鐸（文化）圏の所在について、これまでの考古学上の諸説をもとに、推論してみる。北部九州では、青銅器が登場する前から武器形石製品を使用していたため、弥生時代中期初頭に武器形青銅器が伝来した時点から、武器形青銅製品の取り扱いが容易であったという。銅鐸は、武器形青銅器における武器形石製品のような原型がないまま唐突に、しかも当初から祭器としての登場であった。その背景には、北部九州の武器形青銅器とは異なる祭器を求めた山陰から北陸・近畿そして東海に及ぶ広域が連動した積極的意図の存在が窺えるというのである（吉田広二〇一四）。さらに、こうした登場前段の違いを起源として、以後の弥生青銅器文化の二つの潮流が出現当初から形成されたとする見解に注目すべきである。

青銅製品の製造（鋳物工房）は、圧倒的に北部九州に集中しているが、青銅器の鋳型が多く出土する須玖岡本付近が製造拠点であったのだろう。「銅鐸文化圏」は、青銅器の生産拠点がある北部九州から遠く離れているため、供給される青銅は銅鐸にまず使用され、次に剣、矛、戈は模倣品で代用していた（吉田広二〇一四）。これは、青銅器は完成品として伝来して後、すぐに国内生産が開始されたが品不足から模倣品が作られ始めたとする事実に繋がる。

一方、近畿では、弥生時代前期から中期の墳墓に刀剣類は副葬されていない。刀剣は弥生時代後期の墳墓から出土しており、いずれも鉄剣である。鉄剣が副葬されている墳墓は首長墓と呼べる規模であり、日本海を渡った「鉄」の交易で富を得たと考えられている（肥後弘幸二〇〇九）。

したがって、武器形青銅器が中国・四国地方以東に向かうに従い出土量が低下するのは、模倣品を副葬品とすることが王や豪族の象徴とはならず、副葬品として埋葬することが少なかったからというのではなく、祭祀の様式（慣習を含めて）が全く相違していたからに他ならない。

銅鐸の起源は音との関わりが強いと言われ、祖先崇拝の宗教的儀礼や豊作の豊穣祈願に用いられたとの見方がある。「武器形青銅器」が出土する領域は、剣、矛が武威の象徴であるため、これを祭祀具とする北部九州は、より中央集権的な色合いが強い。日本列島には、全く異なる二つの祭祀文化圏があったが、この地域的な祭祀の違いと漢書地理志が指し示す倭人と東鯷人の地域的な関係を考え合わせれば、「銅鐸文化圏」が東鯷人の住む地であったことに辿り着く。

祭祀文化圏の境界はどこか

青銅器文化が日本列島に定着し在地化していく過程として、青銅器自体の稀少さを補って、青銅器の模倣品が広がっていったことは既に記した。これについて器種の模倣の在り方と特徴が地域単位で生じていたことが確認されている。青銅器の模倣は、青銅器そのものの広がりに伴い、各地に多様なあるいは特定の青銅器が在地化していったという。

弥生時代中期末葉に至り、特定地域を分布域とする地域形青銅器が登場する。中広形銅矛と扁平紐式銅鐸では、西日本を中心に青銅器分布圏が割拠するような状況を見ることができる（図1－3）。この地域分割はかなり明確であるので、両者の分布を包絡するような境界線を引くことができるが、出雲地域では対峙する青銅器が重複しているため判別しにくい。

古事記・日本書紀では、葦原中国の支配していた出雲の大己貴神《おおあなむちのかみ》（大国主神）を脅し、支配権を皇孫（瓊瓊杵尊《ににぎのみこと》）に譲らせた国譲り譚があり、特に、古事記では大国主神を大きく取り上げている。葦原中国の国譲りは、力ずくで天照大神が大国主神から奪おうと幾多の配下の神を差し向けるが、悉く失敗している。大国主神がいた出雲の国は相当手強い相手だったのだろう。古代の歴史を辿ると、弥生時代中期には出雲国が突出しており境界を争っていたことが読み取れる。

考古学的にも、出雲国が強国として存在した痕跡が残されている。荒神谷《こうじんだに》遺跡である。荒神谷遺跡は、島根県出雲市斐川町神庭の小さな谷間にある遺跡で、銅剣三五八本（中細形銅剣C

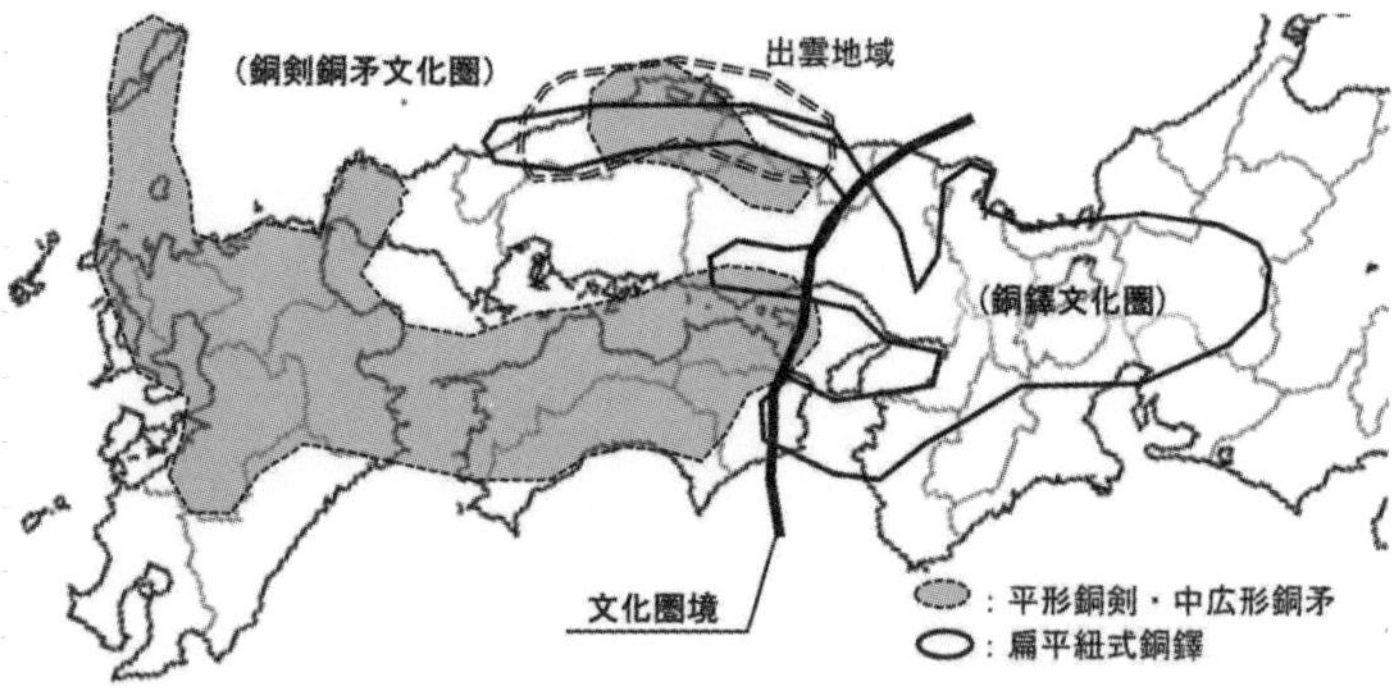

注：青銅器分布は「弥生青銅器祭祀の展開と特質」吉田広（2014）歴博研究報告N.185を参考とした。

図1-3　弥生中期末の祭祀文化圏境（推定）

類）、銅鐸六個、銅矛一六本（中細形、中広形）が埋納されていた。出土した青銅器の大量さからみて尋常なことではなく、相当な国力があって初めてなされるものである。

　出雲地域には銅鐸が広く出土しており、この頃は「銅鐸圏」であったとみなし得る。荒神谷遺跡の銅剣が実用に耐え得るものかは不明であるが、土中に埋めたということは、敵の手に渡ることを避けたことに他ならない。荒神谷遺跡は、弥生時代中期の遺跡と比定されており、出雲国は、この頃攻め滅ぼされたのではなかろうか。

　弥生時代中期の天皇は、開化天皇から垂仁天皇の時代にあたるが、奈良を出て外征したのは崇神天皇（在前九七年～前三〇年）である。この時代に出雲族の国は滅びたのかもしれない。それが大和朝廷であれば九州日向の出自とするのだから、評定した国へは当然倭人の国の祭祀儀礼の制を押し付けるであろう。とすれば、出雲国は弥生時代中期には「武器形青銅器文化圏」に組み込まれたことになる。

　これらを踏まえると、弥生時代中期末葉（前一五～一〇頃）の祭祀文化圏の境界は、丹後半島の北側淵あたりから姫路を通り四国の東部を抜けたあたりではないかと推定できる。魏志倭人伝によれば、卑弥呼の時代の倭国は一〇〇余国を三〇国に統合されていたとあるので、倭人の国域は前漢時代と大きく変わっていないと考えてよい。二五〇年頃に至っても、倭人と東鯷人は祭祀文化圏（国境）を接して対立していたのである。

第二章　北部九州の王たち

1　この国のはじまり

水田稲作が伝来した意義

狩猟を社会の中心としていた縄文時代は、水田稲作により定住化することが原則の弥生時代に入ることで終わりを告げるが、大陸の新技術が初めて列島に根付いたことでもよく知られている。

水田稲作は田圃の耕作技術や水の管理技術がないと維持できないので、水田稲作の伝来は水耕技術を持つ渡来人が関わっていたことを示唆しており、それまでの縄文社会を大きく変えたというのである。とすれば、水田稲作の起源となった地域の文化が弥生時代に色濃く影響したということになる。日本列島に根付いた新たな文化社会は、やがて大集落となり国へと受け継がれていくのであるから、どこから伝来してきたが極めて重要なのである。

諸説あるが野生の稲は約一万年前の中国長江流域（湖南省）が起源と言われている。約六〇〇〇年前にはジャポニカ米系統が生まれたと考えられている。ジャポニカ米には熱帯ジャポニカと温帯ジャポニカがある。日本には、その両方が伝来している。熱帯ジャポニカは陸稲で温帯ジャポニカは水稲であり、稲作発祥の長江中下流域では温帯ジャポニカが主として栽培され、熱帯ジャポニカも並行して栽培されていた。水稲は水田耕作技術がないとできないので、温帯ジャポニカの伝来は水耕技術を持つ渡来人とともにやって来て、それまでの縄文社会を大きく変えたという。とすれば、水田稲作の起源となった地域の文化が弥生時代に大きな変化をもたらしたということとなる。

日本列島へ最初に伝来してきた稲は熱帯ジャポニカで、縄文時代前期終わり頃であるが、伝播経路は明確ではない。しかし、プラント・オパール（植物珪酸体）を基にした分析により、縄文時代晩期かそれ以前（前二〇〇〇頃か）に伝来し、全国に広まったと考えられている。縄文時代後期後半の風張遺跡（青森県）で稲のプラント・オパールが見つかっているので、前八〇〇年頃には本州を縦断していたようである。

温帯ジャポニカは、縄文時代晩期の終わり頃に日本列島に伝来し、北部九州を中心に東に向かって広がっていった。この時、縄文の人々は水田耕作技術や稲作道具を受け入れ、熱帯ジャポニカの栽培方法も手放さず受け継いでいったという（佐藤洋一郎二〇〇二）。温帯ジャポニカの伝播経路については、考古学者は朝鮮半島南部から渡来したに違いないと主張し、考古学者以外は、長江下流域（江南地方）から直接伝播した可能性が大きいと見ている。

稲作の起源と伝播の痕跡

現在では、稲作の起源が長江中下流域で、最初に熱帯ジャポニカ（陸稲）が生まれ、次に温帯ジャポニカ（水稲）が出現したとの説が有力なようである。長江下流域からどの地域をどのような経路で伝播したか示す主な考古学的指標として、大きくは「土器」と「稲作遺跡」がある。「土器」は各地で多量に出土するので早くから考古学研究の対象となっており、多くの成果によって稲作の起源と伝播経路が絞られつつある。しかし、「土器」は煮炊きのほかに運搬するための容器として多用されていただろうから、遠方地域間の交易や海を渡ることも否定できない。であるから、特定の「土器」とよく似た型式の「土器」が遠隔地で発見されたとしても、交流があったことの証明にはなるが、稲作文化が伝播したことを証明したことにはならないと考えている。

稲は、はじめ他の穀物とともに畑地栽培していたが、その後、水田稲作が出現し、その稲作活動が水田遺構（水田址）として出土することになる。古代の水田稲作は小区画の水田からなり、遺構が残った状態であれば確実に集落社会が存在したことを示すもので、稲作文化の伝播経路を示す具体的な指標なのである。これまで発見された古代の水田址は、中国の草鞋山《そうあいざん》遺跡（前四〇〇〇頃）、城頭山《じょうとうざん》遺跡（前三五〇〇頃）及び、良渚《りょうしょ》遺跡群（前三〇〇〇頃）、朝鮮半島南部のオクキョン遺跡、日本では菜畑遺跡・曲り田遺跡・板付遺跡がある。前四〇〇〇年〜前三〇〇〇年頃に始まった長江中下流の稲作が、二〇〇〇年を超える時を経て日本列島の北部九州にもたらされたのである（図2－1）。

稲作の起源と伝播経路については諸説あるが、概ね定着しつつある痕跡とその年代評価について整理してみる。

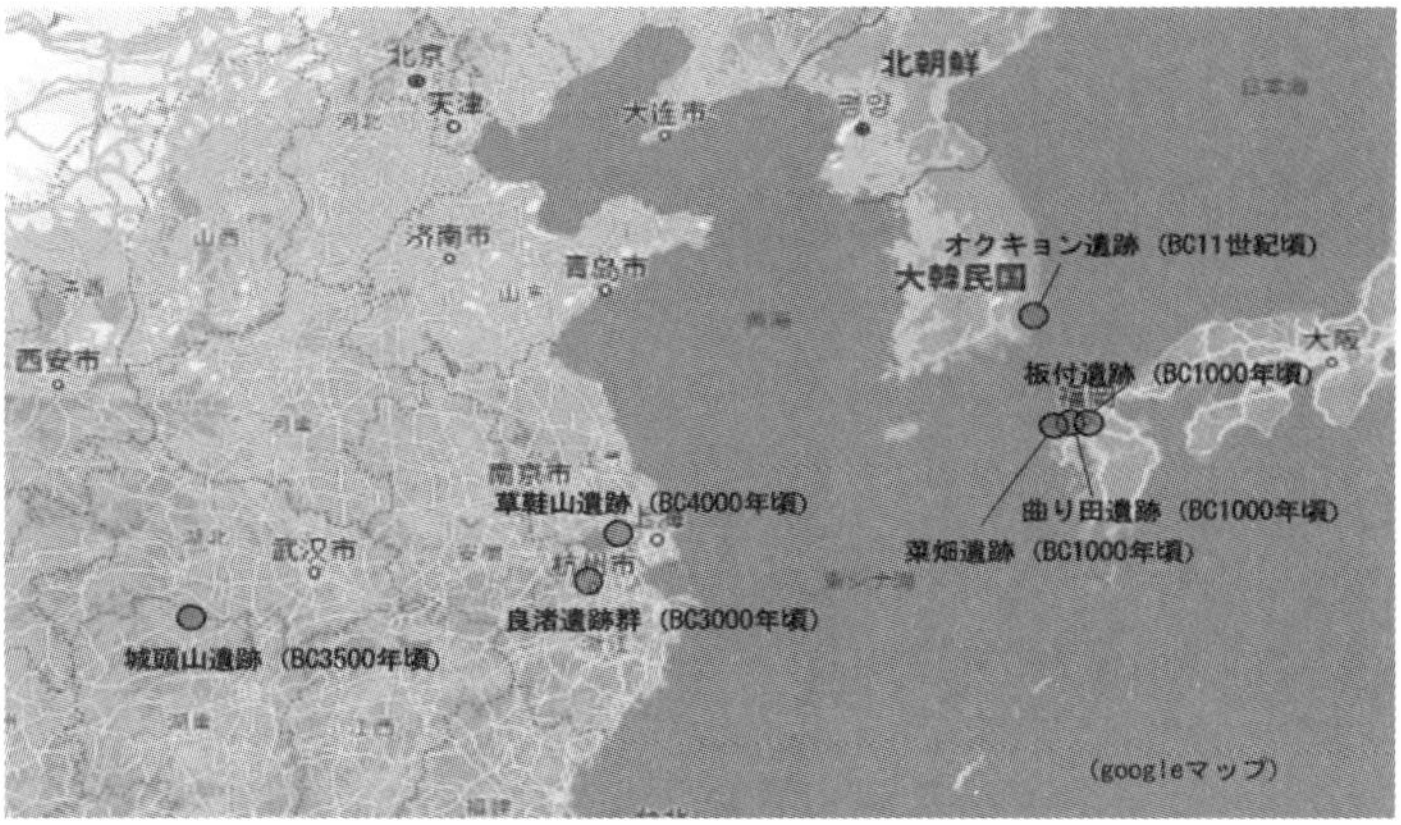

注：水田址は「中国・草鞋山における古代水田址調査」宇田津徹朗ほか（1994）考古学と自然科学等によった。位置はgoogle マップに加筆した。

図2-1　縄文時代の水田址

甲元眞之は「前八〇〇〇年頃ジャポニカ種の栽培が開始され前六〇〇〇年まで稲作栽培の痕跡は黄河流域を北限とし、それ以上の拡大は見られない。前三〇〇〇年以降は山東半島先端部や遼東半島に分布が広がり、前二〇〇〇年代に朝鮮半島に及んだ。前三〇〇〇年代以前の稲は水田耕作ではなく、畑作栽培でもたらされた可能性が高い。」と言う（甲元眞之二〇〇八）。

山東省では、稲作農耕遺跡が現在まで数か所発見されており、稲の遺跡年代は前二五〇〇年～前三〇〇〇年である。その後、山東半島東端には広い水田があった可能性が指摘されているが、水田址は発見されていない。とすると、稲作は前三〇〇〇年頃には山東半島付近まで伝播していたが、水田稲作は達していなかった、ということになる。

また、北部九州の水田址は、共伴して出土した遺構・遺物の考古学的分析によって水田稲作の開始年代が研究されてきた。現在は、土器の付着炭化物の炭素一四年代測定値（C14年代測定値）によって、前一〇〇〇年頃に遡ることがわかってきた（国立歴史民族博物館）。この分析結果は、ほぼ定着しつつある。

朝鮮半島では、少なくとも無文土器時代（前一五〇〇〜前三〇〇〇年）まで、板付遺跡のような精緻な水田による稲作栽培は行われていなかったと見られていたが、最古の水田址が韓国南部の蔚山広域市（ウルサン）にあるオクキョン遺跡で確認された。共伴している土器から、前一一世紀頃のものと推定されている（国立歴史民族博物館）。

ここで、これまでの諸説を含め、総括してみる。

・ジャポニカ種が最初に出現するのは六〇〇〇年前の長江下流域が最初である。
・熱帯ジャポニカが先行し、その後、水田稲作の温帯ジャポニカ種が出現する。
・稲作栽培が山東省沿岸に達するのは前三〇〇〇年頃であるが、水田稲作の痕跡はない。
・朝鮮半島へは前二〇〇〇年代に稲作が伝播したが、水田稲作が定着するのは前一一世紀頃であると見られている。

歴史学・考古学に関わる多くの研究者は、水田稲作は朝鮮半島から伝播したと言う。国立歴史民俗博物館では、各地の考古学資料について、AMS法によるC14年代測定値から実年代を解析しているが、稲作は大陸から朝鮮半島を経て北部九州に達し、拡散したと結論づけている。しかし、稲の生育環境や痕跡等を注視すれば、必ずしもそうとは言い切れないのではないか。

生化学分野からのアプローチ

温帯ジャポニカの起源はどこかを知るため、佐藤洋一郎（人間文化研究機構理事）は長江中下流域で水田稲作が生まれジャポニカ種の一部が温帯ジャポニカに変化していったと考え、これを解析するため水稲在来種のＤＮＡ分析を行った。中国、朝鮮半島及び日本の温帯ジャポニカについて八種類のＤＮＡ多型を調べ、「中国には八種すべてが存在しＲＭ１－ｂ型が多くＲＭ１－ａ型がそれに続く」、「朝鮮半島はＲＭ１－ｂを除く七種が存在し、ＲＭ１－ａ型が最も多い」、「日本にはＲＭ１－ａ型、ＲＭ１－ｂ型、ＲＭ１－ｃ型の三種類が存在し、ＲＭ１－ｂ型が最も多い」、ことを突き止めた。朝鮮半島では日本にあるＲＭ１－ｂ型がなく、ＲＭ１－ａ型が主たる品種であり、品種の構成が全く違うのである。長江下流域の水稲は多変種であるが、ＲＭ１－ｂ型が多いということはこの種の水田稲作が主力であったのだろう。水稲のＤＮＡ構成は、伝播の途中で他品種と交配が進めば、当然、変わっていくはずである。日本の水稲は長江流域と同様にＲＭ１－ｂが最も多いのであるから、途中の環境条件の影響下にさらされておらず、直接伝搬したと考えてよいとするものである。

このようなＤＮＡ分析は、地域間の関係性を明らかにし、水稲の伝播経路を浮かび上がらせる。確定的と言ってもよい（図2－2）。それでも、この「江南地域を起源とする直接伝播論」がなかなか考古学分野で受け入れられない理由は、古代の人々の動きや年代と栽培地域の関係等がわからないので、DNA分析結果だけで必要十分とは言えない、と考えているからなのだろうか。

イネの生育条件から見た稲作の伝播

山東省の沿岸と山東半島で稲作農耕遺跡が発見されている。また、イネモミの発見があり、年代は前二〇〇〇年～前二五〇〇年でジャポニカ種に属しているという（蔡鳳書二〇〇二）。しかし、山東省沿岸部から北方面では、水田稲作の痕跡が発見されていない。この理由を気候と重ねて考えて

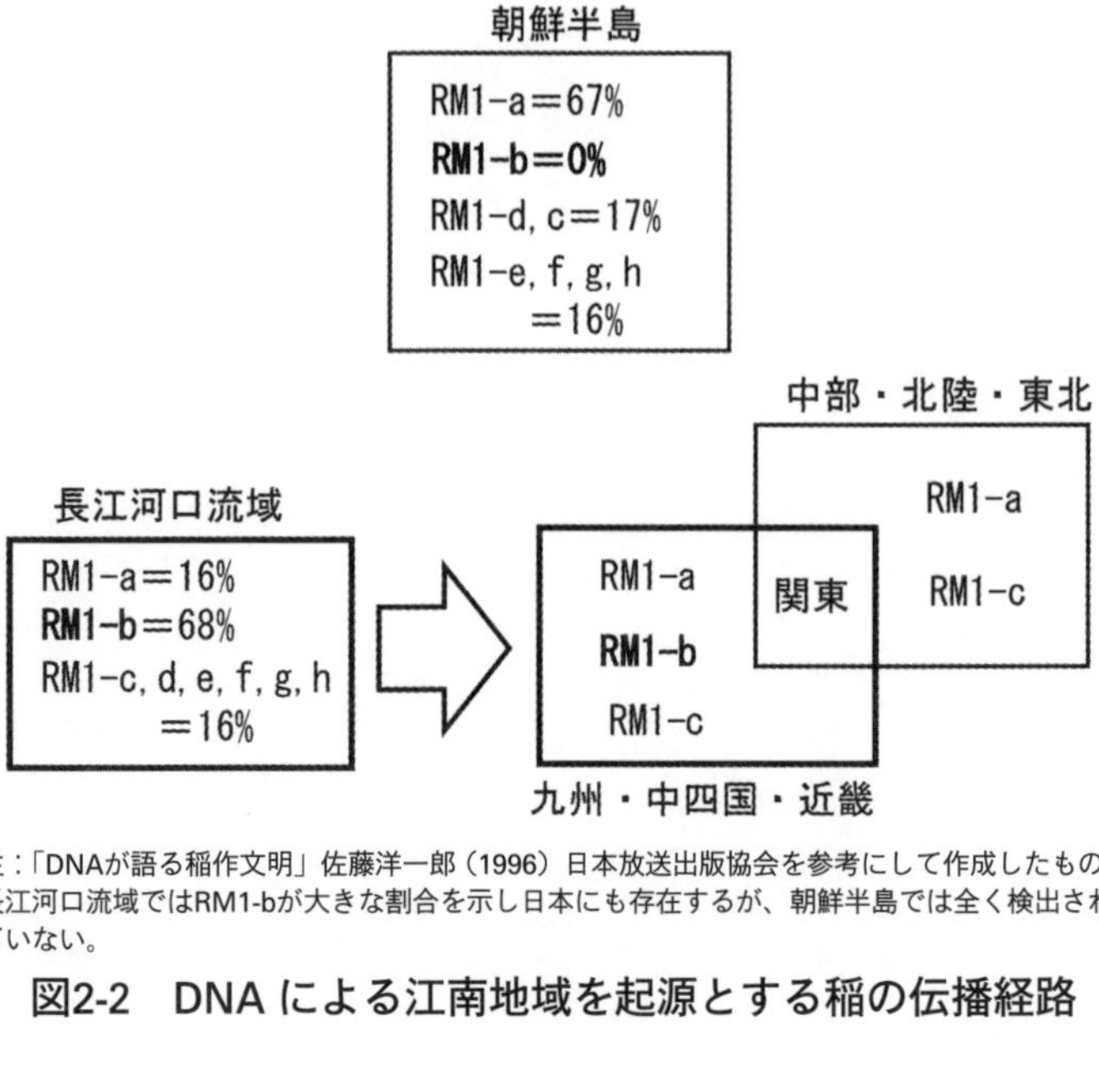

注：「DNAが語る稲作文明」佐藤洋一郎（1996）日本放送出版協会を参考にして作成したもの。長江河口流域ではRM1-bが大きな割合を示し日本にも存在するが、朝鮮半島では全く検出されていない。

図2-2　DNAによる江南地域を起源とする稲の伝播経路

みる（図２－３）。

　現在の東アジア（大陸部）では、主として東に広がる平野で農業が行われており、南側が稲作地域、北側が畑作地域になっている。文献を調べればどこにでも出てくるが、南北の境界があり、これを秦嶺《しんれい》・淮河《わいが》線（チンリン・ホワイ線とも言う）と呼んでいる。南側は年間降水量８００㎜以上の温暖で湿潤な地域であるが、北側は年間降水量が２００～７００㎜と少なく北に向かうほど寒冷である。

　中国の水田稲作は、南部に集中しており、長江流域の水田面積率が最も大きい。年平均雨量８００㎜の等雨量線はチンリン・ホワイ線にほぼ一致することが知られており、稲作地帯の北限を切り分けている。即ち、気象条件が大陸の農業生産構造を左右しているのである。

　古代、稲作は南部の長江中下流域を起源とし、そこから各地へ伝播していった。稲作が伝播した地域は、古代イネモミの出土範囲と大きくは変わらないだろうから、その地域に定着した理由について雨量と気温の関係から考えてみる。気象観測点は古代イネモミの出土範囲にある蘇州市・長沙市・徐州市と出土範囲から遼東半島との間にある石家荘市・承徳市を選んだ。

　作物の実りは、栽培期間中の雨量や気温の変化で変わることはよく知られている。水稲栽培では、「移植（田植え）～出穂期」の気候条件に特に大きな影響を受ける。この生育期間については地域で異なるが単作と二期作が概ね重なる期間とし、湖南省（長江流域）の「五月中旬～七月上旬（単作）」を代表として、各地の気候に対する適応性を比較してみる。

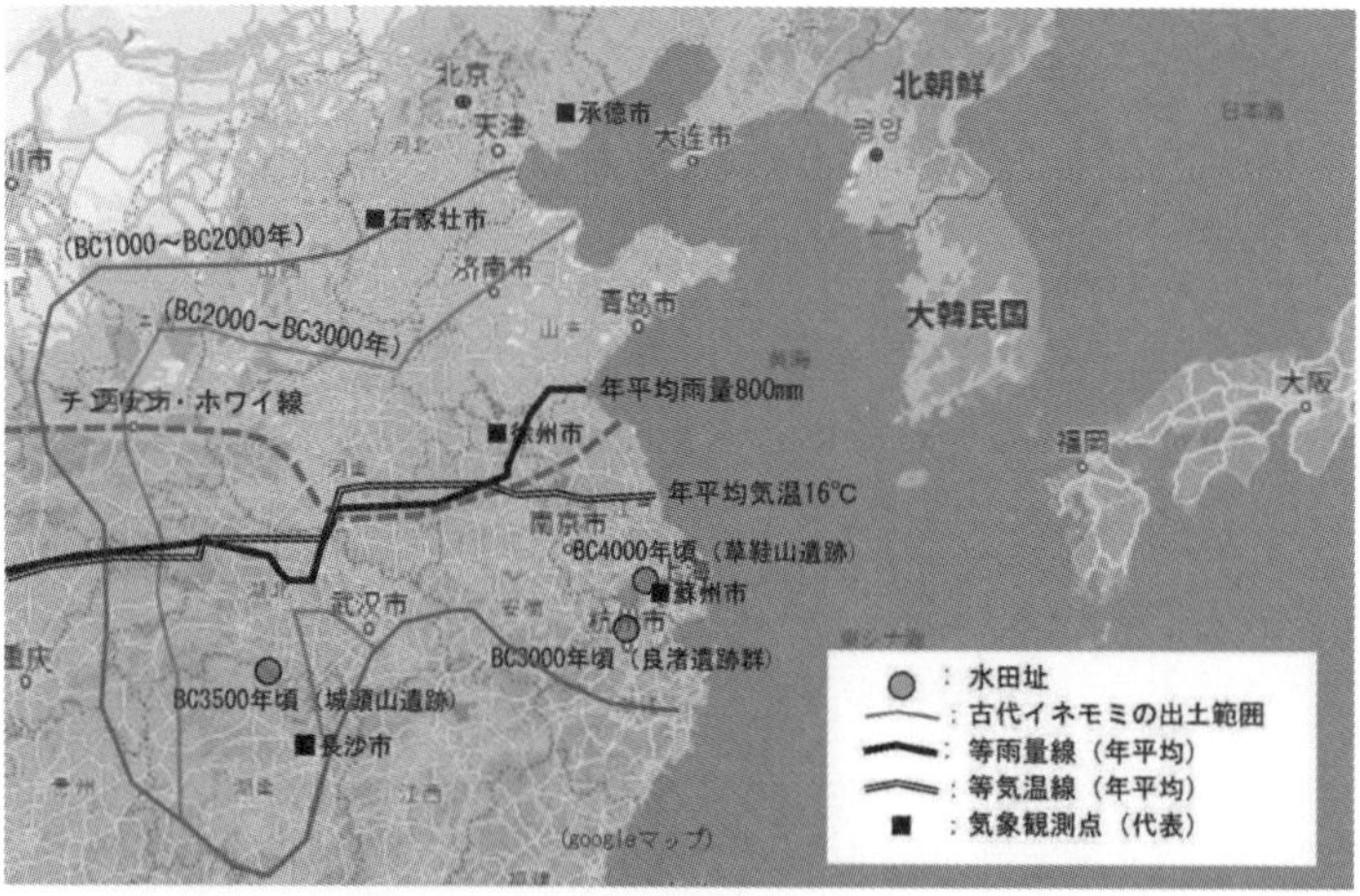

注：古代イネモミの出土範囲は「DNAが語る稲作文明」佐藤洋一郎（1996）日本放送出版協会から稲作の開始年代を包絡したもの。また、年代はYBPを基準年から換算し500年単位でまとめた。

図2-3　気象条件と古代イネモミ

まず、地域間の気候の差を月別平均雨量でみてみる。蘇州市及び長沙市は、亜熱帯の降雨パターンであり雨量が多く、水稲栽培に有利な条件下にある。８００㎜等雨量線より北側の雨量は七月が最大となるものの、年総雨量が急激に低下する。出穂期の一か月（七月頃）は、稲穂の稔を得るための重要な時期であるが、古代イネモミ出土範囲の外にある石家荘市・承徳市は、この時期の雨量が約１４０～１４５㎜で、徐州市・済南市の約２１０～２４０㎜に比べて極端に少ない。水稲栽培に不利な地域なのである。

月別平均気温については、雨量と同じ観測点で比較すると、北へ向かうに従い気温が徐々に低下する傾向にはあるが、出穂期前の六～七月頃の気温で見ると大きな差がない。しかしながら、承徳市の気温が極端に低い。

気温による水稲の生育障害は、品種改良により耐性が向上し、出穂期前一か月の平均気温が約20度以下であると稲穂の不稔が拡大するという（農研機構「図説：東北の稲作と冷害」）。鹿児島県で冷害被害が大きかった一九五七年の温度記録では、出穂期前約一か月の平均気温は24・5度であった（佐藤正一一九六七）。古代の水稲（温帯ジャポニカ）は自然分化したものであり気温低下への耐性は低かったであろうことから、鹿児島の事例を参考に24度を不稔発生の限界条件としての目安となる。これより下回る時期があれば水稲栽培にはむかない地域なのである。承徳市の月別気温は最高でも24度であり、北部は稲の生育に厳しい環境であったと推測される。また、五〇〇〇年前〜二五〇〇年前の世界は寒冷期にあったといわれ、中国大陸の古代イネモミが広範囲に発見される年代もこの時期にあたる。現在より寒い時代であったことを念頭に、各地域におけるイネの伝播と気候の関係を比較してみると、次のとおりである。

- 等雨量線８００㎜より南側は、水稲の生育に十分な気候条件があった。
- 等雨量線８００㎜から古代イネモミ出土範囲の外縁（前一〇〇〇〜前二〇〇〇）では生育期間を通じての安定した雨水が得にくい地域であった。
- 古代イネモミが出土していない黄海沿岸北部は気温が低く稲作に不適であった。

水田址の出土分布からみて、等雨量線８００㎜より南側は水稲栽培（温帯ジャポニカ）が行われていたのは間違いない。それより北は水稲と陸稲（熱帯ジャポニカ）が他の穀物と同じように畑作栽培されたのであろう。古代イネモミ出土範囲（前一〇〇〇～前二〇〇〇）から遼東半島まで稲作の痕跡がないのは、イネの生育可能な気象条件下になかったからで、稲作は古代人が船をもって東へ伝播させたのである。

現在では品種改良や栽培技術の向上により、水田稲作が遼東半島奥の遼寧省まで及んでいるが、未だに天津市沿岸に水田がなく、この地で分断している。

支石墓と稲作

水田稲作の伝播経路を探ることについて避けて通れないのが墓制の伝来で、水田稲作と支石墓が一緒の時代に出現していることに問題の根本がある。日本列島の水田稲作は、「水稲のイネモミと水耕技術を携えた支石墓の墓制を擁する渡来人」が運んで来た、とする考えがほぼ確定しているが、支石墓についてはよくわかっていない。これまで、支石墓の起源は水田稲作と同じであるとの仮説に立ち、遺跡群や出土物を分析する考古学的な方面での研究が先行している。特に、日本列島にある支石墓は、朝鮮半島が起源であると考える研究者が数多くいて、水田稲作は朝鮮半島を経由して北部九州へ伝播してきたとする説の根拠の一つになっている。また、最近の朝鮮半島経由説では「日本列島より五〇〇年も前に本格的な農耕生活に入り、紀元前一一世紀になると朝鮮半島南部で水田稲作が始まり、既に武器を持っていた。この水田稲作と武器が一緒に朝鮮半島から伝わった（藤尾慎一郎二〇一九）」とするが、これまでの考古学研究を背景としてのことだろう。

　支石墓とは、棺（土壙、石室、石棺、甕棺）の上を覆う巨大で平板の「上石（主石）」とこれを支える「塊石（支石）」で構成される古代の墓制のことである。支石墓は、中国浙江省・山東省・遼東半島、朝鮮半島及び北部九州に分布する。朝鮮半島では全域に広く分布しており、特に、朝鮮半島南端で集中している（図2-4）。

　大陸の支石墓は石棚墓とも呼ばれ、浙南地域では瑞安市で石棚墓群（一三か所）が発見されているが、新石器時代後期から青銅器時代を通じて続いた墓制であると報告されている（温州新聞二〇一九）。先史時代の定義は、確定していないが新石器時代が斉家文化（前二二〇〇年頃～前一六〇〇年頃）の時代にあたるとする説に注目すれば、青銅器時代（殷・周）の初めの前一七〇〇年頃からとみるのが実際的である。

　山東地域には淄博市で発見された山東淄《し》川《せん》王《おう》母《ぼ》山《やま》石棚墓があり、前三〇〇〇年～前二〇〇〇年頃かそれより古い時代に建てられたものと報告されている（毎日頭條二〇一七）。また、「漢書・三国志（二七巻）」には萊蕪市に支石墓と同じ構造の石組がある、との記載がある（蔡鳳書二〇〇二）。山東省には未発見の石棚墓がまだまだあるのかもしれない。

　遼東地域の石棚墓は、三つの平板な石を壁として上石を支え地上に建てられた巨石の建築物である。殷（前一七〇〇～前一〇四六）の時代から戦国時代（前五世紀～前二二一）を通じて

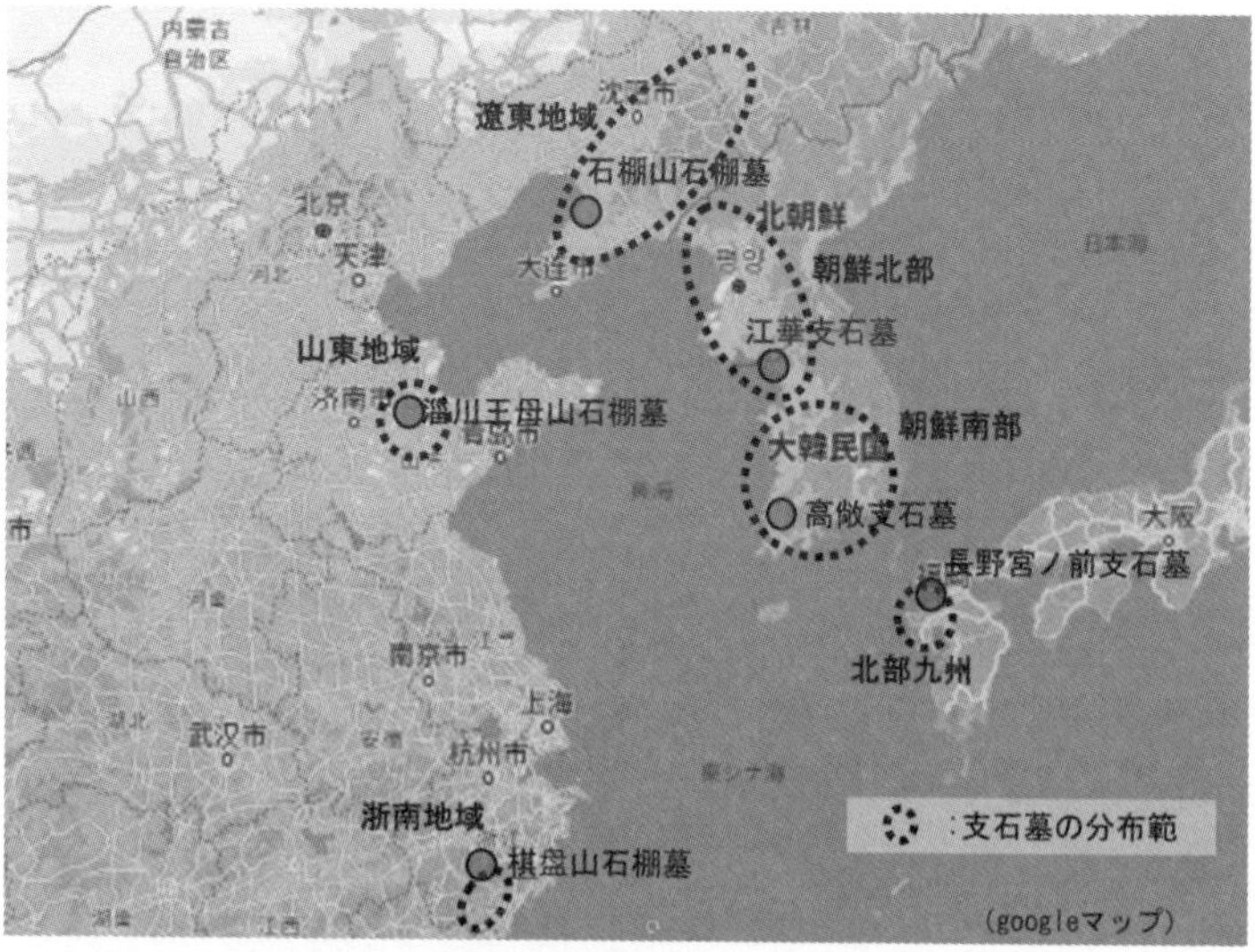

注：支石墓の分布は「支石墓の多様性と交流」中村大介（2016）長崎県埋蔵文化財センター研究紀要第６号等を参考に作成したもの。

図2-4　支石墓の分布

建てられたもので五〇～一二〇か所以上が確認されている（遼寧日報二〇一一）。

朝鮮半島の支石墓は出土数では世界最大規模であり、個々の規模が大きい。また、半島内では、南北で支石墓の構造様式が全く異なり、ソウルよりやや南側を境として北部と南部の地域に分けられる。北部は「卓子式」が多くを占め、南部は「碁盤式」が殆どである。南北の支石墓は、紀元前五〇〇年頃（無文土器時代）に出現していたことが確認されているが、前一五〇〇年頃に遼東半島から吉林省南部地域に出現し、前七〇〇年～前五〇〇年頃に朝鮮半島で定着したという（甲元眞之二〇〇八）。

日本列島では、弥生時代早期（前一〇〇〇頃）に佐賀県（唐津、佐賀）、福岡県（糸島）、長崎県（西北海岸、島原半島）の北

部九州に出現した支石墓が最初とされている。

北部九州の支石墓は、これもまた朝鮮半島南部を起源とするという論文が殆どである。それらは、石墓の下部施設（土壙、石棺など）に注目し、選定した祖型について朝鮮半島との類似を求め、あるいは逆に朝鮮半島の支石墓の下部施設を形式分類して日本列島の祖型との類似を求め、土器類・道具類・副葬品等の遺物が持つ共通性と編年を比較しつつ起源及び渡来経路を導きだしたものである。その後、さらに構造を詳細にとらえ、墓地形態・墓壙に対して石郭施設の形状と容量、蓋石等の有無、敷石・支石の有無などの組み合わせから、各要素を選定し、朝鮮半島と日本列島の支石墓の類似性を分析し、朝鮮半島南部から玄界灘沿岸に伝播したと結論づけている。

朝鮮半島起源論は大まかに言って、日本列島の支石墓の特徴で朝鮮半島の支石墓と類似するものはないかと、遺跡や出土物から詳細に研究することを旨としている。それにしても、多様な種類がある中から共通する要因だけ取り出し、両者の根っこは同じであるという論法に無理があるように見える。

朝鮮半島の支石墓は、構造形式から北方式（卓子式《たくしき》）と南方式（碁盤式《ごばんしき》）に分けられ、さらに細分化できるほど形態が様々である。北部九州の支石墓は「碁盤式」に区分することもあるが、土中に埋めた甕棺か木棺を覆うよう、四隅または周りに石を積んで支石とし平形の大石を載せた姿は、「座卓式」とでも言えそうである。朝鮮半島とは様相を異にしているように見える。

発生源（朝鮮半島）で多様な形式・形状・大きさを持つ支石墓があるのなら、伝播先（北部九州）も多様な形態を持っているはずであるが、そうはなっていないからである。

　これまで、「上石」については支石墓の形式の違いを判定する一つの要因に過ぎなかったが、地域によって大きく相違していることを忘れてはならない。支石墓は上石と支石からなるとの定義に立って、今一度、上石を対象に比較してみる。

　支石墓は地域によって構造や規模が異なるが、複雑な要素を捨象し「一般に公表されている支石墓は地域の特徴を反映させたもの」ととらえ、次の支石墓遺跡を代表とする。

・棋盤山《きばんさん》石棚墓（浙南地域）………………
前一七〇〇年頃

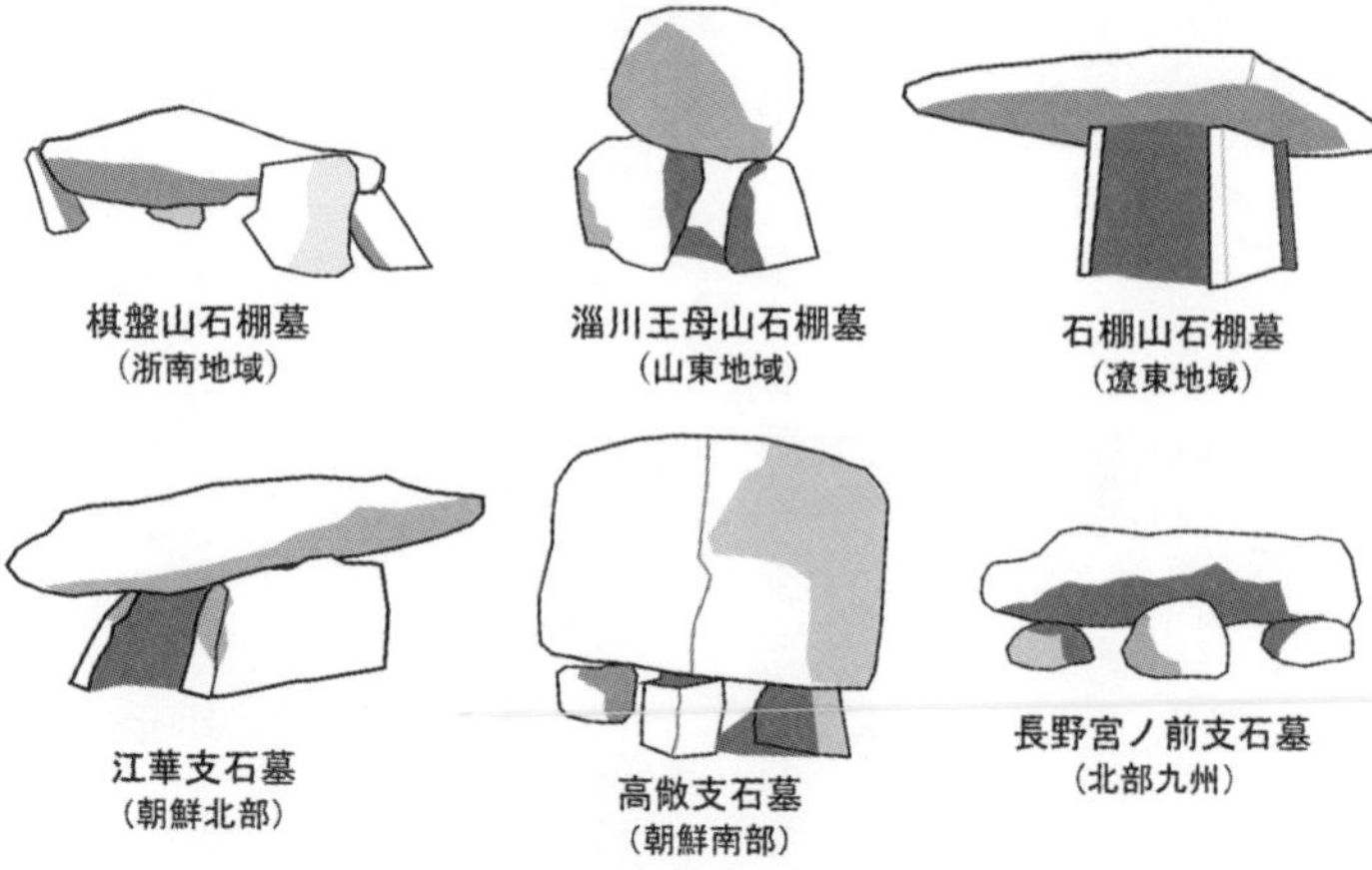

注：浙南省人民政府・韓国文化財庁の広報web、新聞等を参考に作図したもの。

図2-5　各地域の支柱墓（代表的なパターン）

・淄川王母山石棚墓（山東地域）………前三〇〇〇年頃
・石棚山《いしだなやま》石棚墓（遼東地域）………前一五〇〇年頃
・江華《こうか》支石墓（朝鮮北部）………前七〇〇年頃
・高敞《こうしょう》支石墓（朝鮮南部）………前七〇〇年頃
・長野宮ノ前支石墓（北部九州）………前一〇〇〇年頃

支石墓の外見上の構造形式は各地域でも様々であるが、公表されている資料を参考にパターンで比較してみると、基本構造は変わらないが規模や形式が異なっており、地域の文化や地質（岩材）に影響されことが窺われる（図2－5）。

「上石」の具体的な寸法は、断片的ではあるが多少公表されているので、比較のため重量に換算して整理してみた。重量は、上石の寸法と比重２・６５（花崗岩相当）として算定した。

棋盤山石棚墓………五トン
淄川王母山石棚墓……五トン
石棚山石棚墓…………六五トン
江華支石墓…………一一九トン
高敞支石墓…………二四〇トン

長野宮ノ前支石墓……六トン（最大）

石棚山石棚、高敞支石墓及び江華支石墓は巨大な建築物である。特に高敞支石墓は、規模では他の地域を圧倒している。この支石墓は「碁盤式」と呼ばれ、上石が岩を厚く切り出したような形状で、他の地域にはあまり見られない。

棋盤山石棚は北部九州の支石墓よりやや大きいようであるが、高敞支石墓より格段に小さい。長野宮ノ前支石墓は、支石の上に平板の巨石を載せており、形や大きさが棋盤山棚墓とよく似ている。高敞支石墓がある朝鮮南部では、形や規模が糸島地域と似たものがあるが、全体的に上石の規模が多く、しかも厚い。特徴が全く異なるのである。支石墓の形式と規模の類似性からみると、「遼東地域と朝鮮北部」、「浙南地域と北部九州」、どちらでもないグループに「山東地域と朝鮮南部」が分けられる。地域によって異なることの理由は、集団社会の祭祀儀礼に関わっていたとみる。支石墓は地域でまとまって出現しているのであるから、そこに住む人々の文化（墓制）が成立していたことを示すものと言える。また、遼東地域・朝鮮北部及び朝鮮南部の支石墓は、山岳地帯が近くにあり資材となる花崗岩が豊富で、権力の象徴として支石墓の巨大化に向かったのではないか。一方、長江下流域は平地であるので巨石が得難く、近くに山地がないこともあり、縮小化したのではないかと考える。

大陸の古代文化は、黄河流域と長江流域に出現しており、時代を経て数多く存在していたと

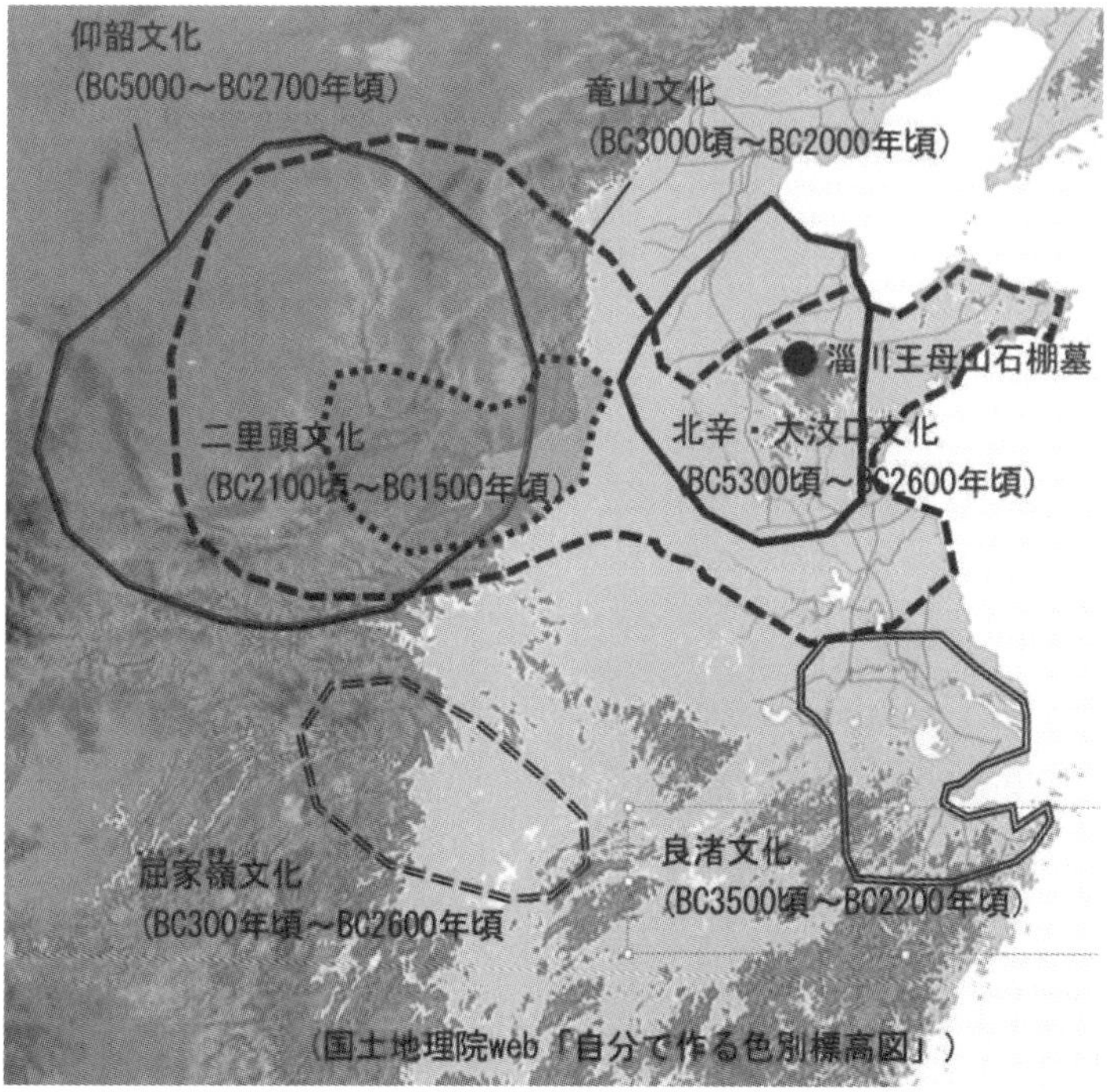

注：「竜山文化後期における玉器の広がり」岡村秀典（1999）京大学術情報リポジトリ、遺跡調査研究書等を参考にして作成。

図2-6　黄河と長江に出現した古代文化

いう（図2－6）。具体的な内容や相互の関連性の詳細な解明はこれからのようであるが、各地の古代文化が花開いた時代の古さについては、黄河下流の北辛《ほくしん》・大汶口《たいもんこう》文化と黄河中流の仰韶《ぎょうしょう》文化が最古である。後世に最も影響を与えたという竜山文化は、それらを引き継ぐように黄河流域に広がったと言われている。

支石墓（石棚墓）は主として海岸側の平地に出現しているのであるから、これを墓制とする人々は農耕を生業にしていた。山東半島とその沿岸付近は北辛・大汶口文化の時代か竜山文化の初めには栄えていただろうから、この年代に相当する淄川王母山石棚が支石墓として最古の部類に入る。竜山文化は、後に長江流域の漢民族の文化に大きな影響をもたらしたのだから、支石墓（墓制として）も広く伝播していったという可能性を考えてよい。とすれば、支石墓（石棚墓）の起源は、北辛・大汶口文化の中心付近に位置していた山東地域ではなかろうか。

山東地域を起源とすると淄川王母山石棚は、支石墓の一つの原形となる。この原形は伝播に伴い変化する、との視点で各地の支石墓を比較してみる。淄川王母山石棚は、長さ１・８ｍ、幅１・１６ｍ、厚さ０・８８ｍの上石を三つの大石で支えた地上からの高さ１・８ｍの建築物である（毎日頭條二〇一七）。支石の高さが０・９２ｍであるので上石の厚さと支石の高さの比がほぼ５０パーセントで、「碁盤式」と「卓子式」の中間の構造様式（座卓型）である。この原形と各地域の支石墓の構造様式との相対的な違いをまとめると、次のとおりである。

・浙南地域は上石が薄く、支石が低くなっている。
・遼東地域は上石が薄くなり、支石は高く三方を石板で囲み、支える。
・朝鮮北部は上石が薄くなり、支石は高く二枚の石板で支える。
・朝鮮南部は上石が厚くなり、支石が低い。
・北部九州は上石が薄く、支石が低くなっている。

　このような各地の支石墓の特徴は、上石が形状や支石の高さが変わっているだけで、原形を逸脱するものではない。また、伝播する間の形状変化と支石墓地域の間に一定のグループが存在するのが見える（図2－7）。

「碁盤式」に変化した地域→朝鮮南部
「卓子式」に変化した地域→遼東地域、朝鮮北部
「座卓式」に変化した地域→浙南地域、北部九州

　東アジアで最初に文化が形成されたのは黄河流域で、次に長江流域であるから、支石墓の墓制は山東地域を起源として黄河下流から長江下流へと広がり、浙南地域に達したと考えてよい。遼東地域や朝鮮半島への伝播は、それ以降となる。

　朝鮮半島への伝播した年代は、南北で同じであるので、北方式が遼東地域から伝播したのであれば、南方

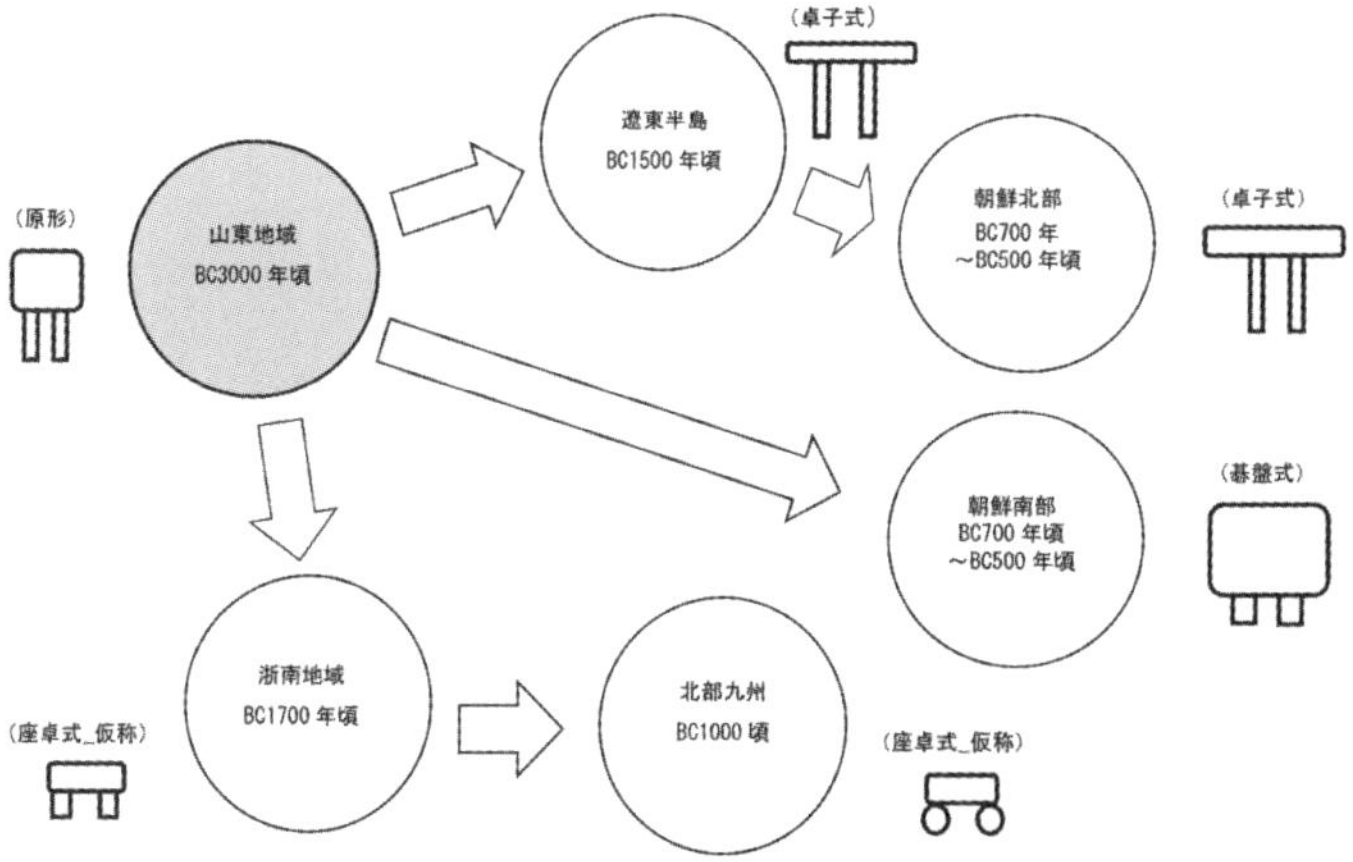

図2-7　支石墓の伝播経路（推定）

式は違う経路から伝播した。南方式は、構造様式の近さからみて山東地域から直接伝播した可能性が高い。

既に記したが、考古学の世界では、北部九州への伝来について起源を朝鮮半島に求める説が圧倒的である。しかし、朝鮮南部から対馬海峡を経て伝播したとするには、技術取得と安定的な収穫が得られる灌漑ができ、人が集まって初めて水田稲作が定着するのであるから、少なくとも時代が数百年単位で遅れるはずである。北部九州の定着年代が前一〇〇〇年頃で朝鮮半島南部では前一一世紀頃である。限られた資料の中にあって、一〇〇年程度の差はC14年代測定であっても時代の範囲内である。現在の分析精度からすれば、北部九州と朝鮮半島の水田稲作は同時代に定着したと見てよい。とすれば、水田稲作と新しい墓制が朝鮮半島から北部九州へ伝播することなどあり得ない話である。加えて、支石墓の構造様式が浙南地域と近似することを鑑みると、長江下流域を起源とする温帯ジャポニカとその水田稲作栽培技術を有する人々が、支石墓文化を携え海を越えてやってきて、北部九州に水田稲作と新たな墓制を定着させたとの推論に行き着くのである。

初めて根付いた渡来人

弥生時代の初めは縄文化との混交の時代であるが、この時代の日本人について骨格の特徴が縄文人の特徴を持つ弥生人がいて「渡来系弥生人」と呼ばれている。文化人類学者で考古学者の片山一道は、著書（『骨が語る日本人の歴史』二〇一五）の中で渡来人について次のように記している。

「弥生時代の遺跡には遠洋可能な航海船の存在を示す遺物が見つかっている。したがって、朝鮮半島から一定の人数が海峡を渡ることができたであろう。渡来系弥生人は、北部九州に集中しており、新しい武器等により縄文人を征服し駆逐したと考えるのは不合理である。寧ろ渡来人はその知識と技術をもって部族や国の指導的立場にいたと考えるのが合理的である。」

渡来人は縄文人を圧倒するような知識や技術を持ち得ていたとすると、出身を大陸に求める他ないとの考え方である。また、渡来人は朝鮮半島から対馬海峡を渡ってきたとの見解は、篠田謙一（国立博物館館長）の「現代の朝鮮半島には、縄文人と同じミトコンドリアＤＮＡの型を持つ人々がいる」と言う事実は、彼らが渡来して支石墓に葬られた可能性はある、という説となってこれを後押しする。

対馬海峡が日本列島と大陸を繋ぐ「海の道」であったことは知られているところであり、朝鮮半島に縄文人がいたとするミトコンドリアＤＮＡ分析結果もある。しかし、縄文時代に朝鮮半島で水田稲作が北部九州より明らかに先行して定着した痕跡が発見されていないのだから、水田稲作技術が朝鮮半島に住む縄文人を通じて北部九州に渡来したとはとても言えない。

さらに篠田は、古代人の人骨から抽出したミトコンドリアＤＮＡを分析した結果、江南人のミトコンドリアＤＮＡは九州北部の渡来系弥生人とは近い関係にあるという（篠田謙一一九九七）。渡来系弥生人の人骨が最も多く発見されているのは、北部九州で前四〇〇年以降のものであり、水田稲作が始まった前一〇〇〇年頃の人骨が発見されていないことから、水田稲作をもたらした渡来人であるか確定するに至っていないが、江南地域から人々が渡来してきたのは人類学の分野からも明らかにされつつある。このような人骨のミトコンドリアＤＮＡ分析や水稲のＤＮＡ分析の結果からみて、「江南地域に住んでいた農耕の民がイネモミと水稲栽培技術を携えて北部九州へやってきた」ことは動かし難い事実なのだろう。ではどうやって日本列島へ伝播してきたのか、これまでの諸説を踏まえてまとめてみる。

黄河と長江との間に年平均８００㎜の等雨量線が横たわる。この雨量線より南側の長江流域では水田稲作が行われていたが、北側は畑地で他の穀物とともにイネが栽培されていたのだ。古代の水田址は、これより北側で全く発見されていない事実がこれを裏付けている。稲作は熱帯生まれであるので気候条件に影響されやすい。現在の平均的な降雨や気温の実態からみて稲作の北限は黄河が北限であり、そこから遼東半島に達する気候条件にはない。先史時代が寒冷期であったことを鑑みれば、山東省沿岸沿いに伝播し遼東半島から朝鮮半島に達することの可能性は殆どないのである。

水稲の起源は、長江下流の水田地帯であったことは間違いない。この地の水田稲作を起源と

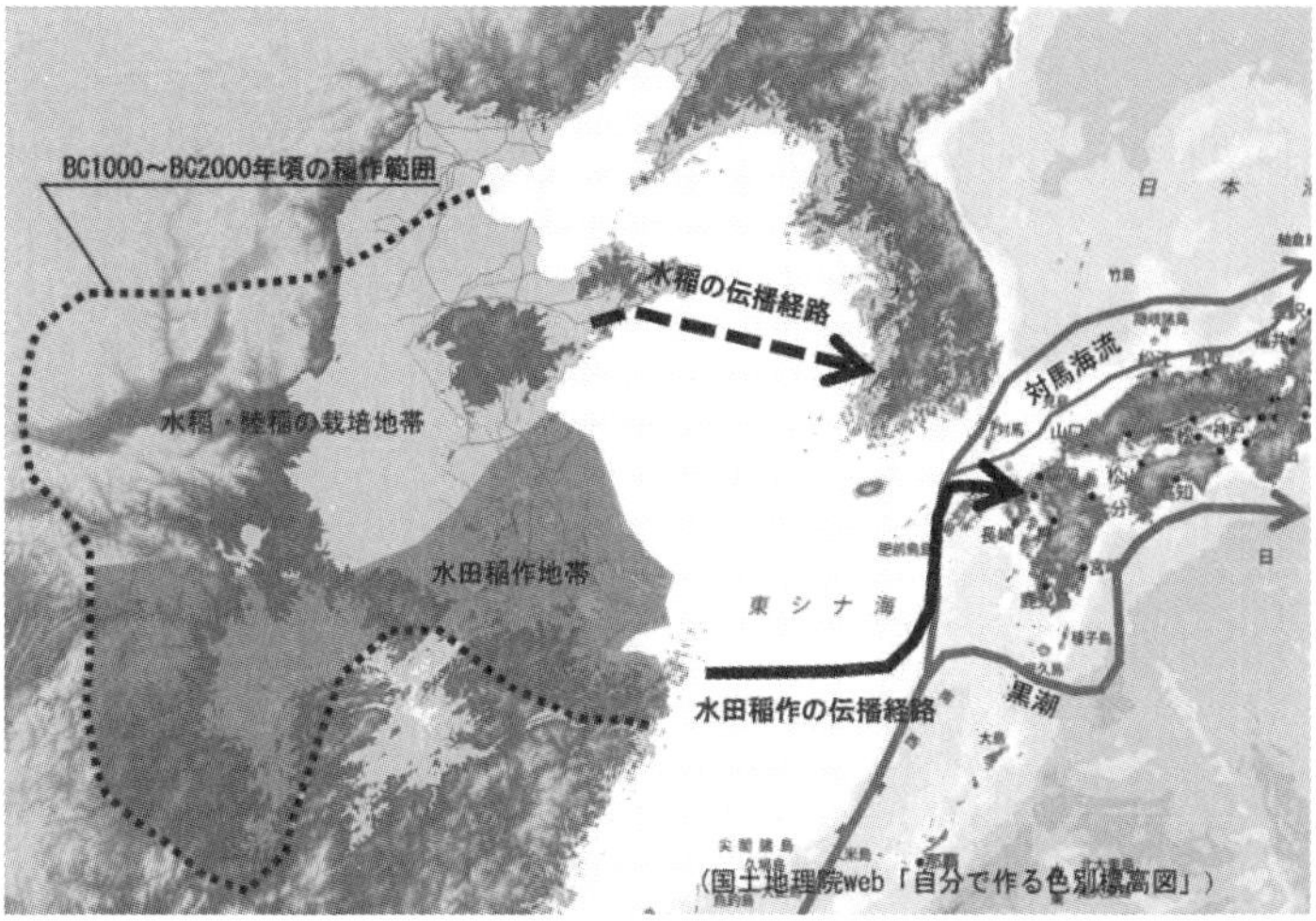

図2-8 水田稲作の伝播経路（推定）

すると、水田稲作技術の伝播経路は、①山東半島沿岸部を経て朝鮮半島に達し南下して北部九州へ伝播した、②江南地域から東シナ海を渡海し北部九州へ伝播した、の二つに絞られる。①について、水田址を指標とすれば、朝鮮半島の定着が同じ時代である点で両者に影響はなく、支石墓の構造様式が大きく異なり定着年代が相違していることは、北部九州では水田稲作と支石墓が同じ年代にもたらされたという考古学的知見と一致しない。②について、北部九州の水田稲作は、江南地域にいた水田耕作技術を持つ集団が支石墓の墓制を有していたために、南シナ海を渡海して北部九州に上陸したのち水田稲作とともに支石墓が列島に住む縄文人の間に定着した、と無理のない論理が成り立ち、水稲在来種のDNA分析結果とも整合する（図2－8）。

縄文人の発明に縄文土器がある。土器は生活の実用品であるが、運搬などに広く利用された。縄文人は舟も発明していたのだから、土器に入れた飲料水・食料・穀物をもって対馬・壱岐の「海の道」を自由に往来できたのである。縄文人にとっては、朝鮮半島と北部九州とはさして変わらない生活空間であり、大陸方面からの知識や技術を受け取る素地があった。

であるからこそ、遠く海を渡ってきた人々が、有用な技術を持ち自分たちに非常に役立つと判断でき、受け入れることができた。弥生時代は日本が生まれる画期となるが、私たち祖先の先見性と柔軟性がこれを可能にしたのである。

2 国の出現

弥生時代の推定実年代

弥生時代は、日本列島が先史時代から有史の時代に入ることを意味するが、歴史を自らの手で書き連ねることができるのは文字を使いこなせる四〜五世紀頃まで待たねばならない。それまでの歴史的事実を知るには、中華王朝時代に編纂された正史や歴史書が参考となるが、それらは西暦で表すことができる。我が国の古代の遺跡や遺物も時間の尺度を西暦に統一してあれば、一定の精度で対比でき歴史分析が可能となる。

日本の考古学では古代遺跡を対象とした研究を行っているが、集落遺跡や土器等などの出土遺物が造られた時代を特定する尺度の一つとして時代区分を用いている。弥生時代は前期・中期・後期に区分されており、それ以上の細分化もされている。したがって、時代区分がわかれば概ねの実年代を推定できるはずなのだが、どうもしっくりいかないのである。

弥生時代を前期・中期・後期に分け、推定実年代を与えたのは、杉原荘介である。杉原は、甕棺墓（須玖式甕棺）に副葬されていた舶載鏡（漢鏡）が、前漢末から後漢前半に製作されたことを突き止め、漢鏡が年代を比定する指標となることに注目し、まず、副葬されていた甕棺の製作年代を一〇〇年と比定し、中期後半を一〇〇年と定めたのである。これを基本として中期前半を前一〇〇年、後期後半を三〇〇年とし、さらに弥生式土器の存続期を勘案して前期の始まりを前三〇〇年と設定した（杉原荘介「日本農耕文化生成の研究」一九六三）。

弥生時代前期……前三〇〇年～前一〇〇年
弥生時代中期……前一〇〇年～一〇〇年
弥生時代後期………一〇〇年～三〇〇年

この時代区分と推定実年代は、一九六〇年代には日本の歴史学・考古学で使用するようになった。弥生時代の遺跡は、これを標尺として年代を区分してきたのである。その後、弥生式土器や甕棺を対象に古いものから順に並べ型式の存続幅で時代区分を細分化し具体化していった。しかし、時代区分は定着したが推定実年代は定着していない。このため、時代区分は同じでも年代が研究者によって異なるという現象が起こっており、歴史上の事実（中国正史や歴史書の記事）との対比を難しくしている。

国立歴史民族博物館（歴博）は二〇〇四年九月、土器に付着した炭化物をＡＭＳ法で分析したＣ14年代測定値（絶対実年代）により弥生時代の開始年代が従来より大きく遡ることを発表した。これを契機として、弥生時代の開始年代を本格的に見直す方向に進んでいる。実年代による時代区分を定めねばならない時代に入ったのである。そうなると、弥生時代開始を曖昧にできないので明確な定義を設定しなければならないが、諸説があり、まとまっていない。

これまで弥生時代は、最古の弥生式土器（板付Ⅰ式）をもって開始したとするもので、水田稲作が始まったのちに農耕による社会・文化が普及・定着したことを表す指標、とされていた。最近では、水田稲作が開始されてから板付Ⅰ式土器が出土した時点までの期間を縄文から弥生の移行期とし、「弥生早期」とする見方が有力視されている。農耕社会が成立した時点から弥生時代とすると、農耕社会への変化を具体的に示す「環濠集落遺跡」や「戦いの痕跡」の出土が必要となる。しかし、水田稲作の普及・定着は地域的にも大きな差があることがわかり、移行期の定量化を難しくしている。また、他に異論が多いこともあって、弥生時代の時代区分は一向に終着点に至らないのである。ただ、水田稲作の始まりから約百年あとで「環濠集落遺跡」

や「戦いの痕跡」が見られることがわかってきているという（藤尾慎一郎二〇二一）。弥生時代の開始は決まらないとしても、水田稲作の開始が早い地域から順番に農耕社会へと成長していったのは間違いないようである。これまでの代表的な年代区分（従来方式）とC14年代測定値（AMS法）の絶対年による年代区分とを重ねてみると、AMS法の年代区分では、従来方式より五〇〇年程時代を遡ることになり、前期及び中期が大きく相違する（図2－9）。しかし、弥生時代の最初が決まらないのであるから、考古学・歴史学の研究と摺り合わせるのはまだまだ先のようである。

杉原の年代区分は現在広く活用されているが、甕棺（または土器）を基本の尺度としているため、新たな土器が出土したり、時期区分を構成している型式の評価が変われば、当然、年代区分が変わっていくことになる。杉原以降の年代説では、中期・後期が五〇年程度遡る傾向が見えるのは考古学資料の増加や分析精度が向上した結果であろう。杉原説は、AMS法の年代区分にかかわらず、見直しが必要と思われる。

日本列島の有史時代が始まるのはいつの時代であるかを問えば、また議論百出だろうから、専門とする研究者にお任せするしかない。しかし、倭国の初めは、歴史上に出現した年代から辿れば見えてくるはず。倭人が初めて歴史に出現するのは漢書地理志であるので、前漢（前二〇六～八）と倭国の始まりが重なっているのである。弥生時代の時代区分では前期末～中期初めにあたることから、弥生時代中期、後期の実年代が大きく変わらなければ、これまでの考古

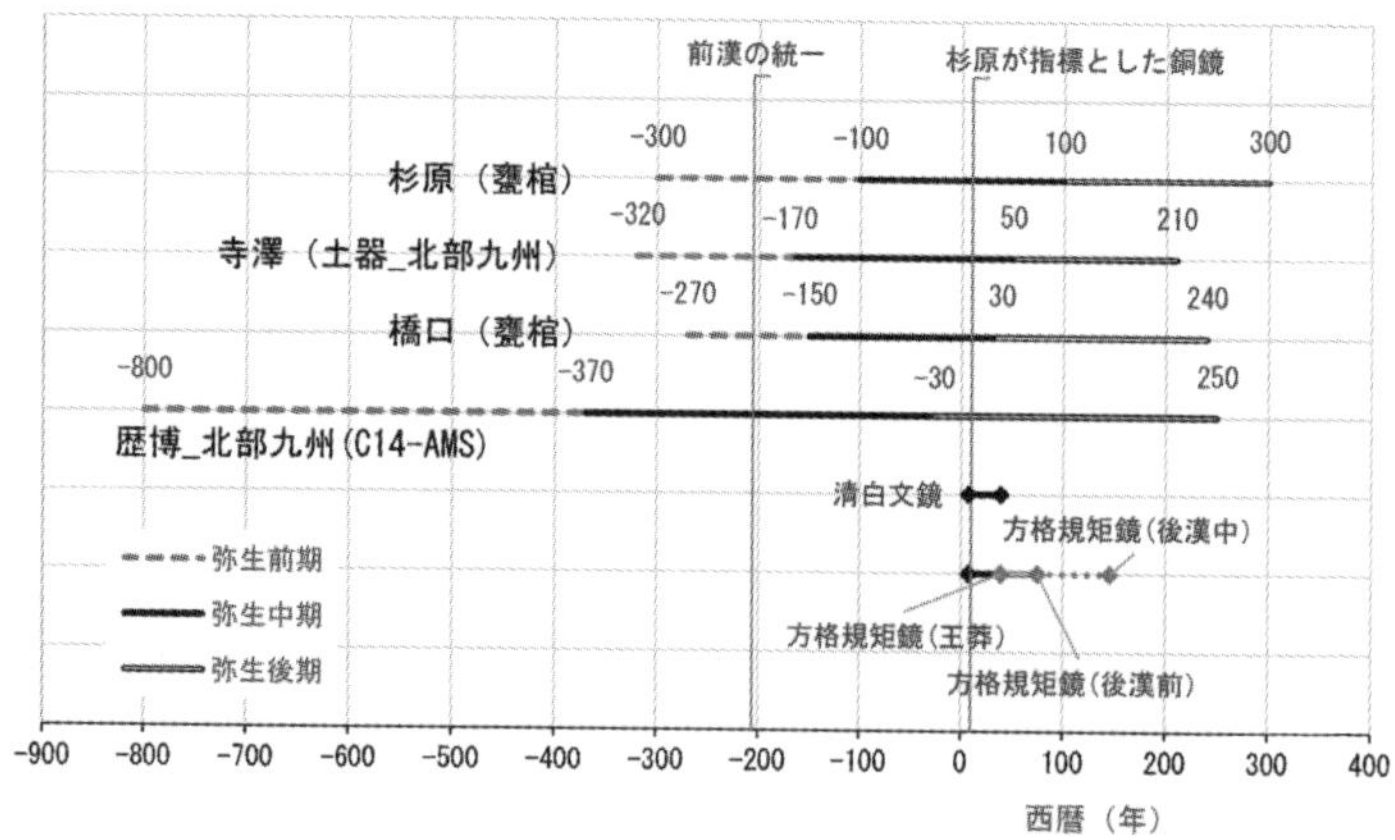

注：「九州の甕棺」藤尾慎一郎（1988）歴博、「弥生時代の開始年代」藤尾慎一郎ほか（2004）総研大文化科学研究等を参考に作成したもの。

図2-9　代表的な弥生時代の年代区分比較

学・歴史学の知見を踏襲できる。とは言っても、前期・中期が大きく相違するＡＭＳ法の年代区分をそのまま適用するには無理があるので、従来方式を中心に弥生時代の年代調整を試みる。

杉原が指標の一つにしている舶載鏡の製作年代は、紀年銘鏡でない限り実年代を特定できないので、銅鏡が流行していた年代（流行年代）で知るしかない。中国社会科学院考古研究所は、発掘調査報告書「洛陽焼溝漢墓一九五九」で、漢代の墓を六期に分類する編年を発表したが、その中で出土した壺、鼎、漢鏡、貨幣等などの遺物の並行関係も明らかにした。その後、一九八九年に銅鏡の型式と六期の推定実年代との関係がまとめられて、我が国では遺跡や考古学的資料の実年代を特定するための標尺となっている（**表２－１**）。

漢鏡については、国内でも詳細な分析が行われてきた経緯があり、「洛陽焼溝漢墓」が考古学・歴史

表2-1　洛陽焼溝漢墓の時期別出土鏡

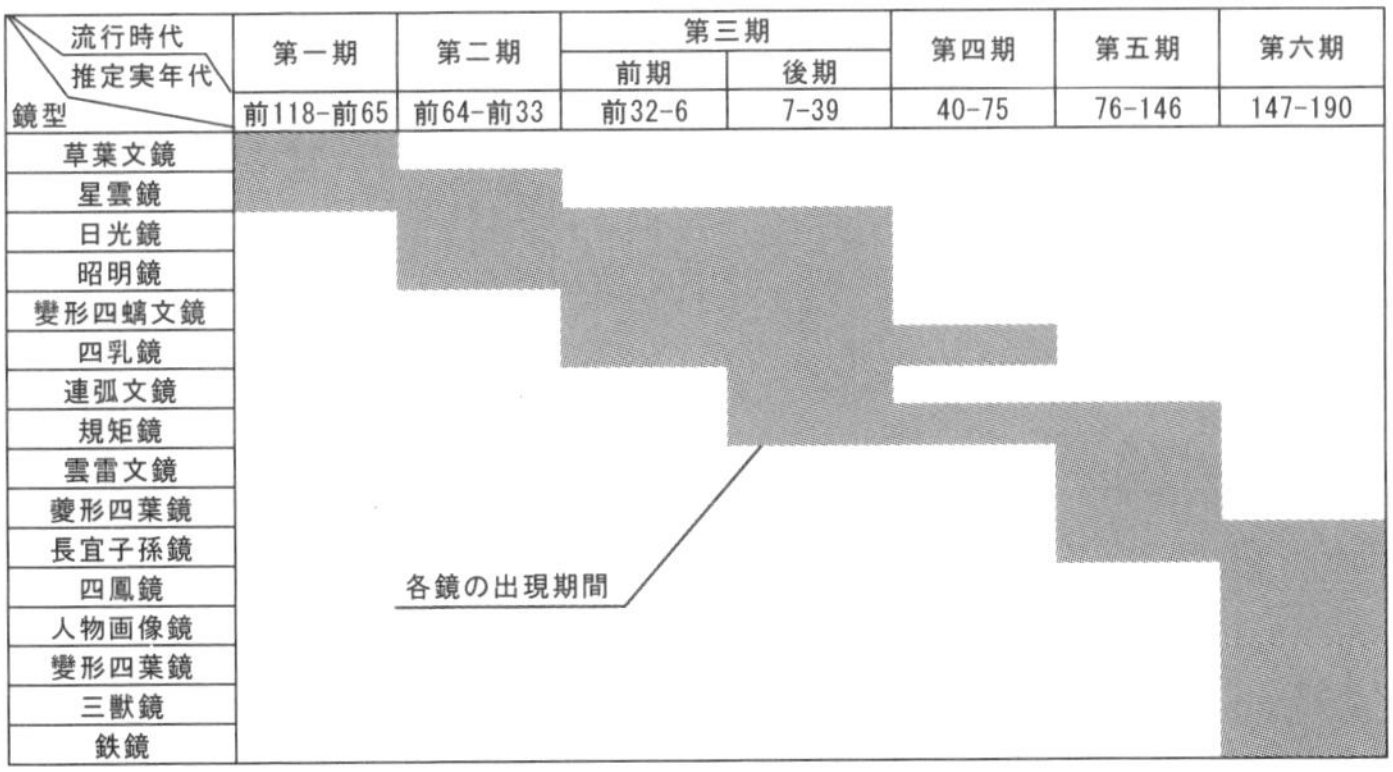

注：関係文献・資料等から整理したもの。

学に少なからず影響したはずである。これを伏線として、杉原説の中期末の設定根拠を見てみる。

　杉原は中期の終わりの年代を決定する際に、甕棺に副葬されていた清白鏡を紀元後六年頃、方格規矩鏡を一五年頃の製作年代ととらえ、被葬者へ渡るまでの期間や所有した期間を含め甕棺の年代を一〇〇年頃としたという。清白鏡は連弧文鏡に分類され三期後（七～三九）が推定実年代で、方格規矩鏡が流行したのは三期後、四期（四〇～七五）、五期（七六～一四六）である。甕棺墓に副葬された銅鏡は三期後が最初の流行年代にあたり、方格規矩鏡はその後も同種の新しい流行鏡が出回っていたのである。

　とすると、被葬者が同じものを一〇〇年頃まで所持していたとする設定は、少し長すぎるのではないか。また、倭国は前漢、後漢を通じて朝貢していたので、交易も盛んであったろう。特に、漢鏡への関心が高かったのだから、洛陽の最新流行鏡を知らぬはずがなく、流行が終わ

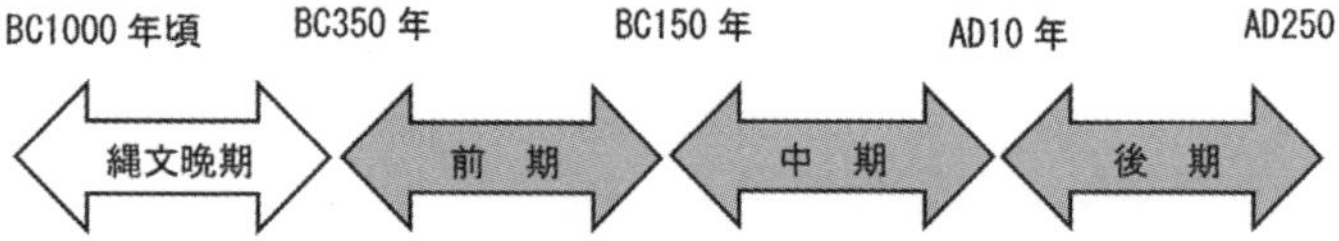

図2-10　弥生時代の時代区分と推定実年代

った銅鏡を数十年後に入手するとは考えにくいのである。流行年代に舶載してきたとすると、甕棺に副葬されていた銅鏡は三期後の始まり頃に舶載したと見るべきである。とすれば、中期末は一〇年頃に相当することになる。

後期末については、ＡＭＳ法と従来方法ともに五〇年程度時代を遡っており、差が少ないことから二五〇年頃としても問題が少ない。

それでは、ＡＭＳ法の年代区分と大きく相違する前期の開始年代は、どのように設定しておけばよいのだろうか。考古学の世界では、水田稲作が開始されてから縄文時代最後の土器である突帯文土器（夜臼式土器とも呼ばれる）が出現し、次に板付Ⅰ式土器が弥生土器として初めて出現したと見立てている。突帯文土器は、板付Ⅰ式土器と併存（共伴）していた時代があったというが、出現期はよくわからない。それが消滅した年代は、これまでの研究で前三五〇年頃としている（寺澤薫二〇〇〇、大塚初重一九九二）。

国立民族歴史博物館は、弥生時代の実年代を探るべく、Ｃ14年代測定値による解析を積極的に進めている。特に、弥生時代の開始年代について、これまでの土器を指標とする時期区分から水田稲作を指標とした解析が進められてきた。その中で弥生早期について、水田稲作が開始されてから定着するまでを、縄文時代から弥生時代の移行期と定義し、共伴する突帯文土器が消滅した時点で水田稲作が定着し農耕社会が完成したとし、板付Ⅰ式土器（前八〇〇年頃）をもって弥生前期の開始年代としている（藤尾慎一郎二〇二一）。やはり、従来方法とＡＭＳ法とは、弥生時代開始の定義や年代設定の方法などの違いが大きく、年代差を埋めようがない。

そこで視点を変えてみる。古代を有史以来に限定するのであれば、弥生集落が形成した時代以降の推定実年代がわかれば、歴史事象を検証するのに十分である。集落が形成された時代を確定することは難しいことであるが、墓制をもって代えることは不合理ではない。即ち、甕棺の出現を弥生前期の開始とするものである。北部九州の最古の甕棺は、刻目突帯文で、推定実年代は土器製作の連続性・存続幅を考慮すれば前四〇〇～三五〇年頃になる。

集落が形成される以前は、水田稲作が十分根付いていない時代であり、従来方法では縄文晩期に当たる。ＡＭＳ法では弥生前期と重なるが、研究中となれば従来式によるしかない。便宜的ではあるが、水田稲作の伝来を開始年代とし、前一〇〇〇年頃～前三五〇年頃を縄文晩期とする。以上を整理した弥生時代の年代区分は、従来方法より五〇年ほど時代を遡るが、これまでの考古学調査の研究成果を適用できる範囲にある（図2－10）。それにしても、新たな年代区分について、今後の研究成果に期待するものは大きい。

画期は水田稲作が定着した頃

北部九州には、弥生時代前期の水田址である菜畑遺跡（唐津）、曲り田遺跡（糸島）及び板付遺跡（福岡）と水田址が確実視されている新町遺跡（糸島）があるのだから、水田稲作が初めてこの地に定着した事実は、動かしようがない。

菜畑遺跡は日本列島で最古の水田稲作遺跡で、丘陵部に畦畔で区画された水田址が残っている。弥生時代前期の水田址の中で東端に位置する板付遺跡は、水田稲作の大規模集落遺跡として有名であるが、水田址には小区画された圃場と用排水路・井堰の遺構があり、直播のような原始的な方法ではなく、精緻な農業技術で本格的な水稲栽培が行われていたことが明らかになっている（弥生ミュージアム）。稲を含む花粉分析では前八〇〇年頃（中村純・畑中健一一九七六）、弥生土器（板付Ⅰ式）に付着していた炭化物を対象としたC14年代測定値では前八一〇〜前七五〇（藤尾慎一郎ほか二〇〇五）との分析結果が得られており、少なくとも前九〇〇年頃には集落が構成されていたことが確認されている。菜畑遺跡（唐津）はこれをさらに遡り、前一〇〇〇年頃には水田稲作が開始されたというのである。とすると、最初に菜畑遺跡にあった水田稲作は、一世紀も満たない間に唐津・糸島・福岡平野へと広がったことになる。

縄文晩期の北部九州沿岸は、縄文海進により河岸浸食が内陸の奥まで達していたが、河川の流出土砂による堆積がまだ進んでいなかった。唐津湾内では海底が深いままで、砂州（虹の松浦）による後背湿地も形成されていなかったことは、地形学的に見て明らかである。このため、長江流域から伝来し、菜畑遺跡に定着した水田稲作は、可能農耕地がある松浦川中上流域の氾濫原を経由して曲り田・新町、板付へと至ったのだろう。菜畑遺跡から曲り田・新町遺跡の区

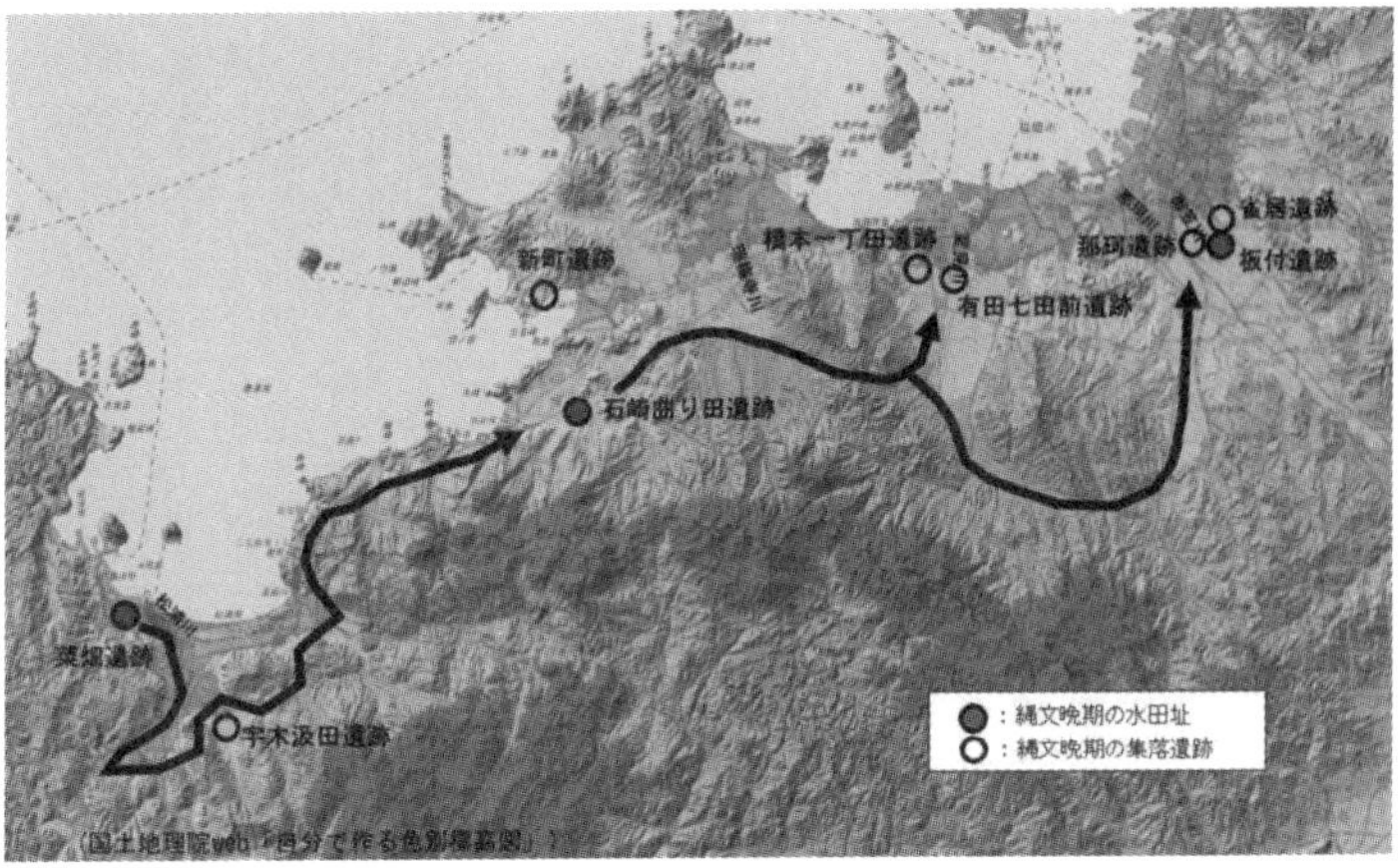

図2-11　縄文晩期の水田稲作伝播の経路（推定）

間には、宇木汲田《うきくんでん》遺跡（縄文晩期）、中原遺跡（弥生中期）が出現しているので、弥生時代を通じて集落群があったことを窺わせる。

石崎曲り田・新町遺跡は、糸島地域の西端に位置するが、さらに東側へ行くと瑞梅寺川があり、広い平野となる。唐津湾岸から糸島地域に限っては、支石墓が多く分布しており水田稲作をもたらした渡来人の影響が窺われるが、その中心に三雲・井原遺跡群（弥生前期～弥生中期）が出現している。糸島地域には、同一の文化を持つ大集落群が三雲・井原を中心に形成されたのではないだろうか。

糸島地域は背振山地と叶岳を含む一連の山系に囲まれ、北端の山裾にあたる長垂山は断崖で海と接している。縄文晩期の室見川河口域は、土砂堆積が進んでおらず地盤が低く海面の影響を広く受け、可能農耕地に制限があったこともあり、海岸線に沿って水田稲作が伝播したとは考えにくい。博多湾岸では弥生遺跡が沿岸地域に少なく、河川の中上流域に多い。室見川流域では上流の谷部を抜け那珂川に抜ける山地間の緩やかな斜面に遺跡が多く分布しており古代の幹線道路であったことを窺わせる。三雲・井原地域にあった水田稲作は、日向峠から室見川上流の谷合から那珂川へ抜ける経路で板付遺跡に達したが、途中、室見川平野へ分岐したと推察できる。これらを勘案すると菜畑から板付までの伝播経路は、水源が近く利水に都合がよい山際の平地を好んで東旋していったと考えてよい（図2－11）。

長江河口域から北部九州に伝来した水田稲作技術が、菜畑、石崎曲り田・新町から室見川流域を通り越して板付に水田址として出土したのは、そこに人が集まり集落が構成されたことを表す。この地一帯に初めて弥生農耕社会が成立し、弥生時代中期には倭国の原形ができる礎になったのである。水田稲作が渡来し定着した前一〇〇〇年頃が、倭国が生まれる画期であった。

水田稲作の東上と大集落の形成

弥生時代は北部九州で始まりやがて日本列島に広がっていったということは、水田稲作がこの地に伝来した、ということで腑に落ちる。北部九州に定着した水田稲作は、水田耕作・栽培が定住を前提とすることや集約的な生業であることから、人が集まり始めそれが集落の始まりになったことは北部九州の遺跡群がよく表している。水田稲作が集落を生む要因であったならば、弥生時代の伝播経路に形跡（集落跡）があってよい。

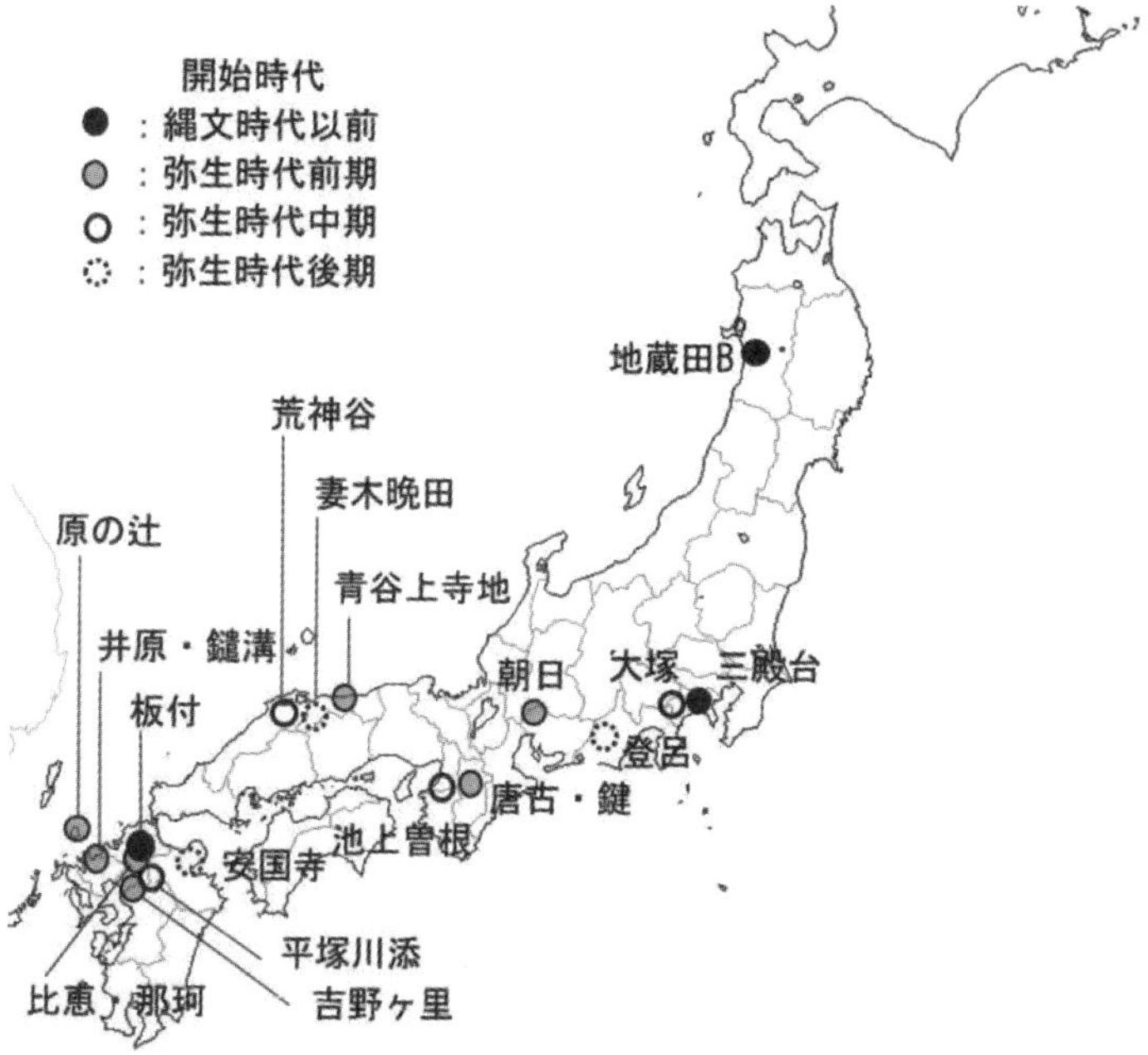

図2-12　弥生時代の大規模集落

弥生時代の主な集落と言われる遺跡は、中部・近畿及び九州に集中している（図２－12）。これらは環濠を周囲に回した大規模な集落遺跡であるが、特に住居が密集した大集落遺跡や水田址を残した集落遺跡に注目すると、北部九州を中心とした近畿以西に絞られてくる。

日本列島は、古代から絶え間なく火山が噴火し何度も火山灰が降り注いでいるが、特に多量の火山灰が積もった場所には「黒ボク土」が生成した。黒ボク土は、火山灰に有機物が腐食として多量に集積したことで形成された土壌で、リン酸塩との結合力が極めて強く、一度結合すると容易に開放しない特性を持っているため、植物がリン酸欠乏となって生育が極めて悪くなる。これが、農耕地としての開発を困難にしてきた。このことに注目して、藤原彰夫（土壌肥料学）は、水田稲作が最初に北部九州に定着した理由と瀬戸内海の平野を経由して機内へ到達したことについて、次のように言っている。

「北部九州は火山灰の影響が少なく、水稲が作りやすい土壌である。このような土壌は、北九州を回って国東半島近くまで続くが、黒ボク土の壁に阻まれ南下できない。初めて唐津に定着した水田稲作は、糸島・板付を経て宇佐から海を渡って瀬戸内海へ向う。瀬戸内海の平野部は、土壌が稲作に絶好な条件であったため急速に開田が進み東進して、短期間で大阪や奈良付近に到達した。機内地方も黒ボクではなく、ケイ酸質の土壌が広く分布していたために、水田稲作が定着し大和朝廷の基礎となった。このあと、近畿から東海まで進むとまたしても黒ボクの壁に阻まれ、水田稲作の拡大が停滞し、この地から関東やそれより以東への伝播が大幅に遅れた。」

（藤原彰夫「土と日本古代文化」一九九一）

この藤原説を具体的に黒ボク土の分布上で追跡してみると、弥生時代の大規模集落はまさにその経路上にある（図2−13）。また、出雲地方は、記紀で大国主神が支配する葦原中国《あしはらのなかつくに》といい「大国主の国譲り」の舞台である。古くから栄えていたことは、妻木晩田《むきばんだ》遺跡の他に荒神谷《こうじんだに》遺跡（弥生中期後半）、青谷上寺地《あおやかみじち》遺跡（弥生前期後半~弥生後期）等の出土が裏付けている。

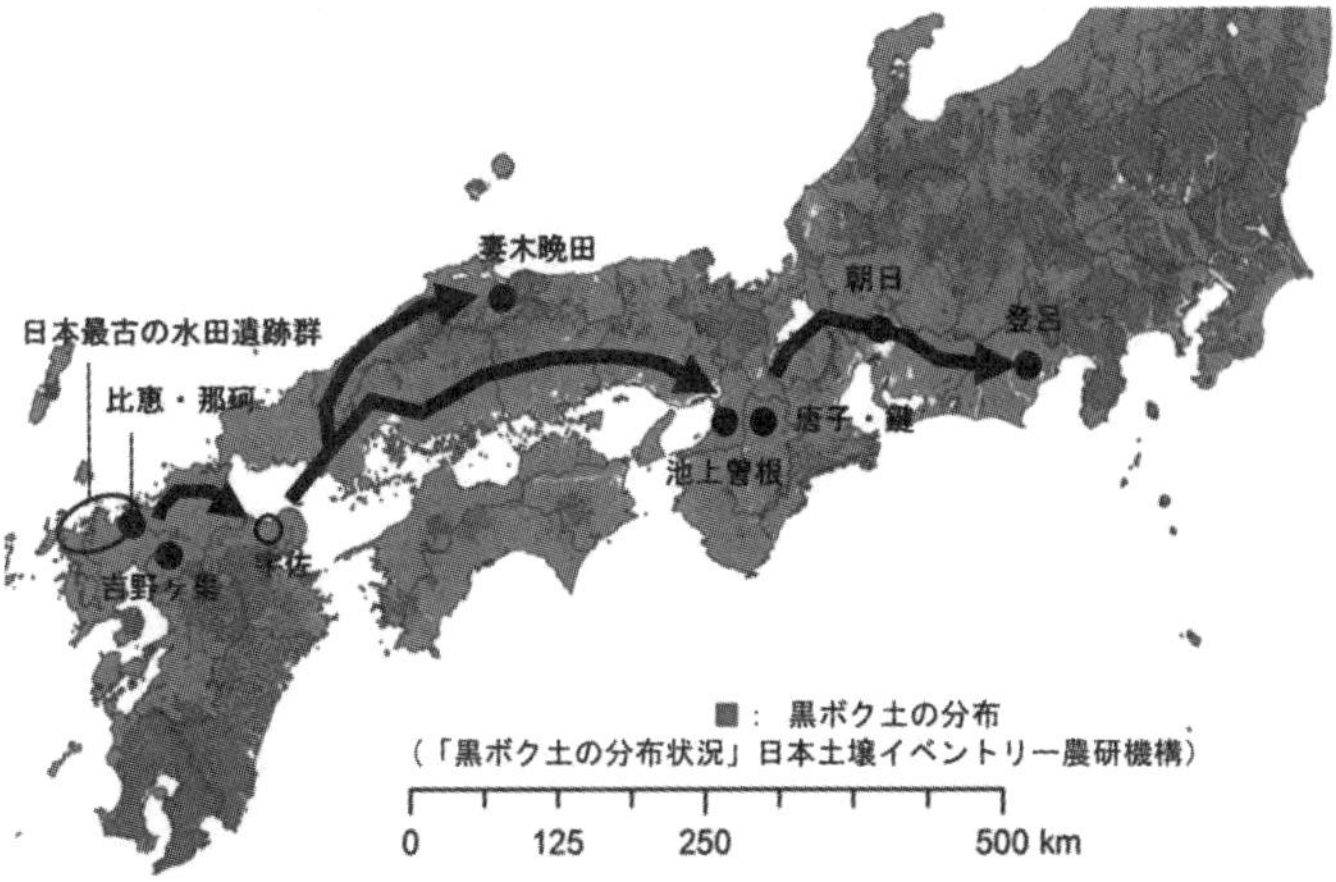

注：伝播経路は黒ボク土分布以外の地域で平坦な地形沿いに進んでいったとする経路を推定したもの。

図2-13　黒ボク土と水田稲作の伝播経路（推定）

北部九州から妻木晩田への伝播経路は、藤原説を適用すれば宇佐から周防に渡り、黒ボク土が少ない日本海沿岸地域を伝播して、出雲へ到達したと考えられる。

弥生時代の大規模集落遺跡は瀬戸内海沿岸の平野にない。理由は明らかではないが、小集落単位で容易に水田稲作ができるほど土壌がよく、十分な水利が得られたのであろう。宇佐からは短期間で近畿に達したのではないか。

朝日遺跡は弥生時代前期（前三五〇〜前一五〇頃）には集落があった（埋蔵文化財愛知44）。一方、登呂遺跡は紀元前後の集落遺跡で、扇状地上の微高地にあったと言われている（静岡市立登呂博物館）。愛知以西は弥生時代の到来が早く人口の増加も著しかったが、東海では二〇〇年〜三〇〇年間足踏みをし、北陸・関東までへ達するにはさらに長期の時間を要したのである。当然、弥生の社会構成は遅れていった。弥生時代の列島は、西日本を中心として社会が動き出し、国ができていったと考えてよい。

北部九州の国々

北部九州には、弥生中期末から後期初め頃、首長（王）が君臨する国（地域）が出現した。多少の時代のずれはあろうが、松浦川地域（桜馬場王墓・中原王墓）、糸島地域（三雲南小路王墓・井原鑓溝王墓・平原王墓）、室見川流域（吉武高木王墓）、那珂川・御笠川流域（須玖岡本王墓）に大規模集落を中心とした国があったことが知られている（図2－14）。これらの大規模集落は、いずれも水田稲作の伝播経路上に位置し、水田稲作を生業とする人たちが集落を作りやがて大集落へと成長していき、国々が成立し王が出現した、というこれまでの説を裏付ける。

王墓群は、弥生前期から弥生後期の墓と言われ、副葬品が豪華でいずれも鏡・剣・勾玉（「三種の神器」）が副葬されていた（表2－2）。弥生時代に「三種の神器」が副葬されているのはこの7基だけで、中四国・近畿やそれより東の地域にはない。

「三種の神器」が歴史上に現れるのは、古事記・日本書紀である。天上界を治めている天照大神が地上世界を治めるために降臨させた瓊瓊杵尊（天照大神の孫）に、唯一絶対の支配者の証として宝物（日本書紀では八坂瓊曲玉・八咫鏡・草薙剣）を授けたと記してある。神武天皇

図2-14　弥生中期～後期初めの大規模集落と王墓

が奈良に開府して以来、綿々と続いている最高権威が、少なくとも弥生時代中期に北部九州で根付いていたのである。なお、「三種の神器」という名称は、古事記・日本書紀では使っていない。後年の造語であろう。

王墓の副葬品の特徴からすれば、糸島地域にある三雲南小路王墓・井原鑓溝王墓・平原王墓は同族と考えられる。また、糸島からやや離れているが、副葬品の豪華さから言えば須玖岡本王墓も三雲・井原の王たちと同族か同じ系譜の王なのかもしれない。

糸島の王たちがいずれも「三種の神器」を副葬していることについて、特定の宝器が代々の王に引き継がれていくのであれば、銅鏡だけを数多く入れておく必要はない。

殷（前一六〇〇頃～前一〇四六）では、豪華で精緻な壺、鼎、酒器などの青銅器を多量に製作し、王の正統性の保証や王権発揚を目的として行う祭祀・儀礼で、臣下や民に公開するなどして使用した（落合淳思「殷」

表2-2 「三種の神器」を副葬する王墓

王墓	弥生時代	墓の特性	棺	銅鏡	勾玉	武器
吉武高木	前期末～中期後	特定集団墓	割竹木棺墓	1	1	銅剣1
三雲南小路1号	中期後半	特定個人墓	甕棺	35	ガラス3	銅剣1・銅戈
井原鑓溝	中期後半	特定個人墓	甕棺	21	不明	鉄刀・鉄鎧
平原	後期後半	特定個人墓	割竹木棺墓	40	ガラス	素環頭大刀1
須玖岡本	中期中～後期中	特定個人墓	甕棺	30	ガラス1	銅剣2以上
中原	後期後半～終末	特定個人墓	甕棺	3	1	鉄剣1
桜馬場	後期前半	特定個人墓	甕棺	2	ガラス	鉄刀・鉄矛

注：王墓の年代、棺型式、副葬品類は「常設展示図録」糸島市伊都国歴史博物館（2011）、発掘調査報告書等によった。

二〇一五）。平原王墓には多数の銅鏡が出土しているが、その中でも特別に作った複数の大型銅鏡（仿製鏡）があり、被葬者の女王は、祭礼・儀式で効果的に使用していたことが知られている。この時代の銅鏡は、殷と共通する政治的利用がなされていたと考えてよい。

一方、吉武高木王墓は銅鏡が1面である。銅鏡の種類は多鈕細紋鏡で前七～前六世紀の中国遼寧地方に起源を持つと言われているが、日本での出土事例から見ると前二五〇年～前一五〇年（弥生前期）と推定される。弥生前期は前漢初期にあたり、倭人が朝貢を始める時代であり、交易が盛んになってから銅鏡が徐々に舶載してきたと考えれば、副葬品の中に銅鏡があること自体が珍しい。被葬者は、数少ない銅鏡を副葬できる大王と言われるべき人物であったのだろう。

棺に豪華な副葬品を収めるのは、被葬者が死後の世界でも王として君臨できるよう宗教的な意味があったと考えられる。王墓の共通する要素として「三種の神器」が揃えられているのは、偉大な王であったことを示す宝物を副葬するという一定の儀礼として確立していたことが窺える。糸島に隣り合う唐津の王墓にも「三種の神器」が出土しているのは、そこに国があり王がいたということである。

王権の存在が、一つの地域ではなく複数の地域で共通の意識としてあったことは、集落群があり社会的な階層が存在していたことを示すもので、国の形ができていたことの証明でもある。弥生中期終わり～弥生後期初めの北部九州では、倭国が成立する直前の国々が競合していたのである。

同時代の奈良盆地

北部九州では、弥生前期から弥生中期に国ができそこに王が出現していたが、その時代の近畿では国が成立していたのだろうか。大和朝廷が生まれた奈良盆地について、古地形を復元しつつ状況を見てみる。

国土地理院は、縄文時代の奈良盆地には広い「水域」があったことを報告しており、平安・鎌倉時代まで盆地下端に残していたという（国土地理院時報二〇〇〇）。「水域」は地形分類で「水面」を意味しているので「古湖」と同じ意味にとれる。一般的には、この「水域」は「古湖」と見なされており、奈良湖（または大和湖）と呼ばれている。国土地理院が呼ぶ「水域」はその広さから言って湖であるので、「奈良湖」と呼ぶのが適切である。

古事記・日本書紀や古文書には奈良湖の存在を示す記事がない。地質学的、地理学的には確実に古湖があったというのに、である。おそらく、この地を支配した大和王朝にとって奈良湖の存在は自然であり、至極当たり前のことであったのではないか。開拓にそれほど苦労しなかったこともあるのであろう。

奈良湖が形成されたのは有史以前であり、縄文時代前期の七〇〇〇年前〜五五〇〇年前には奈良盆地を広く湛水していたと言う。平安時代・鎌倉時代に入って小規模ではあるが残っている。平安・鎌倉時代の「水域」が湿地か沼地であったかは不明であるが、大和川下流で多少残っているのであるから、ある時代に突然消滅したのではない。

奈良盆地に人が定住し始めた痕跡が発見されるのは縄文時代からで、晩期（前一〇〇〇〜前三五〇）には集落が出現したと言われている。おそらく、その時代の奈良湖が人々の目にした最大湖の風景であろう。その約一〇〇〇年後の弥生前期（前三五〇〜前一五〇）では、湖面高が低下し低湿地が広がるとともに、人々は徐々に利用可能な土地へ移動し、集団となって居住し始めている。奈良盆地に縄文水田の遺構が出土していないので、水田稲作は弥生前期にこの地に伝播してきたのだろう。

奈良盆地に降る全ての雨は大和川に集まり、天王寺町付近から生駒山地を抜けて大阪湾へ流出する。大和川が生駒山地を抜ける区間は狭隘な地形で、特に狭いのが「亀の瀬」と呼ばれる区間である。国土交通省によれば、「亀の瀬」の右岸側は、明神山の噴火に伴う地殻変動により、隆起と沈降の繰り返しで溶岩が緩やかに傾斜したが、旧溶岩と新溶岩の間ですべり面が形成さ

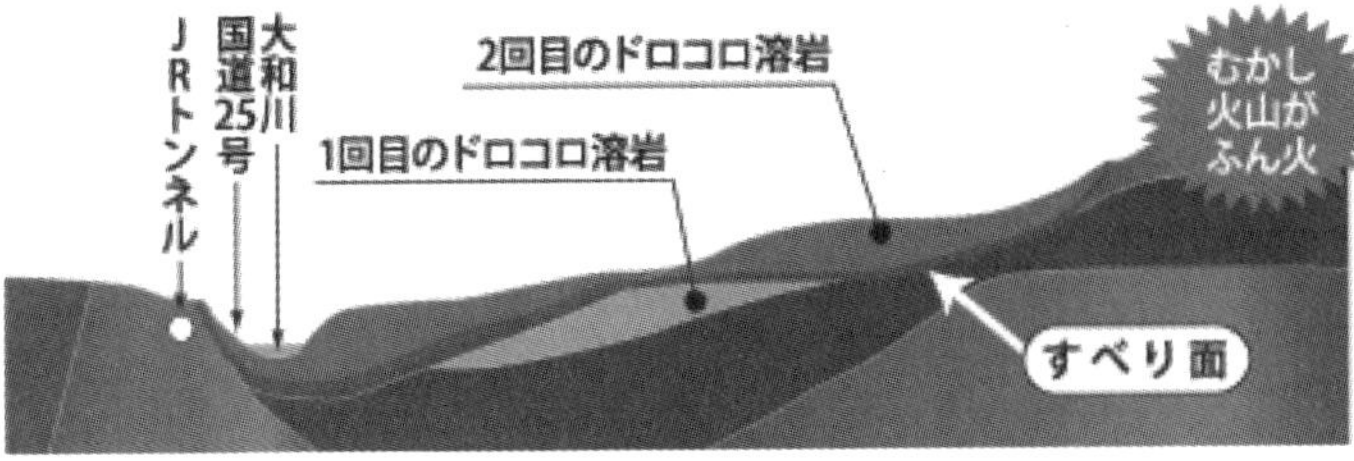

出典：亀の瀬「滑りやすい亀の瀬の地質」（国土交通省大和川河川事務所HP）

図2-15　亀の瀬地点の地質縦断面

れており、現在に至っても大規模地すべりが発生する可能性を持つと報告している（図2－15）。

「亀の瀬」の地すべり構造に注目し、縄文晩期の気候寒冷化に伴う異常気象により、亀の瀬地域で大規模な地すべりが発生し大和川が堰き止められ、自然ダムが形成され「堰止め湖」になったのが奈良湖であるという説がある。

奈良湖は奈良盆地を囲む山々を分水嶺とし、降った雨が流水となって半すり鉢状の低地に集まる地形的特徴を持っている。「亀の瀬」に流水を堰き止める構造物が出現すれば、その堰止め高相当の湖面を持つ湖が形成されるのは自然である。しかし、湖面は縄文時代～平安・鎌倉時代の長い時間をかけて縮小していくのであるから、亀の瀬を堰き止めていたのは堰堤を持った自然ダムではない。自然ダムであるならば洪水によって堰堤が越流崩壊するので、堰止め湖は長期に存在しえない。地すべりによる土砂は、堆積面を河床とし峡谷を河岸とした河道を亀の瀬区間に形成させたのである。毎年の洪水による掃流力で亀の瀬区間の河床高（堰高）が低下し、その後の地すべりによる土砂補給を加えながらも、徐々に湖面高が低下した。そう考えれば平安・

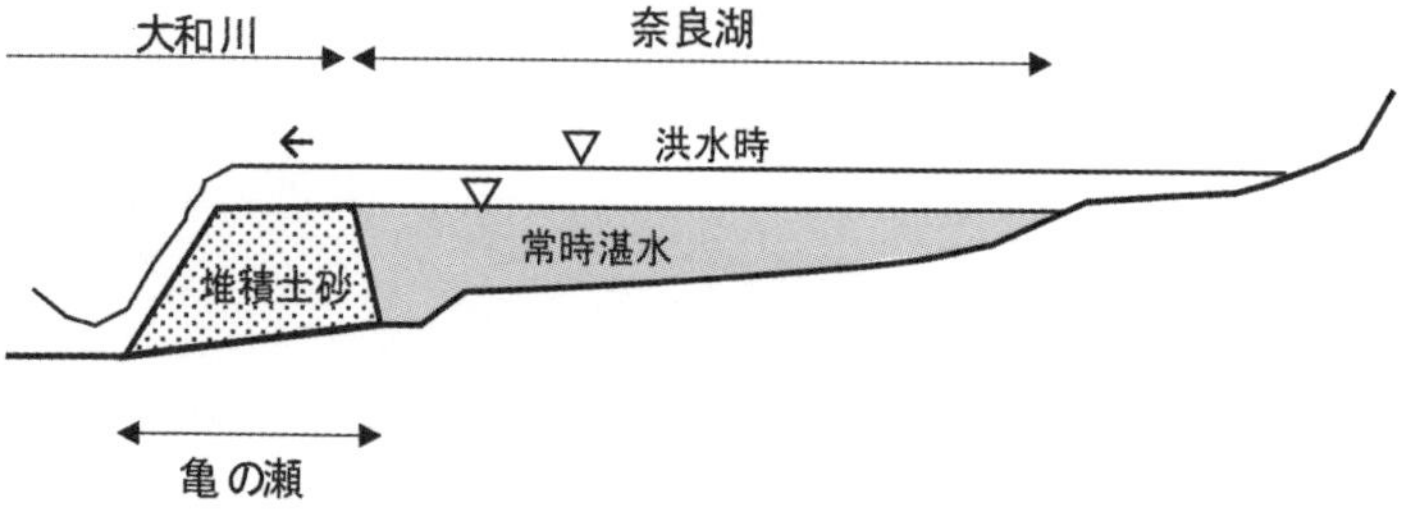

図2-16　奈良湖の縦断モデル

鎌倉時代（八世紀以降）まで「水域」が残っていることが理解ができる。また、奈良湖が流出土砂を沈下させるため、亀の瀬区間はずっと洪水ごとに河床低下していたはずである。一方、奈良盆地に降った雨は、出口が「亀の瀬」を通る河道しかないので、湖を一池の湛水モデルで表すことができる（図２－16）。このモデルを使い、湖水面（常時湛水域）を推定してみる。奈良盆地は大和川に向かって緩い勾配を持つ平地であるが、縄文晩期には農作が行われていた形跡がある。奈良湖は生活用水や農水の水源となるので、利用に便利な湖岸に近い位置に集落が集まるのが自然である。最も低い地盤に位置する集落跡付近に湖面があったと考えてよい。また、平地にある遺跡群は低めの微高地に点在していることを鑑みると、当時から大きく盛土されたとは考えにくく、現地盤高とそれほど違っていなかったろう。

縄文晩期～弥生時代の主な集落遺跡の位置からみて、縄文晩期では池尻遺跡（TP＋53・5m）、弥生前期では保津・宮古遺跡（TP＋45・9m）が最も低く、当時の湖面高に相当していたと考えられる（図２－17）。保津・宮古遺跡は弥生前期～後期までの土器・

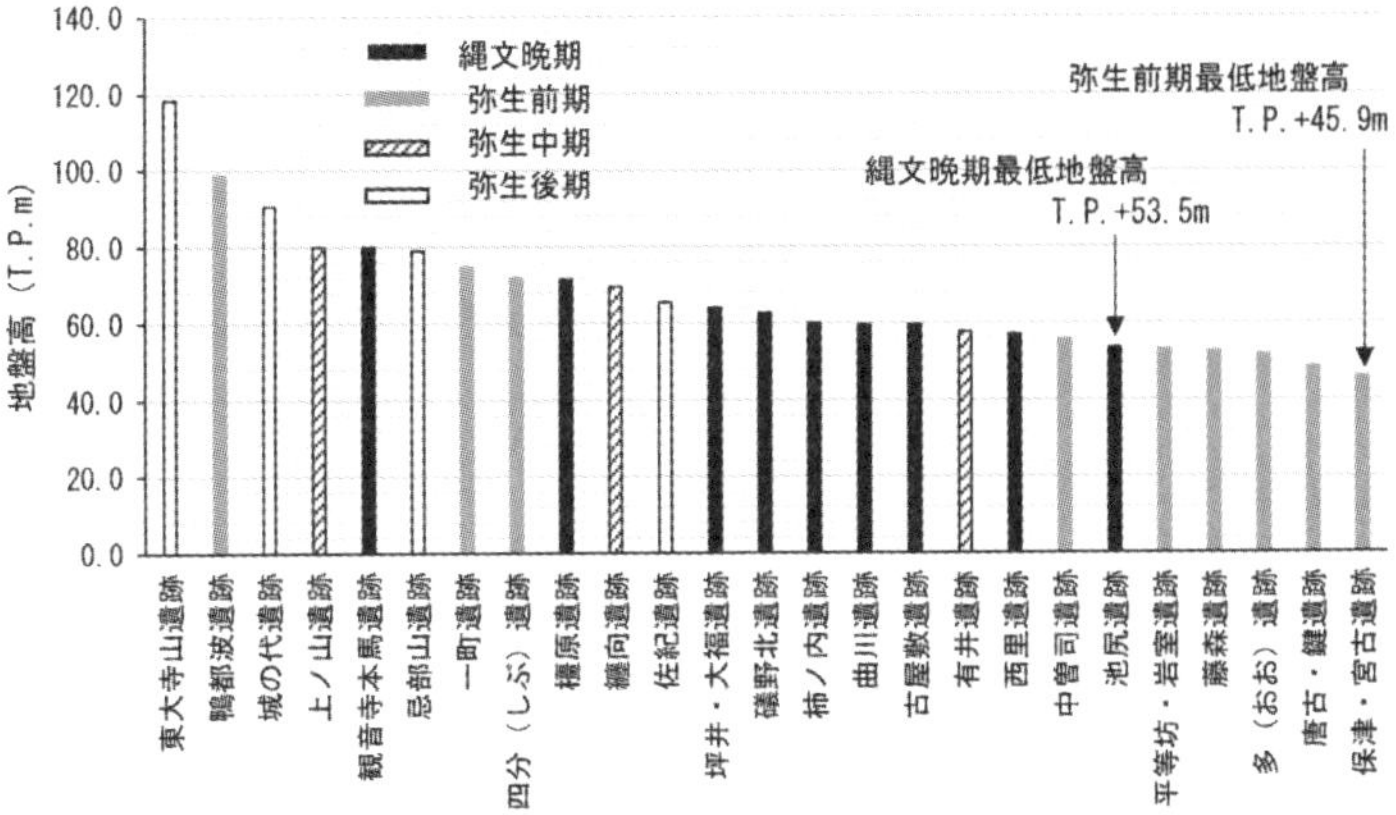

図2-17　集落遺跡の地盤高順位

石器が出土しており、弥生前期初めにはこの地に集落が成立していた（保津・宮古遺跡発掘調査報告書二〇一三）。奈良盆地では縄文晩期で既に定住の気配があったことから池尻遺跡が前一〇〇〇年頃とすると、弥生前期初め（前三五〇年頃）までの六五〇年間に湖面高が7・6m（年平均1・2cm）低下したことになる。弥生時代を通じて、地すべりによる土砂を排除し大和川を開削することなど、技術的にも経済的に無理がある。できたとすれば、大規模工事となるので古事記・日本書紀に記事があってよいはずが、何もない。であるから、この後も同様の速度で徐々に河床が低下していったと考えてよい。後期末葉（一七〇年頃）には湖面高が、TP＋39・7mとなる。縄文晩期の奈良湖は巨大な湖であったが、徐々に範囲を狭めていったと推定される（図2－18）。

湖面の面積は縄文晩期で約88㎢であったが、弥生後期末葉で約6㎢まで小さくなる。水面下にあった約82㎢が利用可能地になったのであるから、費用最小で大規

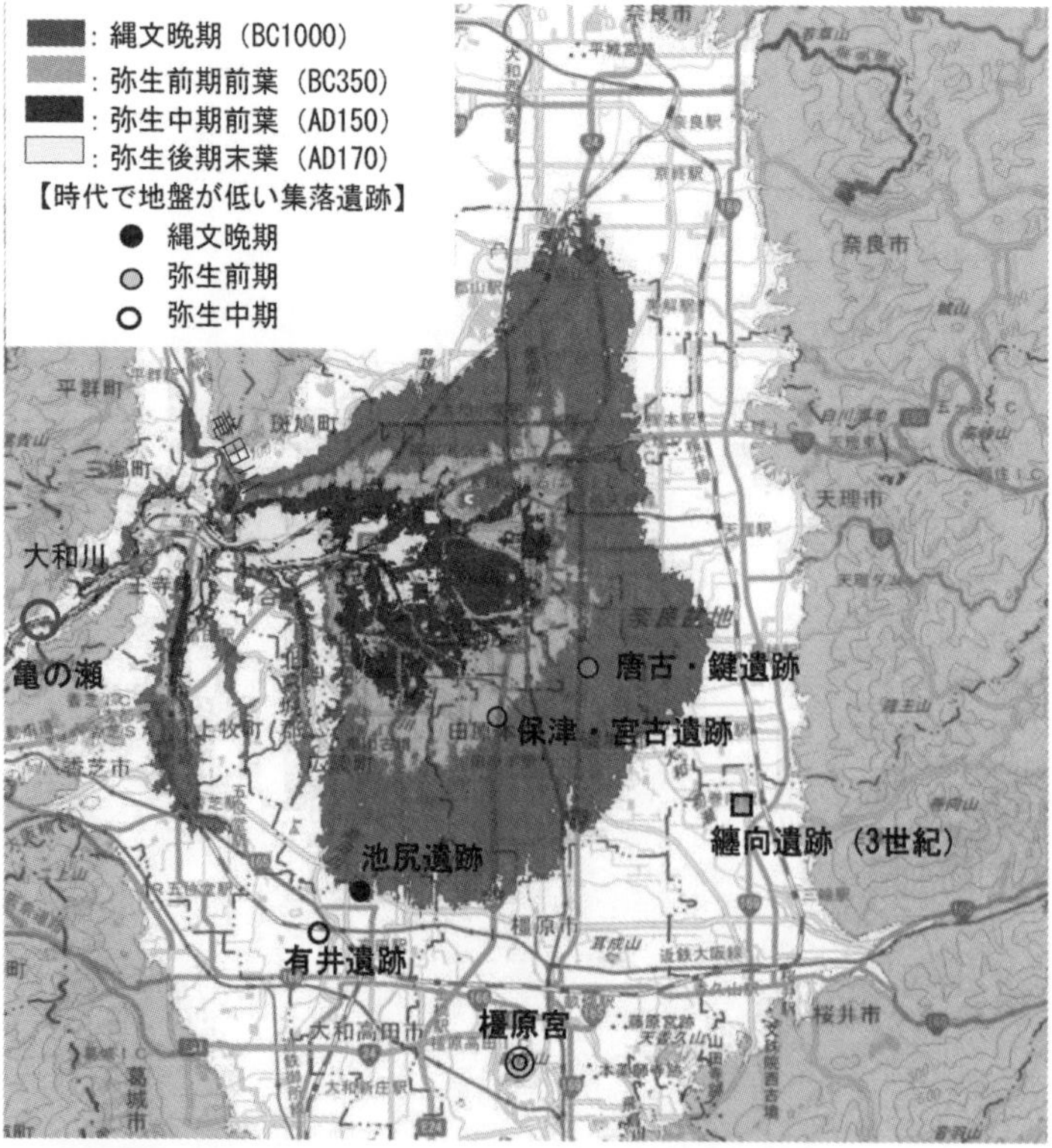

注：湖面の範囲は国土地理院web「自分で作る色別標高図」で作成したもの。

図2-18　奈良湖の時代別範囲（推定）

模な干拓地が生まれたことになる。

　奈良湖の湖面高は、亀の瀬の水位で決まる。洪水が発生すれば水位が上昇し湖面が大きく拡大するので湖岸の農地は浸水被害を受ける。奈良盆地の最大集落遺跡の唐古・鍵遺跡は、保津・宮古遺跡より2・5ｍ程度高い地盤上にあるが、大洪水が発生したときには唐古・鍵遺跡への浸水もあったろう。しかし、奈良盆地は中小の支川が発達しているので、上流で取水し水田に掛け流していけば効率よく灌漑ができる。干ばつになれば湖が自然の貯水池となり、汲んで水田に運ぶこともできた。水田稲作には有利な地域なのである。人々は自然地形を利用して奈良湖を中心とした水田開発をしてきたに違いない。

弥生中期に至ると湖面の水位がさらに低下したはずであるが、新たな集落が進出した気配がなく、弥生前期に立地した集落が大規模集落へと発展している。その理由は、湖面低下によって出現した新たな土地を農地化して収量を増加させ、洪水時の浸水リスクを避けて微高地の居住地域を拡大した、と考えたほうが合理的である。奈良盆地は稲作に適した自然的条件下と人口増加に応じた農地が得られた結果、先行して定着した集落が大規模化し、後発の集落との競合が少なかったのではなかろうか。

奈良盆地には著名な纏向《まきむく》遺跡があり、大和朝廷の中心地ではないかと考えられており、邪馬台国との関係も取りざたされている。しかし、纏向遺跡の出現は、三世紀初頭に突如出現し四世紀初めに営まれた大規模集落跡と比定されており、北部九州の王の時代を遥かに下り、歴史的な連続性がこの地にあったとする古事記・日本書紀は、説得力に欠けるのである。

第三章　古代史の時間軸

1　日本書紀と古事記

歴史の実年代

この国の古代については、正史である日本書紀と正史になれなかった古事記を除いて語ることはできない。この二書（以後「記紀」と称する）は、天皇の勅令により編纂された国書であり、この後の日本国史の骨格となっているからである（表3－1）。

記紀は、大きくは「神代」と「天皇記」に分けて編纂されているが、そもそも「神代」をよしとしない歴史家や科学的合理性を持たない記事が殆どで信頼に足りないと断ずる歴史家も多い。虚実混交の正史をもって古代日本の歴史とするのはいかがなものか、ということである。

古代において国の正史というのは、作らずにはいられない社会的な要件が必ずと言っていいほど背景にある。日本書紀が編纂された背景には諸説あるが、隋・唐の強国の出現が東アジア諸国と影響しあう中で古代国家へと成長する過程があった、と解説されているのが一般である。具体的にはどのような状況を言うのだろう。

この時代の大和朝廷は、乙巳の変（六四五）や壬申の乱（六七二）という政変や内乱が起き、外交では唐との戦いで大敗を喫すなど混乱していた。唐の国域拡大政策が東アジアの動向に大きく影響を与えている中で、これに見合った国家体制の再構築と敗戦後にいち早く独立国とし

表3-1　日本書紀と古事記

	勅命	編者	期間	成立年	備考
日本書紀	天武天皇（681年）	舎人親王、他	神武天皇〜持統天皇（BC711〜703年）	720年	元正天皇へ献上。日本国正史となる。
古事記	天武天皇（672年頃）	太安万侶、稗田阿礼	神武天皇〜推古天皇（BC711〜628年）	712年	天武天皇崩御（686年）で中断。711年（元明天皇）に再開。その後廃棄された。

て復帰し、内外ともに統一国家をアピールすることがこの国が存立するための最優先課題であったということなのだろう。日本書紀は、現政権が正統性を持った整然とした国家であることを記述するだけではなく、国の民が奮い立つようなものでなければならなかったはずである。

このため、記紀の内容には、天皇の華やかな系譜や事績を積み上げ、この国で起きた事実を捏造することはないが、王朝にとって不利益となる記事の削除や主体の入れ替えなどはあったであろう。戦後になってから、この点を多くの研究者が指摘した結果、日本書紀の正確性を疑われてきたが、最近、多方面にわたって多くの研究者が真剣に取り組んできたこともあり、日本書紀の編纂の実態が次第に明らかにされつつある。

日本書紀は編年体を採用し年号が付記されているので、記載されている事績を実年代（西暦）で知ることができる。このことには、中華王朝の正史や及び歴史書等と比較でき、考古学で得られている事実と突き合わせることで、この国が創成された時代の実情を追跡することを可能とする。日本の古代史は、記紀にある事績の実年代を時間軸とし、これまでの歴史的な研究成果を踏まえつつ、考古学的な成果を並列させながら事実を繋いでいくのが最良の道であろう。

日本書紀編纂の背景

大和朝廷が中華王朝へ遣いを送るのは隋の時代からで、それ以前はない。唐の時代になって初めて国際国家として名を刻む。とすれば、七世紀から八世紀初頭は大和朝廷にとって歴史上最大の転換期であったに違いない。中華王朝の統一は、朝鮮半島へも支配力が及ぶことであり、諸国に混乱をもたらし、それがまた大和朝廷を揺るがしたと容易に想像がつく。まずは、この時代の朝鮮半島がどのような状況であったのか、整理してみる。

後漢の滅亡から三国時代・南北朝時代の約三〇〇年続いた混乱は、隋（五八一〜六一八）の統一によって終わる。朝鮮半島では百済と新羅が、互いにけん制しながら高句麗と争っていたが、六〇七年に百済が、翌年に新羅が高句麗出兵を隋に要請した。これを受けて、隋の第二代皇帝煬帝は、六一二年大軍をもって高句麗へ出兵する。隋は高句麗に対し陸戦、水上戦の攻撃を加えるが、各所で撃破され、征服することができずに、同年、撤退する。その後、隋の攻撃は三度行われたがいずれも撃退された。

隋が四度目の高句麗出兵を準備しているとき、中国全土で農民の反乱が起こり、王朝が崩壊した後、隋の重臣であった李淵（在六一八〜六二六）が即位し、唐を開いた。唐は初め大陸の征服を進め、太宗（在六二六〜六四九）になると蛮夷に目を向けるようになる。六四〇年に西方を評定すると、朝鮮半島への侵攻を始める。太宗は、煬帝と違い朝鮮半島支配に向け、慎重かつ計画的に準備を進めていた。この時代の朝鮮半島は、南部に任那（倭国）があって、境界を接する新羅・百済と南下する高句麗が互いに争い、政治・軍事的に統一できる要因が全くといっていいほどなかった。新羅・百済・高句麗の対立は民族統一の方向性を持たず、それぞれの国が自国の拡大のみ傾注し、倭国や隋・唐を政治的・軍事的に利用しようとしていた（井上秀雄二〇〇四）。

唐は、この三国対立を利用して高句麗討伐の機を狙っていた。六四三年、新羅は高句麗・百済連合軍により各所で城が奪われ再び危機に陥り、唐へ救援軍を要請した。唐はこれを受け、六四五年に高句麗へ侵略政策するが勝てず、その後、三回の遠征を行うも失敗している。六五五年にまたもや新羅は高句麗・百済の連合軍に攻撃され、再び窮地に陥り、唐に援軍を要請した。唐は、新羅の救援要請を入れて六六〇年三月に水陸一三万の大軍を動員し、百済軍を破り、新羅軍五万は百済軍を各所で打ち破った。同年十二月、百済の義慈王は皇太子らとともに新羅・唐軍に投降し百済が滅びた。この後、百済に向かった日本の救援軍は六六三年、白村江で待ち伏せていた唐の水軍と合戦し大敗を喫すのである。

大和朝廷は任那を朝鮮半島の国境として、百済・新羅・高句麗と外交（討伐を含む）を展開していたが、唐が朝鮮半島へ侵攻すると、圧倒的な軍事力で各地の城を撃破し、その圧迫から三国は入り乱れて離反集合を繰り返すが、各国とも強かで相互いに国境を争い、任那は百済・新羅によって徐々に簒奪されていく。また、唐が侵攻していた時期に大和朝廷への援軍要請は、百済と高句麗からで、百済が六六一年、翌年には高句麗が援軍の要請をしてきたが、いずれも

表3-2　唐軍侵攻時の朝鮮半島諸国からの援軍要請

	年次	西暦	事績内容
孝徳天皇	6	660	9月百済達率沙弥覚従は、新羅が唐軍を引き入れ百済を滅亡させたことを奏上す。
			10月百済の佐平鬼室福信は唐兵の捕虜を献上、救援要請す。
斉明天皇	7	661	8月前軍将軍大花下阿曇比羅夫連ら後軍大将大花下安倍引田羅府ら百済救援す。
			9月大山下狭井連檳榔ら軍平5千余で豊章を百済に送る。
天智天皇	1	662	3月高句麗は唐・新羅連合軍に攻められ日本に援軍を求めたので将兵送る。
	2	663	3月前軍上毛野君稚子ら・中軍巨勢神前臣訳語ら・後軍阿倍臣比羅夫ら新羅攻撃す。
			8月白村江で待ち構えていた唐軍（船団）により日本軍1万余は壊滅する。

註：日本書紀巻25、26、27を整理したもの

唐軍の圧倒的な強さによるもので、新羅は戦局に影響を与えていない（表３－２）。大和朝廷は、朝鮮半島の支配力が低下する中で、しきりと百済と往来しており、救援軍を送るなど同盟国に近い状況にあった。

　ここで注意したいのは、大和朝廷の外交関係である。隋書や旧唐書には、倭国からの遣隋使・遣唐使はあるが、大和朝廷が遣わせた使者の記事がない。

　国交は、それぞれの権力者がその支配政策の一環として行うもの、交流とは次元が異なるものである（井上秀雄二〇〇四）。この定義に従えば、七紀半ばに中華王朝と国交があったのは、倭国なのであるから、百済・新羅・高句麗の三国が、諸侯王でもない大和朝廷に救援を求めることはない。朝鮮半島に救援軍を送れるのは、国際的に独立国家と認められている倭国しかないのである。大和朝廷の日本国が、唐の文化に準じた律令体制が整い、外交において唐の儀礼にあった行動規範が確立され、唐皇帝から冊封されるのは八世紀初頭であるので、七世紀にはこのような事績

は起こり得ない。その理由は何故か。日本書紀は、当然ながら大和朝廷を主体として外交の経緯・事績を書き連ねているが、倭国の外交を自らのものとして取り込んでいるために、歴史的な不条理が生じているのである。

そこで、中華王朝の外交の基本姿勢を下敷きとして、隋書・旧唐書にある倭国の朝貢の記録から日本書紀の外交事績を分離し、時系列で区分してみた（図3－1）。

倭国は、前漢・後漢から魏、西晋、南朝宋と歴代王朝へ朝貢してきたことがわかっている。五八一年に隋が成立したが、六〇〇年には朝貢を始めた。目的は仏教の最新教義の習得であった。隋から唐に代わり、唐の侵攻により朝鮮半島が激越な戦場となると朝貢が中断する。唐は、百済・新羅・高句麗の覇権闘争に終止符を打ち、六六九年、六七一年に倭国の筑紫都督府へ、それぞれ二〇〇〇人余を上陸させている。占領政策を担う官吏たちと護衛する兵が進駐してきたのである。この事績が倭国と唐との外交の最後であり、以後の中華王朝の正史にも出現しない。

大和朝廷は推古十五年（六〇七）に小野妹子らを隋へ遣わせている。この初めての中華王朝への朝貢は、摂政である聖徳太子が主導したことはよく知られている。この頃、聖徳太子は、推古十一年十二月（六〇三）に冠位十二階を制定し、推古十二年四月（六〇四）には憲法十七条を発表し、天皇をトップとした中央集権体制を明確にした。この体制を実際に動かす根本の思想を仏教に求めたが、最新の教義を隋で習得しようとしてまず妹子を遣わせた。大和朝廷の

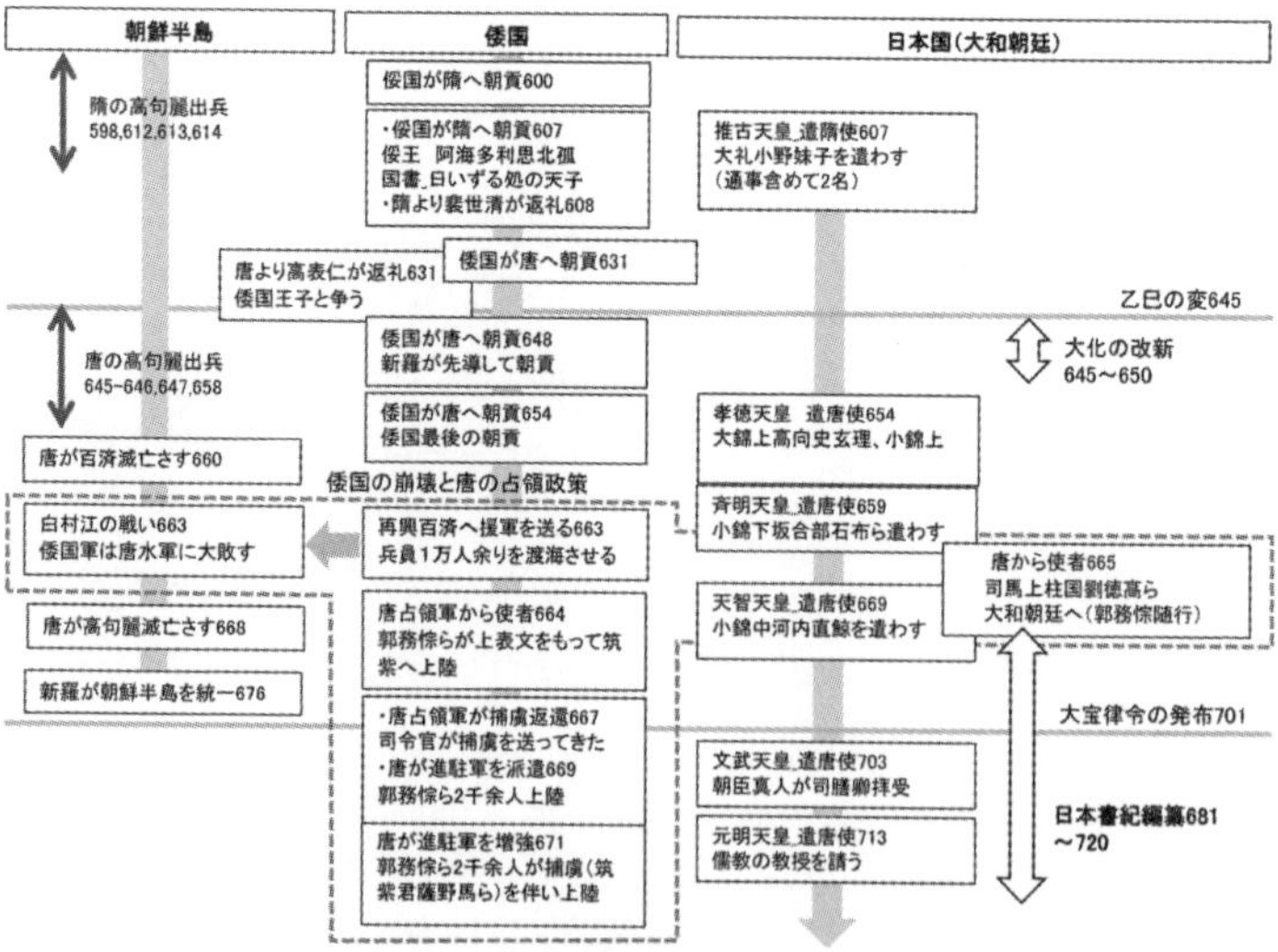

注：倭国の事績は、隋書・旧唐書及び日本書紀で倭国に関連する事項を選択し編集した。俀国は、多利思北孤が自称した国名であるが、倭国のことである。また、日本国の事績は、日本書紀から倭国の事績を除いて編集したもの。

図3-1 隋・唐との外交時の時系列（日本書紀を基本として）

最初の朝貢は、聖徳太子の内政上の政治的決断により実行されたのである。しかし、この時点では日本国は、まだ成立していないのだから、大和朝廷から単独の遣隋使を送ることはできない。遣隋使に同行するために倭国をどのように説得したのか、聖徳太子には外交的な手腕もあったのだろう。

それから約四〇年後、孝徳天皇の時代に中大兄皇子（天智天皇）が主導する大化の改新が発布（六四六）される。大化の改新は、それまでの有力豪族が主導する政治体制から、天皇を頂点とする中央集権体制に転換する一大事業であった。実際には、遣隋使や遣唐使が大陸の最新情報を持ち帰り、これを手本として政治改革を進めていったと言われている。

中大兄皇子はこのような政治・制度の改革途上で、白村江の戦いで唐に敗北し崩壊した倭王朝を目の当たりにしたのである。この時期、政権を引き継ぐことになった大和朝廷の動向について日本書紀は何も語らない。また、敗戦後の倭国について説明できる史書がなく、歴史学分野でも諸説があり、よくわかっていない。

百済への救援軍の派遣は、唐にとって敵対行動そのものであるから、敗戦後の倭国に対し厳格な占領政策が行われたに違いない。しかし、占領政策が大和朝廷に及んでいないのであるから、朝鮮半島には関与していなかったとみてよい。図3－1に示したように朝貢の事績は、倭国と並行して別途の使節団を送っていて、中断していないこともこれを証明している。それでは、どの時点で政権が倭国から大和朝廷へ移ったのだろうか。天武天皇が日本書紀の編纂を命じたのが天武十年（六八一）であるので、それ以前であることは確かであり、唐が筑紫都督府に進駐した六七一年から六八〇年頃ではなかろうか。

天智天皇が崩御すると王朝内で権力闘争（壬申の乱）が勃発したが、弟の天武天皇が王権を奪取した。天武天皇は、即座に国史編纂に着手する一方、大化の改新を継続し国内統治のための刑法による罰則（律）と中央集権国家を司る太政官制度（令）を取り入れた律令制度の発布を目指す。日本国の統一宣言を最優先課題とし、唐から国際国家の承認を得ることを外交の目標としたのである。天智天皇の改革とそれを引き継ぎ、中央集権体制を実現させた天武天皇には政策の軸にブレがなかった。二人の天皇は、結果として国難を乗り切ったのである。

こうしてみれば、大和朝廷の歴史上最大の転換期とは、聖徳太子の新しい思想に基づいた国土の建設に着手したことであり、まさにその途上において、倭国が滅亡したが、危機的混乱を収拾し、その後の発展に至る律令制度の整備に力を尽くした天智天皇と天武天皇によって日本国が成立した、ということであろう。

中華王朝では、国家統一を果たした天子が、自らの系譜に合わせて前王朝の歴史を編纂し、権力を継承することの正統性を正史によって論ずることを常としてきた。天武天皇はこれに倣い日本国正史として日本書紀を編纂したとされるが、倭王からの王権継承には全く触れず、神武天皇を始祖とし、歴代天皇を中心とする事績に仕立て上げ、日本書紀を成立させた。中華王朝の正史とは似て非なるもの、と考えていいのかもしれない。

古事記の行方

日本国の成り立ちは、古事記と日本書紀で伝えられている。ともに天武天皇（在六七三～六八六）が命じて歴史を編纂したものであるが、日本書紀は大和朝廷の正史となり、古事記は廃棄されたが後年発掘され世に出たのである。

古事記は、稗田阿礼の記憶にある上古の歴史を太安万侶が書き記したものであるが、天皇の生前において完成を見ず、七一二年に成立した。日本書紀は六八一年に舎人親王を代表とする、今でいう委員会を立ち上げ、新たに編纂が開始された。天皇崩御後も継続され七二〇年に成立している。日本書紀が正式採用された後、古事記は所在が不明となったが、真福寺（愛知県）に残されていた写本（真福寺本「古事記」）が本居宣長門人でもあった尾張藩士の稲葉通邦により発見された（諸説あり）。真福寺は大須観音ともいい正式名称を北野山真福寺宝生院という。もとは南北朝時代に木曽三川の中洲（今の岐阜県羽島市付近）に築造されたが、慶長一七年（一六一二）に名古屋城下町の建設に伴って現在地へと移転した。真福寺本「古事記」は完本として最古のものであったが、一三七一年～一三七二年に上下巻に分けて写本された後、消失したという。現在の日本書紀は、平安初期（九世紀頃）の写本であるが、古事記は南北朝時代まで原本が残っていたのである。

大和朝廷にとって古事記は禁書であり、存在そのものが否定されるべきものである。しかし、六〇〇年後まで原本が残っていたのは何故か。日本列島における国家の創成期から平安時代までの永きにわたり、中華王朝の新しい芸術・文化や土木・建築などの工学的な技術・天文学などの最新科学技術は、主として隋や唐へ派遣された僧によって日本列島にもたらされた。この時代の僧は科学技術者でもあった。寺には経典・仏像の他、仏具、書籍、図録、美術画などが集まり、管理されていた。古事記は、後世に残すべき資料として真福寺に残されたのではないか。古代の僧らに与えられた使命は、仏法の信仰のみならず新しい文物の獲得があったことはこの国独特であり、歴史学上幸いなことであった。というのは、その後、経典や書籍は僧たちの仏法研究の基礎資料、各種の技術的資料として活用され、その延長線にあって日本書紀の事績を古事記によって検証でき、日本国の歴史研究を大いに発展させたのだから。

2　記紀の大きな相違点

記紀の特徴

古事記と日本書紀は同時代にほぼ並行して編纂された歴史書でありながら、編纂の対象範囲や様式など、本記においても相違する箇所が多いことがよく知られている。人名、人物像や臣下の違いなどの細かな点はひとまずおいて、古事記にはなくて日本書紀にある記事や大きく異なる事績は、編纂の様態（構成・様式等）だけではなく、本記にまで及んでいるのである（表3－3）。

日本書紀の様式は編年体で記してあるので、天皇が西暦で表せる年代を基本にし、歴代天皇の事績を年代で遡ることができる。古事記は編年体ではないので、天皇の

表3-3　日本書紀と古事記で注意すべき相違点

	相違する箇所	古事記	日本書紀
編纂の様態	様式	紀伝体の本紀にあたる。年代順に記してあり、寿命はあるが編年はない。	紀伝体様式で、事績は編年体で記述されている。
	編纂対象天皇	神武天皇～推古天皇	神武天皇～持統天皇
	序文	基本資料と編纂方法が記してある。	なし
本記	注記	主に言葉の意味を追記したもの。	「一書」など、他説を併記している箇所が多数。
	歌	同じ歌でありながら和語の音にあてた漢字が全く異なる。	
	神武天皇の東征最後の戦い	那賀須泥毘古が殺されたという事実はない。	瓊瓊杵尊が長髄彦を殺害して東征が終わる。
	景行天皇の熊襲討伐	なし	南部九州全域の征服経路と戦闘箇所が記されている。
	神功皇后の立ち位置	仲哀天皇の皇后。神武天皇死後政治を代行する。	皇太后となる。天皇と同格の扱いである。

主要な動きは日本書紀から類推するしかないが、両者が異なるところに何かしらの事実が隠されているのである。したがって、日本書紀で古代史を追跡しつつ、古事記との違いを分析することで実態を見極めるのは妥当な手段であると考える。

記紀の一番の違いは、最後の天皇である。古事記が推古天皇で終わっている理由には諸説ある。概ね、歴代天皇の系統（外祖父の系統を含む）が関わるという説が多いようだが、わかっていない。古事記は日本書紀に比べて簡素で外交についての記述も少ないが、二三代顕宗天皇までは主たる内容の充実度に大きな差はない。しかし、二四代の仁賢天皇以降は、継体天皇を除いて、天皇と皇后の出自と生まれた子たち、執政期間、陵墓の所在等だけの省略された内容となる。どう見ても未完である。正史編纂の意図とは異なってきたので途中、投げ出されたように見える。

文中にある注記の違い

古事記の注記は読み方に関するものや、例えば次のとおり本文中に使用している語に他の読み方があれば、追記で文中に挿入している。

此刀名云佐士布都神　亦名云甕布都神　亦名云布都御魂

此刀者坐石上神宮也（古事記中巻一神武天皇）

〈この刀の名は佐士布都神《さじふつのかみ》と言い、またの名を甕布都神《みかふつのかみ》と言い、布都御魂《ふつのみたま》と言う。この刀は石上神社に鎮座している〉

また、古事記の編纂は序にあるように、諸家に伝わっている「帝紀」及び「本辞」に誤りが多いので、正しい「帝紀」を選び「本辞」の偽りを削除して正しいものを定め、後世へ伝えるための史書とする、というものである。「帝紀」とは、天皇に纏わる事を皇位継承の順に丁寧に列記していたとされる。「本辞（旧辞）」は天皇による統治以前の神話、伝説、歌物語を、やや崩した漢文体で記したものとされている。また、各氏族伝来の歴史書だとも考えられている。編纂者の太安万侶は、稗田阿礼が記憶していた「本辞」を書き起こすも、上古の言葉を漢字で書き表すことが難しく、注を加えてわかりやすくしたと序に記している。古事記の基本資料と編纂方法は、明確なのである。

日本書紀には、編纂の元とした史書などの基本資料名が記されていない。必要に応じ文面を割いて注記を加えている。神代では、「一書」として独立した文章立てて、本文とは異なる説を掲載している。複数の説をあげている箇所もある。どれが正しいかはわからないが諸説をあげておくので理解せよ、というようである。実際の内容には大きな差がなく、登場人物や地名の違いが殆どである。歴代に入ると、「一云（また一説によると）」、「百濟記云（百済記で述べている）」、「或本云（ある本によると）」、「日本世記曰（日本世記にいう）」がある。推古天皇記では、推古二八年（六二〇）に「天皇記」及び「国記」、「臣連伴造国造百八十部并公民等本記」を聖徳太子と蘇我馬子が編纂したとある。上代の天皇から推古天皇までの事績が編纂されていたのだろう。さらに、皇極天皇記には「天皇記」及び「国記」を蘇我氏が所有していたが、乙巳の変で蘇我蝦夷が死ぬ間際にこれを焼こうとし、「国記」だけは焼かれるなかで取り出したとある。

「天皇記」及び「国記」は我が国最古の歴史書で、「天皇記」は天皇の世系・事跡を記したというが未詳であり、「国記」は日本最初の国史書と言われるが内容不明である。また、「臣連伴造国造百八十部并公民等本記」は、臣・連・伴造・国造・そのほか多くの部民・公民らの本記を記録した書とされているが、所在不明である。日本書紀の編纂時点では、朝廷の歴史を伝える書が殆ど残っていなかったというのである。

ではどのような方法で編纂を成し遂げたのか。日本書紀の編纂は古事記より約十年後に着手されるが、古事記と構成が同じ箇所や両者で一致する歌があるので「帝紀」、「本辞」を参考としているのは間違いない。また、日本書紀は、神武天皇から神功皇后までは遠征記事や評定譚が中心で、仁徳天皇からは内政や朝鮮半島諸国との外交の事績に重点が移り、内容も多岐にわたる。「帝紀」や「本辞」だけではカバーできない。出典が不明な引用文の基本資料が大きな役割を果たしているのである。

日本書紀が晋書、三国志、百済記、百済本記などの中華王朝や隣国の史書を引用しているのは、歴代の中華王朝の正史や隣国の歴史書にある記事と不整合がなく、国際的にも信用にたる史書を編纂するという意思が見える。また、出典名を隠してまで、本記と異なる説を載せることの意味はなにか。それまで、世に伝わっていた歴史的事実があったが、これを捏造して、大和朝廷に都合のよい正史にできない社会的な環境があったのではないか。大和朝廷に不都合な部分を不明な点として諸説で置き換えて、多少でも透明性を持たせたいという姿勢に見える。注記は、ぎりぎりの妥協であったのだろう。

古事記は、「帝紀」及び「国記」を再構築し、天武天皇版とする国内向けの歴史書の体裁をとるが、日本書紀は独立国を意識した堂々たる正史に仕上がっている。

和言葉と漢字

次の歌は、十六代仁徳天皇が、八田皇女を妃とすることの承諾を得ようと、皇后に送った歌の中の一つであるが、同じものが記紀の両方に収蔵されている。

都藝泥布　夜麻斯呂賣能　許久波母知　宇知斯意富泥　佐和佐和爾　那賀伊幣勢許曾
宇知和多須　夜賀波延那須　岐伊理麻韋久禮（古事記下巻一大雀命）

菟藝埿赴　揶摩之呂謎能　許久波茂知　于智辭於朋泥　佐和佐和珥　儺餓伊弊齊虚曾

于知和多須　椰餓波曳儺須　企以利摩韋區例（日本書紀上巻十一仁徳天皇）
ツギネフ　ヤマシロメノ　コクワモチ　ウチシオホネ　サワサワニ　ナガイヘセコソ
ウチワタス　ヤガハエナス　キイリマヰクレ
つぎねふ　山背女の　小鍬持ち　打ちし大根　清々に　汝が言へばこそ
打渡す　やがはえなす　来入り参来れ

記紀では、挿入歌を「ことば」として漢訳していない。和語のそれぞれの「音」と同じ漢字を当てている。歌は、聞く人によって感じ方が違うので、あえて漢訳しなかったのだろう。しかし、記紀を比較すると、歌に当てられた漢字は、半分以上が同音異語で埋まっている。和語は話しことばであり、上代のことであるからことばとして区分し、その意味を持つ漢語に変えるのは相当難しいと、太安万侶は序文で述べている。また、編纂の目的が違うのであれば、同じ天皇の帝紀であっても記述する内容が変わるので、日本書紀の編者が古事記をいちいち参照していたとは考えにくい。しかし、歌は和語に同音の漢字を当てているだけであるので、顕著な差がなさそうに思うがそうではなかった。古事記の編纂が一時中断するのは着手してから一四年後であるので、帝紀や本辞の漢訳が相当進んでいたはず。漢訳について何かしらのルールがあってよいのだが、日本書紀に反映された形跡は見られない。記紀の編纂時点では漢語は当たり前に使えていたのだろうから、文字を知らないことの理由ではない。日本書紀の編纂者が、古事記を全く無視していたのでなければ、こうも相違しない。

東征最後の戦い

神武天皇は、饒速日命がいる奈良盆地の征服を決意し、一族郎党を引き連れて九州日向を出発する。初戦の白肩津（大阪市日下町あたり）上陸作戦では、待ち受けていた長髄彦の軍勢に撃退され、長兄の五瀬命が戦死する。白肩津を退却した神武軍は、作戦を変更し紀伊半島を迂回して熊野から盆地への侵入を試み、苦戦しながらも山岳戦を制し、成功させる。盆地内の戦いも優勢に進み、再度、長髄彦との決戦となるが、饒速日命が投降して東征の戦いは終わる。

この事績には矛盾がありすぎる。饒速日命は、天上界から天の磐船で降り立った天上人で、記紀をそのまま読むと長髄彦の妹と結婚し奈良盆地に君臨していた王である。だから、天照大神の直系である神武天皇を撃つことはあり得ない。長髄彦は、王権の御印として饒速日命を頂き、奈良盆地を支配していた大豪族と解釈でき、自らの意思で神武軍と敵対したのである。神武天皇軍の最後の会戦も長髄彦との再戦であるが、古事記では饒速日命が投降しただけで、長髄彦は健在である。一方、日本書紀には、饒速日命が長髄彦を殺してから投降してきた、ということで神武東征は完全に成功したことになっている。

どちらにしても、神武軍が長髄彦の軍を敗北させ、豪族たちに大打撃を与えたのではない。

奈良盆地の戦力は温存されているのだから、神武東征の戦略目標は未達成なのである。その後、神武軍は小規模な戦いを行うが、侵攻範囲が奈良盆地北部に限られた戦闘行動であり、前線が膠着していたと見てよい。神武東征は、瀬戸内海の各地を転戦しながら東に向かい、高島宮（岡山）から一気呵成で大阪湾へ突入し、奈良盆地に進軍するも、盆地の侵入先で足止めされたのである。理由は何か。神武天皇は、まずは、戦線維持（占領政策）のため橿原に拠点を構え、倭王からの補給を待ちつつ近畿・北陸・東海へ徐々に侵攻していく戦術に転換した、と考えれば東征の実態が腑に落ちる。

景行天皇の熊襲討伐

日本書紀において武力をもって他国を征服または叛乱討伐のため、自ら軍を率いて遠征した天皇は四人いる（表3－4）。天皇の遠征譚で最も詳細に記されているのは、景行天皇の九州大遠征である。この遠征は、景行天皇が自ら遠征軍の先頭に立って熊襲と戦い、勝利した軍事行動である。同時代には、景行天皇が命令した武内宿禰の蝦夷評定や日本武尊の熊襲及び蝦夷の評定譚があるが軍事行動の詳細がなく、個人的な英雄譚で終始しているのと対照的である。また、神功皇后の熊襲討伐においても進軍地や移動について具体的記事がある。

景行天皇の征服地域は、大分、宮崎、鹿児島及び熊本の南部九州であり、神功皇后の征服地域は福岡、佐賀の北部九州である。北部九州は、弥生時代の先進諸国があったのであるから、近畿から九州へ侵攻するのであれば、まずは、北部九州を占領することから始めるのが自然である。この視点でみれば、神功皇后の討伐譚は景行天皇以前でなければならないが、摂政年代が景行天皇より一三〇年も遅い時代であるから、矛盾である。このような不合理な点や矛盾点は、記紀を一読すればわかることであり、歴史的事実の正確さに疑問を持たせる要因の一つとして片づけられてきた。

ところが、日本書紀にある討伐譚の中で圧倒的に詳細であることに問題の糸口を見出し、景行天皇や神功皇后の熊襲討伐譚が近畿王朝の自前の記事ではないことを初めて論じたのが古田武彦である。誤解を恐れず、著書（「盗まれた神話」二〇一〇）からこの説の概要をとりまとめてみる。古田は、景行天皇記にある討伐譚を九州南部の軍事行動とするには、次の疑問があるという。

（1）筑紫は古来より安定した支配地としているのに立ち入っていない。景行天皇はまず筑紫の中心に入り、

表3-4　天皇が自ら出向いた遠征

	侵攻又は討伐	編年	西暦
神武天皇	東征開始	−	BC667
	終了・即位	−	BC660
景行天皇	南部九州の熊襲討伐に出発	12	82
	凱旋	19	89
仲哀天皇	筑紫の熊襲討伐へ出発	2	197
	討伐中に病死	9	200
神功皇后	筑紫の熊襲討伐	9	200
	新羅出兵	9	200
	凱旋・即位	1	201

兵の休息と食料等の補給し、ここを起終点として戦略を実施するのが自然である。
（2）遠征終点の浮羽から日向に移動するのは物理的に不可能である。
（3）討伐の地を進軍するのに巡行と表記するのは不自然である。
（4）日向は神武天皇の発地であり天皇家の聖地であるが、そのような記述がない。

古田は、景行天皇が熊襲の国々を評定してから、都に向かおうと筑紫の国を通るときの一節である「十八年春三月　天皇將向京　以巡狩筑紫國」の「巡狩」に注目する。「巡狩」とは中華王朝で「天子が辺境を巡行すること」と訳していること踏まえ、「以巡狩筑紫國」を「筑紫国の辺地めぐる」と解釈でき、「筑紫の中央部から辺境の南九州を巡行する」という理解に達する。とすれば、この遠征譚は、筑紫にいた王の遠征事業であり、北部九州を直轄地域とした軍事的行動であり、（1）～（4）の問題点は氷解する。南部九州の征服譚は、近畿王朝とは無縁である、と断定している。

また、神功皇后の遠征譚については、次の疑問をあげている。

・神功皇后の筑紫評定記は日本書紀にあって古事記にはない。
・遠征軍の最高司令官である仲哀天皇は、熊襲討伐に失敗している。（失敗の責任をとって）仲哀天皇を香椎宮で死にいたらしめ、身ごもっている妻を再度討伐に向かわせ、今度は成功させることの理屈に無理がある。

古田は、天皇自ら討伐に向かうのは正史編纂では重要な故事であるという認識の上で、「古事記には出現しないことを新たに編纂された日本書紀で出現させたということは、新たな事柄を付け加えて説明する行為である。仲哀天皇の遠征が失敗している事実を、神の神託を加えたことで成功譚に変え事実を曲げる必要があった。」との理解にたち、神功皇后の遠征は、筑紫中央部にある国（御笠～朝倉を支配する国）が筑紫地域一円及び筑後南岸を評定した記録をもって、すり替えたと断定している。考古学的に見ても、南部九州に、筑紫地域より先行して討伐するだけの国（大集落群）があったとは考えにくく、武器の出土分布から見て結束して北部九州へ侵攻しようとした気配も見えない。筑紫に大きな勢力を持つ王がいたとする古田の説は、考古学の知見ともよく整合し、景行天皇と神功皇后の熊襲討伐譚は、大和朝廷のものではないと考えざるを得ない。

前王朝の歴史を、あたかも大和朝廷の歴史のように語るのは大胆なことではある。ただ、神武天皇は九州日向の出自を持つが、北部九州の王（筑紫中央部にいた王）と系譜が同じであるとするなら、全ての歴史は大和朝廷のものである、と考えられなくもない。

神功皇后の立ち位置

古事記の神功皇后は、夫の仲哀天皇が熊襲討伐中に陣中で急死した直後から陣頭指揮をとる。香椎宮（福岡）で神の信託を受けた皇后は、熊襲討伐を中止し、討伐軍を新羅遠征に向かわせ、成功させる。日本書記では、神の信託に逆らった仲哀天皇が熊襲討伐に失敗し、急死した後に神功皇后が軍を率いて熊襲を評定し、さらに新羅を征服するのである。この記紀の相違は、前節で述べたが、古事記の熊襲討伐失敗の事実を日本書紀で成功譚に変えることにあった。しかし、注意すべきは日本書紀の注記にある。

六十六年　是年晉武帝泰初二年　晉起居注云　武帝泰初二年十月
倭女王遣重譯貢獻（日本書紀巻九-神功皇后）
〈六十六年、この年は晋の武帝の泰初二年である。起居注（天子の言行などを記した言行録）に、武帝の泰初二年十月、倭の女王が何度も通訳を重ねて、貢献したと記している〉

晋の武帝（在二六五〜二九〇）へ朝貢した女王とは、二六五年に朝貢した壱与のことである。また、前女王の卑弥呼（在？〜二四七年頃）は、魏志倭人伝の中に詳細に記されている。神功皇后の摂政は二〇〇年〜二六九年であるので、二人の女王の存在を意識しているのは間違いない。古事記には、女王の存在がないので、中華王朝が知るところの事実と異なる。日本書紀ではどうしても神功皇后を女帝として加えねばならず、本来なら年代が近い卑弥呼に当てたかったはず。

古事記では、天皇になれるのは神武天皇から男子一系としていたので、神功皇后を仲哀天皇記の一節として記すのは当然のことであるが、国際的な正史としての日本書紀ではそうはいかない。中華王朝の正史に女王の存在が明記されているのであれば、大和朝廷の系譜にも女王がいて、正式な天皇として正史に残さねばならない。舎人親王は苦労したであろう。しかし、編纂時点で良き事例があった。唐の武則天（在六九〇～七〇五）である。夫である高宗皇帝死後、自ら政務を独裁し、子の中宗・睿宗が幼いため摂政政治を敷いてさらに独裁権力を強化し、六九〇年に中華王朝史上唯一の女帝となった。

日本書紀は天皇に代位を記していない。諡号で天皇一代の治世を区別しているので、初めて見る人は女王としての神功皇后の存在を知ることができる。そこで、舎人親王らは、唐の武則天に倣い、仲哀天皇記から神功皇后を取り出して独立させ、大きな事績を残した女帝とすることで、歴史的にも国際的にも違和感がなくなるよう取り計らったのではないだろうか。

3　欠史八代

創作された天皇

記紀にある天皇の中には実在を疑われている天皇が多くいて、特に、二代～九代の八人の天皇の時代は「欠史八代」と呼ばれ、綏靖天皇・安寧天皇・懿徳天皇・孝昭天皇・孝安天皇・孝霊天皇・孝元天皇・開化天皇は後世に創作されたとみられている。後世とは、正史編纂時代しかないのであるが、「創作」という謎めいたことばは、記紀全体の信ぴょう性を疑うことにつながっている。

「欠史八代」は、天皇の系譜情報が殆どなく、実在性を示す具体的な歴史上の情報が存在しないことにあると言われている。要するに、事績が殆ど記録に残されていない天皇なのである。「欠史八代」は定説化しつつあるというが、天皇が創作されたとする主な学説についてみてみる。

・和諡号の特徴から

諡号とは、帝王や貴人の死後に贈る名であるが、天皇には和風諡号と漢風諡号がある。例えば神武天皇に贈られた和諡号は「神日本磐余彦」、漢風諡号が「神武」である。「欠史八代」の和風諡号には特徴があり、「彦（ヒコ）」、「足彦（タラシ）」を諡号に含むのは実在が確実な人物には殆どなく、また、遥か後世である八世紀頃の諡号「倭根子（ヤマトネコ）」を持つ天皇もいる。これらは編纂時に創作された可能性が高いと見られる。

・天皇の系譜の現実性

天皇の系譜で全員が父親から息子への直系継承の形をとっているのは初代神武天皇～一三代成務天皇までで、整然とした直系継承は現実的なものとは言い難く、「欠史八代」では情報が殆どないので、史実をそのまま記録したものではあり得ない。

・婚姻の不連続

「欠史八代」では、三～四世代離れた天皇が同世代の女性を后妃としている系譜があるが、このような婚姻は現実的にはあり得ず、古い時代には天皇の名前のみが伝承され、各天皇間の続柄が伝わらなかった時代があったことを示す。初期の天皇についてはまず天皇名や后妃の出自のみが伝わった時期が存在し、後にこれを一系で繋ぎ合わせたことで、現在の系譜情報が形成されたと見られる。

・古代の王権相続の影響

古代日本では、部族長は特定の系統（本宗家）に固定されておらず、必ずしも血縁関係にはない諸氏が寄り集まって巨大な集団を形成し部族長を継承していたが、継承は親子とは限らず、本質的には地位の継承であった。天皇の系譜もこの影響を受けているはずで、一つの血統による世襲王権が成立するのは概ね二六代継体天皇から二九代欽明天皇の時代（六世紀）以降である。とすれば、歴史的情報が少ない二代〜九代の天皇は、古代の系譜が父系に読み替えられたという結論に行き着く。

天皇の実在を疑うこれらの学説は、かなり飛躍している説もあり、歴史学的研究に足る基礎資料がないことを実在否定の根拠としているように見える。「欠史八代」は、古事記と日本書紀ともに天皇の系譜や事績が殆どない天皇に限っているのも、そのためであろう。しかし、帝紀や本辞があるのだから、事績が少ない理由があるはず。奈良盆地は異文化の国に囲まれ、外に出ようとしない限り衝突が起きない。歴史的な事績が生起するはずもない。歴史的資料が少ないのは創作したから、という理由に必ずしもならないのではないか。

古事記では、二三代仁賢天皇から三六代推古天皇は「欠史八代」と同程度の情報しかないが、日本書紀には多くの事績が載せられている。太安万侶が消失した「天皇記」や「国記」を復元し、後の編者が日本書紀に書き加えたとは到底思えない。天皇の事績が、古事記になくて日本書紀にあるほうが余程作為的に見える。

実在の可能性

欠史八代の実在を主張する代表的な学説は、「欠史八代の天皇が創作であるならば有力な大豪族と姻戚を結んだはずで、歴代の皇后が奈良盆地の小豪族を出自とするのは、大和朝廷がまだ地方の小国（豪族）であったことを反映したものであり、信頼できる。」とするものである。

神武天皇は、遠く九州日向から遠征し、奈良盆地に拠点を築いたが、まずは休息して力を蓄え、次の侵攻に備えて占領地を整備することが急務であったことは想像に難くない。そのため、当面の敵（長髄彦系豪族）との戦いを回避し、周囲の豪族たちと協調することを優先せねばならなかったであろう。地方豪族と姻戚関係になるのは極めて効果的な対応であり、一定の成果が得られるまで継続したであろう。古事記による「欠史八代」の天皇の皇后や妃となった比賣（媛）たちの出自は、磯城（師木）県主、春日県主、十市県主といった奈良盆地を本拠地とする県主や地場の豪族の家系から出ている者が多い（図3－2）。皇后や妃が小規模氏族の出であるのは、ごく自然な成り行きなのである。

もう一つ、「古代の部族長は特定の系統（本宗家）に固定されていなかった」という指摘について、考えてみたい。

中華王朝の最古と言われている殷では、王の系譜がよくわかっていないが、父系系譜と見られる。次王朝の周は、始祖后稷から始まる王室の一五代目にあたる武王が、殷を倒して西周（前一〇四五～七七一）を建国したことから始まるが、それまで父系系譜が続いていた。西周最後の王は一二代幽王であるが、西周代は全て父系系譜であった。その後成立した東周や前漢・後漢でも父系の系譜である。倭人は周の都へ行っているし、前漢時代には朝貢している。中華王朝の王室が父系系譜であることを知らぬはずがない。また、中華王朝の影響を多分に受けた大

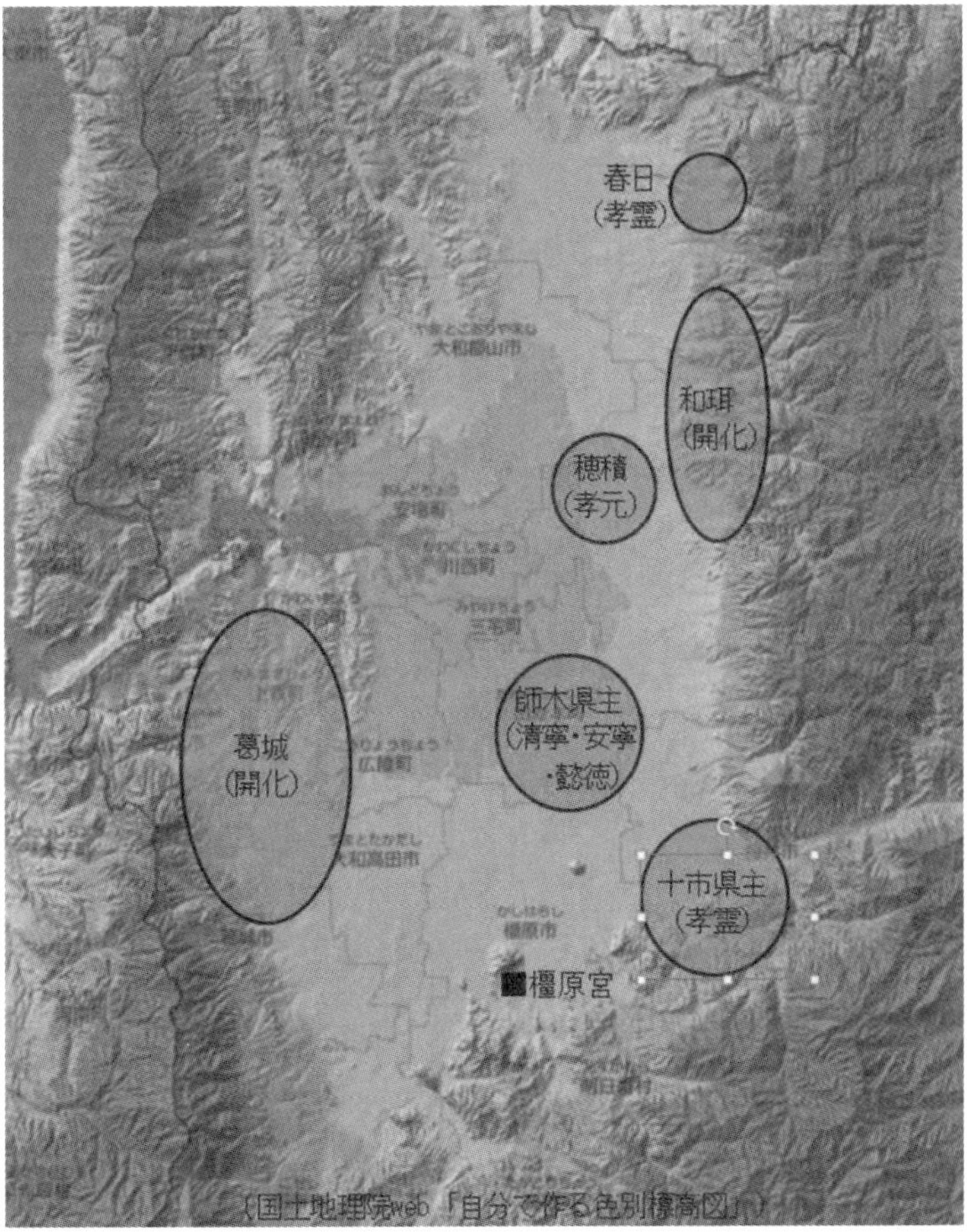

注：日本書紀では考昭天皇の皇后は尾張国、開化天皇の皇后は丹波国を出自とするが、他の6人は奈良盆地の豪族を出自としている。

図3-2　欠史八代の皇后・妃の出自

和朝廷であったが、王室の系譜を一系として王権を確立できたからこそ、易姓革命に至らなかったのではないだろうか。

卑弥呼は女王であるが、平原王墓の被葬者が預言者で女王であったことを鑑みれば、同族であったとの考えに至る。魏志倭人伝には、女王卑弥呼を継いだ壱与は宗女と説明されている。宗女とは王継ぐ宗子という意味にあたるが、卑弥呼には子がいないので、壱与は同族のそれも正統な血縁の一人なのである。倭王には、二代続けて女性が君臨するが、王室の系譜は引き継がれている。

また、宋書に「倭の五王」の朝貢記事（四二一～五〇二）がある。五王のうち、賛と珍は兄弟で斉と興及び武は親子関係であると宋書に記されているが、賛・珍と斉・興・武が同族であるかについて諸説ある。中華王朝が冊封の対象とする王は、国内を統一した王でなければならず、それ以外に冠位を与えることはない。「倭の五王」は、同じ系譜の王と認めていたからこそ正史に残っているのである。即ち、倭王朝は、女王が立つ時代もあったが、一貫して直系の系譜なのである。倭国は、古代の中華王朝の父系制を取り入れていた。神武天皇は、倭国があった九州日向で成人を迎え、一族を率いて東征に出たのであるから、直系の王室を受け継いでいたとしても不思議はない。

古事記にない天皇の事績を日本書紀に載せるのは、正史として充実させることの意図の現れで、大和朝廷に有利になる記録が残されていれば効果的に利用した。景行天皇の熊襲討伐譚に前王朝の史実をあてたのは、その一つであろう。だからと言って、太安万侶は事績を創作することを是認したわけではない。そもそも、創作を前提に日本書紀の編纂にあたっていたのなら、疑惑を生むような「欠史八代」の天皇など生まれてこない。

記紀で事績が乏しい天皇は、全くと言っていいほど歴史書（記録）が残っていなかったか、初めから帝紀程度しか事績がなかったか、のどちらかであろう。「欠史八代」は大和朝廷の創世期で、対外戦争は行わず、ひたすら国力の充実や他国との連携に努めた時代（雌伏の時代）であったと考えれば、天皇の事績が少なく記録になりにくかったことが理解できる。

4　日本書紀の実年代

寿命の不可解

記紀の中で、最も問題になるのが寿命であり、古代に一〇〇歳を超える天皇が数多くいることである。弥生時代の平均寿命は二五歳～三〇歳、最大でも七〇歳程度である（中橋孝博一九九七）。一〇〇歳を超える寿命が数代にわたるのは、生物学的に見ても不可解なのである。

歴代天皇が退位した年と寿命の関係を見てみると、神武天皇から仁徳天皇までは、ほぼ一〇〇年を超えるが、履中天皇から持統天皇までは概ね七〇歳～八〇歳を上限としており、実情に

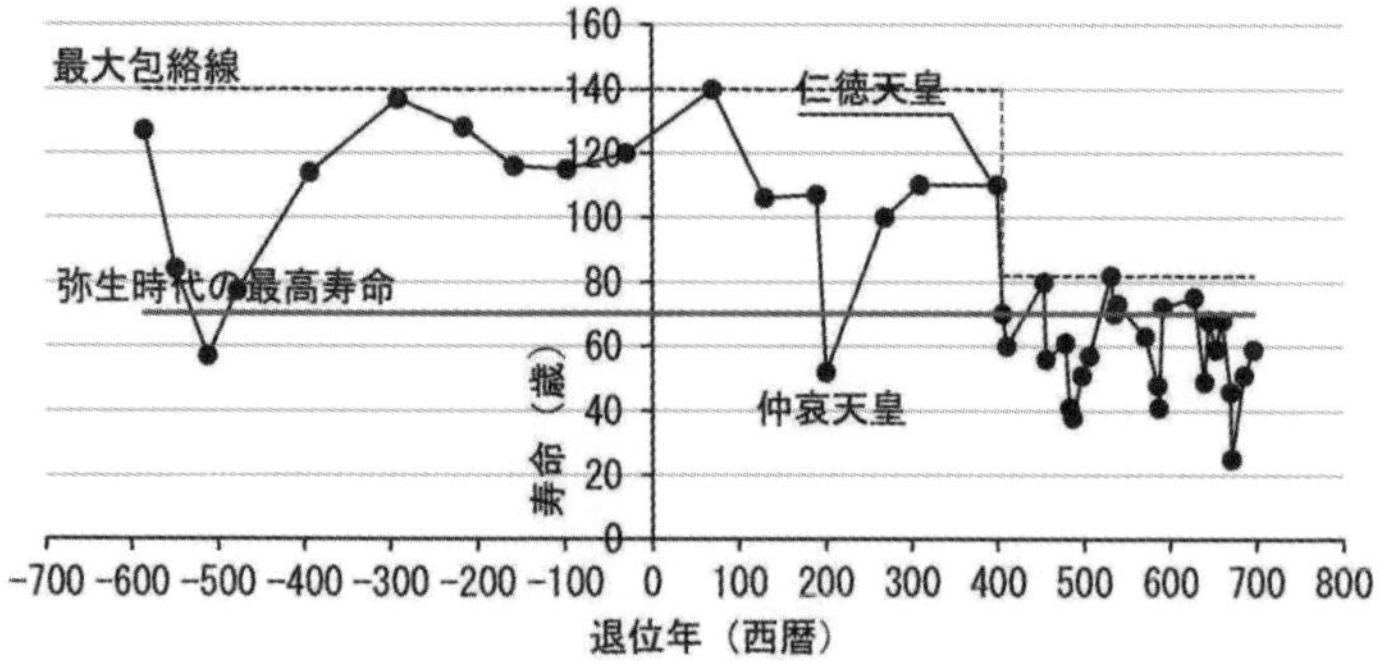

図3-3　歴代天皇の寿命（日本書紀）

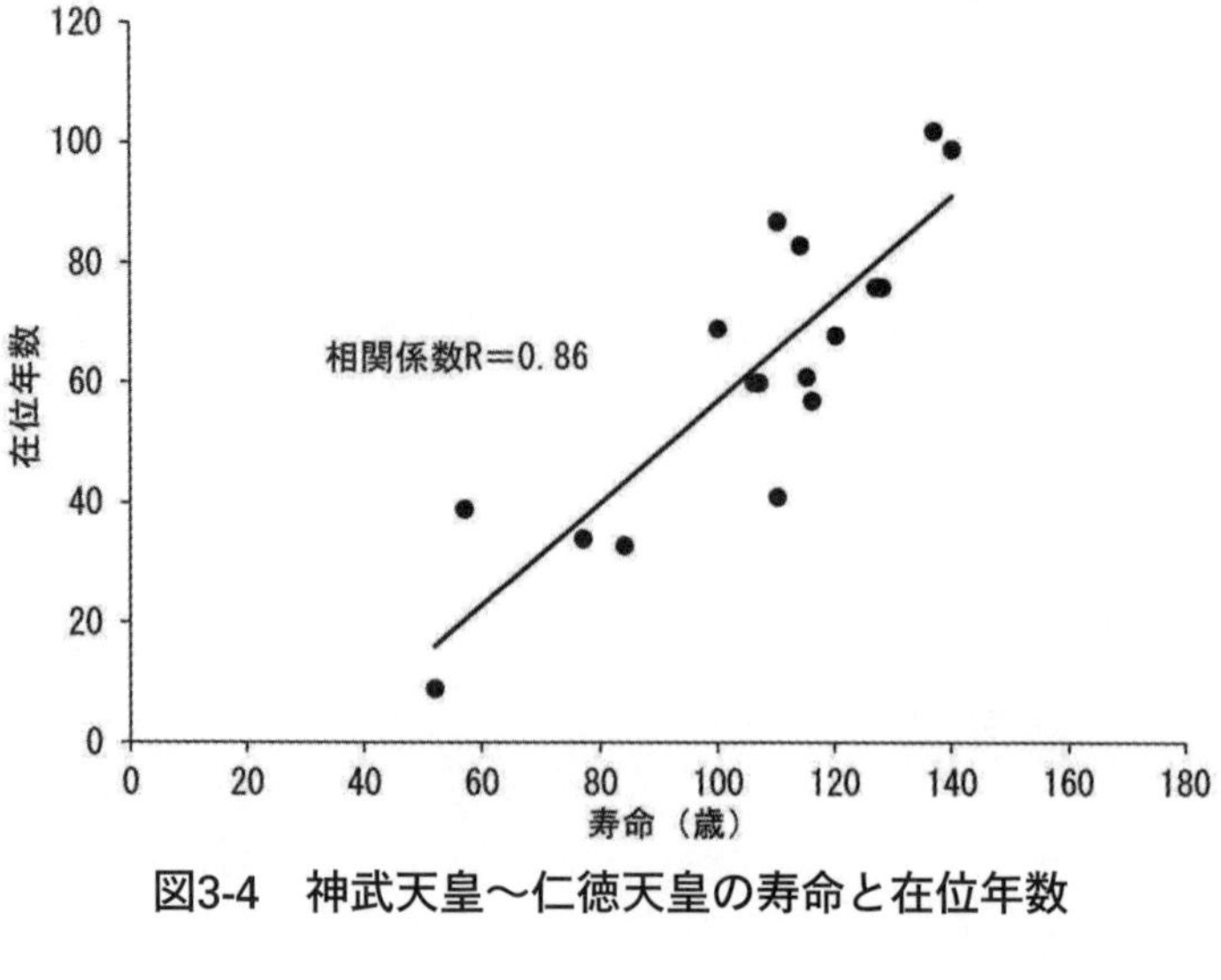

図3-4　神武天皇～仁徳天皇の寿命と在位年数

合致している（図3－3）。両者の差は歴然としているのである。

神武天皇～仁徳天皇では、寿命は長いが天皇としての在位年数と一定の相関性を持っている（図3－4）。この時代は記紀に皇位継承の激しさがないので、寿命が長ければ在位期間が長くなるのは当然である。寿命と在位年数は作為的には見えない。仁徳天皇以前の寿命が長い理由としては、年を数える年歴の違いがあると見てよい。

また、歴代の天皇の特徴の一つとして、履中天皇より以降の天皇の在位期間が極端に短くなることである。在位期間が短い理由として、①即位時の年齢が高くなったこと、②在位期間中に起きた事故死や戦死・暗殺があげられる。①は、皇太子が決まっていないか、皇子同士の争いがあったことに起因する。②については、天皇の事故死は仲哀天皇（神に殺された）で、戦死・暗殺は安康天皇（義理の息子に殺される）と崇峻天皇（蘇我馬子が殺す）及び弘文天皇（壬申の乱で自害）の三件である。いずれにしても、皇位継承の事情が大きく影響しているのである。

歴代天皇の皇位継承の続柄を見てみると、初代神武天皇から一七代履中天皇までは、前天皇の皇子が皇太子になり天皇に即位することが続いている（表3－5）。一五代応神天皇は妃の子である菟道稚郎子《うじのわきいらつこ》を皇太子に指名していたが、崩御後、菟道稚郎子は、皇后の長男である大《おお》鷦鷯尊《さざのすめらみこと》（仁徳天皇）に皇位を譲っている。この時、菟道稚郎子は大鷦鷯尊に次のように言

表3-5　皇位継承の続柄

歴代	天皇	続柄	即位の事情
1	神武	鸕鶿草葺不合尊の子	第四子、兄達は東征で戦死。
2	綏靖	神武の子	神武第3子、長兄を含む3兄弟で王位継承を争う。
3	安寧	綏靖の子	綏靖第1子(綏靖の皇太子)
4	懿徳	安寧の子	安寧第2子(神武の皇太子)
5	考昭	懿徳の子	懿徳第1子(懿徳の皇太子)
6	考安	考昭の子	考昭第2子(考昭の皇太子)
7	考靈	考安の子	考安第2子(考安の皇太子)
8	孝元	考霊の子	孝霊第1子(孝霊の皇太子)
9	開化	孝元の子	孝元第2子(孝元の皇太子)
10	崇神	開化の子	開化第2子(開化の皇太子)
11	垂仁	崇神の子	崇神第3子(崇神の皇太子)、皇后の兄狭穂彦王の謀反。
12	景行	垂仁の子	垂仁第3子(垂仁の皇太子)
13	成務	景行の子	景行第4子(景行の皇太子)
14	仲哀	倭建命の子	日本武尊第2子（成務の皇太子）、神の怒りをうけ急逝。
-	神功皇后	開化曾孫の子(紀)	仲哀の皇子2人(義理兄弟）が応神即位を妨害したので殺す。
15	応神	仲哀の子	仲哀第4子、神功皇后第１子、(神功の皇太子)
16	仁徳	応神の子	応神第4子、皇后の長子、異母兄大山守皇子の謀反。
17	履中	仁徳の子	仁徳第1子(仁徳の皇太子)、同母弟を殺す。
18	反正	履中の弟	仁徳第2子、履中同母弟（履中の皇太子)
19	允恭	反正の弟	仁徳第3子、反正同母弟
20	安康	允恭の子	允恭第2子、木梨軽皇太子を自殺さす、皇后の連子に刺殺。
21	雄略	安康の弟	允恭第5子、皇位後継者や兄弟を悉く殺戮す。
22	清寧	雄略の子	雄略第3子(雄略の皇太子）、大伴室屋は謀反した雄略の妃・皇子ら殺す。
23	顕宗	履中の孫	父は雄略に殺され兄弟で身を隠したが、子のない清寧の後継となる。
24	仁賢	顕宗の兄	履中の孫（清寧の皇太子）、弟に皇位を譲る。
25	武烈	仁賢の子	仁賢第1子(仁賢の皇太子）、平群真鳥のクーデターを阻止。
26	継体	応神5世の子	応神5世の孫、大伴金村主導で任那4県割譲、磐井の乱鎮圧。
27	安閑	継体の子	継体第1子、継体が死際に即位させた。
28	宣化	安閑の弟	継体第2子(安閑の同母弟)、群臣が奏上して即位した。
29	欽明	宣化の弟	継体第3子(古)、仏教伝来・任那の滅亡など波乱の時代突入、金村失脚。
30	敏達	欽明の子	欽明第2子(欽明の皇太子)、仏教導入で蘇我稲目と物部守屋ら対立。
31	用明	敏達の弟	欽明第4子(稲目が外戚)、蘇我馬子と穴穂部皇子(欽明14子)の反目勃発。
32	崇峻	用明の弟	欽明第15子、馬子は皇子達や物部守屋を殺す、馬子を嫌う天皇を暗殺。
33	推古	欽明の子（紀)	欽明第3女(聖徳太子が皇太子)、皇嗣で難航するも百官の上奏で即位。
34	舒明	敏達の孫（紀)	皇位後継を巡り山背大兄王と群臣を二分するが遺言通り皇位につく。
35	皇極	舒明の皇后（紀)	入鹿は皇位継承で山背大兄王一族を殺す、乙巳の変（蘇我氏滅亡）。
36	孝徳	皇極の弟（紀)	皇極の同母弟、皇極から禅譲、古人大兄の謀反、大化の改新発布。
37	斉明	皇極が再任	有馬皇子の変、新羅討伐途上で朝倉宮で逝去。
38	天智	舒明の子（紀)	舒明と皇極の第1子(孝徳・斉明の皇太子）、白村江で大敗。
39	弘文	天智の子（紀)	天智第4子(大友皇子)、太政大臣に任じられ皇位を継承する。
40	天武	舒明の子（紀)	舒明第2子(天智の同母弟)、壬申の乱で大友皇子に勝利。
41	持統	天智の子（紀)	天智第2女(天武の妃)、大津皇子の変。

注 :「続柄」、「即位の事情」は古事記によった。なお、（紀）は日本書紀によるものである。

ったという。

今我也弟之　且文獻不足　何敢繼嗣位登天業乎（日本書紀巻十一仁徳天皇）
〈私は弟です。また過去の記録も見当たらない。どうして（天皇の）位を継いで天業を統べることができましょうか〉

古代の皇位継承は、前天皇が皇子の中から「皇太子に指名した皇子」か、「皇后の皇子」が即位するのが不文律であったのだろう。

履中天皇は仁徳天皇の皇太子であるが、皇位継承に波乱が起き始める。次の一八代天皇には履中天皇の弟が即位しており、このあたりから皇位継承ルールが崩れ始める。その後、皇子間の闘争が激化し、二五代武烈天皇時代には仁徳天皇以来の直系の子孫が死に絶

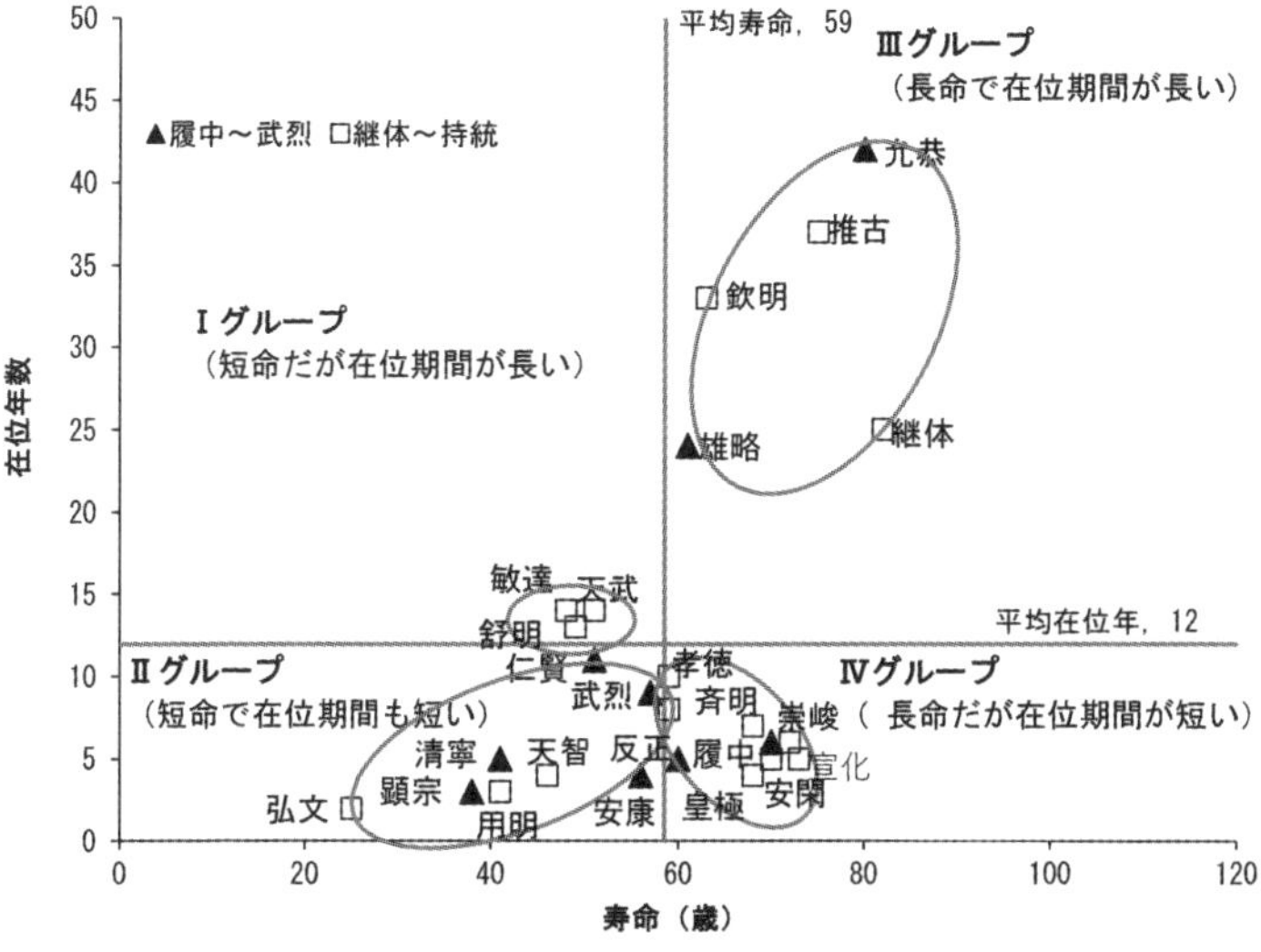

図3-5　履中天皇以降の寿命と在位年数

えたとされている。二六代継体天皇は、応神天皇の直系（五世の孫）といわれているが、系譜としては傍流であり、皇位継承の位置にない人物が即位することになった。

皇位継承がもつれ、皇子同士の闘争が始まるのは仁徳天皇までで、それまでの皇位継承ルールが保たれていたと見てよい。また、三〇代敏達天皇～三三代推古天皇は、二九代欽明天皇の皇子らが皇位を継いでいる。蘇我氏の政略によって皇位継承のルールが崩されたのである。天皇の弟が次の天皇に即位すると年齢が離れておらず、自ずと在位年数が短くなる。

大和朝廷が、有力氏族の影響を受け始めるのは、履中天皇の物部《もののべの》伊《い》莒《こ》弗《ふ》大連からで、雄略天皇からは大伴室屋・平群《へぐりの》真鳥《まとり》が、武烈天皇では物部《もののべの》麁《あら》鹿《か》火《い》が、宣化天皇の代から蘇我稲目が加わり、歴代の天皇の下で権力闘争を繰り広げていた。朝廷内の政争は皇位継承に影響を与え、在位年数の変化となって現れるのである。

このような皇位継承の背景に注目し、履中天皇以降の寿命と在位年数の関係は、平均値を基準とすると四つのグループに区分できる（図3－5）。各グループについて、概ね該当する天皇と日本書紀にある外交事情との関係をまとめると次のとおりである。

Ｉ　グループ：短命だが在位期間が長い

王朝の背後に大氏族が控え、外戚により政治が支配されることが多く皇子間の直接な闘争がなくなり、在位年数が伸びている。

Ⅱ　グループ：短命で在位期間も短い

履中天皇～武烈天皇間の天皇が多い。特に寿命が短いのは、朝廷内の権力闘争を背景とした皇子同士の殺し合いが行われていたからであろう。この時期、朝鮮半島は高句麗、百済及び新羅の三国闘争が激化した時代であり、大和朝廷の権力闘争に加え、朝鮮半島の権益（新文化、技術）を巡って混乱した。

Ⅲ　グループ：長命で在位期間が長い

王朝が安定していた。継体天皇・雄略天皇は力で、推古天皇は聖徳太子の起用により効果を奏した。

Ⅳ　グループ：長命だが在位期間が短い

武烈天皇～持統天皇間の天皇が多い。天皇が長く生きられた時代である。帝位を譲れば権力の移行が可能な時代に入ったのだろう。スムーズに皇位継承が可能な権力体制ができてきたと見てよい。

皇位継承が皇子とこれを支援する豪族たちによって混乱し、兄弟間で殺戮が行われたのは、概ね履中天皇～武烈天皇の時代であるが、これらの天皇はグループⅡに入っていた。中でも安康天皇～武烈天皇（四五三～五〇六）は熾烈であった。しかし、この時代は倭国には「倭の五王」と呼ばれる讃・珍・済・興・武がいて、朝鮮半島の覇権を巡り高句麗と激烈な戦争を行っていたことが「広開土王碑」や「宋書」で知ることができる。

当時、「倭の五王」は、強大な力を持つ広開土王や長寿王と戦っていた。内部抗争を繰り返していたこの頃の大和朝廷では、朝鮮半島で戦いを継続することなどできようもないと考えるのが自然である。それにしても、大和朝廷そのものに外から強いインパクトが働かなければ、皇位継承がこれほど混乱し始めたことを理解できない。

年歴の尺度と調整

歴代天皇の実在について、考古学的な視点では稲荷山鉄剣銘文の「獲加多支鹵大王《わかたけるおおきみ》」を二一代雄略天皇の和名である「大泊瀬幼武《おおつせのわかたけ》」と理解し、実在が証明できる天皇としている。歴史学の視点では、諸説はあるものの二六代継体天皇以降は書紀その他の史料に伝えられた事績が史実と見なされている。これらは詳細な分析による裏付けをもって判定されたものであり、古代の天皇の長寿命については、大和朝廷が神代から続くことを装うために過大な寿命としたという説や単なる誇張であるとの説など、単に天皇の実在を否定する要件となっているようである。

歴史学者の間では、弥生時代の年歴は「春から夏までの半年間と、秋から冬までの半年をそれぞれ一年と数える」という二倍年歴であったとする説が知られている。これを否定する説も多数あり、強烈な論調で提唱者を含めて非難する論文もある。古代の天皇に二倍年歴が適用されていたとすると、寿命が半分になるので統計的にも実在性が見えてくる。二倍年歴は、諸説あるが論拠としているのは次の二つに集約されるようである。

（1）二倍年暦説が初めて提唱されたのは、ウィリアム・ブラムセンというデンマークの日本史学者が一八八〇年に発表した「日本年代記」であると言われている。

（2）魏略曰　其俗不知正歳四節　但計春耕秋收為年紀（魏志倭人伝注釈）
魏略には「そこの風習では、一年に四節あることを知らない。ただし、春に耕し、秋に収穫をすることを計って年紀としている」とある。

（1）については議論が少ないが、（2）の「魏志倭人伝注釈」については根拠がないという歴史学者が圧倒的である。否定的な理由は多岐にわたるが、検証できる基礎的資料が不足していることが結論のようだ。魏志倭人伝に注釈を加えたのは裴松之《はいしょうし》（三七二〜四五一）である。裴松之は四二九年、南朝宋（四二〇〜四七九）の文帝に命じられ、陳寿（二三三〜二九七）が編纂した三国志の注釈を作成し、正史本文に注記して献上した。（2）はその中の一節である。裴松之は、「陳寿の書物は簡略過ぎて抜け落ちている箇所があるとし、徹底するよう心がけ、記録すべきでありながら陳寿の掲載していない事実は残らず採用した。一つの事績について、矛盾があったり、事績の出処が違っていて判断できない場合でも、みな要約に含めて異聞を載せることを大まかな方針とした。」と言う。

裴松之は、広く収集することを心がけ誤謬や異説がある場合には、自分の意見を表明して正しいほうを切りわけ、注釈に含めていった。即ち、当時あった三国時代の資料の殆どを集め、裴松之の時代の最新情報を踏まえ、三国志に史料的批判を加えた上で注釈したのである。これ以上の正確な正史は望めないであろう。

暦の導入

我が国で暦が伝来したのは六世紀から七世紀初め頃といわれているが暦の伝来や使用開始については諸説がある。日本書紀では次の記述があり、推古天皇以降で本格的に運用されていたと見られる。

・一四年六月（五五三）、百済に医博士・易博士・暦博士等の交代や暦本送付の依頼。十五年二月（五五四）、求めに応じて百済から暦博士 固徳王保孫らが来日。（日本書紀巻十九欽明天皇記）

・一〇年十月（六〇二年）、百済の僧観勒が来日、暦本などを献上。陽胡玉陳が暦法を、大伴の村主高聡が天文・遁甲を習う。（日本書紀巻二十二推古天皇記）

また、日本書紀には百済本記からいくつか引用がある。百済本記は武寧八年（継体二年）から始まるが、継体七年（五一三）～継体一〇年（五一六）で引用された朝鮮半島との外交事績はこの百済本記によっている。その引用の中でもよく知られているのが、継体天皇の崩御年に関して、である。日本書紀本文の継体天皇崩御年は継体二五年（五三一）であるが、引用された百済本記では二八年（五三四年）に崩御したというのである。相違することの真偽はわからないとしている。百済本紀は編年体であるので、継体天皇の事績は年暦が使用されていると考えて良い。しかし、暦の採用が継体天皇の頃からとすると、寿命や在位年数が短い顕宗天皇～武烈天皇も二倍年暦に含まれ、実情にそぐわない。

二倍年暦は、春と秋を一年と数えるのであるから、稲作が根本にある。とすれば、日本列島では、稲作文化が根付いたことによって生まれた時間管理方法であるとも言える。集落単位の社会で緩やかな時代であれば、明確な時間管理など必要はないが、集落を統合した広域集団や国となれば社会を動かす政治体制が必要であり、合理的な暦が必要となるのは必然である。当然そこには階層ができ首長がいて人々を主導することになる。

古代中華王朝では春秋戦国時代（前七七〇～前二二一）に暦法が発展し、秦の時代に顓頊《せんぎょく》暦《れき》が採用され、前漢の時代には武帝が太初暦（前一〇四）を作り運用していたという。漢と交流があった倭人は、当然これを知っていただろう。倭人が暦を必要となるのは、秦や前漢のように国家の統一がなされ、時間を基本とした社会体制を構築するときである。即ち、倭王が国

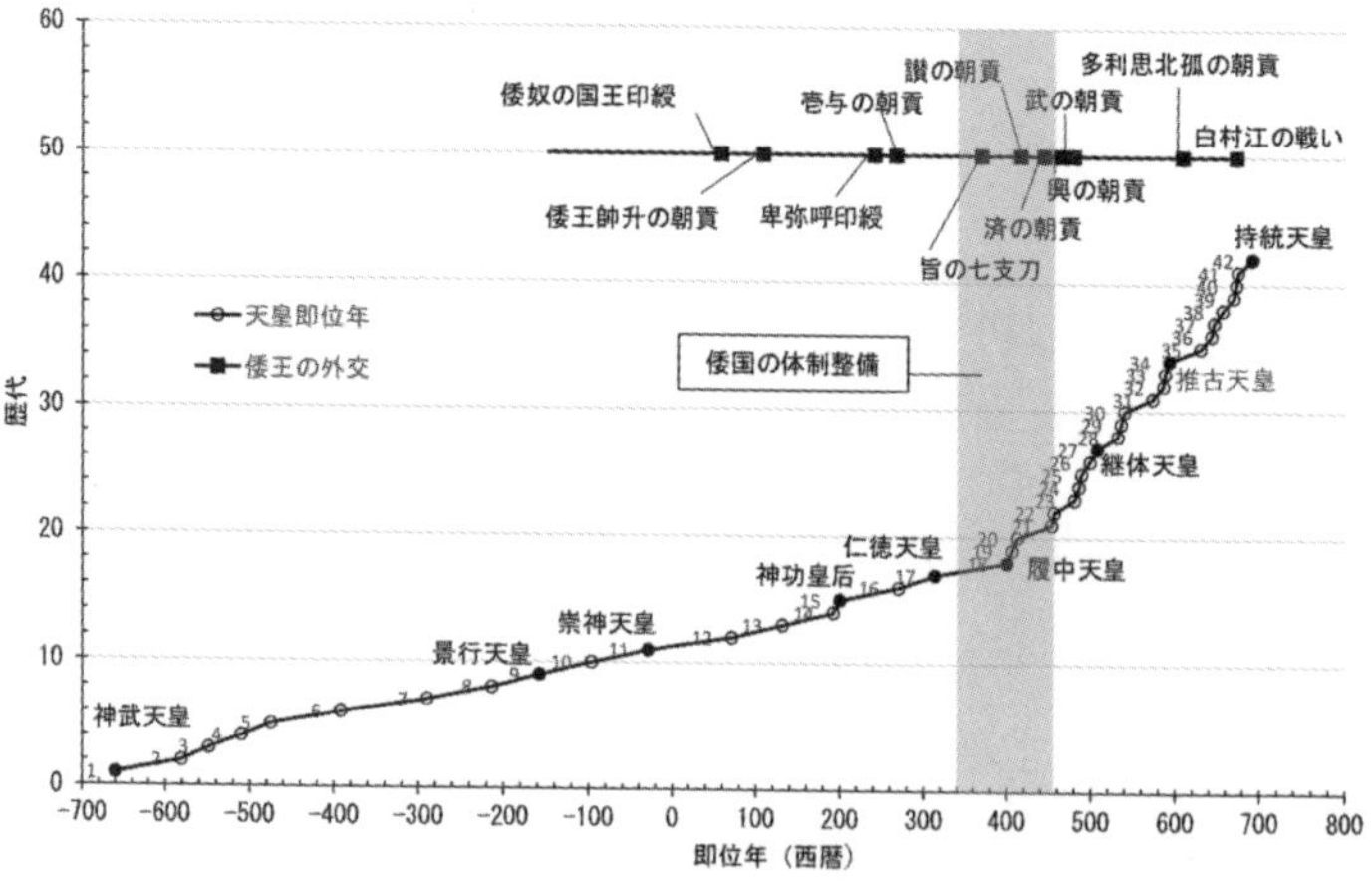

図3-6　歴代天皇と倭王たち

際国家として相応しい国家体制の整備をした年代がそれにあたり、二倍年歴の上限と考えてよい。

中華王朝の正史に現れる倭国の最初は「倭奴の国王」であり、後漢の武帝から拝受（五七）した金印が志賀島（福岡）から出土しているのであるから、王都は北部九州にあった。その後、卑弥呼や壱与の時代に入っても、正史には倭国の女王と表記されている。

宋書では「倭の五王」が、高句麗を撃つための大義名分として開府儀同三司の官位授与を願い、大将軍の任官を受けて府を開くために筑紫都督府（大宰府）を整備している。筑紫都督府は春日市（福岡）にある大宰府政庁跡にあったとされており、少なくとも六世紀まで倭国の中心地が北部九州にあったことは間違いない。

さて、倭王武は、九州から近畿とそれ以東を含む一二二国と朝鮮半島の九五国を支配していると、宋の順帝に上表している。倭国が列島を統一していたのである。「倭の五王」より前に出現する倭王旨は、百済の近肖古王（在三四六〜三七五）から七支刀を受領（三六九）している。七支刀については、近肖古王が高位にあって倭王旨に授けたとする説があるが、両者対等の立ち位置であったことが判明している。この時代、朝鮮半島では、近肖古王が高句麗に大勝し百済が隆盛を極めており、その近肖古王が倭王旨へ七支刀を贈ったのであるから、倭国は国際的な国家として遜色のない体制になったと考えてよい。とすると、倭国統一がなされたのは倭王旨より以前になる。また、倭王武は宋への朝貢時点で都督府を仮開府していたというのであるから、前王の興や済の代まで新体制整備が行われていたと見られる。

倭王は列島を統一した後、国家体制整備に着手したが倭王旨で概ね新体制が整い、倭王興の時代にはほぼ整備が完了していたのだろう。だから、倭王武は、高句麗討伐の大儀として宋から「使持節都督倭・百済・新羅・任那・加羅・秦韓・慕韓七国諸軍事、安東大将軍、倭国王」の称号を得るため、仮ではあるが、大宰府の開府に踏み切ったと考えられる。

このような倭国の事績の推移を日本書紀の時間軸に合わせてみると、倭国の新体制整備と履中天皇がいた時代と重なる（図3―6）。大和朝廷が日本国となるのは遥かに下った唐の時代であるが、倭国と何かしらのパワーバランス上にあったとすれば、倭国による新体制が大和王朝へ影響するのは当然であり、王室、氏族及び豪族達は自らの変革に迫られ、結果として皇位継承のルールが変わらざるを得なかったと考えられる。

一年歴換算

二倍年歴が仁徳天皇を上限としていたとすると、履中天皇の代から一年歴に変わるので、即位年四〇〇年を二倍年の基準値とする。神武天皇～仁徳天皇が即位した推定実年代は次式に示すとおりである。

即位の推定実年代
=
400年－（400年－即位年）／2＋1

※ただし、誕生年、崩御年などについては、算定式中の「即位年」に入れ替えて算定する。また、これまでどおり天皇の年代は当年に一年を加える。

一年歴に換算した誕生年と崩御年から寿命を求め、これを時系列に並べてみると全体に特異な天皇はいなくなり、自然に近い変化に落ち着いている（図3－7）。弥生末期は一二代景行天皇（在二三六～二六五：一年歴）の代に当たり、それまでの天皇は弥生時代の最大寿命は七〇歳を概ね下回る。統計的な見方からしても生物学的に十分成り立つ寿命である。また、一年歴換算を考慮した歴代天皇の平均寿命と平均在位年数の関係は、神武天皇から仁徳天皇までは最大寿命一四〇歳であったのが七一歳に、平均寿命は平均五四歳となり、仁徳天皇～継体天皇

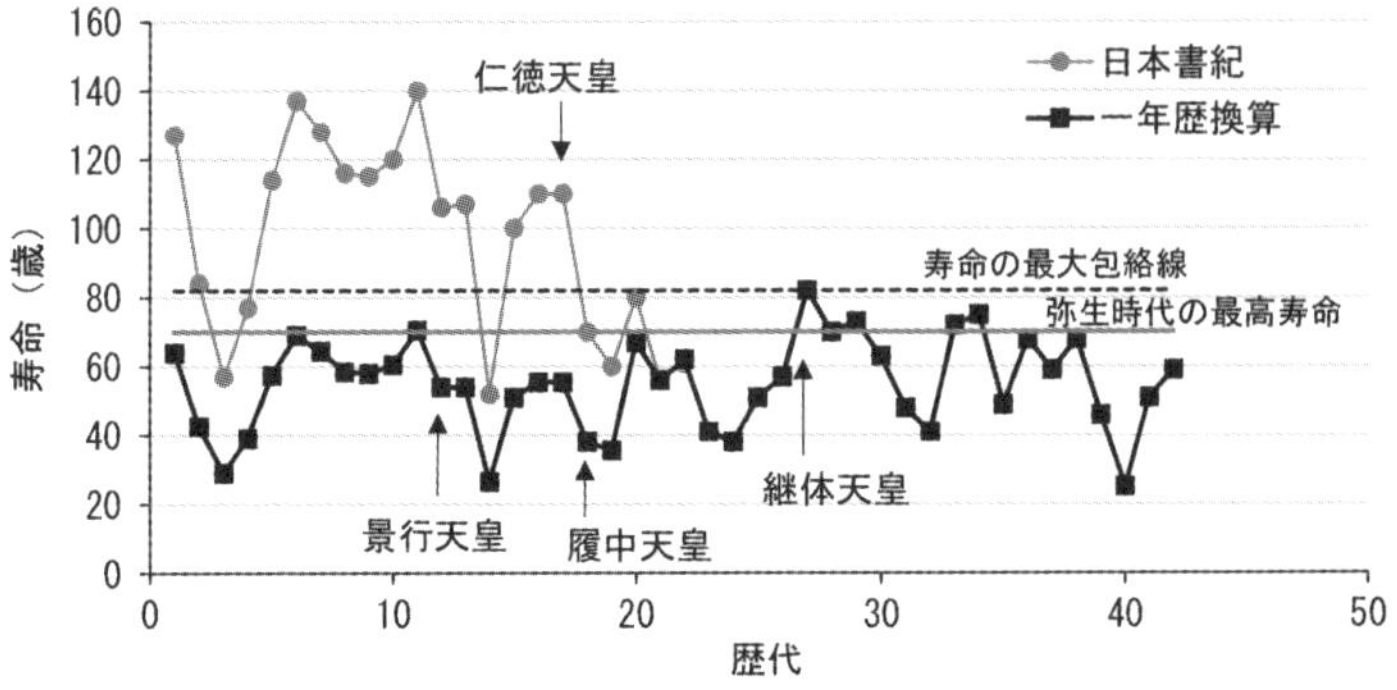

図3-7　寿命の比較

の平均寿命五三歳と差がなくなる。弥生時代の男子平均寿命は三〇歳で古墳時代が三〇・六歳と言われている（小林和正一九六七）。王であった天皇は平均より長命であったはずで、履中天皇以降の変化状況から見ても一年歴換算は実情に近いと考えられる。

日本書紀によれば暦が伝来したのは七世紀であり、編纂時点では運用されていたはずである。これを編纂の視点から記紀を解釈するのであれば、一〇〇歳を超える天皇が連続していることは生物学的にあり得ない。だから、編纂者が誤っているか、実在していない天皇である、と多くの歴史学者が言っている。弥生時代は二倍年歴という暦法が使われていたと、提唱されていたが、確たる裏付けがないという理由で最初から切り捨ててきた。しかし、魏志倭人伝にある裴松之の注釈を採用すると、古代の寿命が現実的な年齢に近づく。ということは、陳寿は正確に倭人の社会生活を伝えていたのであり、原本が消失した以降も魏志倭人伝の書き換えなど行われていないという指摘は、間違いではない。

天皇の推定実年代

皇位継承ルールが機能していれば、皇子が皇太子に即位する年齢に大差がない。寿命の長短によって即位年数が違ってくる。したがって、一〇〇歳を超える寿命であったとしても在位年数と相関性があるのであれば、時間軸として暦法があったとの考えに行き着く。とすれば、寿命と在位年数に対して、一定の係数で換算しても関係は損なわれないので、神武天皇から持統天皇までの編年と事暦は、実年代で全て同列に並べて解釈できる。この推論に従い、仁徳天皇以前を対象に一年歴に換算すると、神武天皇が橿原宮で即位したのは前一三〇年頃であると考えられる（図3－8）。また、一年歴に換算しても履中天皇の代で変曲点を持つのは、それ以降の皇位継承が内外の影響を強く受け始めたことを裏付けるものである。

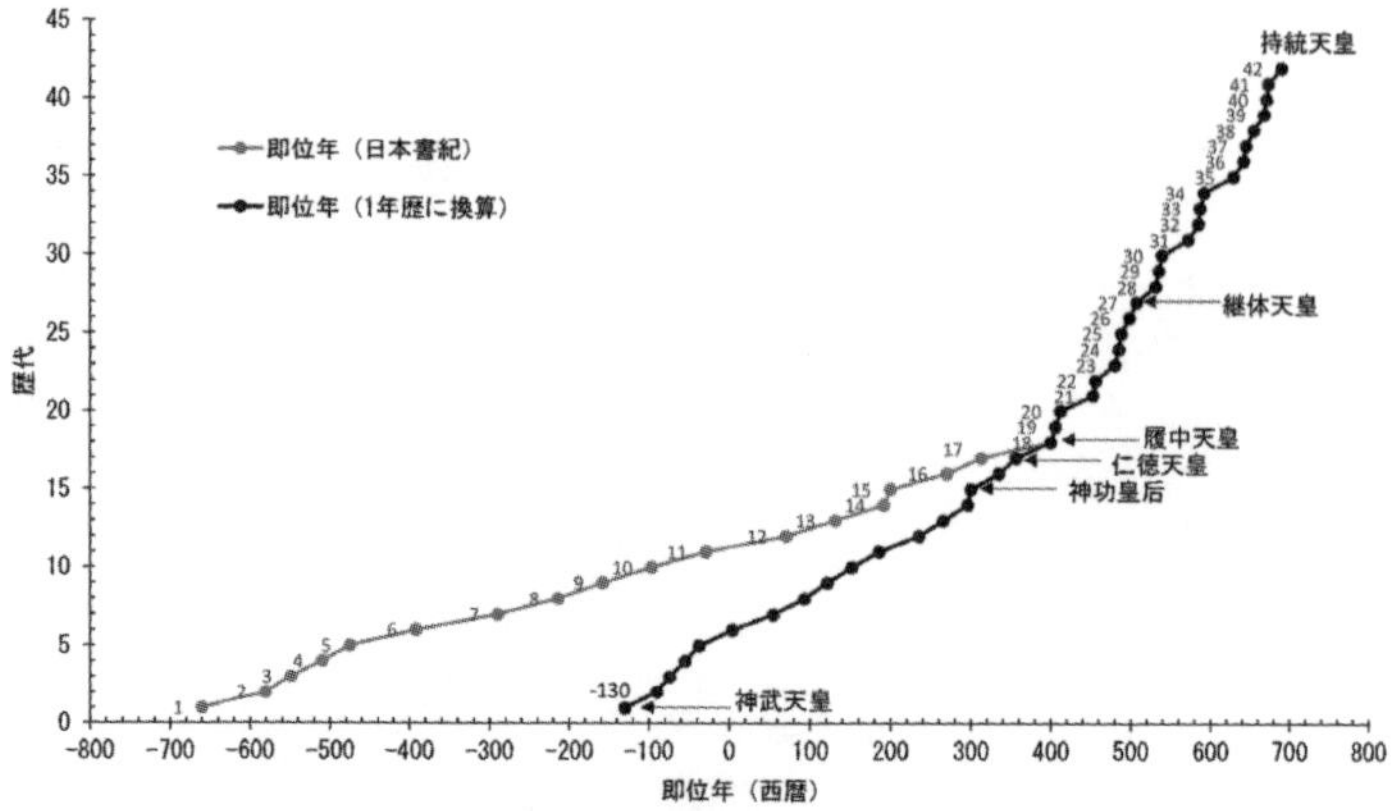

図3-8　歴代天皇の即位年（一年歴換算）

第四章　倭国の存在を示す王たち

1　歴史の中の倭王

天皇を頂点とする大和朝廷は、大宝律令の発布より国際国家として確立した、とする評価を否定する人は少ない。大和朝廷の律令制が崩壊し武士が台頭してくると、社会は大きく変動した。江戸時代に入り、本居宣長（一七三〇～一八〇一）の研究によって、ようやく記紀へ目が向くまで、歴史を振り返ることなど全くなかったのである。明治維新以降、日本国憲法の根幹に天皇が据えられると、大和朝廷が唯一絶対の政体と位置付けられ、それが歴史上の評価として大きく変わることなく現在に至る。

日本列島には遥か昔から倭人がいて倭国を建国したことを確信を持って言えないのは、日本国が成立した時点で、大和朝廷の手によって倭国の歴史や倭王の系譜が全て消されたからである。しかし、痕跡が残っていた。前王朝の倭国の一端が中華王朝の正史に記録されていたのである。

日本国は前王国をリセットして国際社会に登場しようと意図し、日本書紀を編纂した。日本書紀では、「倭」を「やまと」と読ませるような巧みな文体によって倭国の事績を取り込み、歴史に分断がないように配慮し、大和朝廷が最古の政府で一系の王統が頂点にいることを内外に擦り付けた。倭国を知るには、中華王朝にある倭王の記事を見出すことと、これに記紀を重ね、内外の事績を勘案しながら「倭国の道標」を追跡することしかない。

　倭国が中華王朝と外交（朝貢）していた時代は、当然、中華王朝の様式に準じ、倭国の名をもって上表したはずであり、倭王の名は正史に残っている。朝貢した王は国名か自らの名前を名乗り、中国側はそのまま記録していた。中国側が勝手に王の名を変えることはない。日本国が倭国と同じ国であるのであれば、日本国か天皇の名が中華王朝側にもあるはず。しかし、朝貢記事に大和朝廷・天皇の名はなく、日本書紀に所在を求めても一致する王は全くいない。天皇には名をつけないのだから、中華王朝側に名がないのは当然である、と考えるのは、東アジアの外交事情を知らないと言うほかはない。朝貢では自称することが始まりなのである。ここは、やはり中華王朝の正史や隣国の歴史書などに立ち戻り、倭王の所在を確認するしかない。前漢、後漢、魏、西晋、宋及び隋の正史等に現れる倭王を年代順に整理すると、次のとおりである。

（1）**倭奴国王**……後漢の光武帝より金印を印綬（後漢書）五七年
（2）**倭国王帥升**……後漢安帝の頃朝貢（後漢書）一〇七年
（3）**女王卑弥呼**……魏明帝の頃印綬（魏志倭人伝）二三八年
（4）**女王壹與**……西晋の武帝へ朝貢（晋書）二六五年
（5）**倭王旨**……百済王からの贈物（七支刀の刻字）三六九年
（6）**倭の五王**……宋順帝へ朝貢（宋書）四二一〜四七九年

（7）俀《たい》王多利思北孤…隋の高祖へ朝貢（隋書）　六〇〇年

中華王朝の正史は、漢の司馬遷が上古から漢の武帝時代までを記した「史記」を嚆矢とする。後漢からは、当該の王朝が前王朝の歴史を記述するのが通例となった（表4－1）。編纂者は彼が生きた時代の情報に基づいて書いているので、「歴史上の事実」が作者の視点により表記が微妙に変わる場合があり、後代の読み手が時代の解釈を違える可能性ある。特に、西晋の陳寿が編纂した三国志が、後漢書より一五〇年程度早く成立したことに注意がいる。また、正史の解釈については、歴史学界でも一定していない箇所が残っており、原文を知り、自ら文意を読み取ることは正確な理解を得る一歩である、と考える。中でも倭王の存在を示す記事は特に重要で、倭王が歴史上に現れた正史の一節を以下に示す。

（1）、（2）について、金印を印綬された「漢倭奴国王」とそれに続けて朝貢した「倭国王帥升」がいたことを知り得る後漢書の一節である。

建武中元二年　倭奴國奉貢朝賀　使人自稱大夫　倭國之極南界也　光武賜以印綬
安帝永初元年　倭國王帥升等獻生口百六十人　願請見（後漢書東夷列伝倭条）

〈建武中元二年（五七）、倭奴国（倭国）が謹んで貢献して朝賀した。使人は大夫と自称する。（都は）倭国の極南界にある。光武帝は印綬を賜った。安帝の永初元年（一〇七）、

倭国王が帥升らに奴隷百六十人を献上させ、朝見を請い願う〉

（3）について、卑弥呼の名は魏志倭人伝が最初である。魏志倭人伝は、歴代の中華王朝でも信頼度の高い史書と言われ、以後の正史にも卑弥呼の名が引き継がれる。

其國本亦以男子為王　住七八十年　倭國亂　相攻伐歷年　乃共立一女子為王

名曰卑彌呼　事鬼道　能惑衆　年已長大　無夫壻　有男弟佐治國

（魏志倭人伝）

〈その国、元は男性を王としたが、七、八十年で中断し、倭国は乱れ、互いの攻伐が何年も続いた。そこで一人の女性を王として共立した。名は卑彌呼という。鬼道に従い、よく衆を惑わす。年齢は長大で夫はなく、弟がいて国の政治を補佐していた〉

（4）について、魏志倭人伝には二人の女王が記されており、卑弥呼の次王が壹與（壱与）である。壱与は次王となる経緯の記事はある

表4-1　主たる中華王朝の正史にある倭王

正史　（志・列伝）	編纂者（生存年）	記事にある倭王
漢書地理志燕地条，呉地条	班 固　（45～117）	王はなく、倭人・東鯷人のみ紹介
三国志魏書倭人伝	陳 寿　（235～297）	卑弥呼・壱与
後漢書東夷列伝倭人条	范 曄　（398～445）	倭奴国王・倭国王・卑弥呼
宋書倭国伝	沈 約　（420～479）	倭王讃・倭王珍・倭王済・倭王興・倭王武
隋書俀国伝	魏徴＊（580～643）	俀奴国王・俀国王師升・卑弥呼・多利思北孤
旧唐書倭国条，日本国条	劉昫＊（887～946）	倭国王阿毎

注：成立年の順に記した。＊印は複数の編纂者の代表者名。

が、魏皇帝へ朝貢した年次はない。

復立卑彌呼宗女壹與年十三為王　國中遂定　政等以檄告喩壹與
壹與遣倭大夫率善中郎將　掖邪狗等二十人　送政等還　因詣臺　獻上男女生口三十人
貢白珠五千　孔青大句珠二枚　異文雜錦二十匹（魏志倭人伝）
〈再び卑弥呼の宗女壹與年十三を立てて王となると、国中が遂に鎮まった。政らは檄文を以て壱与を告諭した。壱与は倭の大夫率善中郎の将掖邪狗ら二十人を遣わして政らを送り届け、臺（皇帝の宮殿）に詣でて、男女の奴隷三十人を献上、白珠五千、孔青大句珠二枚、異文雑錦二十匹を貢献した〉

また、「晋書四夷伝倭人」において、二六五年頃に倭の女王が西晋の武帝（司馬炎）に朝貢した記事がある。卑弥呼が最後に魏へ朝貢した年が二四六年であるので、晋書にある女王は壹與（壱与）のことである。

舊以男子為主　漢末倭人亂　功伐不定　乃立女子為王　名曰卑彌呼　宣帝之平公孫氏也
其女王遣使至帯方朝見　其後貢聘不絶　及文帝作相　又數至　泰始初　遣使重譯入貢
（晋書四夷伝倭人）

〈かつては男性を君主としていた。漢末に倭人は乱れ、戦いあって安定しなかったので、女性を立てて王にし、名は卑弥呼という。宣帝（司馬懿）が公孫氏を評定すると、その女王は遣使して帯方郡に至り朝見した。その後も朝貢は絶えなかった。文帝（司馬昭）が魏の相国になると、また、何度かやってきた。泰始元年（二六五年）に遣使がきて通訳を重ねて貢を献上した〉

（5）について、石上神社（奈良県天理市）に神宝として伝わる七支刀と呼ばれる鉄刀がある。七支刀の表と裏に金文字の象嵌があり、その文字を解読した結果、三六九年に百済王から倭王旨に贈られたものと判明している。日本書紀の神功皇后記には、二六五年（三二六・年歴）に百済の肖古王が七子鏡や数々の重宝と七支刀一口を献上したとある。年次はやや相違するが、歴史的な実在は確認されている。

（6）について、「倭の五王」とは讃、珍、興、済、武の五人をいい、東晋から宋の時代に計一一回の朝貢をしている。宋書倭国伝には、それまでの正史のように倭国の地理・風俗のあらましがなく、倭王の朝貢記事で埋められており、武については上表文がそのまま載せられている。

興死弟武立　自稱使持節都督倭百濟新羅任那加羅秦韓慕韓七國諸軍事

安東大將軍　倭國王（宋書倭国伝）
〈興が死して弟の武が立ち、自ら使持節都督倭・百済・新羅・任那・加羅・秦韓・慕韓七国諸軍事、安東大将軍、倭国王と称した〉

（7）について、俀王多利思北孤は隋へ使者を二回送っているが、二回目の朝貢で国書に「日出ずる處の天子、書を日沒する處の天子に致す。恙なきや」と挨拶したのは、有名である。

開皇二十年　俀王姓阿毎字多利思北孤　號阿輩雞彌　遣使詣闕　上令所司訪其風俗
使者言俀王以天為兄　以日為弟　天未明時出聽政　跏趺坐　日出便停理務
云委我弟（隋書俀国伝）
〈開皇二十年（六〇〇）、俀王、姓は阿毎《あめ》、字は多利思北孤《たりしほこ》、号は阿輩雞彌《あほけみ》、使を遣わし王宮に詣でる。上（天子）は所司に、そこの風俗を尋ねさせた。使者が言うには、俀王は天を以て兄となし、日を以て弟となす。天が未だ明けない時、出でて政を聞く。結跏して座している。日が昇れば、すなわち政務を停め、我が弟に委ねるという〉

日本列島の住人が初めて出現する漢書では、倭国の名がなく倭人と東鯷人が地理志で表記されている。その後の魏志倭人伝及び後漢書では倭国が独立国として扱われているが、大和朝廷の日本国はまだない。旧唐書になると初めて日本国が出現し独立国となるが、倭国と並立する分岐点は「倭国」から「俀国」と国名を変えた隋の時代のように思われる。

2　倭王の痕跡

最初の国王

卑弥呼の遥か以前に倭王がいて、後漢書に二人の倭王が現れるが、王の名はない。一人は「倭奴国王」と呼ばれているが五七年に後漢光武帝から授与された印章の刻印を読んだものである。後の一人は一〇七年に朝貢した「倭国王帥升」であるが、原文からは倭王の名ではなく、使節団の代表者の名と読める。いずれも後代の呼び名である。後漢時代、倭国には漢語が浸透していなかった。通訳を介しての朝貢であったのだから国名や王の名は和音で伝え、相手先はこれを漢字に置き換えるしかない。倭王の遣使は「国名」を主語として上申していたのであろう。

五七年に朝貢した倭王は、通訳を通じて、征服した国々や国家体制などを伝え、独立国家としての体裁を報告した。光武帝はこれを認め、金印を印綬したことにより、「倭奴国王」は国際的に認知された独立国家となった。印綬は、これまで分立していた倭人の国々を、「倭奴国王」が統一したことを表している。

一〇七年に朝貢した倭王は、「倭奴国王」から「倭国王」に変わっているので、五七年の倭王と同一人物ではない。しかし、朝貢した際に印綬がないのは既に国際国家として冊封されていたからで、倭奴国と同一国である。弥生中期の倭国は、まだ、列島統一の途上であった。この倭王が五〇年を経て後漢へ朝貢するのは、倭人の国々を完全に制覇し日本列島の覇権を握ったことを後漢へ報告し、内外へ向けて独立国家としての権威を確実のものとするためであった。「奴」が削除されていることがその証なのである。日本列島には倭国統一の征服戦争で小国家群や豪族（集落群）が統合されていった時代があったということである。

倭国は献上品をもって中華王朝に朝貢することを常としていたが、「生口」という人々を献上する時代があった。「生口」という人を表す言葉は、後漢書や魏志倭人伝の他に記載がない。魏志倭人伝にある「生口」は、卑弥呼が二回魏へ朝貢したときと、壱与が西晋への朝貢の際の献上品にあり、最大三〇人であった。一〇七年の倭王が献上した生口一六〇人はかなりの人数であり、見過ごすことのできない規模である。一〇七年の倭王より約一四〇年後に、卑弥呼が逝去して塚に葬られるとき一〇〇余人の奴婢が殉死させられている。卑弥呼は神に近い存在であったろうから、人を犠牲にするとすれば「生口」であろうと考えられるが、そうではなかった。奴婢は当時の最下層の人々であるがそれでも身分制度の一端をなしていた。「生口」はそれ以下の人々であるということである。「生口」については、戦争捕虜、奴隷、倭国の高級技能者など諸説あるが、身分制度の最下位に位置する「奴婢」より下位にいる人々となると、奴隷しかいない。後漢や三国時代には奴隷制度はなく、奴婢が最下層にいたのであるから、「生口」は倭国の独特の存在であったのかもしれない。

　倭国の奴隷がどのような人々であったかを知る手がかりは少ないが、制度的なものではなく家内奴隷であったと考えられる。殷代は祭祀に人間までも犠牲に用いており、戦争捕虜をこれに当てていたという（落合淳思二〇一四）。戦争捕虜は人として扱われなかったのである。また、戦争捕虜は戦いが拡大するほど増加するので、家内の需要以上は余剰となる。性別もなく海を越えた国へ献上される人々は、そのような戦争捕虜ではなかろうか。一〇七年の倭王は、征服戦争の結果として多くの戦争捕虜がいて、船に乗せられるだけの戦争捕虜たちを献上品として後漢へ送ったのであろう。また、「生口」は後漢書と魏志倭人伝にしか出現していないことを見ると、後漢から西晋の時代にかけて、倭国は列島征服戦争の時代であったことを示すもう一つの証ではなかろうか。

　さて、倭奴国王の実在は、志賀島（福岡県）で発掘された金印（漢委奴國王）が五七年に後漢光武帝から印綬されたものと同一であると実証されていることで確定済みである。その出土位置から倭国の中心都市は博多湾岸にあった、と確信できるはずなのである。なお、糸島市の細石神社には、「金印が宝物として伝わっていたが江戸時代に外部に流出した」との伝承（口伝）があるが、確認されていない。ここまでは、異論は少ない。

　中華王朝の印綬は、天子（皇帝）の徳を化外の民に知らしめるため、蛮夷の首長に王位を与えるものと言われている。したがって、印綬の印に刻まれた国名は王の出身母国を示すものである。だが、金印に刻まれた印文の読み方が未だに定まっていないのである。印文の解釈には諸説あるが、大きくは次の二つである。

（1）漢の委奴の国王
（2）漢の委の奴の国王

「委」は「倭」と同じ意味であることは知られているが、「奴」を匈奴に当てられているように卑語とみるか、「奴国」と国名で読むか、解釈が分かれているのである。この問題に対して、古代中国の古印の実例から、印文に次のルールが成立することが見出されている（古田武彦二〇一〇）。

「最初に印を授与する中国側の国号を書き、次に授与される側の国号を書く」

さらに、中国の天子が蛮夷の長に印を与える行為は、与える側と与えられる側の直接の関係を示すとの見解を付け加えている。したがって、金印は二段国名で表記するのがルールであり、三段国名で表記することがないのであるから、金印の読み方は、（1）である。

史料的に追記すると、後漢書では冊封された五七年では「倭奴国」と記され、一〇七年の朝貢では「倭国」となり、旧唐書では「倭国とは、古の倭奴国なり」と説明されている。倭奴国は倭国のことなのである。五七年の倭王は、日本列島の王が初めて冊封を受けたのであるから、「匈奴」と同列にして「倭奴」と表記されて当然なのである。したがって、印文の意味は、「漢の天子が倭の国王として認める」と解するべきであり、金印の主は「倭国の王」であって「倭奴国の王」ではないと判断すべきであろう。

二人の女王

卑弥呼と壱与は、陳寿が編纂した魏志倭人伝や日本書紀によって実在が確認できており、これを疑う歴史家は殆どいない。しかし、卑弥呼が政治を行っていた都の所在については、古くから議論百出であり、これを語るだけで数十冊の本が積みあがる。

卑弥呼は邪馬台国の女王で倭国王として君臨していた――と教科書などに載せられている。「邪馬台国」は范曄《はんよう》が後漢書に記した国名の「邪馬臺国」からきたもので、以後の正史もこれを踏襲している。しかし、魏志倭人伝には「邪馬台国」という国はない。「邪馬壹国」が卑弥呼の都がある国の名である。

南至邪馬壹國　女王之所都　水行十日　陸行一月　官有伊支馬　次曰彌馬升

次曰彌馬獲支　次曰奴佳鞮　可七萬餘戸（魏志倭人伝）

〈南は邪馬壱国で、女王の都がある。船で十日、陸路で一か月かかる。官には伊支馬があり、次を彌馬升といい、次が彌馬獲支、次が奴佳鞮という。七万余戸ほどか〉

中華王朝は、朝貢してきた遣使が上表した王の名や国名をそのまま正史に載せるので、最初の倭人は「ヤマイ」と伝えたことになる。後漢書の成立は四三二年で、魏志倭人伝は二八〇年頃と言われており、「邪馬壹国」の出現が一五〇年程早い。范曄は後漢の系譜を持つ南朝宋の人である。同じ系譜にある西晋の正史を知らぬはずがない。

一〇七年に師升が朝貢した後、後漢へ朝貢した記録はないので、倭国の王朝が代わり、国名や構成する国々の状況変化は起きていなかった。新たな国が建国されたとなれば、再び後漢へ朝貢し、冊封を受けて独立国として認知されようとしたはずであるが、その形跡は全くない。後漢書の「邪馬臺国」は、「邪馬壹国」のことを言っているのである。

范曄が国名を変えた理由には諸説あり、なかなか定まらない。魏の遣使たちが直接上陸し見聞きしてきた情報に基づいて編纂された魏志倭人伝の国名がオリジナルであることは間違いないので、以後、卑弥呼がいた国を邪馬壹国（邪馬壱国）と称するものとする。

卑弥呼が逝去して後、再び内乱となるが、壱与が共立され、国内は安定する。壱与は卑弥呼の子ではなく、宗女とある。宗女は、同宗（一族・同姓・姓）の女、姪、一族の女、一族の世継ぎの娘という意味であるが、卑弥呼の直系であり地位・身分などが極めて高く、優れて尊敬できる幼女であったという。漢代に限らず中国王朝では朝貢してきた国の王の名は、そのまま記録に残すのであるから、遣使が倭国女王の名を「イヨ」と告げ魏側が「壹與」の漢字を当てたと想像がつく。邪馬台国論争を背景として、「壹與」を「台与」と当てる研究者がいるが、どうみても「イヨ」とは読めない。卑弥呼と壱与は同じ系譜であり、内乱を挟むが継続した王朝であることは間違いない。

倭人はもともと一〇〇余国に分かれていたが、三〇国に統合されたと魏志倭人伝は伝えている。後漢書でも三〇余国に統合されたと言い、多少異なるが内実は同じことを記している。この文章は、魏志倭人伝の冒頭にあって、倭国の成り立ちを大略的に伝えており、卑弥呼が女王に共立される以前に倭国が統一されていたというのである。そうすると、倭国王が、分かれていた倭人の国々を統合したのは魏の時代からではなく、後漢時代ということになる。後漢の最後の朝貢は一〇七年の倭王で、それから卑弥呼まで朝貢が行われていないのであるから、倭国は五七年〜一〇七年頃に成立したことになる。

邪馬壱国の所在については、大きくは九州説と近畿説に分かれて、現在も論争が続いている。最近ではC14年代測定値をもって時代を遡り、箸墓古墳が卑弥呼の墓であると発表しマスコミを賑わしたが、測定したサンプルの恣意性を指摘され頓挫するなど、熱い攻防を繰り広げている。歴史書の中で、邪馬壱国までの経路が最も具体的に記述されているのが魏志倭人伝である。

それには、魏の遣使一行が通過した国名と国間の距離が記されている。しかし、解読に多くの疑問が挙げられ、特に、問題となっているのが距離である。

中華王朝では距離の単位を「里」としていたが、魏は漢の時代と同様に長里（一里＝435m）を用いていたとする説と、陳寿《ちんじゅ》は単里で距離を書き表しているとする説がある。

単里説は、三国志韓伝にある韓国の周囲「方四千里」が朝鮮半島に接しており、史書と事実とが一致することに着目し、これを三国志全体に展開して里数を調べ、実定値であることを確認し、これを単位換算して一里＝75～90mであるとした（古田武彦二〇一〇）。

魏の時代は、船の移動距離については測定技術がなかったので、経験的な時間当たりの距離で概定していたのであろう。地形測量についても方法が確立しておらず測量機器もなかったはずであるが、距離は簡便に測る方法がある。

地形測量は、地球表面にある地物をその相対的位置関係をもって適当な縮尺の図に表す作業であるから、距離と角度を測ることが基本である。江戸時代に行われた伊能忠敬の測量では、測りたい地形などに沿って曲がり角など適当な地点を選び測点を決め、測点には杭を打ち、梵天と呼ばれる目印（ポール）を立て、次に梵天間（側線）の距離を「鉄鎖」又は「間縄」を使って測り、「小方位盤」で角度を測った後、側線を繋いでいく「導線法」で距離を測った（図4－1）。地形図を作成するのが目的であるから、測量精度を得るには座標や方位角、距離測定の現場作業は手間がかかり、測量記録の整理には大変な時間を必要とする。当然天候にも左

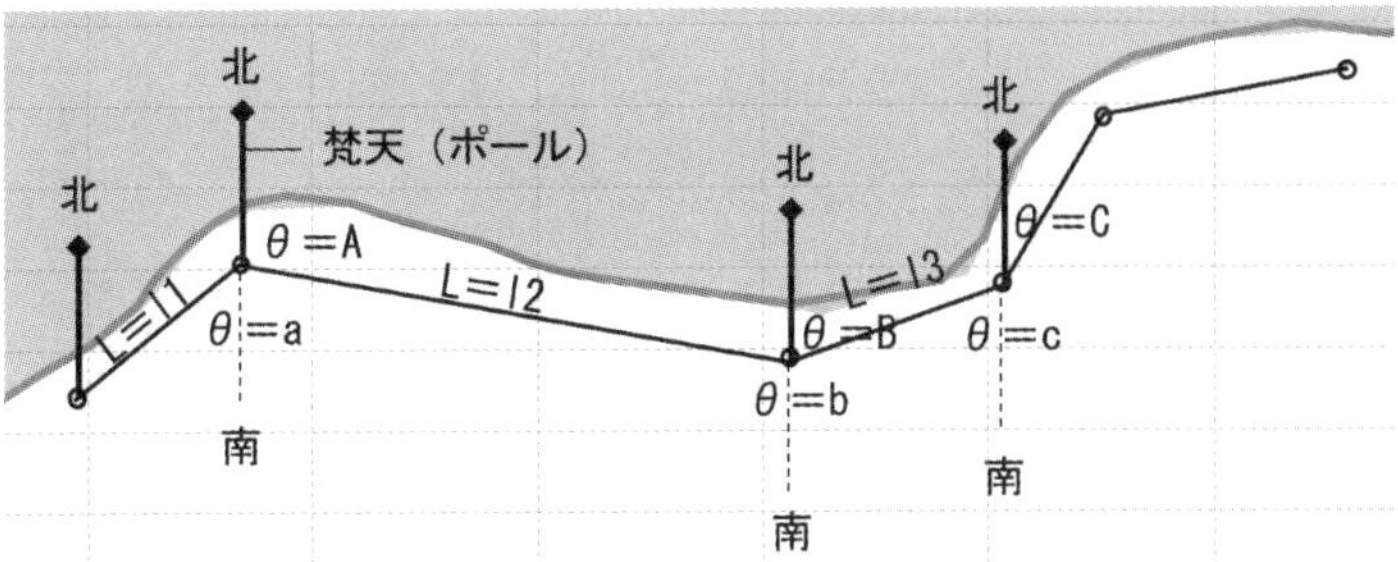

注：導線法とは、距離と角度θを測り、地形を測量する方法である。

図4-1　伊能忠敬の距離測量（導線法）

右されるため、成果を得るまでに多大な時間を要したのである。

魏の時代では、「小方位盤」がないのであるから、正確な測量はできない。しかし、海岸線に沿って距離を測れば、目的地までの経路と移動距離は得られ、この情報があれば再度上陸しても大きく迷うことはない。実際には、倭人が先導する道を、先導がなければ踏破が可能な道を選んで、見通し線上にポールを立て、ポール間に綱を渡し、距離を測る。これを行道に従って繰り返し行う。綱には、あらかじめ0・5m程度（二歩）の間隔で印をつけておくと測りやすい。この方法であれば、数人で時間をかけずに連続して距離を計測することができる。これに補完的に歩測を行えば、大きな狂いはない。また、全体の位置情報として「方位」が必要であるが、当時、「一寸千里法」の測量方法があったのであるから、太陽の位置情報から大略の方向を定めることができたはずである。

魏志倭人伝に「帯方郡治から建中校尉の梯儁らを派遣し倭王へ詔書、印綬を直接拝受させた」とあるので、魏の遣使は倭国に実際に上陸し、卑弥呼に「親魏倭王」の印璽を手渡しているのであ

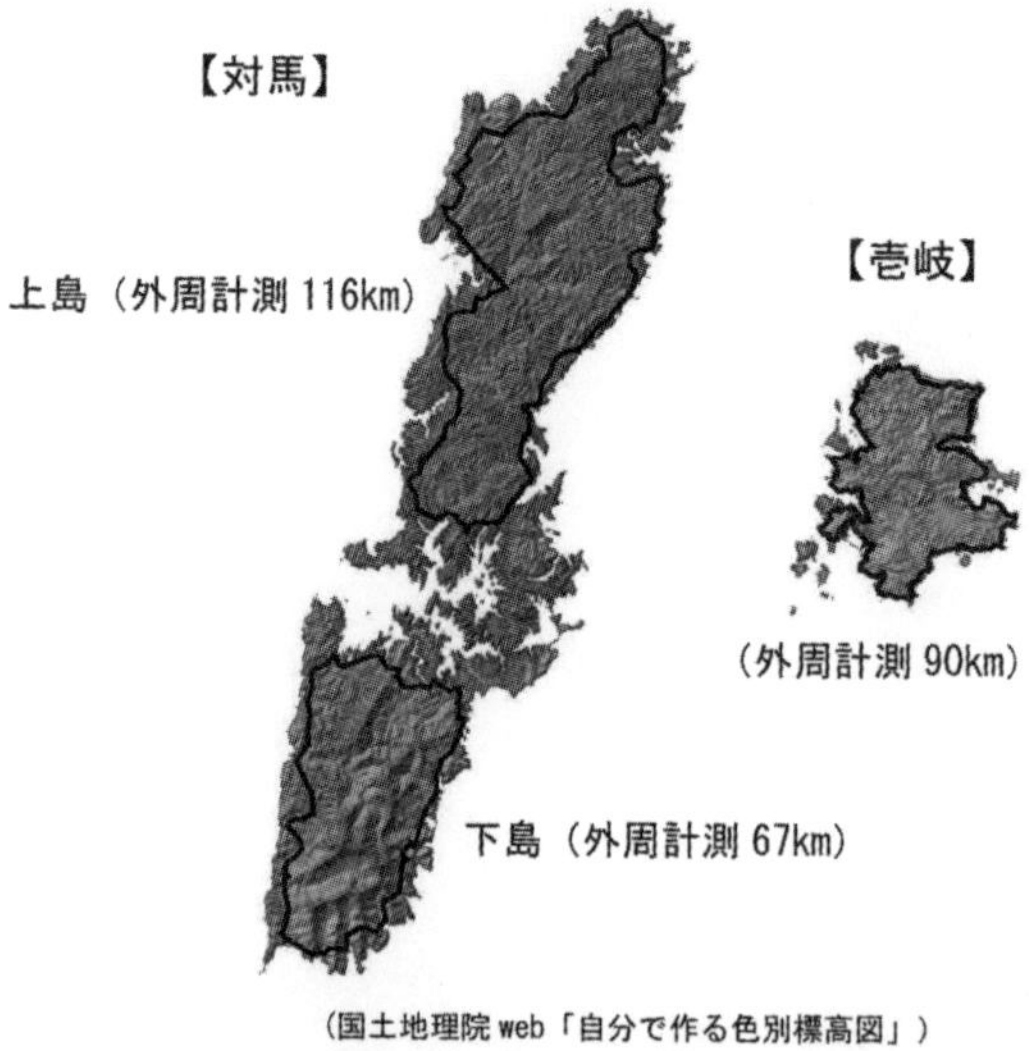

図4-2　対馬・壱岐の徒歩を想定した外周計測

る。邪馬壱国までの距離を実測するため、測量調査隊を同行させたのはこの機会を考えるしかない。

魏志倭人伝では対馬国（対馬）を「方可四百餘里」、一大国（壱岐）は「方可三百里」と概定している。「方」は「四方」の意味があり四角形の形状をいう。九章算術にある「方田」とは田の面積をいうので、方は四角形の一辺であると理解できる。「可」は「～であろう・～できる」という断定の助詞であることから、対馬国は「四角形で一辺四〇〇里程」、一大国が「四角形で一辺三〇〇里」であるというのである。対馬国は一辺の長さに「程」を付加したのは、長方形に近いので「矩形ではない」という意味で現状を描写したと見てよい。魏志倭人伝を通じ、「余り」や「程」が使い分けられているが、より正確にという陳寿の編纂に対する姿勢が見て取れる。

島回りの距離は、現地で海岸線を計測しなければわからないので実測したのである。両島とも断崖で囲まれているので、獣道を辿り外淵沿いに調査することになる。特に、対馬国は平地が少なく島全体が激しい起伏地形をなしており、海岸線を踏破するのに困難を要したであろう。島の地形・起伏・河川水系や谷地などから、踏破可能と思われるルートを選びその延長を計測してみた（図４－２）。対馬国は上島と下島からなるが魏志倭人伝では一島の扱いである。狗奴韓国に到達した遣使らは、そこから対馬に渡るが、地理的に最も近くて弥生集落が集中している上島を目指した、と考えるのが自然である。計測した外周を方距離に換算すると、両島ともほほ同じで、一里が７５ｍに相当している。

対馬国　外周116km
➡方換算116km/4
＝29.0km
29.0×1000m/400里
＝73m

一大国　外周90km
➡方換算90km/4
＝22.5km
22.5×1000m/300里
＝75m

中華王朝は政治体制の整った大国で、文書の正確さを厳しく求める。公的文書や報告書の如何にかかわらず、具体的な距離を表すのに場所によって距離単位が違うなどということは、計算ミスか恣意的な意図がない限りあり得ないことである。魏志倭人伝の距離単位は、実際の測量方法を考慮しても単里であることは間違いない。魏の遺使は、帯方郡治（黄海北道鳳山郡―諸説あり）を起点とし邪馬壱国を終点として、途中にある国間の距離を測り総距離一万二千余里としたのである。だが、遺使が通った経路についても距離と同様に諸説あり、邪馬壱国の比定は未だ遠い。しかし、九州（筑紫）と近畿（奈良）は距離が離れているので、距離単位と総距離の関係によって、邪馬壱国の位置的な概定はできる。

実際の距離は地形に応じて測られているので、移動距離は直線距離より相対的に長くなる。そうすると、少なくとも帯方郡治を中心とした半径一万二千里の円内に邪馬壱国が位置していなければならない。

近畿（奈良）に邪馬壱国があるとして、帯方郡治から出発した遺使は、対馬・壱岐を経由して唐津に上陸し、筑紫を通り北九州から瀬戸内海を通過し大阪湾へ達するのが古代の基本ルートである。一万二千里を単里（７５ｍ／里）で換算すると９００㎞で、瀬戸内海の児島半島付近が最大範囲である（図４－３）。近畿（奈良）には到達できない。なお、単位を長里とすると半径は５２２０㎞で、太平洋上に浮かぶ南鳥島を遥かに越える。そのような距離の計測はあり得ない。少なくとも、倭奴国王から卑弥呼・壱与の時代は北部九州に倭国の中心があったのである。

卑弥呼が倭王となった経緯について、「倭国は代々男を王としていたが（前倭王が）七〇年

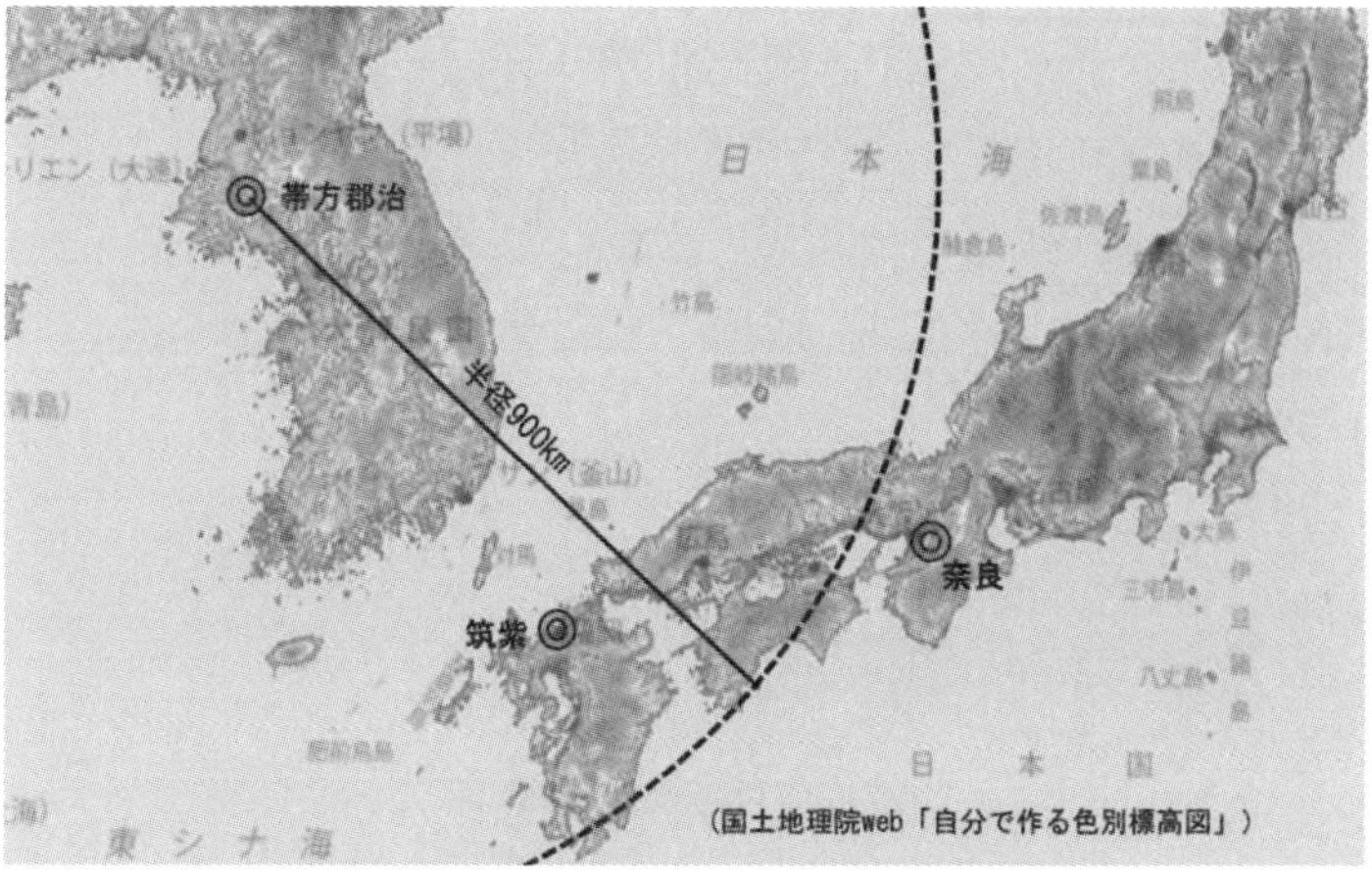

図4-3　帯方郡治からの最大旅程範囲

～八〇年で中断した。その後、国内の秩序は乱れ内乱が長く続いたが、卑弥呼を女王に共立した。」と魏志倭人は伝えている。この内乱は、後漢書でいう「桓霊間倭國大亂」のことである。倭国大乱は後漢の桓帝（在一四六～一六八）と霊帝（在一六八～一八九）の間に起きたというのであるから、両帝の時代をまたがった一四六年～一八九年の範囲内で起きた事件である。これに従えば、卑弥呼の前倭王（男王）は、倭国大乱が始まる一四六年頃を退位年とし、在位期間を三五年（一年歴換算）とすると、在位は一一〇年～一四六年頃になる。倭王帥升が前漢へ朝貢したのは一〇七年であるので、前倭王の即位年に近いが、朝貢の準備に数年かかることを考慮すると、やや離れる。卑弥呼の前の男王とは、倭王帥升の後に続く王なのである。

　卑弥呼の年齢を知る手がかりは、やはり魏志倭人伝にある「年已長大」という記事で、一般的に「年齢は既に高齢」と和訳されている。これは、二四〇年に魏

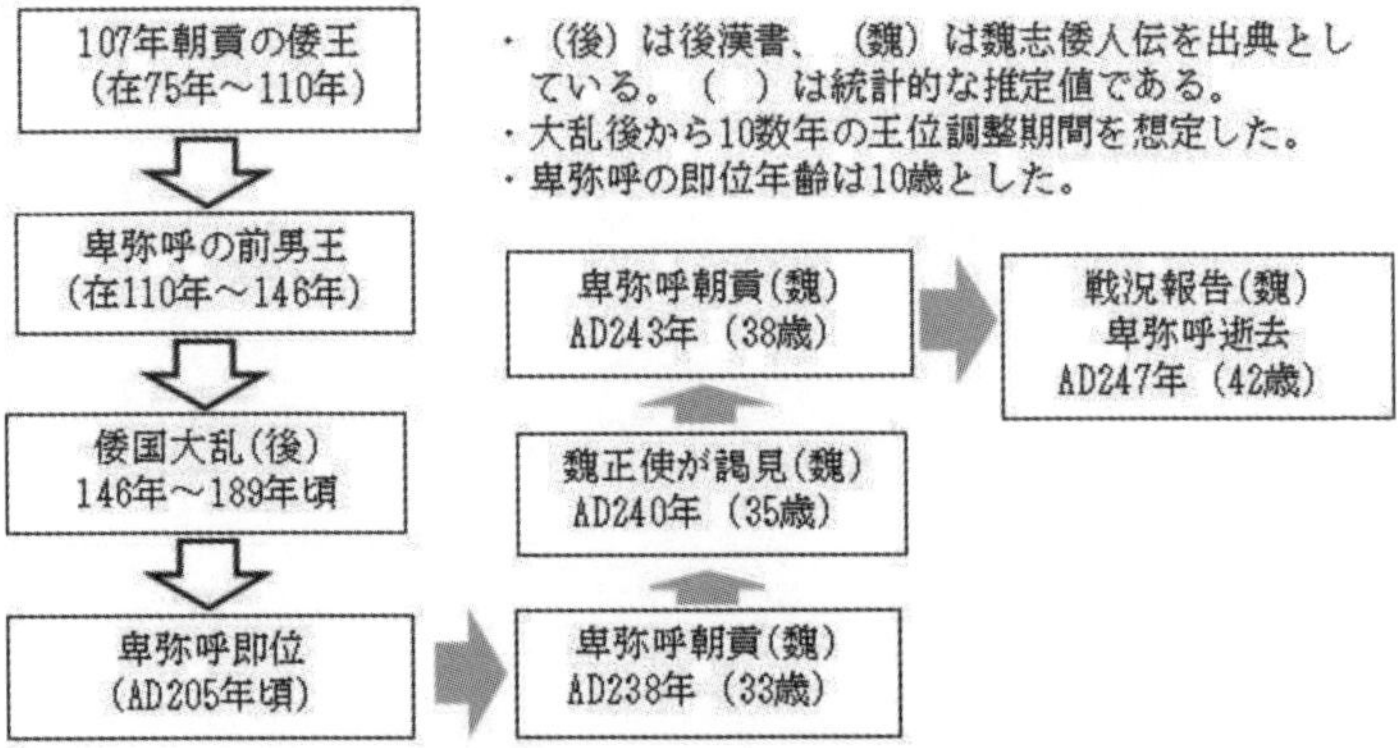

図4-4　卑弥呼の履歴

の遣使が卑弥呼に謁見し魏王からの印璽を直接手渡したときの人物調査に基づいた形容詞なのであるが、年老いたイメージは伝わってこない。この点について、古田武彦は三国志全体の用法を調べ、「年已長大」が三五歳前後を意味することを知るに至る。

　卑弥呼は、朝貢によって魏と親交を重ね信頼関係を築いてきた。狗奴国との戦いでは、二四七年に赴任してきた帯方郡治太守の王頎に早速戦況を報告している。その後、太守の檄文をもって遣使が到着したときには、卑弥呼は既に逝去していたのであるから、逝去したのは二五〇年前後だと推定できる。二四〇年に三五歳であるなら逝去年齢は四五歳くらいである。弥生時代・古墳時代の女性の平均寿命は一五歳以上で約三〇歳～三五歳、最高齢は七〇歳と言われている（小林和正一九六七年）。卑弥呼は、やや寿命が長い程度であり、言われるほど老婆ではない。

　仮に、倭国大乱が終息してすぐの一八九年に卑弥呼が女王に即位し、二五〇年頃に逝去したとする。次王の壱与が

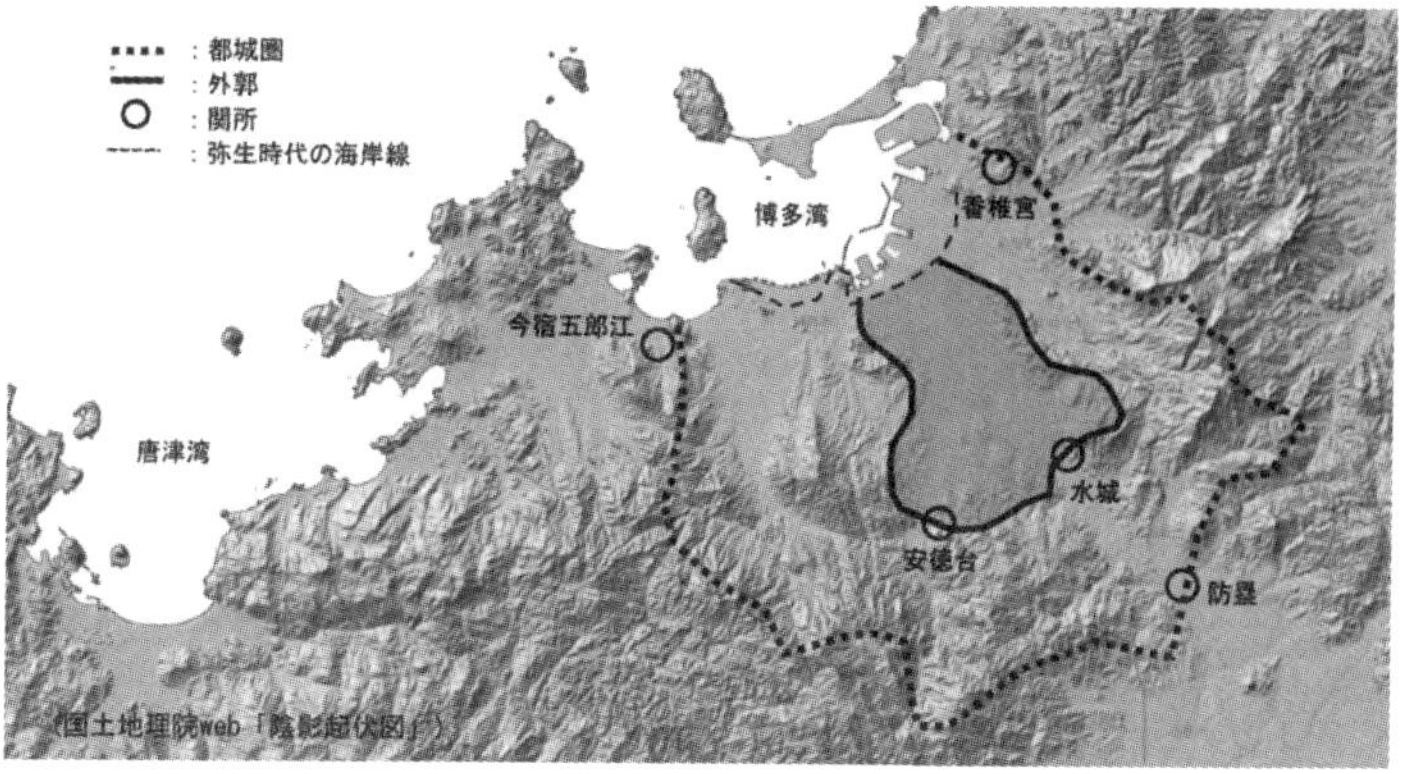

注：関所は日本書紀及び弥生遺跡から推定したもの。海岸線は「北部九州における縄文海進以降の海岸線と地盤変動傾向」下山正一（1994）第四紀研究33を参考として作部したもの。

図4-5　卑弥呼の首都防衛ライン（推定）

七歳（一年歴換算）で即位しているので、同程度の一〇歳頃に即位したとすると寿命は七一歳である。弥生時代の最高齢を越え、生物学的な限界に達し、魏志倭人伝の風景にも合わない。無理な設定である。

倭国大乱は長く続いたのだからすぐには終息せず、豪族間の調整やそれでも満足しない豪族との小競り合いもあったろう。卑弥呼は共立された王なのであるから、このような多少の調整期間を要したことを考慮すると、卑弥呼の履歴は無理なく時系列で表すことができる（図4－4）。

卑弥呼は邪馬壱国の女王であるが、前男王が坐していた国と同じなのだろうか。邪馬壱国の西に伊都国がある。所在については諸説あるが、外交の窓口や国々を検察する一大卒が置かれていたという。一大卒とは軍隊の意味もあり、外敵の侵入を監視する関所の役割もあったのだろう。倭国の海外の入口は唐津であるので、関門は西に向いてよい。唐津方面から侵入すると、背振山地が自然の要害となり、これを背にした糸島地域に一大卒を置いたと見てよい。伊都国は、後漢時代に洛陽城を守る八関があったが、これにあたる関所に似ている。卑弥呼は、古代中華王朝の防衛思想に倣った防衛ラインに護られていたのである（図4－5）。とすれば、卑弥呼の宮殿は唐津・糸島地域にはない。一方、南部九州には熊襲が居住しており、反乱を繰り返していた。このことは日本書紀によって伝えられている。防御が弱い筑後へ都を構えた可能性は低い。

弥生中期～後期前半は、青銅製品、鉄製品、ガラス等の工房跡が博多湾岸に集中して出土する時代である。この地での生産物の多くが中国・近畿へ流通していたことは、青銅製の剣・矛や銅鐸の分布、鉄鏃の分布などから知ることができる。倭王たちは、産業を発展させることで富を得て、征服戦争に臨んだのである。したがって、倭国の中心都市は交通の要衝にあり、防衛上有利な自然的地形を生かし、主要な産業が成立していた地域にあり、前男王はまさにその中にいた。この地とは、那珂川・御笠川流域である。卑弥呼は、倭国擾乱後に王位と前男王の支配域を引き継いだのであるから、博多湾岸の中枢域にいたのである。卑弥呼逝去後に再び倭国は大乱をひき起こすが、壱与を女王に共立することで終息する。

図4-6　壱与の履歴

壱与は、一三歳（一年歴算で七歳）で女王に即位する。即位後の二六五年に魏から禅譲を受けた西晋（二六五～三一七）の武帝へ朝貢していることは既に記した。これまで忠誠を誓ってきた魏が滅亡し、漢の王権を継承した西晋が建国されたのである。壱与は新倭王として、武帝への祝辞と親交の継続を意図して朝貢したに違いない。卑弥呼逝去後の内乱は、王位継承を不服とする首長たちが反乱したものであるから、壱与は、当然、卑弥呼と同じ政治体制をとったはずで、朝貢はすぐに準備でき西晋に使者を遣わせることができた。内乱は二六〇年頃に終息し、首長たちの調整を経て壱与が即位したのは二六五年頃であろう。卑弥呼逝去後の一〇年間は内乱が続いていたことになる。倭国大乱が約四〇年間であったことと比較してかなり短い。女王の系譜が成立していたので、各国の主要豪族との調整にはそれほど時間を要しなかったこともあるが、狗奴国と国境を争っていた時期に倭国内の内乱は早期に終息させねばならなかったに違いない。狗奴国の征服は、卑弥呼と壱与の政治的目標であったことは、魏晋への短期間の朝貢頻度の多いことからみても明らかである（図4－6）。

七支刀を贈られた倭王

卑弥呼・壱与の時代から倭の五王までの一五五年間は、倭王が中華王朝の正史に現れてこない。しかし、この時代の倭王の存在は、意外なところで確認できる。百済王から贈呈された七支刀である。七支刀の刀身に象嵌された銘文中に「倭王旨」の名があるのである。

日本書紀では、「百済肖古王《しょうこおう》が臣下の久氐《くてい》を遣わして七枝刀を神功皇后へ献上した」とある。

五十二年秋九月丁卯朔丙子　久氐等従千熊長彦詣之　則獻七枝刀一口　七子鏡一面及種々重寶（日本書紀第九巻神功皇后）

〈五二年秋九月一〇日、久氐らは千熊長彦に従って（大和朝廷）に詣でた。そして、七枝刀一口・七子鏡一面・及種々の重宝を奉った〉

百済の歴史書には百済三書（百済記・百済新撰・百済本記）がある。百済三書は、現在では散逸しており、逸文が日本書紀に残されているのみである。そこには近肖古王から威徳王の一五代にわたる二〇〇年近い歴史の記録が記されていたと言われている。おそらく、三書のいずれかに贈呈記事が残っていて、大和朝廷が日本書紀に取り込んだのではなかろうか。また、贈り主の「肖古王」については、百済一三代近肖古王（在三四六～三七五）と比定されているが、五代肖古王（在一六六～二一四）との説もある。帯方郡が滅亡する三一四年以前に、朝鮮半島に独立した国家はないのであるから、「肖古王」である可能性は低い。

七支刀は、現在、奈良県天理市の石上神宮の神宝として伝わっている。銘文は、刀身の両面に金の象嵌で文字が刻まれており、その中に、「七支刀」と刀の名が出てくる。七支刀は明治時代に公表され、研究者たちが銘文の解読に当たったたが、解釈に多くの説が出て、結論に達しなかった。銘文の基本的な意味は、「七支刀は百済王が作り倭王旨に贈ったものである」とするが、（1）七支刀は「下賜」か「献上」であるか、（2）作られたのは何年であるか、なかなか決定できないでいた。

（1）については、北朝鮮の学者の参入もあって、侃侃諤諤の論戦があったと言われている。原因は、判読不能な箇所が多く、前後関係から意味を簡単に読み取れないことに起因する。最も参考になると思われる百済三書が現在には伝わっておらず、一部（逸文）が日本書紀にのみ引用されて記事として残されているだけである。いわば、「状況証拠」のみで銘文の解析を行わざるを得なかったのである。しかし、「状況証拠」を主とした解釈では、それまでの古代史の通説や政治的イデオロギーによるバイアスが大きいこともあって、解釈の方向が定まらなかったのである。

解析が進むにつれ、銘文には贈る側も受け取る側も「王」と刻まれており、両者対等の立場で七支刀をもって表敬したと考えるべきであるという理解が進み、現時点では落ち着いているように見受けられる。また、（2）の作られた年代については、「泰和」の年号が隋書等から発見されたこと、残された銘文に作為的な削り取りや切り込み跡がないこと等から太和（泰和）四年（三六九）と年号の文字も定まっている。

表　泰□四年十□月十六日丙午正陽造百錬□七支刀□辟百兵宜供供侯王□□□□作

太和（泰和）四年五月十六日丙午の日の正陽の時刻に百たび練った□の七支刀を造った。この刀は出でては百兵を避けることが出来る。まことに恭恭たる侯王が佩びるに宜しい。永年にわたり大吉祥であれ。（浜田耕作二〇〇五年）

裏　先世□来未有此刀百滋□世□奇生聖□故為倭王旨造伝示□世。

先世以未だ有らざりし此の刀は、百滋王世子が生を聖晋に寄せたるが故に、倭王旨のために造れり、後世に伝示せよ。

七支刀の贈り主は百済の近肖古王で定まっているが、受け取り側の倭王については、無視するか神功皇后であるとする説が多い。七支刀の作刀年が三六九年で贈呈するまでの時間を含めれば、受領した神功五二年（二五二）とは全く合わない。一年歴換算では三二七年となり年代が近づくものの差が四〇年を超えており、正史の重要度からみれば違うものといってよい。日本書紀では、魏志倭人伝に冊封をうけた女王卑弥呼の存在を無視できないので、これに神功皇后の年代を整合させることを優先させたため、七支刀の実年代と大きく離れたのである。倭王旨の存在は、七支刀の刀身にある銘文から解釈しなければ詳細がわからないのであるから、石上神社の神宝にして公にさらさず、ほっかむりしたと考えるのは飛躍しすぎだろうか。

七支刀を含めた重宝が贈呈された背景は、外交上の関係であるのは明らかであり、倭国が朝鮮半島の動向に直接的な影響を受けていたことの一つの記録である。そこで、外交面から時代の一連を見てみる。

魏末の二八〇年頃、朝鮮半島には韓国（馬韓・辰韓・弁韓）があり、南端にある倭国（狗奴韓国）と接していた、と三国志東夷伝にある。晋の弱体化が進むと、遼東への支援が不可能となり、楽浪郡及び帯方郡を放棄せざるを得ず、三一三年に楽浪郡が翌年三一四年に帯方郡が、遼東への進出を狙っていた高句麗に滅ぼされる。晋の支配が及ばなくなった朝鮮半島では、それまで集落連合国家または地域別に小国家の段階であったが、楽浪郡・帯方郡の滅亡を契機に統一国家の形態をとるようになり、馬韓諸国が百済国、辰韓諸国が新羅国にかわった（井上秀雄二〇〇四）。弁韓は、狗奴韓国の支配下となり他の地域を含めて任那（加羅、伽耶ともいう）になる。任那の成り立ちにも諸説あるが、百済と新羅の成り立ちとは異なり、狗奴韓国と主導する小国家群が混在している国であった、という見方が一般的である。

百済の名が初めて中華王朝の正史に登場するのは「晋書」帝紀（三七二）であり、新羅は前秦に朝貢した三七七年と言われている。また、高句麗は早くから遼東地方へ進出を図り中華王朝と対立していたが、広開土王の時代になると四方に領土を拡大し、旧領地を取り戻そうと朝鮮半島へ南下してくる。朝鮮半島南部では朝鮮半島の覇権を巡って四国の戦いとなり、隋、唐が介入してくる六世紀まで混乱が続く。

四世紀～六世紀の朝鮮半島は、互いの陣取り合戦で入り乱れ、半島の情勢が極めて混乱しているが、各国の盛衰の指標として隆盛した王の時代をもって年代を整理すると、高句麗が大き

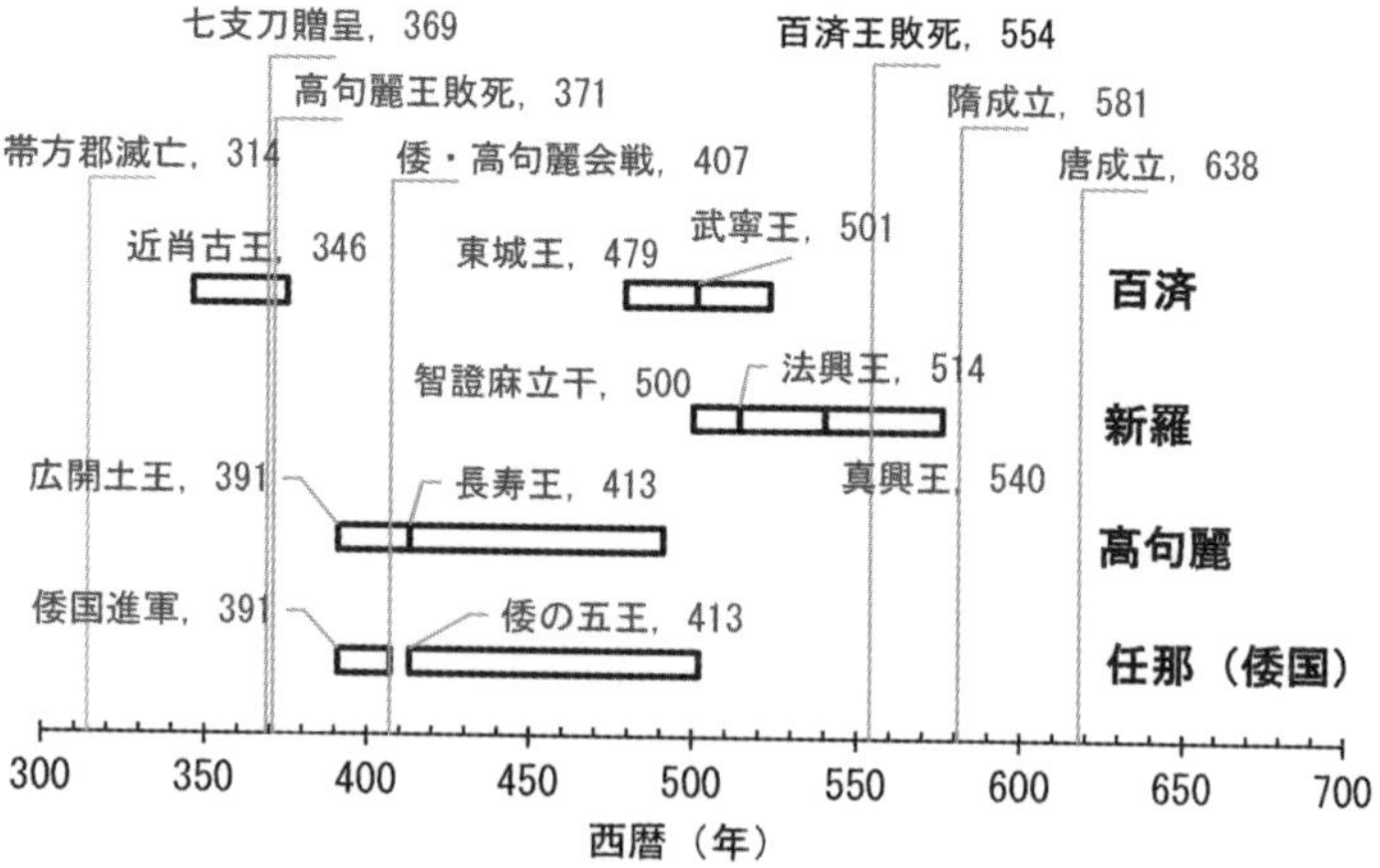

図4-7　朝鮮半島で隆盛した王の時代

く影響していることがわかる（図4―7）。三五〇年頃は、百済、新羅、任那の三国が鼎立し、任那が倭国の勢力範囲であった。

任那の勢力範囲は、広開土王碑の碑文に三九五年～四〇七年に高句麗と倭国が朝鮮半島南部で熾烈な戦いが繰り返されたと記されているので、三九〇年頃は狗奴韓国を起点として朝鮮半島中部にまで広がっていたことになる。

新羅は三国の中で最も国家体制の整備が遅れた国で、四～五世紀頃の支配力はそれほど強くなく、台頭してきた高句麗の傘下に入り、倭軍の侵入を牽制していた。高句麗と倭国が覇権闘争をしている間に自国の軍事力を強化し、智證麻立干《ちしょうまりつかん》王（在五〇〇～五一四）、法興《ほうこう》王（在五一四～五四〇）の時代には征服国としての体制を整え、真興《しんこう》王（在五四〇～五七六）に至って統一以前の最大版図を手中にしている（井上秀雄二〇〇四）。倭王旨の時代、新羅は国家として十分な力を持っていなかった。

近肖古王は百済に最初の全盛期をもたらした王で、三七一年に高句麗の侵攻を食い止め逆に攻め入って故国原王を戦死させ、一躍国際社会に知られることになった。七支刀の贈与はまさにこの直前に行われたのである。百済は、高句麗から渡海や山越えにより、南部諸国でいち早く攻撃にさらされる位置にある。高句麗は、遼東平原を巡って魏・晋や近隣諸国と対立していたが、これを抑えれば次に南下することは明らかで、百済は常に高句麗の動向を探っていただろう。近肖古王の国力は高句麗に十分対処できるものであったのだろうが、救援あるいは亡命先として百済と接する任那と友好関係を持つことは戦略上あり得る選択である。しかし、倭国とは国交も開始されていないのである。とすれば、百済王は本国の倭王に対して「授ける」立場にはなく、「贈呈する」でなくてはならず、重宝をもって歓心を買うしかない。また、日本書紀には神功皇后が新羅を武力で隷属させたとあるが、朝鮮半島に領有する地があるとの記載がない。大和朝廷は任那を領有していないのである。狗奴韓国は倭国の領内であると三国志東夷伝に記されているだから、任那の本国は北部九州にある。百済王の遣使は上表文と重宝を携え、渡海して北部九州倭王旨に届けたのである。

日本書紀では、「神功四九年（三二五：一年歴）に皇后は、新羅が大和朝廷との国交を開くことを邪魔するという百済の訴えを容れ、荒田別《あらたわけ》・鹿我別《かがわけ》の両将軍を遣わして新羅へ再征し、両将軍と百済軍は、朝鮮半島南端の七国（比自炑《ひしほ》・南加羅《ありしひのから》・喙国《とくのくに》・安羅《あら》・多羅《たら》・卓淳《とくじゅん》・加《か》

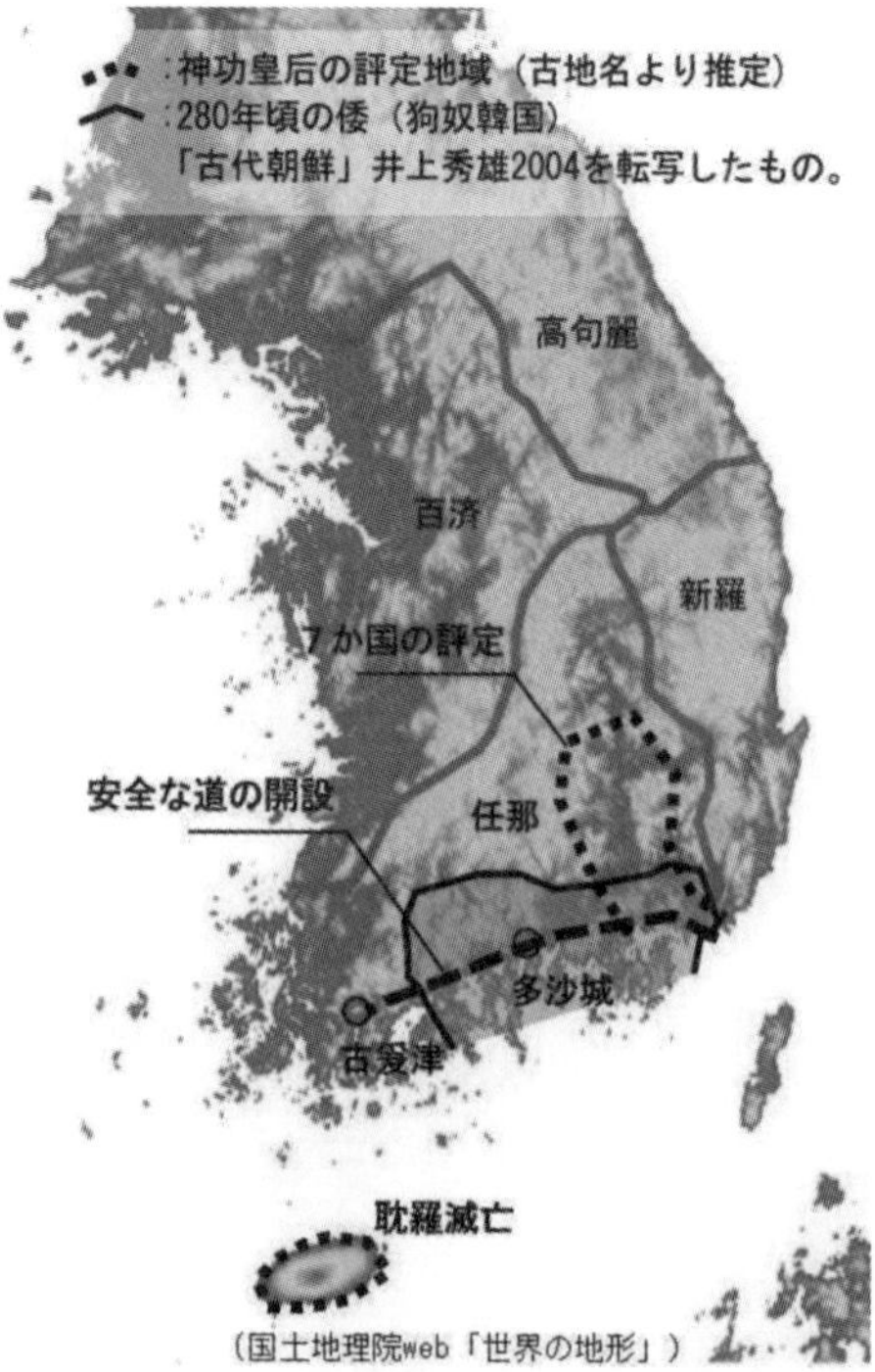

図4-8　神功皇后の新羅再征

羅《ら》）を評定し、耽羅《たんら》（済州島）を滅ぼして百済に与えた」とあるが、四～五世紀の朝鮮半島はもっぱら倭国と高句麗との戦いであって、前述の七か国は、新羅ではなく任那（倭国）の支配下にあった（図４－８）。また、神功五〇年（三二六：一年歴）には「往来が安全な道を開き多沙城《たさのさし》（道の駅）を与えたことに対して、その返礼として近肖古王が七支刀を含めた重宝を神功皇后へ献上した」とあり、新羅再征の一連の行動は、大和朝廷と百済の国交が開かれたことを表すと言われている。

しかし、広開土王碑には「三九一年、倭国は渡海して百済を破り、さらに新羅を討ち二国を隷属させた」とあり、わずか五〇年後に国交を破棄する行動をとっているのであるから、百済との間に親密さがない。この頃から、倭国は高句麗と交戦状態に入っていることを考え合わせると、「開いた道」とは狗奴韓国の東西を縦断する道路で、北方へ進軍するため本国から続く重要な兵站路（戦略物資の補給）を整備したなら理解できるが、百済の国益に値するものとは言い難い。やはり、大和朝廷は朝鮮半島の覇権闘争には参加していないのである。

ともあれ、時代や主体の矛盾からみて、七支刀は神功皇后へ贈られたものではないと断定できる。とすれば、倭王旨は北部九州にいる倭王のことである。倭王旨は、その名が象嵌された七支刀が現存し、日本書紀に百済王から送られたことが記されているのだから、歴史学的、考古学的に裏付けられた倭王の記録なのである。

倭の五王

中国正史は、天子（皇帝）を正当化することで前王朝の評価を低めていると言われているが、天子の系譜や実績に関わらない列伝（冊封事実）は正確に記述しているとの評価がある。「倭国」は後漢書倭人伝や三国志東夷伝に名を連ねており、漢時代から既に国際的に認知されてきた国であるが、宋書ではそれ以上に倭王が頻繁に現れる。宋書倭国伝にある讃、珍、済、興、武は、特に「倭の五王」と呼ばれている。「倭の五王」については、宋書にある親族関係、朝貢とその年代及び武の上奏文（全文）以外には殆ど情報がない。

讃＝最初に宋へ朝貢した倭王。

珍＝讃の弟。都督の除授を請願する。

済＝都督の除授を請願する。
興＝済の子。都督の除授を請願する。
武＝興の弟。自ら開府儀同三司と仮称し、改めて都督の除授を請願する。

「倭の五王」とは何者か日本書紀にあるいずれかの天皇に該当することを前提とし、学会や歴史家が多くの説を提唱しているが比定に至っていない。また、済の血縁関係が不明であることも問題となっている。

この問題を分析するには情報が少なすぎるので、補う必要がある。幸い、宋へ朝貢した頻度が多く、各々の王で実年代がわかっている。朝貢や中華王朝からの称号（官職）の授与は王の在位期間中に行われるが、特に、倭の五王時代は頻繁に行われていたので、時系列的にみて概ねの在位期間を割り出すことができる。前倭王の最後の朝貢年と次倭王の最初の朝貢年の差は次のとおりである。

讃から珍→八年　珍から済→五年
済から興→二年　興から武→一年

一年間の喪中を考慮すれば、珍、済、興、武は差が少なく、最後の朝貢年が逝去年と概ね同じとしても実際の在位期間と大きく異なることはない。そこで、前倭王の最後の朝貢を即位年とし、当該倭王の最後の朝貢年（または称号授与年）を逝去年として、在位期間を推定してみた（図4－9）。

「倭の五王」の宋への請願は、朝鮮半島南部を支配に入れた都督府の開府であり、開府を許される大将軍の官職を得ることである。この請願は代々の倭王で一貫しており、ブレがない。途中で王室が他の系譜に変わったのであれば、倭国の方針も変わるであろうことから、このような一貫性を保持することはできない。「倭の五王」は同じ王室の親族であり、代々の直系と考えてよい。

珍と済の親族関係を知るには、讃が逝去し王位を世子が継がずに弟であったこと、かつ、倭国では王が逝去して後に新王が即位するが珍が逝去したとは宋書にないこと、に留意する必要がある。珍は四三〇年に即位し、わずか八年で退位する。それは逝去したからではなく、自ら王位を譲ったことを意味しないか。言い換えれば、讃の逝去後に済が一定の年齢に達し、倭王としての条件が揃ったということである。倭王の即位年齢を、大和朝廷を参考に二五歳程度とすると、讃が逝去した時には済が一七歳で、王位継承の条件が整っていなかったとみてよい。済は讃の世子であり、珍とは叔父と甥の関係であった。

「倭の五王」の存在については、中華王朝側の歴史書にあるのだから、日本書紀の天皇に該当するはずという前提で分析され、多くの説が取りざたされているが、「倭の五王」に合致す

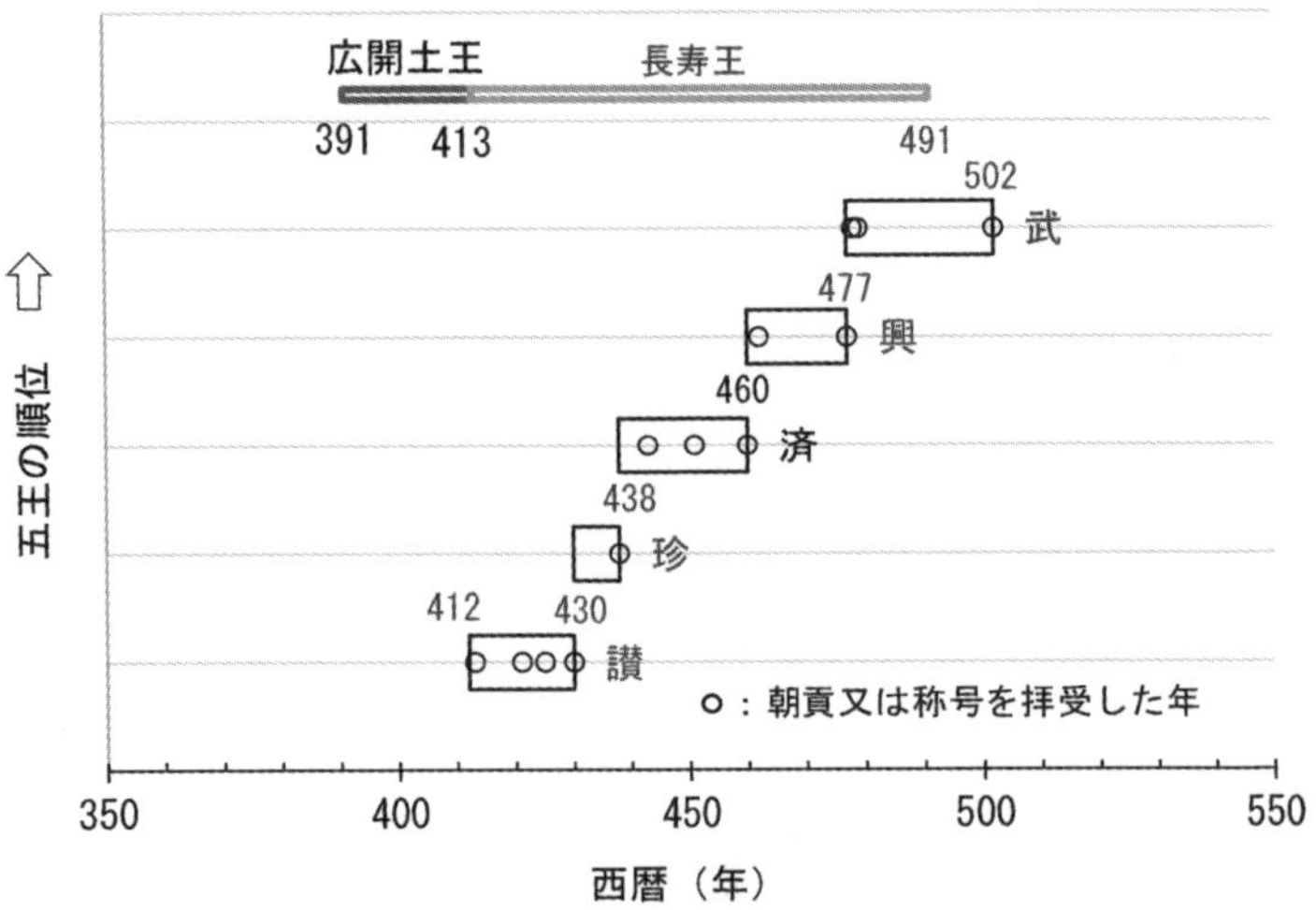

図4-9　倭の五王の在位期間（推定）

る天皇は未だに確定していない。大和朝廷が宋へ朝貢しているのであれば、日本書紀に該当する朝貢記事があるはずであるが、そうではないということである。

大和朝廷の天皇は、存命中に名がなく、死後、諡号で呼ばれるので、宋書にある記事内容と日本書紀の事績と照合し、「倭の五王」に該当する天皇を判定するしかない。宋書から読み取れる各々の倭王の情報は、宋へ朝貢した年代の「朝貢年」、宋から与えられた称号と職位を除授された年代の「授与年」、「請願内容」、歴代倭王の系譜（親子、兄弟など）の「親族関係」などである。日本書紀にあって、宋書の倭王にない情報は、「在位期間」である。これについては、前述したように朝貢や除授された記事から一定の期間を推定することができる。

「倭の五王」が活躍していた時代は四一〇年頃

表4-2　倭の五王の時代に相当する日本書紀の外交事績

天皇	年次	西暦	外交事績
允恭天皇			記述なし。
安康天皇			記述なし。
雄略天皇	5	461	百済の軍君（こにきし）が遣わされ天王に仕えた。
	8	464	身狭村村主青らが呉国へ遣わされる。
	8	464	新羅が高句麗の侵攻を恐れ倭に援軍を求めた。
	9	465	紀小弓宿禰が天皇の命を受けて新羅討伐へ向かう。
	14	470	身狭村村主青らが手伎、呉国の使者と帰国。
	20	476	高句麗が百済を滅ぼすが、生き残りがいた。
	21	477	天皇は久麻那利を百済の王にし再興させた。
清寧天皇			記述なし。
顕宗天皇	3	487	任那へ阿閉臣事大を遣わす。
	3	487	紀生磐宿禰が三韓の王にならんと任那を動かし百済を攻めるが失敗。
仁賢天皇	6	494	日高吉士を高句麗に遣わし工匠を召喚した。
武烈天皇	6	504	百済が麻那王を遣わし貢物を献上した。
	7	505	百済王が斯波君を遣わし貢物を献上した。

〜五〇〇年頃で、日本書紀では一九代允恭天皇〜二五代武烈天皇までの七代の天皇がいる。これら天皇の事績から、外交に関わる記事を拾い出してみると、宋へ朝貢した事実が全くでてこない（**表4－2**）。大和朝廷と百済や新羅の戦いさえ雄略天皇の新羅討伐（四六五）のみである。朝貢記事による比較は難しく、したがって、比較できる要因は、「在位期間」と「親族関係」だけである。

宋書倭国伝にある朝貢及び除授の記録から設定した「倭王の在位」に日本書紀の「天皇の在位」を重ねると、讃と允恭天皇、済と雄略天皇及び武と顕宗天皇に該当する（**図4－10**）。しかし、允恭天皇は在位期間が長く、珍も含まれるので宋書の内容と合わない。雄略天皇では、済と一部重なるが実際の朝貢年を全く外れてしまう。顕宗天皇は武と重なるが、在位期間が短く朝貢年をカバーできていない。

また、興と武は兄弟関係であるが、同じ年代の清寧天皇と顕宗天皇は親子関係であり、この点も一致しない。歴代を無視して、在位期間で両者がカバーする組み合わせをみ

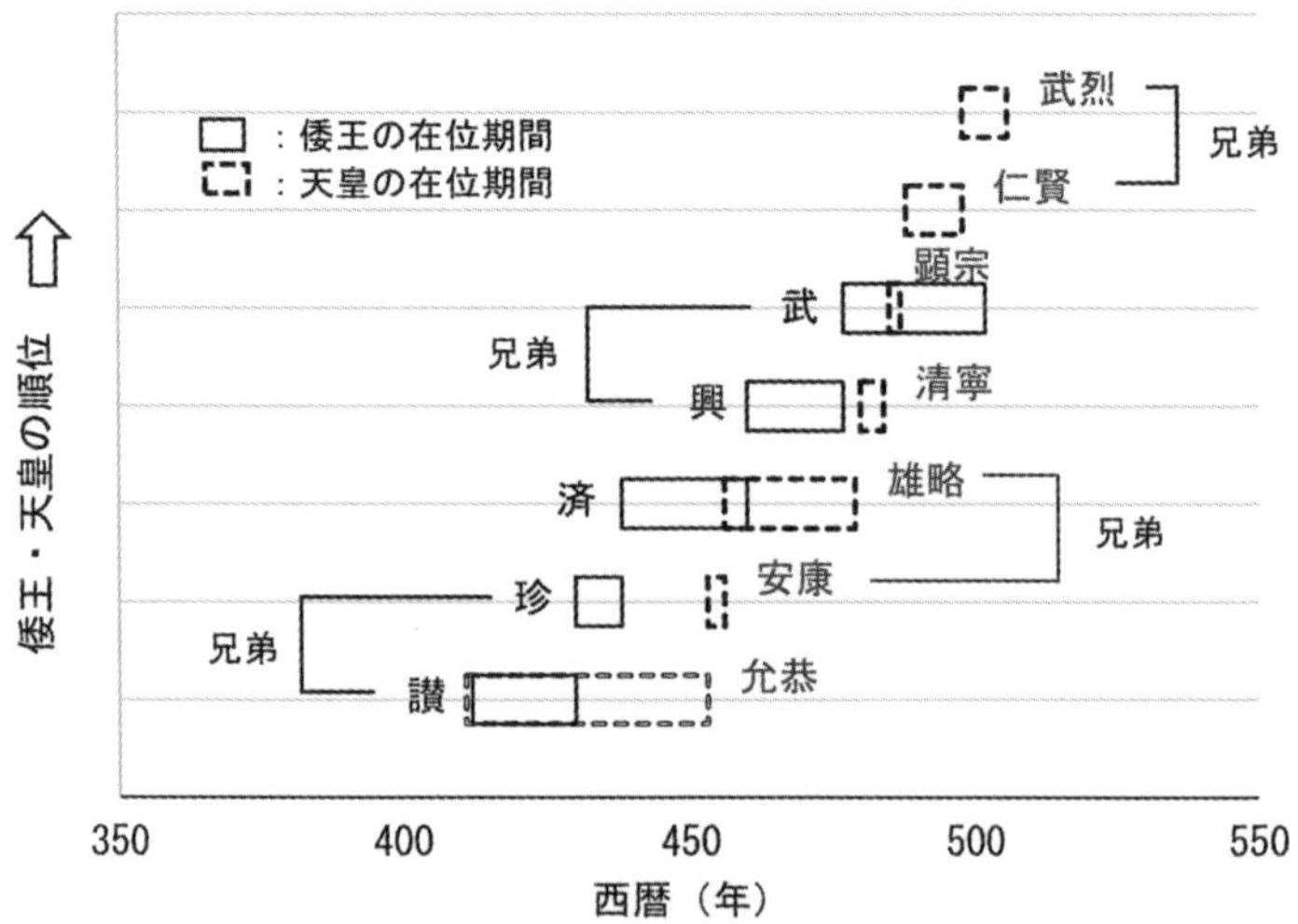

図4-10　倭の五王と天皇（大和朝廷）の関係

ると、興には雄略天皇が該当する。しかし、「親族関係」が一致しない。

日本書紀では、允恭天皇から武烈天皇までの代において高句麗との激しい戦いの記録がなく、天皇の出生や逸話、国の領域拡大（戦闘）に関するものが殆どを占めている。宋への朝貢に全く触れられていない。この時代、倭国は高句麗の広開土王（在三九一～四一三）や長寿王（在四一三～四九一）と朝鮮半島で熾烈な戦いをしていたのにもかかわらず、日本書紀に事績がないのは、大和朝廷が高句麗と関わっていなかったことの証明である。

広開土王は、遼東や朝鮮半島へ侵攻し版図を大きく拡大させ、高句麗を強国へと導いた王である。長寿王は、その諱のとおり長寿の王で九八歳まで生き、父の広開土王を引き継いで領土を拡大した。四二七年に首都を国内城から平壌に移し、新羅、百済、倭国と戦って朝鮮半島の大半と遼河以東までに勢力を拡大し、高句麗の最大版図を獲得した。「倭の五倭王」は、高句麗全盛期の時代を戦っており、厳しい戦いを強いられた。宋書東夷伝倭国条では、朝鮮半島南部が支配できる官職と称号を得たいと、在位期間に数回朝貢し自ら官位と称号を請願している。倭王武の上表文からは、「高句麗と激越な戦いを繰り返し、倭人の多くを失ったが容易に勝つことができない」と、悲痛な叫びが聞こえてくるようである。

倭王は、何故、このような国を揺るがすような覇権闘争に関係せねばならなかったのか。

事のはじめは、高句麗の小獣林王《しょうじゅうりんおう》（在三七一～三八四）がひたすら国力の充実を図り、これを受けついだ広開土王が、満を持して朝鮮半島を南下してきたことである。

長寿王は、父の死後、「広開土王碑」を建立し、広開土王の事績を碑文に刻んでいる。広開土王が四方に領土を拡大した業績を賛美したものであり、その中に征服行動が記されている。これを時系列的にまとめると次のとおりである。

・三九六年　倭が渡海して百済を打ち破り、新羅を討伐して臣下としたが、広開土王は百済を討ち再び隷属させた。
・三九八年　息慎《そくしん》（粛慎《しゅくしん》）地域に侵攻し服属させる。
・四〇〇年　新羅を巡って倭と激闘する。
・四〇四年　帯方地方（現黄海道地方）に侵攻してきた倭の大軍を破る。

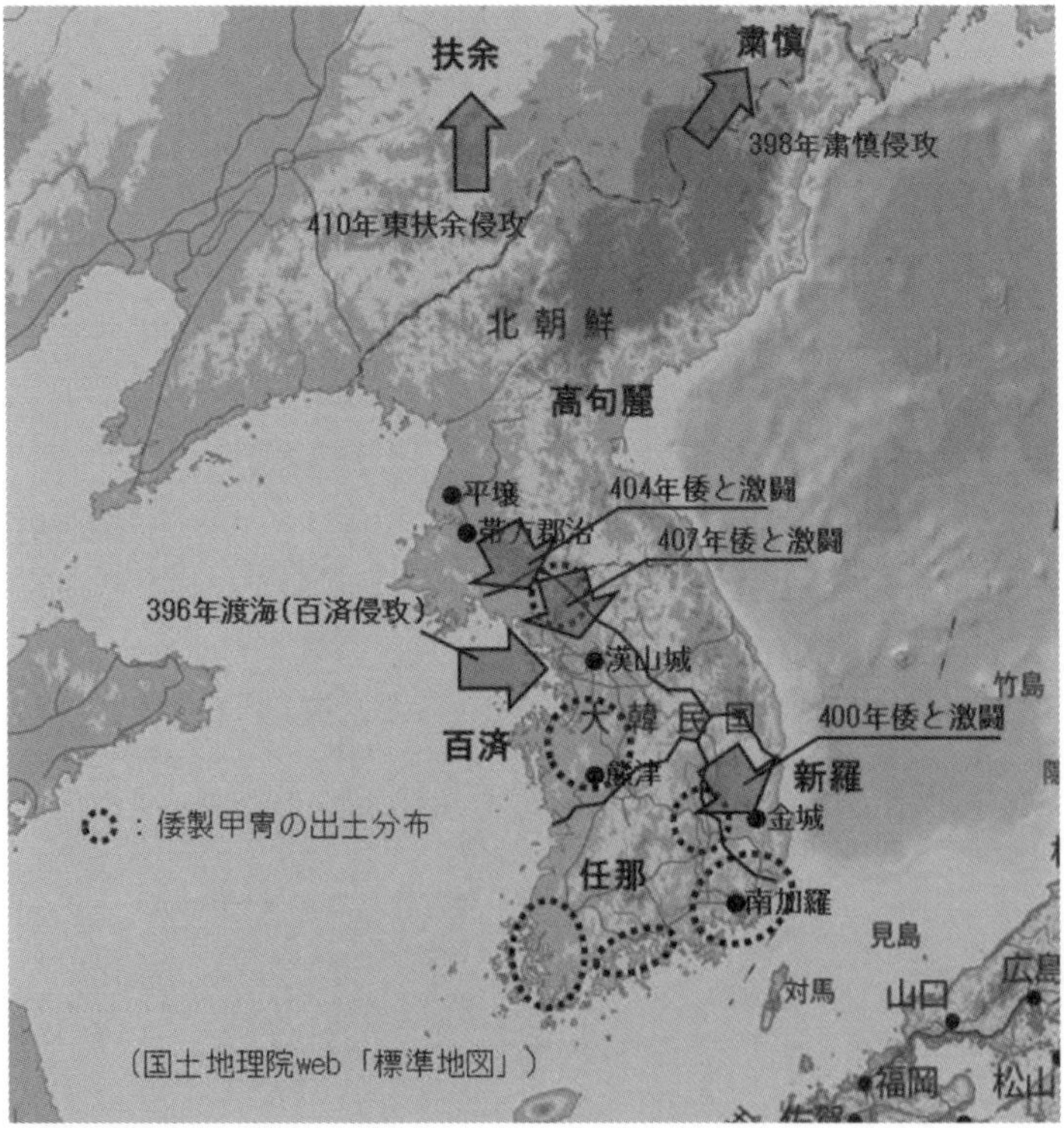

注：倭製甲冑の出土分布は「古墳時代における日韓関係」坂本照男（2016）第71回なみはや歴史講座他を参考に作成した。

図4-11　広開土王の征服行動

・四〇七年　京畿道で倭軍と激突し大勝する。
・四一〇年　東扶余へ侵攻し服属させる。

倭国は、三九〇年頃に朝鮮半島南部の殆どを影響下に置いていたと考えられる。広開土王と戦った地域や倭製甲冑が出土している範囲がこれを裏付ける（図4－11）。

広開土王との激突では、戦闘ごとに大敗を喫したとあり、長寿王は倭、百済、新羅を劣勢に追い込み、高句麗の最大版図を獲得している。朝鮮半島南部の三国は二人の王により圧迫され、国域は大きく縮小した。危機感を持った倭王が、朝鮮半島南部が高句麗に席巻されないためには、任那だけではなく百済、新羅やその他の小国家群が連合して対抗すべきと考えるのは自然の成り行きである。しかし、百済や新羅は強かで、これをまとめることが一筋縄ではいかず、高句麗を当面の敵としながらも、百済・新羅とも戦う以外に選択肢がなかったのである。

倭国は、百済・新羅や高句麗との戦いにおいて、百済の援軍として扱われる場合が多いが、そうではない。武の宋への上奏文でその一端を知ることができる。武は、「倭国は代々中華王朝に忠節を尽くし、外の垣根の役割を果たしてきた。中華王朝を崇め、往来の道は百済を経由すべく、船の装備も怠らなかった」と言う。代々の倭王は、自らを中華王朝の安寧を保つ東の守護であると、上表文で明言しているのである。朝鮮半島南部は、前漢以来、楽浪郡や帯方郡の行政区域となり中華王朝の支配地域であった。これを侵略し混乱させる高句麗は、中華王朝と対峙することと同じなのである。であるから、倭王は百済が滅びそうとなれば、宋王朝に代わって百済を援軍して高句麗と戦い、百済や新羅が同様の行動をとるのであれば、討伐にでる。百済、新羅及び任那（倭国）の分立はその結果なのであり、三国の上位に倭国が立ち、東の壁となるのが戦略的な構想であった。

宋書からは、さらに倭国統一の姿を見ることができる。武は宋順帝への上表文で自国の版図を次のように記している。

東征毛人五十五國　西服衆夷六十六國　渡平海北九十五國
王道融泰　廓土遐畿（宋書東夷伝倭国条）
〈東は毛人を征すること五十五国、西は衆夷を服すること六十六国、渡りて海北を平ぐること九十五国、王道融泰にして土を廓き畿を遐にす〉

武は、「倭の王は代々にして日本列島や朝鮮半島を評定して領土を拡大し王城の地もまた広げた」と言うのである。しかし、これだけでは具体な国域がわからない。

武は、倭国の支配構成を中華思想に倣い書いている。自ら仮の都督府を開府しているのだから当然である。自国を表明するにあたって中華王朝の慣習に従い、倭国の都を中心に版図を表記した。手がかりは「衆夷」と「毛人」である。「衆夷」とは王の直轄地域及び同等の国家群をいうが、信頼という点では、古くから文化を共有していたい国々である。「毛」は古代中国では都を離れた辺境の地をいうのであるから、「東の毛人」は蝦夷などの東の部族にあたる。しかし、蝦夷は国を持たないので、「毛人」は蝦夷など未開の領域を指すのではない。武が言う「毛人」は都の中心地域より遠く離れた地域に住み、文化が異なる人々と理解される。

「北の海を渡った九五国」とは、まさに係争中の朝鮮半島南部にある百済、新羅、任那、秦韓、慕韓に含まれる小国群のことである。秦韓は、五世紀に秦の遺民が立てた国である（後漢書東夷伝列伝韓条）。慕韓の実態は明らかになっていないが、五世紀に朝鮮半島にあったと言われている。宋時代の倭王は日本列島を統一した倭国の王であり、朝鮮半島南部を支配下に置いていたというのである。

この時、任那の国境を護るために熾烈な戦いを行っている最中にあるにもかかわらず、対馬海峡を挟んで一括で表記しているのは、中華思想そのものの描き方である。これは、倭王が、「大八洲」を統一して後、国際的な視点を持って統治しようとする意志の表れ、と言える。さらに、倭国をなす国の数は、倭人が一〇〇余国、東鯷人が二〇余国である、という中華王朝側の基本認識であることを踏まえ、倭国の支配する国と地域を上表文にしたのであろう（図4-12）。

「衆夷」にある倭国の都とは、倭王武が自ら開府儀同三司と自称し都督府を開府した都のことであり、その場所はどこにあるのだろうか。

白村江の戦いで唐に大敗した後、六六七年に百済にいた鎮将（占領軍司令官）劉仁願《りょうじんがん》が使者を送った先が「筑紫都督府」で、六七一年に捕虜（筑紫君《つくしのきみ》薩《さ》智摩《ちやま》）とともに遣わされてきた占領軍二〇〇〇人が来た時には「大宰府」と呼ばれている（日本書紀巻第二十七天智天皇）。「大宰府」は「都督府」の唐名で同じ意味であるが、日本列島では筑紫の地にしかない。現在の太宰府（福岡）に倭王武の都督府があり、倭国の中心地であったのである。

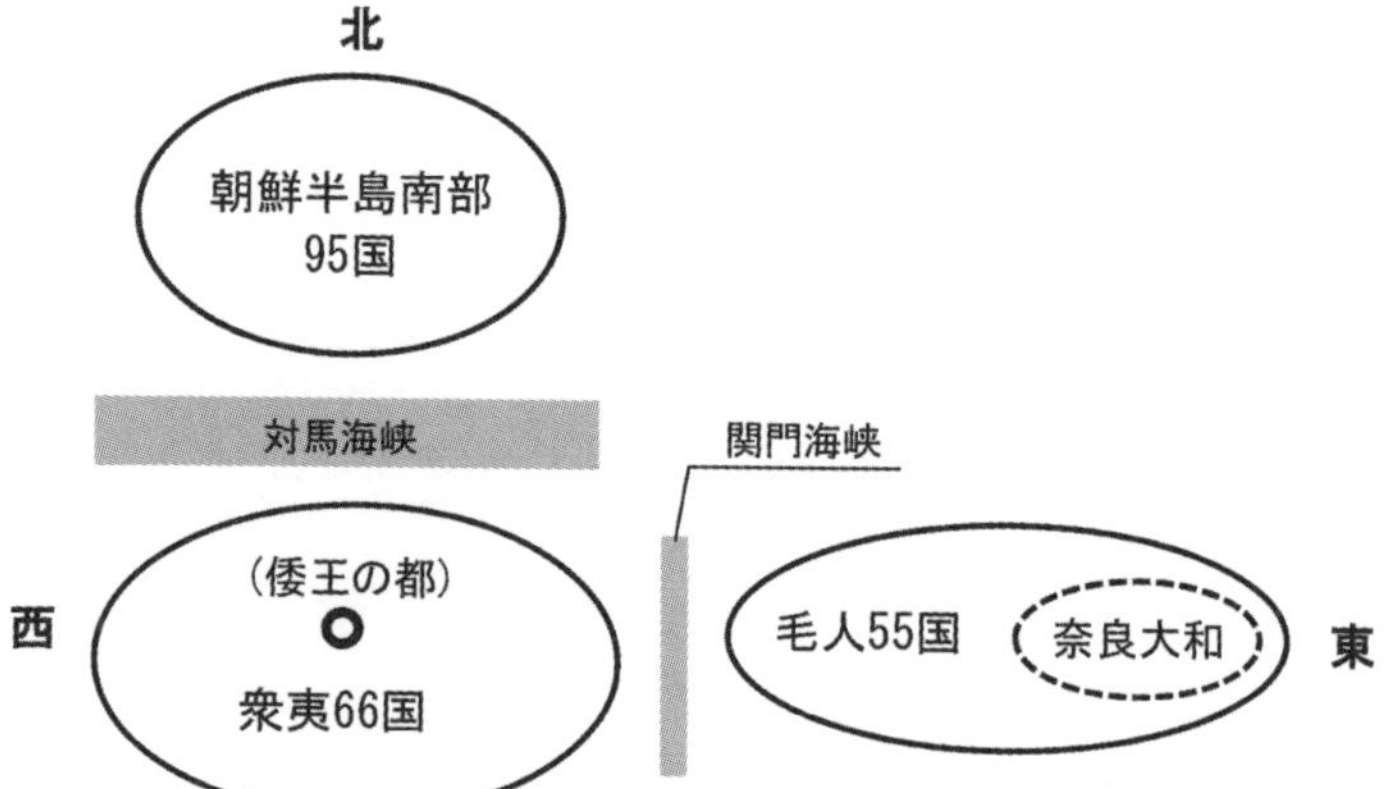

図4-12　倭の五王の支配地域

大宰府の存在を示す史跡の一つに大宰府政庁跡がある。大宰府政庁は御笠川右岸の台地にある。これまでの遺跡発掘調査から、大宰府は大宰府政庁を北端の中心に置き、古代中国の都城に見られる条坊制が採用され南北中央に朱雀大路を配し、南北の大路（坊）と東西の大路（条）を碁盤の目状に組み合わせた左右対称で方形の都市構造を持っていたことが明らかにされている。西晋朝洛陽では条坊制に則した都城があったと言われているので、これに倣ったのだろうか。大宰府政庁は宮殿にあたる位置にあり、王宮や行政府などの中心機能を持つ施設があったことが、数度の史跡発掘調査でわかっている。大宰府は、御笠川と筑後川の分水嶺付近にあり、正面と背面が山地で囲まれ、複数の河川が自然の要害となっている。平地には狭隘な地形を利用して巨大な水城が築造されており、大宰府が重要な施設であったことを象徴する景色となっている。水城は、これまで博多湾岸方面の防衛施設として重視

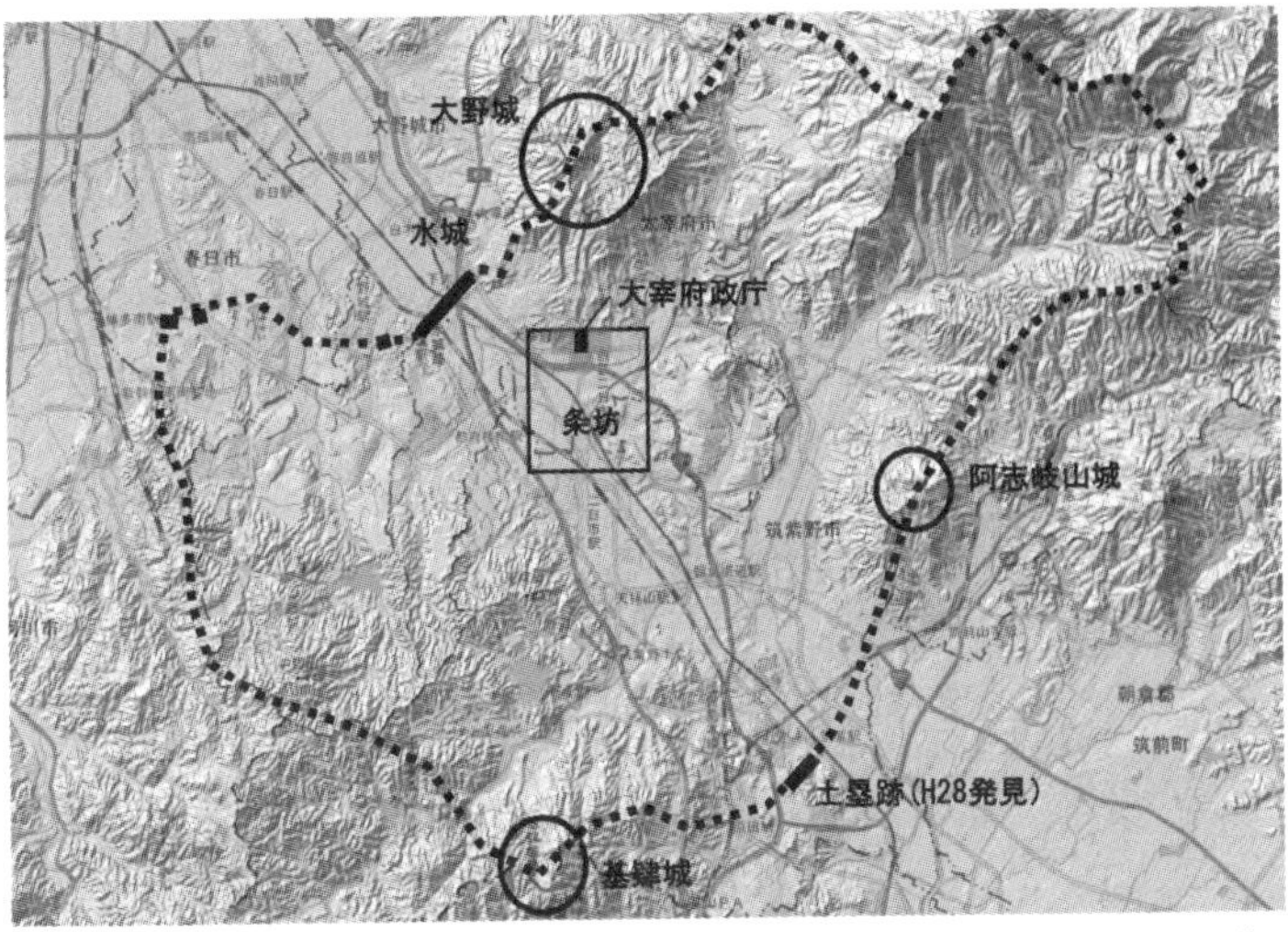

注：条坊は「大宰府条坊内の客館（8～9世紀）」太宰府市教育委員会（2011）によった。防衛ライン（▪▪▪）は山城址、土塁址から推定したもの。

図4-13　大宰府の防衛ライン（城郭）

されてきたが、近年、基肄《きい》城と阿志岐山城を結ぶ線上に、規模は異なるが同じ構造を持つ、新たな土塁跡が発掘されている。水城は平地を横断して山地に接続させ、他の土塁とともに、政庁と首都を囲む防衛ライン（城郭）として重要な役割を担っていた（図4－13）。倭王武は、中華王朝と同じ政治的思想を持って筑紫に城郭都市を建設していたのである。

城郭の中でも水城は特筆される構造物である。水城は、その形態からみて外敵の侵攻を阻止しかつ撃退するための土塁で、博多湾側を前面とし、外堀と高さ約9mの大堤からなる大規模構造物である（図4－14）。また、水城には堤体の下を横断して木樋（高さ0・6m、幅1・16m、長さ79・5m）が配置されている。盛土内の「湿気抜き」という

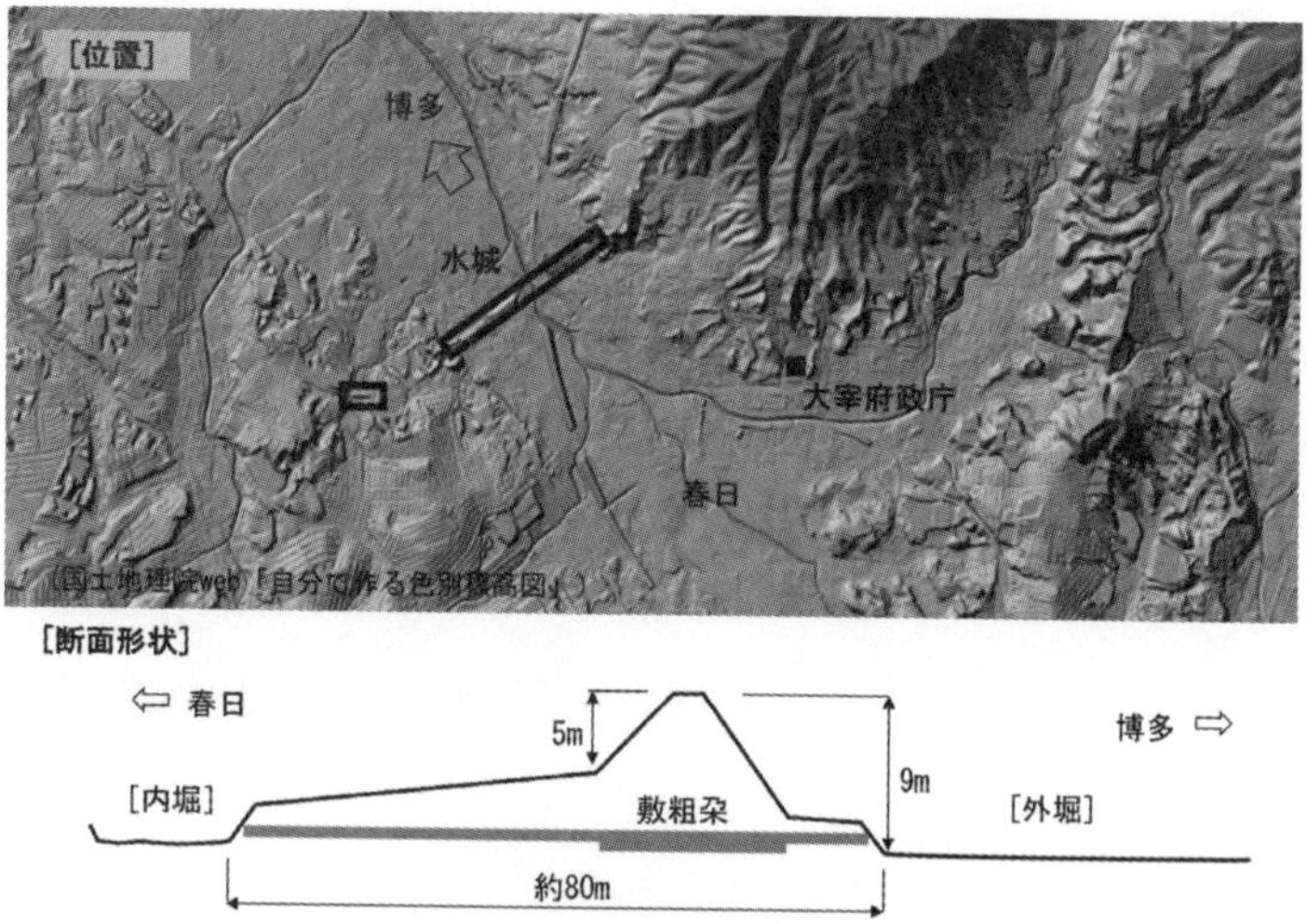

注：位置は国土地理院web地図に加筆した。断面形状は「遺跡に“古代の建設技術”を読む」林重徳（2003）ジオシンセティック論文集18を参考に作図したもの。

図4-14　水域の築堤構造

説もあるが、断面が大きく、配置間隔も不規則なので、外堀に水補給するための導水管と考えたほうが合理的である。上流側には内堀があるが、山水を集め土砂の沈砂と水量を調節する施設で、外堀の維持に欠かせない機能を持たせている。水城は、長期的な戦闘にも耐え得るように築造された防衛施設なのである。

水城の両端には街道が通っていたが、緊急時には遮断できる東門及び西門があり、その門礎跡が残っている。門礎とは、門柱の基礎で扉の軸受穴を備える石で、東門からは二つ発見されている。この礎石の特徴は、柱座（門柱を据える部分）と扉の軸受穴、方立穴（扉を受けるための柱を据えた穴）があり、水城西門の礎石も似たつくりである。水城は、常時の社会的な影響を最小限とするよう計画的に作られたのである。

中華王朝の王都は、古くは殷代で宮殿を守る城郭があり、漢代に至って宮殿群を囲む都城と外郭が設けられた。都城は版築構造の堅固な壁で囲まれ、数か所の門が設けられていた。水城や他の土塁は版築工法で締め固められており、大宰府政庁（宮殿）を取り囲むように配置されており、大陸から倭国に継承されてきた防衛思想を水城にみることができる。

「水城」が初めて歴史上に現れるのは日本書紀（巻二十七天智天皇）で「天智三年（六六四）十二月に大堤と水を湛えた堀を築造し、次の年の天智四年（六六五）八月には二か所の山城（大野城、基肄城）を築かせた」とある。白村江で倭国軍が唐の水軍により壊滅的な大敗を喫した天智二年（六六三）の直後に、百済に駐留している唐軍が上陸・侵攻してくることを想定し、対馬・壱岐・筑紫の国に防人と狼煙台を置き、大堤と山城をセットで築いたというのである。防衛拠点は当然大宰府である。

しかし、水城増強に着手してから一年にも満たない天智四年九月に、唐が劉徳高《りゅうとくこう》を使者として遣わし、大和朝廷に出向き、天皇へ上表している。使者一行は二五四人と小規模であり、敵対国の深くまで旅するにはあまりにも無防備である。侵略の意図など全く感じられない。後に倭国から日本国に代わる経緯を鑑みると、劉徳高らは新たな王朝の事前調査と表敬を兼ねた訪問団ではなかったか。

白村江の戦いが終わった直後に、侵略の意図を持たない使節団が訪問し、大和朝廷はこれを菟道《うじ》で閲兵しているのだから、正式訪問として歓迎している。唐との戦争など考えていない。どう見ても、この時期に外堀付きの大盛土構造物や複数の山城の築造を急ぐ理由が見つからない。

九州歴史博物館では、数年にわたって大宰府史跡発掘調査を実施している。これによれば、水城の基礎処理対策には敷粗朶工法が用いられており、下層、中層、上層の三層からなる敷粗朶層を発見している。三層の年代は、この調査で行われたC14年代測定分析で、わかっている。日本書紀では、水城を西海防備のために新たに築造した防衛施設であると言っているが、そうではなく、古くからある大規模施設なのである。水城は最初に築造してから、少なくとも二回の大規模な改築がなされ、その都度、基礎の強化を図ったと見られる。これは、改築工事により、大堤を次第に嵩上げしていたことを意味するが、倭国側の視点でみると、工事した時期は特定の倭王に重なるのである（図4－15）。

・水城の築造（二四〇年頃）：卑弥呼・壱与の時代
・水城の増強（四三〇年頃）：倭の五王の時代
・水城の補強（六六〇年頃）：筑紫君薩野馬の時代（白村江の戦い直前）

第一期にあたる卑弥呼・壱与の時代は、大陸では魏、呉、蜀が後漢の後継者にならんとして

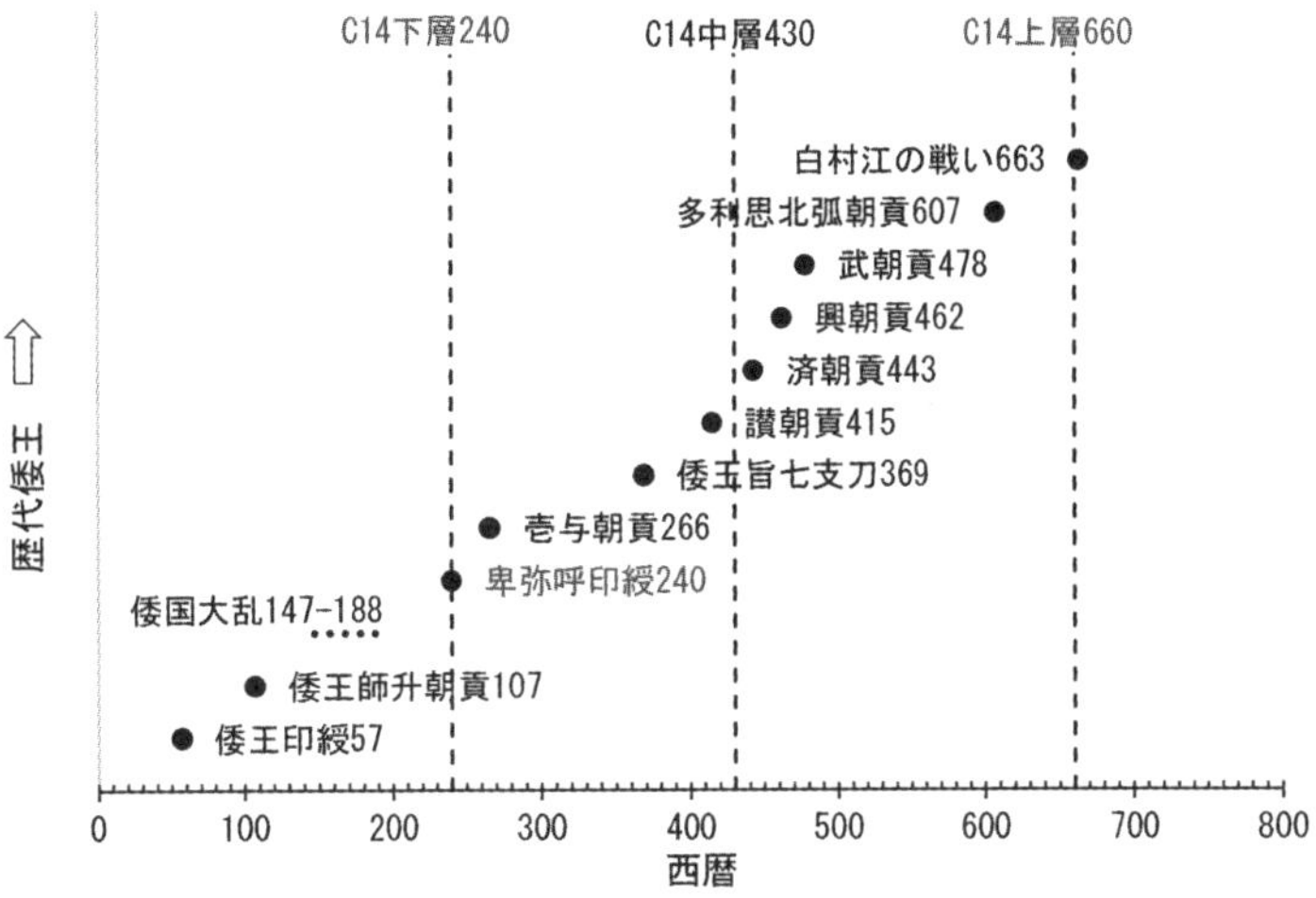

注：C14年代測定値は「大宰府史跡発掘調査報告書Ⅱ」（2003）九州歴史資料館による。

図4-15　水域の敷粗朶施工の実年代

覇権を競っていた。魏は後漢の直系で、倭国との信頼関係にあった。蜀は内陸にあり倭国との繋がりはない。呉の孫権は二二九年に皇帝を名乗り、皇帝として東夷の国を臣従させるため、使者を各地に派遣していた。二三〇年には海を渡って「夷州」、「澶州」へ行ったとの記録がある。夷州は台湾、澶州は沖縄諸島（または日本）と考えられており、呉は大いに接近していたのである。

倭国は、呉との国交を断ればこれを口実に侵略された可能性があった、との指摘がある。そうなれば、魏は背後にあった壁を失い、二方面から攻撃を受けることになる。当時の倭国王であった卑弥呼の心中は、穏やかではなかったろう。

呉の都である建業は長江下流の江南地方にあり、倭国へ侵攻するのであれば有明海の可能性が高い。筑後平野は、まだ奥深くまで湿地（氾濫原）が広がっていて、有明海を上陸して北側の微高地を進むと、突き出た丘陵地に吉野ヶ里があった。吉野ヶ里は４０haの大環濠集落で住居・倉庫、祭殿、行政施設などが整然と配置された城郭都市である。深い環濠と高い木柵を巡らし、周囲を監視できる櫓がそびえるように立っていた。吉野ヶ里は、要塞都市の機能を持った防衛施設なのである。ここが突破されると、背後から博多湾岸地域へ一気に侵攻できる。卑弥呼は、強大な呉軍を阻止する最終防衛ラインとして、地形の狭隘部に連続した土塁の築造を初めて構想したのではないか。

また、即位以前に長く続いた内乱を経験した卑弥呼は、有力豪族の反乱へも注意を払ったであろう。陸路から博多湾岸地域へ侵入するには、東方面から香椎宮下を通る谷地と南にある御笠川と筑後川との分水界にあたる狭隘な平地に絞られる。水城は、筑後や熊本等の南方面から侵入する反乱軍の侵入を阻止する最後の壁となる。このような二つの差し迫った必要性から、山地が迫る狭隘な地を選び、水城の築造に着手したのであろう。

第二期の水城は、倭王讃の時代に増強されている。築造の目的は、高句麗の侵攻から大宰府を守ることである。当時の倭王の軍事力・財力は、勢力範囲からみて邪馬壱国時代より格段に大きくなったであろうことから、水城の規模（断面、延長）を拡大させ強固なものとしたのは間違いない。さらに、これを機に首都機能を持つ新たな都市づくりを行った。武の奏上文にある都督府を置いたのである。都督府は、中華王朝の首都を参考とし、地形を生かした城郭を巡らし、条里を基本とした都市構造で城郭都市を整備したのである。

第三期は唐軍と激突した時代である。唐軍は、時代を動かす中心勢力となるので、唐を中心に朝鮮半島を概観してみる。倭人は、少なくとも縄文時代から朝鮮半島南部で居住を続けてきたが、中華王朝の影響下に入ると朝鮮南端に一定の文化圏を確保していた。魏が支配を放棄して以降は、狗奴韓国を拠点とし、商工及び外交（戦闘を含めて）を続けてきた。漢の支配が終焉し、朝鮮半島が動乱の時代に入ると強国となった高句麗が三九〇年頃から朝鮮半島の南下を始める。この時代の倭国には、戦略的な視野と強力な軍事力を持った王たちがいて、高句麗の侵攻を阻止するために力を注ぎ、苦戦しつつも対峙していた。

六一六年、唐が成立すると周辺は再び動乱を始める。

この頃、国力を蓄え侵略体制が整った新羅が、百済・高句麗・任那を圧迫し始め、朝鮮半島南部の力関係に変化が出始める。六五五年に唐へ援軍を請願して大軍を引き込むと、まず、百済が滅亡（六六〇）に追いこまれた。唐軍の参入により、二五〇年続いた朝鮮半島南部の戦いが、わずか五年で終焉に近づいた。唐軍が瞬く間に朝鮮半島を席巻していく様をみて、倭王は戦闘の最終ラインを想定した戦争戦略を立てねばならない状況にまで追い詰められたのである。最終ラインとは本土決戦であり、大宰府の防衛強化が必然に迫っていた。

唐軍との戦いでは、大和朝廷は六六一年に斉明天皇を総大将として筑紫に向かうが、天皇は途中で逝去し、軍共々引き返している。中大兄皇子に至っては、宿泊地の長津宮（博多区大津）

で遠征軍の指揮を執っている。新羅・唐連合軍との戦いが、大和朝廷が主体の軍事行動であるならば、援軍を途中で引き返させ、大宰府政庁に入らないで指揮を執るのは不自然である。大和朝廷は、朝鮮半島で行われてきた倭国の外交（戦争行動を含む）を傍観してきた、と考えれば理由がつく。日本書紀にある西海防衛は、倭国の事績をもって後付けした、と考えてあながち誤りではない。

唐は、高句麗を駆逐し楽浪郡・帯方郡の支配地奪還を戦略目標とし、時間をかけて遠謀を巡らし、そして朝鮮半島に大軍を差し向けたのである。新羅の援軍要請に応えたのは名目であり、はじめから東夷の制圧（植民地化）を目指していた。これが理解できる点は、唐が派遣した軍の規模が大きすぎることにある。唐軍の兵員は一三万人と言われている。倭国・百済連合軍の約五万人に対して二倍以上であり、倭軍四万七千万人はもはや援軍の規模になっていない。倭王は戦いの趨勢をみて、本土決戦を即座に判断したに違いない。

日出ずる所の天子

隋書俀国伝にある「俀《たい》国」とは、「都は邪靡堆、魏志の説に則れば、邪馬臺というなり」とあるので、卑弥呼がいた倭国のことである。多利思北孤は俀王と自称し、六〇〇年、六〇七年の二回にわたって遣隋使を送っている。六〇七年の朝貢では、煬帝《ようだい》（在六〇五～六〇八）への国書を携えて渡海している。一回目の朝貢は、俀国の政治や王家の概要を説明している。その中で、隋の問いに応じ、俀国では王が夜の明ける前に政治の方針を定め、夜が明けてからは、これに従い弟が実務を行うと答えている。これは、卑弥呼が王宮に籠って神託しこれを弟に伝えて政治を行っていたことと同じで、兄弟で分担して政治を行うのが倭国独特の政治手法であったのだろう。多利思北孤には妻がいて名を雞彌《けみ》といい、後宮があって六〇〇～七〇〇人が王家の世話をしており、太子の名を利歌彌多弗利《りかみたふり》ということも報告している。

二回目の朝貢では、仏法を教えてもらいたいと仏僧数十人を送っている。倭王の隋への朝貢は、仏教の習得が目的であったのだ。正式な要請であることは、多利思北孤の国書を携えてきたことでわかる。しかし、この国書の中で、有名な一節が出てくる。

「日出ずる處の天子、書を日没する處の天子に致す。
恙なきや」

国書にある挨拶文で、自らも天子と名乗り対等の立ち位置で挨拶をする東夷の王に、煬帝は激怒し「こんな無礼な手紙は二度と取りつぐな」と言ったという。中華思想の天子は、中華王朝にいて、世界に唯一絶対なのである。倭王は、上表文で中華王朝の伝統的な文化的・政治的思想を全く無視したのであるから、煬帝が激怒するのも当然である。

多利思北孤は男王で妻や子がいるが、日本書紀で遣隋使を送った推古天皇（在五九二～六二

表4-3　隋書と日本書紀の朝貢事績

西暦	隋書（東夷俀国伝）	隋書（帝紀三煬帝上）	日本書紀（推古天皇）
600	俀国の朝貢（事前調整）		
607	俀国の朝貢（仏教請願）		小野妹子が朝貢
608	裴清が国使として俀国訪問	倭が百済等と並び朝貢	妹子、裴世清を伴い帰国
609			裴世清を送った妹子帰国
610		倭国が朝貢	
614			犬上君御田鍬らが朝貢
615			犬上君御田鍬ら帰国

八）は女性である。また、日本書紀の外交事績は、隋書の内容と全く異なる。この点について、隋側が摂政である聖徳太子を誤って倭王と書いてしまったという説、「阿輩阿毎多利思北孤」の全体で当時の倭王の称号と隋側が解したという説、「阿毎多利思北孤」は天皇のことで推古天皇が女帝であることを隠したという説、などがある。よくわからないと言うことである。

隋にとって、倭国以外に初めて大和朝廷が朝貢してきたのである。日本列島から二つの国が国交を求めてきたのであるから、何事かと詳細を知るための調査をすることは自然である。実情調査のため、時おかず裴清（日本書紀では裴世清《はいせいせい》）を派遣したと考えておかしくない。俀国以外に大和朝廷から朝貢があったとすれば、隋書に記事があるはずである。それは、隋書帝紀巻三煬帝上に「倭国」の朝貢の記事がある。それには、「大業四年（六〇八）三月百済・倭・赤土・加羅並びて遣使して方物を貢す」、「大業六年（六一〇）正月倭国遣使して方物を貢す」とあり、二回朝貢している。隋書にある一連の朝貢記事と時系列で比べると俀国伝と帝紀では、行動が全く異なっており、明らかに違う国である（**表4-3**）。俀国は、これまでの「倭国」と同一であるのだから、それ以外の国となれば大和朝廷しかない。

日本書紀の推古一六年八月、裴世清が手渡した国書に「皇帝、倭皇に問う」という一節がある。隋側は大和朝廷が独立国家であることの確認ができていなかったのだから、天皇を「倭皇」と記したのである。「倭」という漢字を当てたことで、多利思北孤の「俀王」を明確に区分していた。日本書紀に六〇〇年の朝貢に該当する記事はないが、六〇七年と六〇八年の朝貢記事は俀国伝とほぼ同じである。ただし、六〇八年に裴清らだけで訪問したか、大和朝廷の遣使（小野妹子）に伴って訪問したかの違いがある。

裴清が同じ年に俀国と倭国へ訪問しているとは、どういうことなのか。俀国伝では、六〇八年に俀王を訪問し正式な遣使として歓迎され、俀王と直接面会しているが、その後の行動について裴清が「朝命既達、請即戒塗。」と俀国側に要求したとある。この一節については、「朝命は既に伝達したので、すぐに道を戒めることを請う」という解釈が一般的なようだが、直訳に近いので意図が伝わらない。これに対し、「朝命を達し終えたので、旅に出たい。旅の安全のため警護を請いたい。」と解釈する説がある（古田武彦二〇一〇）。俀国を訪問して閲兵を受けるなど正式な遣使として歓迎され、俀王と面会しているのは誰でも理解できる。俀王を訪問した後、奈良（大和朝廷）に向かったとすれば、日本書紀の裴世清の行動と辻褄が合わない。

裴清の訪問が、既に独立国として承認されている俀国を優先することは、不自然ではない。しかし、日本書紀では、俀国の存在はないのであるから、俀国伝を認めるわけにはいかない。

なっているのは、俀国伝の記録を編集したと考える以外にない。

隋の使者は、直接奈良に訪問したのでなければならない。日本書紀の朝貢記事が帝紀と全く異なっているのは、俀国伝の記録を編集したと考える以外にない。

隋の煬帝は、征服志向が強く軍も強大で、朝鮮半島を強く圧迫していた。このような状況下で、推古天皇は中華王朝から独立の意思を持って、自らを天子と言えたのだろうか。場合によっては、即、軍をもって討伐に向かうところである。日本国にまだ遠い大和朝廷が、滅亡の淵へ追い込まれるような危険を冒す行動に出たとは考え難い。

それでは、煬帝に当てた国書が、これまでの倭国王と同じ系譜である多利思北孤が作成したとなると、背景に何があるのだろう。多利思北孤は、中華王朝の核心的政治手法である冊封体制を知らぬはずがないのに、あえて対等の立場で国書を送ったことについて、過去にあったシグナルから見えてくる。その時代から約一〇〇年前の「倭の五王」は、宋への国書で上表しているように、漢王朝の系譜に列する南朝宋を中華王朝の正統とし、倭国を東夷の護りの壁と位置付けていた。倭王にとって中華王朝の天子は南朝だけで、北朝は蛮族であり倭とは同列であった。漢王朝の系譜は南朝陳で滅亡し、北周の大将軍であった楊堅が隋王となって北周静帝から禅譲（五八一）を受けて隋を建国し、南北朝を統一した。隋の成立は、代々の倭王が天子と崇めていた漢王朝を地上から消滅させ、守護すべき主体（天子）がいなくなった。多利思北孤は、中華王朝の支配から解き放たれ、独立した王国の時代に入った、と考えても無理からぬことである。東アジアの全ての国々が対等であるとはいえ、隋は強大な力を持ち、朝鮮半島では覇権闘争が続いているのであるから、外交の戦略的構想の見直しと、合わせて国力の充実を図らねばならない。多利思北孤は、新国家体制の中心に仏教を据えることを構想し、当時最も仏教が進んでいた隋へ、大儀として対等の立ち位置で最新の教義を開示するよう請願したのではないだろうか。「倭国」を「俀国」に国名を変えたのもその一環であろう。

多利思北孤の国はどこにあったのだろうか。隋書俀国伝に裴清ら正使一行が俀国へ向かった経路が記載されている。

（長安）→百済→竹島→都斯麻国（対馬）→一支国（壱岐）→竹斯国（筑紫国）→秦王国

出発の地は記載がないが、中華思想からすれば京都（長安）以外にない。秦王国の住民は「華夏の人」とあり、中国人である。筑紫に接する地域に中国人の国があったので、戦略的な意味合いを含め、特筆したのであろう。即ち、裴清の最初の訪問国は筑紫にあった、ということである。多利思北孤は代々の倭王が住む地に宮殿を置いていたのである。

第五章　王墓の築造年代

1　共通する要件

王墓の特徴

弥生時代中、後期の王墓の実情を知るには、魏志倭人伝が参考になる。魏志倭人伝には卑弥呼が逝去して墓を作る場面が描写されており、当時の墓制を知ることができる。

卑彌呼以死　大作冢　徑百餘歩　徇葬者奴婢百餘人（魏志倭人伝）
〈卑彌呼以て死す。大きな冢を作る。直径は百余歩、殉葬する者は奴婢百余人〉

古代の王の墓には大きく分けて、「塚」と「古墳」がある。「塚」は「冢《ちょう》」とも言い、土を高くもった墳丘墓である。大規模な墳丘墓の古墳と区別される。「古墳」は四世紀に入ってから出現するので、卑弥呼の時代は「塚」を作った。「大作冢」の解釈については、「大きな墓を作った」とする説があるが、「塚」は大規模なものではないので、違和感がある。「国を挙げて多くの人々が墓を作った」と解釈する説が風景にあう。

また、「殉葬者」がいて、奴婢一〇〇人余りであったという。「塚」の周辺に埋められたのである。古代中華王朝では、殷の時代から捕虜が天地祖先の祭祀で生贄として祀られ、その後も、権力者の墓には多くの殉葬者が埋められてきた。いつから殉葬が倭国にも伝わってきたのだろう。平原王墓を発見・発掘した原田大六は、女王墓である方形周溝墓の東側に接してあった「東古墳」（二円形周溝墓）は陪葬墓で、殉死者が埋葬されていた、と著書（「実在した神話」一九六六）で述べている。卑弥呼の墓は未発見であるが、実際に殉葬は行われたとあるので、冢跡にその痕跡が残っているはずで、王墓の指標となろう。

魏が卑弥呼へ伝授した品々は、金印の他に宝物があり質・量ともに最高であった。

正治元年　太守弓遵遣建中校尉梯儁等　奉詔書印綬詣倭國　拜假倭王　并齎詔賜金帛錦罽刀鏡采物　倭王因使上表　答謝恩詔（魏志倭人伝）

〈正治元年（二四〇）、帯方郡太守の弓遵は建中校尉の梯儁らを派遣し、詔書・印綬を奉じて倭国を訪れ、倭王に拝受させ、并わせて詔によって齎《もたら》された金・帛《しろぎぬ》・錦・毛織物・刀・鏡・采（色彩鮮やかな）物を賜う。倭王は使者に上表文を渡して、詔勅に対する謝恩の答礼をした〉

三種の神器（刀、玉、鏡）のうち、「玉」は当時の国内で容易に入手できたが、金属の生産技術と高度な加工技術を伴う「刀」や「鏡」は調達しにくく、魏王からの授与となれば珍重されたことは明らかである。卑弥呼の塚には「三種の神器」が副葬されているに違いない。

王墓の条件

現在、発掘調査が進んでいる王墓の遺跡は、いずれも北部九州にあり、吉武高木王墓（福岡市）、三雲南小路王墓（糸島市）、井原鑓溝王墓（糸島市）、平原王墓（糸島市）及び須玖岡本王墓（春日市）である。これらの王墓について、置かれた地形、棺様式、副葬品等から共通する要件を整理すると次のとおりである。

地形

・墓域は住居区域と区分されているが近接している。王墓は、その墓域とは異なる場所にある。
・墓域と住居は河川氾濫の影響が少ない微高地や台地に密集している。

墓の形状

・王墓は単独に位置するが、吉武高木王墓だけは親族あるいは重臣と思われる複数の甕棺墓が取り囲んでいる。
・塚の周りには概ね溝が作られている。平原王墓は殉職者が埋葬された痕跡が残っている。

棺

・王墓は木棺と甕棺がある。基本的には棺を土で埋め巨石を載せた形式で槨はない。三雲南小路王墓及び平原王墓は塚であり、副葬品の豪華さから見て大王であったのだろう。

・平原王墓は棺の置かれた方向に宗教的な意味があることが知られているが、他の王墓の棺の方向とは共通性は見られない。

副葬品

・王墓と見られる墳墓には三種の神器（刀、勾玉、銅鏡）が副葬されている。
・副葬された銅鏡や鉄刀は、舶載鏡（大陸で製作され日本へ伝来した鏡）が殆どである。

弥生時代は水稲（大規模農耕）を社会経済の基礎としていたのは疑いがない。魏志倭人伝では、倭人は生野菜を食すとの記述があり、台地の開拓も進んでいたとみてよい。水田稲作が水と農地が得やすい河川の氾濫原に展開していたのは、板付遺跡に典型を見る。水田稲作に関わる人々は、維持管理が容易な稲作地近傍に居住しているが、遺跡はほぼ河岸段丘や微高地から出土している。河川氾濫から逃れるためである。限られた利用可能地において、王墓が居住地域に接した微高地や台地に置かれていたのは、河川氾濫を避けるだけではなく、王墓が倭国の権威・象徴としても存在し、祖先を敬う祭祀の対象であったことを示している。

王墓は概ね墳丘墓であり、居住区域と隣接し単独で埋葬されているが、吉武高木王墓だけは様子が異なる。遺跡は背振山地の山系を背にし、広い敷地内にはシェル型の大型墳墓（樋渡遺跡）と列をなす集団墓（甕棺ロード）、これらと一定の距離を挟んで王墓と大型建築物跡が出土している。集団墓は、殆ど甕棺で、これまで一一七一基が発掘されている。博多湾岸では、集団墓として金隈遺跡が著名で大型甕棺の出土数は一八八基である。吉武高木遺跡の甕棺はこれを圧倒しており、集団墓と言われる規模ではない。被葬者には殺傷痕があり、戦争に特化した地域なのである。標石を置いていないので墓とする。王墓の構造は、墳墓（塚）か棺の上に直接土を盛り大きな標石を置いて墓とする。標石を置いているので支石墓に分類する説があるが、明確な支石が見られないので墓制的には違うものなのだろう。棺には中華王朝や朝鮮半島の王墓のように槨（棺を囲む外箱）がない。槨は古墳が作られるようになると出現する。棺を直接埋葬する墳丘墓（塚）は、倭人独特の風習であった。

また、平原王墓は他と異なる特別な墓のようだ。棺は特定の方向性が見られ、銅鏡の神秘性を多用した形跡があることから、被葬者は預言者の能力を持つ女王であったと言われている。副葬された銅鏡は、殆どが仿製鏡で大型鏡も含まれている。女王は、銅鏡を権威の象徴としただけではなく、祭祀器として最大限に活用していたのである。平原王墓は卑弥呼の墓ではないか、という説がある。卑弥呼は魏王から百面の銅鏡を拝受しており、わざわざ大量の仿製鏡を作る必要がない。卑弥呼の墓であれば漢鏡が数多く副葬されていただろうが、平原王墓から出土した漢鏡はわずか三面である。平原女王が卑弥呼であるという説は、説得力に欠ける。

倭人は、周の時代あたりから歴史上に現れるが、大陸から直接伝来するか朝鮮半島を経てもたらされるモノ・技術を大いに活用してきたのである。これまでの整理から、倭国のはじめは、朝鮮半島南部、九州、中国・四国にいて、国をなしていたとみてよい。しかし、大陸の民族移動と中華王朝の盛衰が朝鮮半島に小国の発生を促し、覇権闘争へと拡大するのにそう時間はかからなかった。倭国は、国家としての体制を整備せねば大陸との直接的な関係を失いかねず、倭国内の共和が崩壊するかもしれない、激動の時代に遭遇していたのである。その証が王墓にあり、その副葬品が銅鏡（漢王朝との繋がり）と銅剣・ガラス（新技術導入）、勾玉（宗教的権威の象徴）だったことで知ることができる。糸島地域や博多湾岸地域では、同質の文化が存在していたのである。

副葬された銅鏡

王墓の築造年代を探るには、土器、棺の甕棺、副葬品である玉、銅剣・銅矛・銅鏡の他、周辺の出土品なども手掛かりとなる。この中で、実年代を知る有効な指標は銅鏡で、鏡の型式とその編年について多くの研究成果がある。王墓に副葬されている銅鏡は複数あるが、銅鏡は流行性が高いので、最も新しい銅鏡（直近鏡）が逝去時点の年代に相当すると考えてよい。幸い、王墓には舶載鏡が副葬されているので、これを指標とすれば流行した推定実年代を知ることができ、築造年代の特定も可能となる（表5－1）。

舶載鏡の推定実年代は、洛陽焼溝漢墓が一九五二年に発見され「洛陽焼溝漢墓の時期別出土鏡」（以下、「時期別出土鏡」と称する。）が整理されると、主たる標尺となっている（表2－1参照）。

表5-1　王墓の直近鏡

王墓	直近の銅鏡	所蔵
中原	長宜子孫銘鏡	福岡県
桜馬場	長宜子孫銘鏡	文化庁
三雲南小路	連弧文鏡清白鏡	福岡県
平原	内行花文鏡	糸島市伊都国歴史博物館
井原鑓溝	規矩鏡	糸島市伊都国歴史博物館
吉武高木	多紐細文鏡	福岡市博物館
須玖岡本	夔鳳鏡	東京国立博物館

注：銅鏡の名称は発掘時点のものである。

「時期別出土鏡」は、流行期間として前一一八年〜一九〇年を対象とし、概ね漢代を網羅している。該当しない銅鏡もあり、別途の評価が必要であるが、直近鏡は流行期間に入っているので、適用範囲に問題はない。

しかし、「時期別出土鏡」は、型式（種類）で分類された銅鏡に対して、全体を六期に分け、一期が三〇年〜五〇年の流行期間で区分しているにもかかわらず、多くは数期にまたがって流行している。このため、銅鏡の型式だけで推定実年代を割り当てると、出現期間が長くなり寿命を超えてしまう型式もあるので、年代の推定が現実的でなくなる。また、流行年代が長いことで出土鏡の差がなくなり、王墓の順位を読み取ることができない。したがって、「時期別出土鏡」をそのまま王墓に適用しても、王墓が築造された年代を推定するには至らない。王墓の築造年代を知るには、何らかの工夫が求められる。

郵便はがき

料金受取人払郵便

新宿局承認

2524

差出有効期間
2025年3月
31日まで
（切手不要）

160-8791

141

東京都新宿区新宿1－10－1

(株)文芸社

愛読者カード係 行

お名前《ふりがな》		明治 大正 昭和 平成	年生 歳
ご住所《ふりがな》	□□□-□□□□	性別	男・女
お電話番号	（書籍ご注文の際に必要です）	ご職業	
E-mail			
ご購読雑誌（複数可）		ご購読新聞	新聞

最近読んでおもしろかった本や今後、とりあげてほしいテーマをお教えください。

ご自分の研究成果や経験、お考え等を出版してみたいというお気持ちはありますか。

ある　ない　内容・テーマ（　　　　　　　　）

現在完成した作品をお持ちですか。

ある　ない　ジャンル・原稿量（　　　　　　　　）

書　名			
お買上 書　店	都道　　市区 府県　　郡	書店名	書店
		ご購入日	年　月　日

本書をどこでお知りになりましたか?

1.書店店頭　2.知人にすすめられて　3.インターネット(サイト名　　)

4.DMハガキ　5.広告、記事を見て(新聞、雑誌名　　)

上の質問に関連して、ご購入の決め手となったのは?

1.タイトル　2.著者　3.内容　4.カバーデザイン　5.帯

その他ご自由にお書きください。

(　　)

本書についてのご意見、ご感想をお聞かせください。

①内容について

②カバー、タイトル、帯について

弊社Webサイトからもご意見、ご感想をお寄せいただけます。

ご協力ありがとうございました。

※お寄せいただいたご意見、ご感想は新聞広告等で匿名にて使わせていただくことがあります。

※お客様の個人情報は、小社からの連絡のみに使用します。社外に提供することは一切ありません。

■書籍のご注文は、お近くの書店または、ブックサービス(0120-29-9625)、セブンネットショッピング(http://7net.omni7.jp/)にお申し込み下さい。

2　漢鏡の年代分析

漢鏡の型式

日本列島に舶載された銅鏡は、大陸で製作されたもので、古くは春秋戦国時代に至る。また、それらの銅鏡は漢・魏時代に舶載したものが殆どである。漢鏡は、王莽（新）の時代を挟み前漢鏡と後漢鏡とに区分され、それぞれ型式が分類されている。銅鏡は歴史的背景や製作過程から、鏡裏面に刻まれた模様で製作年代を分析的に求めることができるため、銅鏡の研究が進んでいる。その結果、鏡裏面の文様を型式化したことで製作年代（編年）との関係付けを容易にし、実年代の推定ができるようになってきている。銅鏡の型式は、研究者によって分類の仕方や呼称は一定せず、定義がはっきりしないものもあるが、漢時代の鏡は概ね整理されてきたようだ（表5－2）。

漢鏡の型式分類について、少し注記しておきたい。前漢

表5-2　漢鏡の型式

前漢鏡		後漢鏡	
1	蟠螭文鏡	11	方格規矩鏡（TLV鏡）
2	重圏彩画鏡	12	獣帯鏡
3	羽状地文鏡（雷文鏡）	13	内行花文鏡
4	草葉文鏡	14	盤龍鏡
5	星雲文鏡	15	位至三公鏡
6	単圏銘帯鏡	16	夔鳳鏡(八鳳鏡)
7	重圏銘帯鏡	17	獣首鏡
8	内行花文銘帯鏡	18	画像鏡
9	四螭鏡（虺龍紋鏡）	19	飛禽鏡
10	八禽鏡	20	唐草文鏡

注：型式は「日本出土鏡データ集」国立民族博物館研究報告1993,1994他を参考とした。

鏡で単圏銘帯鏡、重圏銘帯鏡及び内行花文銘帯鏡の末尾にある「…銘帯鏡」とは、鏡の裏面の文様に銘文（銘帯）が刻まれた鏡で、特徴的な文様の組み合わせから「連弧文日光鏡」、「重圏文清白鏡」などと呼ばれている。前漢鏡の内行花文銘帯鏡と後漢鏡の内行花文鏡は、共に「内行花文」という名称を持つが、これらはいずれも内向きの弧からなる模様を持っているが差は殆どない。後漢鏡の内行花文鏡は、前漢鏡の内行花文銘帯鏡の銘帯が雲雷文（斜角雷文）帯に交代することで成立したという。なお、前漢鏡の内行花文銘帯鏡の方を連弧文鏡と呼ぶ人もいる。銅鏡の研究で、漢鏡に与えられた名称の多くは、学術用語として固定化されていないので、注意を要する。

型式は鏡の形状と文様で分類

銅鏡の裏面の形状・文様にはそれぞれ名称があり、型式によって多少異なる。銅鏡の文様は、工匠の創意工夫をもって多種多様の種類があり地域的にも広がり、さらに時代の流行によって変化してきた経緯がある。また、工匠の流派によって特徴が相違する種類もある。漢鏡の研究は最初考古学的手法で編年を行ってきたが、このような文様構成により鏡の型式・年代の関係が明らかにされつつある。文様構成とは、鏡裏面の文様の違いを詳細に分析し、それらの組合せを整理して表したものである。

舶載鏡には、裏面の文様は違うが銘文の帯が巡らされているものが多いことに注目し、表

5―2とは別な枠組みとして「異体字銘帯鏡」という型式が提唱されている（樋口隆康一九七九）。連弧紋を持たない鏡は重圏紋鏡という型式に分類されていたが、連弧紋などの文様ではなく異体字を持つ鏡を抽出し、型式区分を試みたのである。さらに、重圏銘帯鏡、単圏銘帯鏡を加え、編年分析に成果をあげた。重圏銘帯鏡は、太い界圏帯で区切られた環状のスペースに内外二重の銘帯を入れた鏡で、一重の銘帯であれば単圏銘帯鏡と呼ばれる。

「異体字銘帯鏡」は、変わった字体の銘帯があることから、そう呼ばれたらしい。字体は小篆体・楔形体・ゴシック体と変化していくこと、銘文に一定のパターンが見られること、などから該当する型式を選定している。主に、昭明鏡、清白鏡、清銀鏡、日光鏡、連弧文異体字銘帯鏡、連弧文帯昭明鏡、連弧文清白鏡、連弧文日光鏡などがある。

鏡の年代分析方法

漢鏡は、「時期別出土鏡」により、実年代を推定できることは前にも記した。「時期別出土鏡」は流行年代を期別に区分し、分類した鏡の型式と出現期間の関係が一目でわかるように整理されている。しかし、前述したとおり分類されている漢鏡は流行年代が複数期にわたり、判定資料が伴わないと王墓築造の推定実年代を特定することが難しい。期別の細分化とこれに応じた推定実年代（または編年）が必要である。特に、殆どの王墓で出土する「方格規矩鏡」及び「内行花文鏡」の細分化は、弥生後期の王墓変遷の評価において力を発揮する。

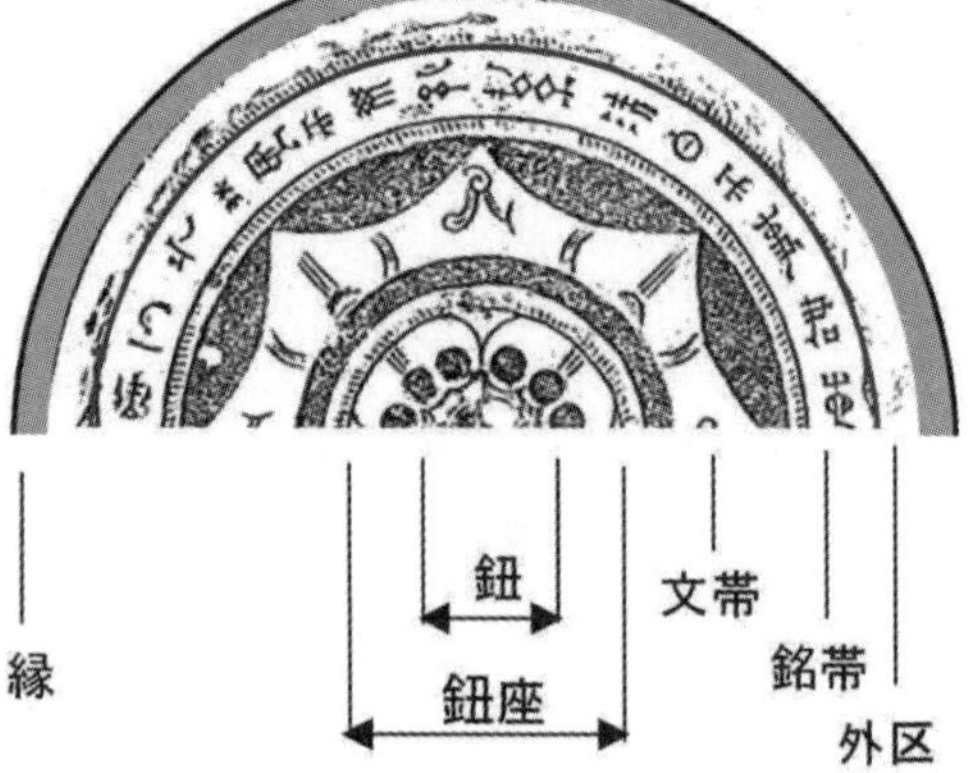

図5-1　銅鏡の主要部分名称

岡村秀典は、漢鏡の型式分類を精査し、前漢と後漢の銅鏡の編年（以下、「岡村の編年」と称する。）を見出している。論文の中で、「時期別出土鏡」は大雑把感があるので、型式学的な方法に基づいて体系的な編年を組み立てると述べている。定量的な手法により、編年の細分化を行っているのである。定量的手法であれば、多少の知識で誰もが使え、細分化によって推定実年代の精度が高まる。「岡村の編年」は、王墓の出土鏡の年代推定に有効と考える。

多少の誤読を恐れず、概要を説明する。

岡村は、単位文様が編年を区分でき、さらに単位文様間に相関性が見られることに注目した。銅鏡の種類により異なるが、主要部の配置には大きな差がなく文様に一定のパターンがある（図5－1）。

単位文様とは銅鏡の各部分にある相互に独立した文様のことをいい、鈕《ちゅう》座の文様、銘帯に刻まれる銘文やその字体、外区にある周縁文様（雲、鋸）、主文（四神、瑞獣）などが該当する。単位文様は銅鏡の種類によっても異なるので、多くの漢鏡を調べ、一つの鏡に共存する単位文様を統計学的手法で関係付け、型式の細分化を行い、共通する単位文様によって型式間の繫がりを検討し、そこから漢鏡全体の系統的な編年を組み立て、説得力の高い結果を得たのである。

型式別出現期間の設定

銅鏡の偏年を細分化するにあたり、「時期別出土鏡」との違いを把握することが重要で、型式と推定実年代を知らねばならない。「岡村の編年」では前漢鏡・後漢鏡について、型式別の出現時期と年代が表に整理されているので、型式別の推定実代を知ることができる。そこで、王墓の出土鏡に該当する型式を取り出し、「岡村の編年」の型式別出現時期（年代）を「時期別出土鏡」に重ねてみた。（表5－3）。「岡村の編年」の出現時期は、「時期別出土鏡」に比べ次のとおり大きく相違している。

- 上限は一致するが下限が短い……方格規矩鏡四神鏡
- 下限と一致するが上限が短い……星雲文鏡
- 大きなズレがある……草葉文鏡、内行花文鏡
- パターンが似ている……異体字銘帯鏡（日光鏡、昭明鏡、連弧文鏡）

しかし、全体的にみれば、「岡村の編年」が時期的に早く出現しているだけで、型式の時期

表5-3 「岡村の編年」と「時期別出土鏡」の関係

「時期別出土鏡」の型式																			
	「時期別出土鏡」の推定実年代				前漢中期					前漢晩期				後漢前期		後漢中期			後漢晩期
					第一期			第二期		第三期 前期		第三期 後期		第四期		第五期			第六期
					-118～-74			-73～-33		-32～6		7～39		40～75		76～146			147～190
	岡村の編年（実年代）		第2期			第3期				第4期				第5期			第6期		
			-150～-133	-133～-117	-117～-100	-100～-84	-84～-69	-69～-53	-53～-37	-37～-22	-22～6	6～10	10～25	25～50	50～75	75～100	100～125	125～150	
草葉文鏡	草葉文鏡		Ⅰ	ⅡA	ⅡB		-79												
星雲鏡	星雲文鏡				Ⅰ	Ⅱ					-16	5							
日光鏡	異体字銘帯鏡	単圏文 日光銘					Ⅱ												
		重圏文 日光銘				Ⅰ	Ⅱ												
		連弧文 日光銘						Ⅲ											
昭明鏡		単圏文 昭明銘				Ⅰ	Ⅱ												
		重圏文 昭明銘					Ⅱ			Ⅴ									
		連弧文 昭明銘						Ⅲ	Ⅳ	Ⅴ		Ⅵ							
連弧文鏡		日有喜銘							Ⅳ	Ⅴ									
		清白銘						Ⅲ											
規矩鏡	方格規矩四神鏡									Ⅰ	Ⅱ	Ⅲ	Ⅳ	ⅤA	ⅤB	ⅤC	Ⅵ	Ⅶ	
－	虺龍文鏡									Ⅰ	ⅡA	ⅡB							
雲雷文鏡	雲雷文内行花文鏡	四葉座											Ⅰ	Ⅱ	Ⅲ	Ⅳ			
		蝙蝠座																	
		円座														Ⅱ			
長宜子孫鏡	長宜子孫内行花文鏡	四葉座															ⅤA	ⅤB	
		蝙蝠座															Ⅰ	Ⅱ	
		円座													Ⅰ		Ⅲ		

「洛陽焼溝漢墓の時期別出土鏡」の出現範囲

注1：岡村の編年は「前漢鏡の編年と様式」1984、「後漢鏡の編年」1993にある時期区分を細分化した型式で年代に区分し、「時期別出土鏡」の時期区分と重なるように割り当てた。
注2：■は「時期別出土鏡」の出現範囲である。
注3：内行花文鏡　四葉座Ⅰ、Ⅱ、Ⅲ、Ⅳ……雲雷文ⅤA、ⅤB……雲雷文なし　蝙蝠座Ⅰ、Ⅱ……雲雷文なし　円座Ⅱ……雲雷文、Ⅰ、Ⅲ……雲雷文なし

区分を合わせてみれば、概ね「時期別出土鏡」と細分化の範囲とは差が少なく、両者をスライドして重ねてみると大過が生じないように見える。

魏・西晋時代（二二〇～二六五）に大陸の北方で流行した銅鏡には、方格規矩鏡・内行花文鏡・獣首鏡、夔鳳鏡・盤竜鏡・双頭竜鳳文鏡・位至三公鏡・鳥文鏡などがある（徐苹芳一九八五）。この説は、多くの歴史学者が認めるところである。前漢・後漢時代に流行し、日本列島で数多く出土する方格規矩鏡・内行花文鏡などは、大陸でも長い期間にわたって流行していたのである。

古来、倭人は漢を非常に重要視し、繰り返し朝貢してきた。古墳時代では対外的な方針として漢の楯となることを国是とし、朝鮮半島の軍事行動を規定していたが、その眼は常に洛陽に向けられてきた。漢の流行鏡の倭人への影響は大きいのである。そうであるから、大陸全体の出土鏡を俯瞰し、考古学的

な見地を加えた鏡の存在・編年を組み立てた後、洛陽の流行鏡を同じように取り扱うのは、学際的に自然な成り行きであるが、これをもって倭国の時代を評価することには疑問が残る。

岡村は、前漢鏡と後漢鏡の細分化した型式の相対編年の妥当性を、各地の漢墓の共伴関係により検証し、時期区分にわけて実年代を当てている。実年代は製作年代がわかっている紀年鏡や紀年墓の出土鏡によって比定している。言い換えれば各地の指標を用いて、普遍性の高い分析手法としているのである。

一方、「時期別出土鏡」は、被葬者と副葬した銅鏡がまさに直接的な関係を持つのであるから、当時の市場や流行など社会的背景に影響されたはずで、文化的風潮（尚古思想）からより古いものを好んだ被葬者もいたであろう。洛陽焼溝漢墓の副葬鏡は、実態に即した指標となっているのである。もう少し説明を付け加えると、洛陽の漢墓には被葬者の履歴が刻まれた墓碑（石板）を設置してあるのが通例であり、これを裏付ける記録・副葬品、周辺の出土品などで推定実年代を定めた漢墓鏡の「時期別出土鏡」以上に信頼できる標尺は、現在のところ代わりがないとも言える。

「岡村の編年」は時代の変遷と銅鏡の様式を形式学的な方法により順序付けしたものであり、編年の信頼性は高い。「時期別出土鏡」の出現時期（年代）と相違する理由は、資料鏡の違いや考古学的・歴史学的な見方の違いであろうことから、期別の整合を図ることは難しいと言える。

岡村が細分化した型式と相対編年を「時期別出土鏡」に採用するには、多くの漢墓で共伴性を検証する必要があるが、物理的にそれが望めないのであれば、洛陽焼溝漢墓をもって代表させることは実用的な判断ではないか。「時期別出土鏡」の推定流行年代は、焼溝漢墓は洛陽という限られた空間でのサンプルで評価されたものであるが、漢鏡を広く求め細分化した型式の編年を加えることで「時期別出土鏡」はより実用性が高まるとも言える。

それでは、「時期別出土鏡」に「岡村の編年」をどのように重ねるか、である。「時期別出土鏡」の期間は、「岡村の編年」の細分化した型式の年代区分とは大きなズレがないことに注目し、細分化した型式の出現期間を「時期別出土鏡」の出現範囲に、編年を維持しつつスライドさせるのである。細分化した型式が数の多さなどによって、「時期別出土鏡」の出現期間の区分に合わないのであれば、出現期間内を等分に分割し、細分化した型式を編年で割り当てることは、個別鏡の流行年代が不確定であるにせよ、時系列的な面でみれば不合理ではない。「雲雷文鏡」と「長宜子孫鏡」は一定の並行関係があるので、この関係は維持する。また、虺龍文鏡は「時期別出土鏡」にないが、方格規矩四神鏡と並行関係を持ち虺龍文鏡Ⅰ～ⅡB式は方格規矩四神鏡Ⅰ～Ⅲ式に並行するとされている（岡村秀典一九八四）。このことから、方格規矩四神鏡を分割して配置した後、並行関係にあるⅠ～Ⅲに割り当てた（表5－4）。

表5-4　後漢鏡の型式別出現期間

「時期別出土鏡」の型式	細分化した型式				推定実年代		
草葉文鏡	草葉文鏡			Ⅰ	-117	～	-103
				ⅡA	-103	～	-89
				ⅡB	-89	～	-74
星雲文鏡	星雲文鏡			Ⅰ	-117	～	-74
				Ⅱ	-74	～	-54
日光鏡	異体字銘帯鏡	単圏文	日光銘	Ⅱ	-54	～	-33
		重圏文	日光銘	Ⅰ	-74	～	-54
				Ⅱ	-54	～	-33
		連弧文	日光銘	Ⅲ	-33	～	-14
昭明鏡		単圏文	昭明銘	Ⅱ	-74	～	-54
		重圏文	昭明銘	Ⅱ	-54	～	-33
				Ⅴ	6	～	23
		連弧文	昭明銘	Ⅲ	-33	～	-14
				Ⅳ	-14	～	6
				Ⅴ	6	～	23
				Ⅵ	23	～	39
連弧文鏡		日有喜銘		Ⅳ	17	～	28
				Ⅴ	28	～	39
		清白銘		Ⅲ	6	～	17
規矩鏡	方格規矩四神鏡			Ⅰ	6	～	22
				Ⅱ	22	～	37
				Ⅲ	37	～	53
				Ⅳ	53	～	68
				ⅤA	68	～	84
				ⅤB	84	～	99
				ⅤC	99	～	115
				Ⅵ	115	～	130
				Ⅶ	130	～	146
雲雷文鏡	内行花文鏡	雲雷文	四葉座	Ⅰ	75	～	93
				Ⅱ	93	～	111
				Ⅲ	111	～	128
				Ⅳ	128	～	146
長宜子孫鏡		長宜子孫		ⅤA	146	～	168
				ⅤB	168	～	190
			蝙蝠座	Ⅰ	146	～	168
				Ⅱ	168	～	190
			円座	Ⅰ	99	～	122
雲雷文鏡		雲雷文		Ⅱ	122	～	146
長宜子孫鏡		長宜子孫		Ⅲ	146	～	168
–	虺龍文鏡			Ⅰ	6	～	22
				ⅡA	22	～	37
				ⅡB	37	～	53

出土鏡への適用

細分化した型式の選定条件を、王墓から出土した鏡に適用してみる。「岡村の編年」は、漢代が対象であり銅鏡の全ての種類に対応しているわけではないので、それらは、別途、検討を加えることにする。なお、出土鏡の名称は、発掘を紹介する市のホームページや関連資料にある名称をそのまま用いている。

（1）中原王墓

中原王墓からは、「内行花文長宣子孫銘鏡」と「鋸歯文縁方格規矩鳥文鏡」が出土している。

・「内行花文長宣子孫銘鏡」は紐座が四葉座、雲雷文が単円の渦文で斜角線3本あり、圏帯のみであることから、Ⅳ式に該当する。

・「鋸歯紋縁方格規矩鳥文鏡」は、外区文様が鋸歯文で主文の四神が判別しにくいが、方格規矩四神鏡ＶＢ式であろう。

（2）桜馬場王墓

桜馬場王墓では、「流雲文縁方格規矩四神鏡」、「素葉方格規矩渦文鏡」及び「内行花文鏡」が出土している。

・「流雲文縁方格規矩四神鏡」は、外区文様が雲で主文が四神と瑞獣の方格規矩四神鏡Ⅳ式である。

・「素葉方格規矩渦文鏡」は、周縁文様が素文で乳数八個、鈕座文様が四葉文及び字体の特徴から、方格規矩四神鏡Ⅲ式に相当する。
・「内行花文鏡」は、圏帯が櫛歯文で、外区の内側にある雲雷文には一筆の渦文と複数の線が重なった斜角文がある。形状からみて四葉座内行花文鏡Ⅰ式である。

（3）三雲南小路王墓

三雲南小路王墓からは、「連弧文清白銘鏡」、「重圏文鏡」、「雷文鏡」及び「彩画鏡」が出土している。
・「連弧文清白銘鏡」は破損が多く、連弧文、鈕座文様（連珠文）、及び銘の字体までは読み取れるが、銘の内容が判読できない。標準様式（細分化した型式の分類図）を参考とすると、異体字銘帯鏡Ⅲ式に分類される。型式の分類条件では、「日光銘」、「昭明銘」、「清白銘」のいずれかであろう。
・「重圏文鏡」は部分のみであるが復元スケッチが残されている。銘文の字体は小篆やゴシックに似た書体で、内圏に斜角雷文と一筆の渦文、鈕座文様が四葉文と連珠文があるが、銘帯と斜角雷文を持つものは、異体字銘帯鏡Ⅰ式しかない。
・「雷文鏡」と「彩画鏡」は、「岡村の編年」にはない型式である。この二つは、出土事例を参考に年代を推定した。

（4）井原鑓溝王墓

井原鑓溝王墓は、江戸時代に発見されたこともあり実物は殆ど散逸し、青柳種信が残した鏡の模写（柳園古器略考）のみ残っている。模写は断片で型式の異なる複数面を集めたものである。周縁文様があり、鋸歯文様と雲雷文、鋸歯文様と唐草文、鋸文様と流雪文及び唐草文のみ、の組み合わせが見てとれる。方格規矩鏡は前漢から後漢を通じて出現するが、周縁文様に唐草文や雲雷文を持つのは主に前漢時代のものである。断片から読み取れる限りでは、方格規矩鏡Ⅰ型、Ⅲ型、Ⅳ型が判別できる。

（5）平原王墓

平原王墓には舶載鏡三面と仿製鏡三七面（方格規矩鏡、内行花文鏡）が全て破砕した状態で出土した。舶載鏡は、「長宣子孫内行花文鏡」、「四螭《しち》鏡（虺龍《きりゅう》文鏡）」及び「尚方作流雲縁方格規矩四神十二支鏡」である。

- 「長宣子孫内行花文鏡」は、一筆の渦と斜め線で占められる斜角線文を持ち、圏帯に櫛歯文があるので方格規矩四神鏡Ⅰ型に分類できる。
- 「四螭鏡（虺龍文鏡）」は周縁文様が素文で、乳数四（円座乳）、紐座文様が四葉文、銘文を持っていないことから、虺龍文鏡Ⅰ式である。
- 「尚方作流雲縁方格規矩四神十二支鏡」は、外区文様が雲帯文（雲雷文＋櫛歯文）で主文に四神だけで瑞獣がいないので、方格規矩四神鏡ⅤＢ式に該当する。
- 内行花文鏡の仿製鏡は、外区には円を重ねた渦と斜め線で占められる斜角線文を持ち、圏帯に櫛歯文があることから、四葉座内行花文鏡Ⅱ式である。方格規矩鏡の仿製鏡は全て同じ型式ではない。周縁文様が雲雷文で主文に八像（四神、神獣）を配するⅣ式、外区が複線の波を挟んだ二つの鋸文と主文に八像のあるＶＡ式であるが、紐座や紐座文様が少しずつ変わっている。一面だけ外区が単線の波と鋸文を持ち、崩した神獣と渦文を持つⅥ式がある。

（6）吉武高木王墓

吉武高木王墓からは多鈕細文鏡が出土しているが、「岡村の編年」にはない型式である。これまでの出土事例からすると前二五〇～前一五〇頃となり、弥生前期の頃になるが、この古さは妥当なのだろうか。王は割竹型木棺で被葬されているので、棺から年代を知ることはできないが、特定集団墓であるので、近接して埋葬されている親族や臣下の墓と概ね同じ年代と考えてよく、甕棺墓であれば甕棺形式で年代がわかる。王墓周辺で実測図がある甕棺墓からK109、K110、K111、K115、K116及びK117について見てみた（図５－２）。これらの甕棺墓は金海式で、やや離れたK117甕

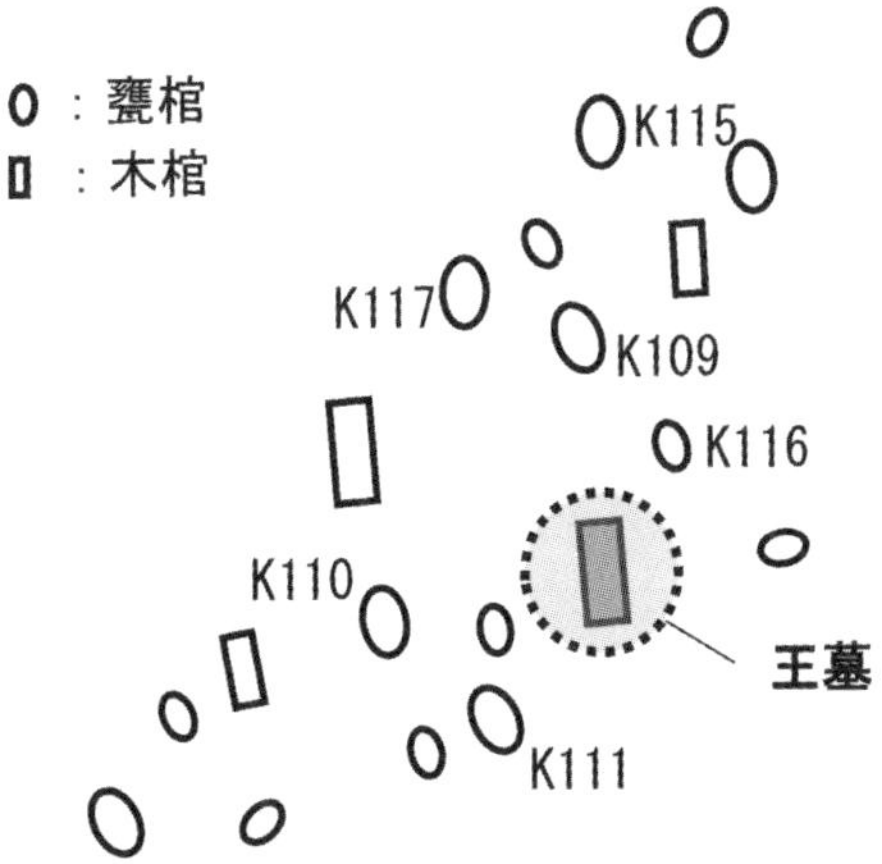

注：墓の遺構は「吉武遺跡群XX」（2008）福岡市教育委員会を参考として作図したもの。

図5-2　吉武高木遺跡の特定集団墓

棺墓のみ伯玄式に分類できる。

甕棺墓の推定実年代は、橋口式（橋口達也二〇〇五）を適用すると金海式が甕棺型式KIc（前二一〇～前一八〇）、伯玄式が甕棺形式KIa・KIb（前二七〇～前二一〇）にあたる。甕棺墓には金海式が多いのであるから、王墓は、弥生中期後半に築造されたのである。「吉武遺跡群X２００８」の報告では、発掘された金海式の甕棺はやや新しい時代である、との評価を考え合わせると、遅くとも前一八〇年頃には埋葬されていたのだろう。

（7）須玖岡本王墓

須玖岡本王墓の出土鏡は、殆どが鏡片として出土しており、鏡の種類は分類できるが型式の判定ができる状態にはなく、唯一、夔鳳《きほう》鏡一面がほぼ完品の状態で出土している。その後、鏡片の復元が進み、出土鏡の様式・銘文の一部がわかっている。多くは異体文字銘帯鏡でありいわゆる前漢鏡で、重圏銘帯鏡、単圏銘帯鏡、「清白」や「昭明」の銘帯を持つ連弧文鏡が含まれる。

- 「連弧文清白鏡」は、銘文の「清白」以外は、字体・鈕座文様は不明である。連弧文清白鏡は単圏銘帯鏡とも言われ、「清白」銘のあるものは連弧文銘帯鏡では異体字銘帯鏡Ⅲ式にしか現れない。
- 「重圏文清白鏡」は内圏の銘文が「昭明」で外圏に「清白」銘がある。異体文字銘帯鏡の該当条件（組み合わせ）では、Ⅱ式とⅢ式にあたる。連弧文鏡にも重圏文銘帯鏡があるが銘文の組み合わせが異なる。また、字体が不明であるのでこれ以上の判定ができない。
・「重圏銘帯日光鏡」は、銘文の「日光」以外の単位文様は不明であるが、副葬されている他の重圏銘帯鏡の分類からみて異体字銘帯鏡Ⅱ式であろう。
・「単圏銘帯日光鏡」は銘文の「日光」以外の単位文様は不明である。通常、単圏銘帯鏡は連弧文鏡に含まれないので、異体文字銘帯鏡のⅠ式かⅡ式である。Ⅰ式には単圏銘帯鏡が出現しないので、出土鏡はⅡ式に該当する。
・「草葉鏡」は細かく破砕したものが多く、二種類の草文鏡が復元されている。一つは、特別に大型（径23・4㎝）の草葉文鏡である。大陸で出土する草葉文鏡の面径は平均13㎝であり、この大きさからすると、倭で作られた仿製鏡の可能性が高い（京大総合博物館による）。もう一つは、梅原末治博士が復元した「方格四乳葉文様鏡」で「岡村の編年」ではⅡA式に該当する。
・「星雲鏡」は後漢中期（前一一八〜前三三）に流行した青銅鏡である。出土鏡は破片のみで文様の判別が難しく、細分化した型式に分類できない。
「夔鳳鏡」は、「時期別出土鏡」にあって「岡村の編年」にはない銅鏡である。そもそも、この「夔鳳鏡」については、遺物の出土条件が従来の知見と異なっていたことによって疑義が生じている。現時点でも真偽の判定は出ていない。これまでの報告を点検し、新たな資料を加えて実年代を推定してみる。

明治三二年（一八九九）に地主（吉村源次郎）が家を建てようとした際に「巨石下甕棺墓」を発見し、出土品を集めて自宅敷地内に作った保管小屋の地下室内に保管した。その後、発掘調査が始まるという、遺跡調査の順序が逆となった経緯もあって、出土が疑われたのであろう。最初に「巨石下甕棺墓」に注目したのは明治末期の八木奘三郎（考古学）である。中山平次郎（病理学、考古学）は大正初年以降、地下室から鏡片などを採取、発表し、昭和四年の京大の島田真彦の遺跡発掘で調査は終了した。この地下室内（須玖岡本遺跡D地点）にあった前漢式鏡の中に夔鳳鏡一面があった。調査終了後、八木はこの鏡を「二条公爵家の銅駝坊陳列館（京都）」へ寄贈した。しかし、大型甕棺発掘後に周辺の遺跡調査を実施したが出土報告書が取りまとめられていなかったこと、「二条公爵家の銅駝坊陳列館（京都）」までの経緯を示す記録が残っていないがために、以下の疑義を発することになった。

「弥生墓では弥生時代後期末まで前漢鏡と後漢鏡が混在する例は殆ど存在しないことは統計的な事実である。須玖岡本遺跡D地点では、問題の夔鳳鏡だけが伝承であり、統計的な事実からすると誤伝と考えざるを得ない。また、須玖岡本遺跡にはB地点という別の出土例が2例あり、このうちの弥生後期の方なら夔鳳鏡が出土しても統計的な事実と矛盾がなく、従ってB地点からの出土をD地点からと取り違えたという可能性が十分ある。」

昭和三四年（一九五九）に梅原末治が、「筑前須玖遺跡出土の夔鳳鏡に就いて」（古代学第八巻増刊号、昭和三四年四月・古代学協会刊）で須玖岡本遺跡D地点について、以下の見解を発表している。

「いま出土地の所伝から離れて、これを鏡自体に就いて見ても、滑かな漆黒の色沢の青緑銹を点じ、また鮮かな水銀朱の附着していた修補前の工合など、爾後和田千吉氏・中山平次郎博士などが遺跡地で親しく採集した多数の鏡片と全く趣を一にして、それが同一甕棺内に副葬されていたことがそのものからも認められる。これを大正5年に同じ須玖の甕棺の一つから発見され、もとの朝鮮総督府博物館の有に帰した方格規矩鏡や他の1面の鏡と較べると、同じ須玖の甕棺出土鏡でも、地点の相違に依って銅色を異にすることが判明する。このことはいよいよ夔鳳鏡が多くの確実な出土鏡片と共存したことを裏書きするものである」

さらにその夔鳳鏡の編年についても海外調査をも踏まえた周到な検証を行い、その結果として須玖岡本遺跡の編年を三世紀前半としたのである。梅原は、弥生時代の編年を定説化した研究者でありその本人の発表ではあったが、無視されたと言ってよい。

夔鳳鏡の出土については、遺跡発掘の順序が逆ではあるが、梅原の論文に論理的な落ちはないこと、二条公爵家の銅駝坊陳列館（京都）は、現在の京都文化博物館（南区）の前身で考古学の先駆的な組織であり、明治時代の私設文化博物館とはいえ背景が不明な出土物を陳列することは考えにくい。また、大正時代以前に発見された弥生遺跡の殆どは遺物が散逸し、多少の記録が残されている程度である。須玖岡本王墓では、地主が工事で露になった遺跡をみて、素人ながら重要な人物が埋葬された墓であると洞察したからこそ、発掘場所から数十メートル離れた場所に煉瓦で固めた地下室を作り、その中に土ごと保管したのであろう。同年代に須玖岡本王墓の近くで大規模な発掘調査が行われていたかは定かでないが、発掘作業は専門の研究者の指揮のもと厳格に行われるのであるから、時代が異なる遺跡が近接する場所であったとしても両者が混じりあうことなどあり得ない。

夔鳳鏡の推定実年代は、「時期別出土鏡」では後漢中期（七六～一四六）が出現期間であるが、期間が七〇年でやや長すぎる。これまでの研究成果から細分化した型式と年代について検討してみる。また、夔鳳鏡は現在では八鳳鏡と呼ばれているので、以降、この名称に変える。

八鳳鏡は、元興元年銘鏡（一〇五）を最初期とし三世紀頃まで続いたが、一〇五年～一九〇年代には江南の長江中下流部で凹帯式八鳳鏡の製作が始まっていたと言う（岡村秀典二〇一二）。凹帯式八鳳鏡は連弧文の外側に凹帯と素文の平縁を持ち，鈕座文様によって二つの型式に細分される。

・**凹帯A式**：黄河流域（洛陽地域）に分布。鈕が小さく、鈕座が糸巻形で「君宜高官」銘と雲気文様がある。

・**凹帯B式**：長江流域（呉県）に分布。A式から変化したもので鈕が大きく鈕座が隅丸方形で銘文を入れるスペースがない。連弧文が蒲鉾形に低くなる。

「時期別出土鏡」の夔鳳鏡（八鳳鏡）に比べ、凹帯A式はやや時代が新しいがこれに近い。また、A式とB式の資料鏡で見るとA式の鈕座の内外に銘文があり、B式になると鈕座に押されて内側の鈕座銘がなくなる。このような変化は、凹帯式以外の八鳳鏡にも見られる傾向と言われている。

八鳳鏡は鈕座文様、鈕座銘、連弧、銘帯、外区（凹帯）などの単位文様の存在が認められるが、主に洛陽地域と呉県で製作され、互いに影響しあってきた経緯があり、その組み合わせが様々である。

これまでの研究報告やピンポイントではあるが年代がわかる出土鏡を資料鏡により流行年代を推定すると、大略的な型式変化の経緯（編年）が見てとれる。

・鈕座内外に銘を持つ（最初鏡）……………一〇五年
・外区に銘文、糸巻形鈕座と鈕座銘持つ…………一五〇年頃
・外区に凹帯を持つ……………一五〇年～一七〇年頃

・鈕座内側に鈕座名が固定する………一七〇年～一九〇年頃

外区に銘帯（異体文字）を持つ銅鏡は、前漢の古き時代のイメージを取り込んでおり、工匠の創意工夫の一端と言われている。型式が変化していく途上の鏡である。また、凹帯を持つ鏡は一五〇年頃に凹帯A式が、その後に凹帯B式が出現し一七〇年頃まで継続する。B式はA式の派生型とみられ一つ型式と見てよいので一六〇年あたりが変わり目と考えられる。全体の型式が一定するのは一七〇年以降である。「時期別出土鏡」にある八鳳鏡の出現期間（七六～一四六）に比べ、各地の記念鏡や記念墓鏡で概定できる出現期間のほうが五〇年程度新しいが、銅鏡全体の推定実年代との整合から、「時期別出土鏡」の出現期間に割り当てた。（表５－５）。

須玖岡本D地点出土の八鳳鏡に適用してみる、単位文様は、次のとおりである。

・鈕座は糸巻形で四葉文を持つ。
・主文には四組の相対する鳳凰文が配されている。
・一六個の連弧文があり弧度は凹帯B式に似てやや強い。

表5-5　八鳳鏡の出現期間

型式	鈕座	外区	主文	第五期
Ⅰ	四葉文、鈕座銘	連弧文（小）	八鳳	76 ～ 94
Ⅱ	四葉文、鈕座銘	獣文帯、銘帯	八鳳	94 ～ 111
Ⅲ	四葉文、鈕座銘	凹帯A・B、連弧文（小）	八鳳	111 ～ 129
Ⅳ	四葉文、鈕座銘	連弧文（大）	八鳳	129 ～ 146

・連弧文の外側は凹帯で外縁は無文である。
・鈕座には四句の銘文（位至三公）がある。

鈕座がやや大きいことや文様の特徴からみて「紐座銘文の様式が混在する時代」から「紐座銘文が内側に固定する時代」の鏡で、A式からB式への移行期にあたると見る。

出土鏡の背景と推定実年代

細分化した型式で各王墓の出土鏡の推定実年代を整理してみる（図5－3）。まず気づくのが、王墓は数多くの銅鏡を副葬しているが、吉武高木王墓だけが一枚しかないことである。吉武高木王墓は、唯一の特定集団墓で他の王墓より時代が古く、銅鏡の推定実年代からみても倭国が成立した時代の王であったことは疑いない。出土した多鈕細文鏡は、大陸では秦末期～前漢初頭に製作された銅鏡で、国家統一という機運が日本列島へも伝わってきたのだろう。また、銅鏡とともに玉（勾玉類）、銅剣が初めて出土しているが、このような象徴的な三種を副葬する事例は大陸にはない。殷王や秦王の墓は、生前自らが使っていた品々や武器とともに殉葬させられた人や動物が、王の棺がある大規模な地下空間に埋められ、死後の世界でも生前と同じような生活ができることを意識した作りなのである。「三種の神器」を副葬する儀礼は、大陸から直接的に影響を受けたわけではなく、独自の文化と言える。

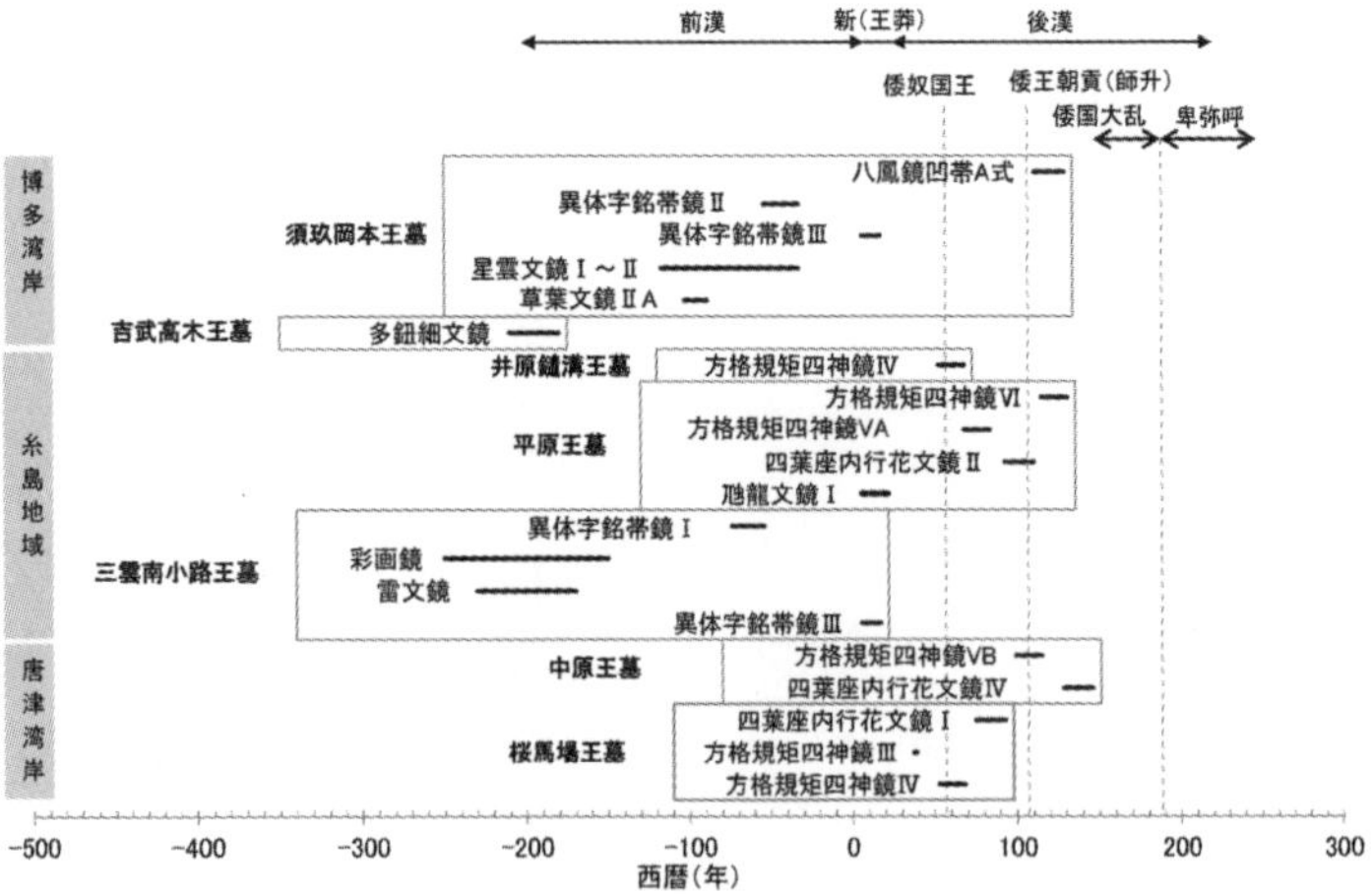

図5-3　王墓の出土鏡と出現時期

吉武高木王墓より約一五〇年後の三雲南小路王墓の副葬品は豪華で、規模こそ異なるが吉武高木王墓と共通する。「三種の神器」は、代々の倭王が王権を示す宝物とするのは、吉武高木王から始まったと考えてよい。

　弥生時代の遺跡群は、規模や多様さで博多湾岸地域が他を圧倒しており、倭国の中心が唐津湾岸地域にあったとは考えにくい。卑弥呼以前の倭国は、三〇国（昔は一〇〇余国）の集合体であった。その中には豊かな国があり、倭王に匹敵する王族がいても不思議はなく、これが桜馬場王墓や中原王墓の被葬者であったのではないか。卑弥呼は、伊都国に一大卒（軍隊を置いた役所）を置いて、唐津方面の国々の監視や貿易物・外交文書の審査（今でいう税関）を行っていた、と魏志倭人伝にある。倭王に従属的ではない国があったのは確かなのである。中原王墓や桜馬場王墓の被葬者はその国の王で、あえて、「三種の神器」を副葬した可能性が高い。

もう一つ特徴的な点は、王たちが所有していた鏡の年代差が大きいことである。直近鏡と最も古い鏡では出現期間で見ると概ね五〇年の差があり、須玖岡本王墓が一八〇年、三雲小路王墓で一五〇年である。直近鏡は、常に中華王朝の動向を注視してきた倭王たちとして、生前に得た最新流行の銅鏡であることは容易に理解できる。権威象徴のために銅鏡の数を揃えるならば、量が出回っている最新の流行鏡が得やすいはずで、古い時代の銅鏡を入手するのは簡単なことではないだろう。

舶載鏡は、この時代の日本列島では希少な宝物の価値があったのかもしれない。そうであれば、舶載鏡は国の宝として継承されていくはずで、多くを副葬する必要はない。王たちの時代では、「三種の神器」そのものではなく、その時代に得られた最高の三宝が権威の象徴であり、倭王の証だったのではないか。

中華王朝では、古代の文物・制度を模範とする尚古思想があり、これを夏、殷、周の時代に求める。それは、儒教の中心的な発想とも言われている。古くから中華王朝へ朝貢していた倭人は、尚古思想を知り得たはずで、その政治的重要性が認識できたとすれば、直近鏡が一面程度で時代を経た多数の銅鏡が出土するのも理解ができる。

日本書紀には、神代記の天孫降臨の節で、瓊瓊杵尊《ににぎのみこと》がいよいよ天界（高天原）から地上へ降り立つとき、「天照大神が天津彦彦火瓊瓊杵尊《あまつひこひこほのににぎのみこと》に八坂瓊曲玉《やさかにのまがたま》及八咫鏡《やたのかがみ》・草薙剣《くさなぎつるぎ》の三種の宝物を賜った。」と記しており、その後、代々の天皇が皇位継承者の証としており、現在まで引き継がれている。大和朝廷の「三種の神器」は、「その物」なのである。

神武天皇は九州に出自を持つ倭人であることは、日本書紀で語られている。神武天皇を中心とする一族郎党が九州を発った年代は前一三〇年頃と推定され、倭国がいよいよ北部九州を越えて拡大していく時代の始まりにあたる。神武天皇は、吉武高木王から約五〇年後の人であるが、吉武高木王の存在を知っていたであろう。東征を成功させ、奈良に拠点を構え大和朝廷へと時代を継承していく中で、皇位の正統性を示す「三種の神器」の役割は大きかったが、船載鏡を容易に入手できる政治的・地理的な環境にはない。そのため、手元で揃えられる「三種の神器」の「実体をもって継承する」という発想が生まれたとしても不思議ではない。倭国と大和朝廷の根っこは、同じなのである。

王墓の被葬者は、船載鏡はあくまでも権威の象徴として活用していたのであるが、平原王墓だけは異なっている。被葬者の平原女王は、太陽の運行から農暦を読み取ることができ、銅鏡を日迎えの行事（祭礼）で用いたという（原田大六一九六六）。昇る陽の光を効果的に演出するには輝きの点で、真新しく、模様が簡素で、大な鏡が有効であるが、船載鏡では十分に応えることができない。

青銅器製作技術が未熟な時代にあって、平原女王は確固たる意志を持ち、自ら銅鏡を製作することを決め、青銅を鋳造して銅鏡を作り上げたのである。銅鏡は権威の象徴であったが、祭礼に用いることで司祭者になり、絶対的な倭王になったのである。

3　平原《ひらばる》王墓の仿製鏡

青銅材の産地

仿製鏡とは、日本国内で製作された銅鏡のことである。日本では、青銅材を大陸から輸入し、鋳型で青銅器を製品化したが、青銅材の輸入量が少なかったためか概ね武器・祭祀器が主であった。青銅器の鋳造技術は弥生時代の最新技術であり、最初は製作できる地域が限られていた。このため、仿製鏡は弥生時代の地域社会を知る考古学的な指標となっている。

青銅器は、殷代の早い時期から出現し食器・水器・武器・農工具・車馬具などのほかに楽器・祭器・宝器の類も多い。これらの青銅器はCu（銅）、Pb（鉛）、Sn（錫）の合金である。周時代（前一〇〇〇年頃）に書かれた「周礼考工記」には、銅錫合金の標準値として、「金の六斉」と言われる青銅の成分表が作成されるなど、生産技術が確立していた。青銅生産においては、純銅に錫を添加すれば青銅となるが、さらに鉛を加えることで銅の融点を下げ、鋳造を容易にさせ、削りやすく加工性を高めたと言われている。古代人の発明と言ってよい。だから、古代の青銅製品は必ず鉛を含んでおり、鉛同位体比によって生産地がわかるのである。

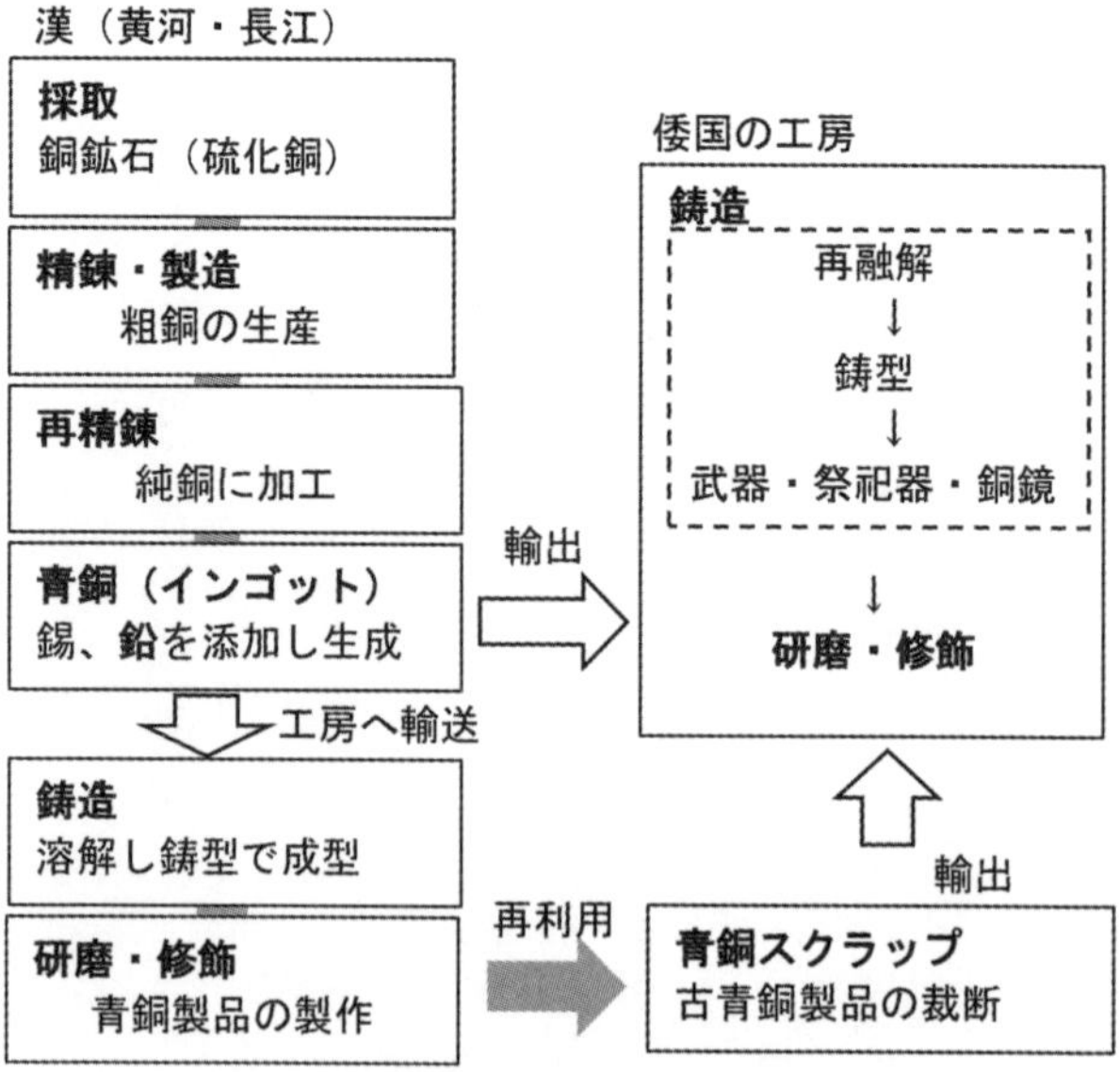

図5-4　青銅器の生産工程（推定）

大陸における青銅の生産と鋳造の工程は概ねわかっているが、粗銅・青銅・鋳造の生産地域と輸送の関係はよくわからない。関連する文献を整理すると、採取（鉱山）、精錬（粗銅・純銅）、青銅（錫、鉛の添加）の生産拠点は概ね同じ地域にあり、生産された青銅インゴットが大都市近辺の各種製品製造を担う工房に運ばれ、鋳造され製品化されていたと推察される（図5－4）。

輸出先に鋳造技術が成立するまでは青銅製品を、鋳造技術が獲得できた段階からは青銅インゴット・青銅スクラップ（古青銅製品を型に揃えて裁断）を輸出したと考えられている。日本に鋳造技術が伝わったのはいつ頃か。福岡県春日市で日本最古となる銅鏡鋳型の石片（前二世紀頃）が発見されているので、その前後なのだろう。青銅の融点は約７００℃以上であるが、北部九州に高温化できる溶融炉が製作できるまでかなりの時間を要し、安定した製品化技術の獲得にさらなる時間が必要であった。

青銅に含まれるPb（鉛）は質量の異なる四種類（204Pb・206Pb・207Pb・208Pb）の同位体で成り立つ。204Pbは放射性の親核種を持たないので時間に関わりなく存在量は変わらないが、206Pb、207Pb、208Pbは時間が経過すると、初めの存在量に加えて放射崩壊した分だけ増加し、鉛鉱石が形成された時点で崩壊が止まり、付加がなくなる。このPb同位体比は、生成した鉛鉱石自体の固有値を示し、鉛の合金であっても原料産地を知ることができるので、鉛同位体比法は青銅器の分析に極めて大きな威力を発揮する。

馬淵久夫・平尾義光は、理化学的方面から考古学分野にアプローチし、青銅製品のPb同位体比分布図を作成し詳細な分析を行っているが、その中で、前漢時代と後漢・三国時代の銅鏡Pb同位体比を比較し、青銅の産地が異なることを明らかにしている。馬淵・平尾が作成した前漢鏡と後漢鏡の鉛同位体比分布図では、208Pb/206Pbには一定の分布範囲を持っていることが見て取れる（平尾義光一九八九）。その範囲は、後漢鏡が２・１０～２・１３、前漢鏡が２・１５～２・１６である。

その後、銅鏡を含む青銅器のPb同位体比のデータベース化は進み、鉛同位体比法を適用して鉛の原産地の違いについて研究が進んだが、その中で、平原王墓の銅鏡が朝鮮半島由来の鉛が含まれた青銅で作られていたことがわかった（新井宏二〇〇六）。それまで、仿製鏡は大陸の青銅材で製作されたと言われてきたが、朝鮮半島で現地生産が始まっていたことの新たな事実が明らかにされたのである。

概略的ではあるが、解析結果について説明する。平原王墓から出土した仿製鏡と言われている三七面の銅鏡のうち、超大型内行花文鏡五面及び大型鏡一面と方格規矩四神鏡三一面である。これらの仿製鏡の鉛同位体比については、データベースがある（新井宏「鉛同位体比データベース」）。

楽浪土城は、楽浪郡治にあった城址であるが、鋳造によって青銅器を製作した工程を示す遺跡の他、青銅材・青銅製品の遺物が多く出土しており、それらの鉛同位体比が分析・整理されている（齋藤努二〇〇六）。出土した遺物の中に方鉛鉱（鉛を含む鉱物）があるが、楽浪土城かその近傍で青銅の現地生産が行われたことの証拠の一つである。

方格規矩四神鏡の鉛同位体比は、「前漢鏡の出現範囲」と楽浪土城の方鉛鉱側によったグループに分かれ、内行花文鏡は全て大陸産の鉛同位体比に含まれる（図5－5）。楽浪土城で使用する青銅材は、洛陽地域を中心とする河北地方から供給されるか、現地生産で得るしか入手方法がないのだから、「前漢鏡の出現範囲」を外れ、楽浪土城の側にある鉛同位体比の鉛生産地は朝鮮半島にあると言ってよい。もちろん、青銅が容易に溶解できる性質を持つのであるから、他の鉛生産地を含む青銅材が混入して鋳造されたことも十分に考えられるが、朝鮮半島に産地がある鉛が存在するのは間違いない。

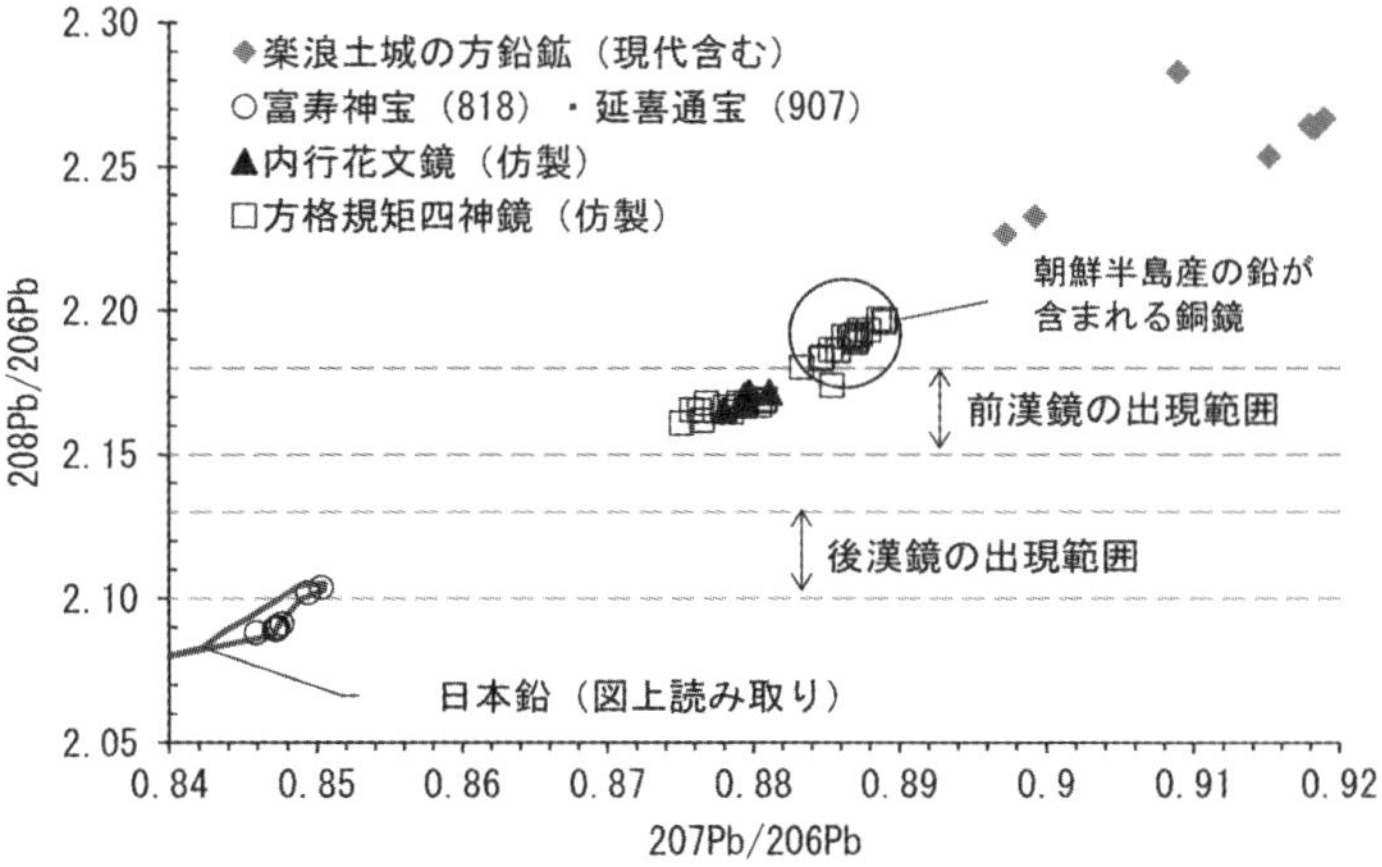

注：仿製鏡は「新井宏　鉛同位体比データベース」、楽浪土城の方鉛鉱・日本鉛は「鉛同位体比分析による古代朝鮮半島・日本出土青銅器などの原料産地と流通に関する研究」齋藤努ほか（2003）日本文化財科学会、古銭は「古代銭貨に関する理化学的研究」齋藤努ほか（2002）日本銀行金融研究所によった。

図5-5　平原王墓から出土した仿製鏡の鉛同位体比分

日本では七〇〇年頃から青銅生産が始まった、と言われている。直近の年代の青銅器として古代銭貨が出土しており、鉛同位体比が整理されている。この中から、八〇〇年代・九〇〇年代の古代銭貨鉛同位体比を比べてみた。図5－5に示したとおり日本産の鉛は、「後漢鏡の出現範囲」より下方でグループ化している。朝鮮半島の鉛とは全く違うのである。仮に平原女王の時代に日本産の青銅材があったとしても、仿製鏡の製作に全く関与していない。この時代の青銅材は、楽浪郡治を経て全てを輸入していたのである。

また、仿製鏡は鋳造時に生じた角が丸くなる「湯冷え」の現象が見られ、銘が漢字になっていない鏡があった（原田大六一九六六）。平原王墓の被葬者が生きた時代は、鋳造技術が一定の水準にはなく、漢字を自由に使える状況に至っていなかった。倭国時代の初期の段階にあったのである。

仿製鏡が作られた時代

後漢時代に列島へ輸入されていた青銅製品の基幹素材となる銅・青銅の生産地は、大略的には、揚子江下流（南部）、黄河中流域（北部）であった。これを集積して河北で生産された青銅材・青銅製品は、後漢の直轄地であった遼東郡に集積し、一部は楽浪郡に運ばれる。ここで生産された青銅器や小分けにされた青銅インゴット・青銅スクラップが日本へ輸出されたと考えられる。楽浪土城の青銅器生産は、当初、青銅精錬所（工房）を持たなかったのであるから、遼東郡からの青銅インゴットの安定供給が課題であったろう。

大陸では、漢代以降、中国の主な銅鉱は全て華南の長江流域にあり、三国時代（二二〇～二八〇）に大陸は南北に分裂していたので、魏の領域内では銅材が不足し、生活財（銅鏡等）の供給に不足が生じたが、二八〇年に呉が滅亡した後、長江流域の銅が大量に華北に流れ込んだというのが定説となっている。

霊帝死後、洛陽で暴政を敷いた董卓《とうたく》への反董卓連合が結成されると、動乱は一気に南部へ広がり、長江下流域の豪族であった孫氏が台頭し孫堅・孫策親子が勢力を拡大させ、やがて孫策の弟の孫権が呉を建国する。このように、後漢末期には南部は漢の支配が及ばなくなっていたのであるから、二世紀終わり頃には銅の供給が大きく低下したはずである（図5－6）。楽浪

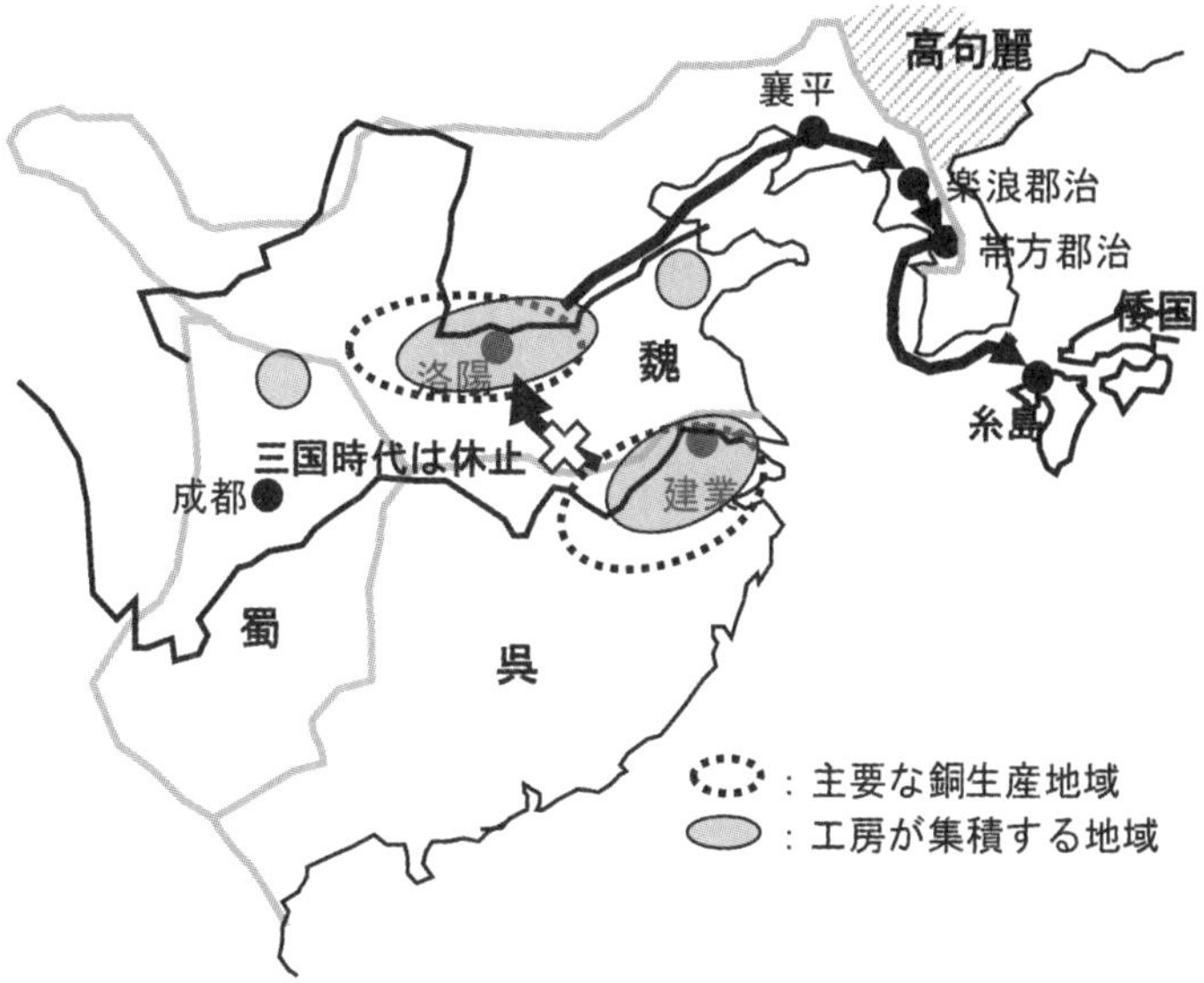

注：移動経路は「漢式鏡に含まれる錫の産地について」馬淵久夫（2014）日本文化財科学会を参考に作成したもの。

図5-6　後漢末の青銅材移動経路（推定）

郡では、洛陽地域から青銅材の供給をうけて青銅器生産が行われていたが、後漢の支配力が低下するに伴い、供給量が徐々に減っていった。しかし、直接的に供給に影響するのは輸送経路が絶たれることであり、高句麗の遼東侵攻が決定的となる。楽浪郡では、これを契機として、朝鮮半島産の鉱石を使い粗銅・青銅の独自生産を開始し、青銅材の不足を補った、と考えてよい。

平原王墓から出土した仿製鏡に、大陸の鉛成分と朝鮮半島由来の鉛成分が含まれていたのは、楽浪土城に両方の青銅材が混在していた時代に製作されたからである。このような生産地が異なる青銅材があった年代は、まさに、後漢の弱体化が始まる後漢時代の半ばである。

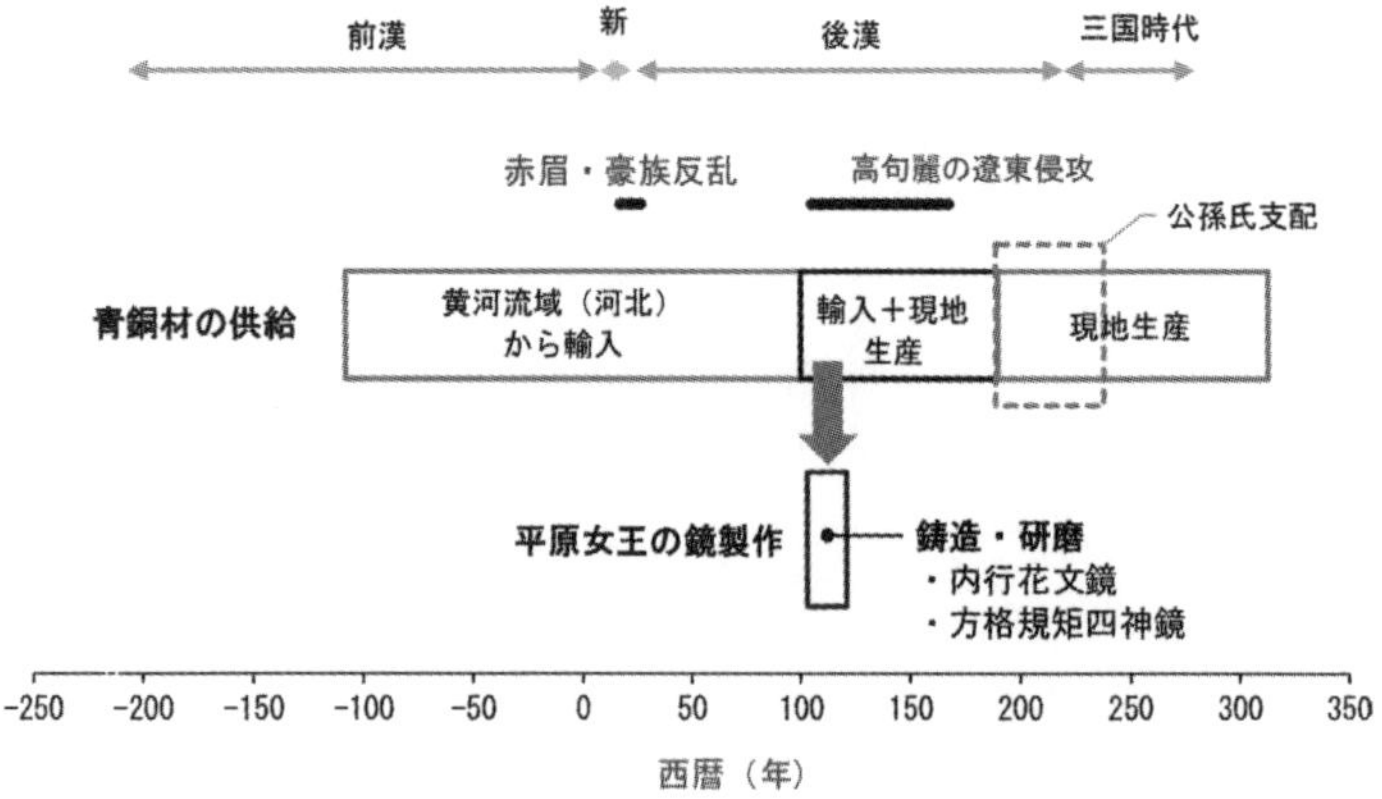

図5-7　楽浪土城の青銅生産（推定）

高句麗が後漢の支配力が低下したことの隙を縫って、遼東地方へ侵攻を始めたのが一〇五年頃からであり、後漢末期一八九年に公孫氏が遼東太守となって楽浪郡を支配し、再び朝鮮半島が安定する。公孫氏が楽浪郡の再編と帯方郡設置で支配力を強化したことで、朝鮮半島の一定の安定が図られたのである。楽浪郡では、既に青銅生産技術を獲得していたのであるから、社会が安定した時点で安価に生産ができる現地生産に切り替わるのは容易に予想できる。おそらく、一〇〇年頃から一九〇年頃までは、大陸産と現地生産の青銅材で青銅器生産が行われたものと考えられる（図5－7）。

平原女王の仿製鏡は、大きく分けて内行花文鏡と方格規矩鏡の二種類である。仿製鏡を製作するには見本とする舶載鏡が必要であるが、平原女王が手持ちの「長宜子孫銘内行花文鏡」と「方格規矩四神鏡」から写したと考えるのが合理的である。方格規矩鏡（直径約16cm～23cm）は、作りがやや甘いものが含まれている。それに比べて大型内行花文鏡（径約２７・１㎝）の製作技術は高い。超大型内行花文鏡（径約４６・５㎝）は、大型化に特化し鈕座銘、連弧文様や雲雷文帯などが刻まれていない単純な装飾である。大型化に伴う必要強度の確保を優先した結果であろう。当時の製作技術から見て、異なる様式の銅鏡を並行して作られた、とは考えにくい。方格規矩鏡より大型内行花文鏡の仕上がりが格段に良いからである。方格規矩鏡は三一面と数が多く、この製作過程を経て製作技術・装飾技術を高め、次に、大型内行花文鏡の製作が行われたと考えると、出来栄えの違いが理解できる。大型内行花文鏡は一面しか製作されていないので、青銅材の保有量や作業手間を考慮して、途中で超特大鏡に変更されたとも考えられる。

平原女王の手元にあった青銅材には、大陸産の青銅スクラップと朝鮮半島産の青銅インゴットがあったが現地生産量が少なかったのではないか。方格規矩鏡の鉛同位体比には、朝鮮半島由来と大陸由来の使い分けが見られない。方格規矩鏡の製作が先行していたのであれば、製作中に朝鮮半島由来の青銅材が不足し始め、次第に大陸産に切り替わり、内行花文鏡では全て大陸産となったと考えられないこともない。平原女王の時代は、青銅材が不足していた時代で、かつ、朝鮮半島産が量的に少ないことを鑑みると、洛陽地域からの青銅材供給が低下してすぐの時代であったと推察される。仿製鏡は三七面と大量であり、製作に数年を要したであろうことを考え合わせると、平原女王が実際に使用したのは一一〇年以降のことではなかろうか。

4　王墓の築造年代

年代推定の指標とモデル化

王墓の築造年代を知るには、副葬された銅鏡が出現した年代の他、被葬者の情報が必要である。寿命、在位期間などである。もちろん個人別の情報を知ることなどできないが、平均的な実数であれば推定が可能である。

弥生時代の平均寿命は三〇歳と言われているが、首長となると食生活・居住環境のレベルは高いので寿命も少しは高かったろう。しかし、国の体制が創成期であれば、為政者は他国間との軋轢や国内政治のストレスが高く、寿命はそれほど長くはない。日本書紀にある天皇に対し、対外戦争が少なかった「神武天皇～仁徳天皇」、「有力な群臣が朝廷に関与し始めた履中天皇～継体天皇」、「中華王朝の影響を強く受けた安閑天皇～持統天皇」と時代を分けた平均寿命をみると、「履中天皇～継体天皇」の頃が五三歳と最も低い。平原女王がいた弥生時代後期前半は、金印を授与された倭奴国王や師升を後漢へ派遣した倭王がいた倭国創成の時代にあたり、長命であったとは考えにくい。寿命は五〇歳前後ではなかったか。

倭王の在位期間については、魏志倭人伝にある倭国大乱直前の男王、倭の五王の在位年数、日本書紀が参考になる（表5－6）。倭の五王の在位期間は、朝貢記事から推定したものであ

表5-6　古代王の在位期間

	在位期間	備考
男王	35～40年	魏志倭人伝から倭国大乱前の王
倭の五王	10年～25年	宋書の朝貢記事
神武天皇～仁徳天皇	平均32年	日本書紀を１年歴換算

るが、やや短い。平均的な在位期間は、三〇年～四〇年程度とみてよいであろう。

出土鏡の種類の豊富さを鑑みると、倭王たちは漢鏡の流行に敏感で、中華王朝の都があった洛陽の鏡に関心が強かったと考えてよい。鏡が単に王権の象徴であれば、王家として引き継がれた鏡で十分である。実際には、新旧数十面の銅鏡が副葬されていた王墓があるということは、被葬者は、より多くを求めたのである。とすれば、「倭王は常に最新の漢鏡を入手していた」という仮説が成立つであろう。そこで、倭王の在位モデルとして平原女王を選び、これらを設定してみる。

女王の直近鏡は、四葉座内行花文鏡Ⅱ式（仿製）である。入手鏡としては方格規矩四神鏡Ⅵ式（仿製）が最も新しいが、他の銅鏡の流行年代と離れており入手パターンが異なる。仿製鏡製作途上で舶載した銅鏡を参考としたのだろう。女王は年代が続く銅鏡を入手しているが、次の四葉座内行花文鏡Ⅲ式は所有していなかった。何故か。これを理解するため、副葬されていた銅鏡について、古い時代の虺龍文鏡Ⅰを除き、並行関係を時系列で図示してみる（図５－８）。銅鏡の流行期間は一〇年～二〇年であるので、在位を三五年とすれば三つの新しい型式の鏡が出現する。漢の流行鏡が倭国に舶載するまでに時間の遅れがあ

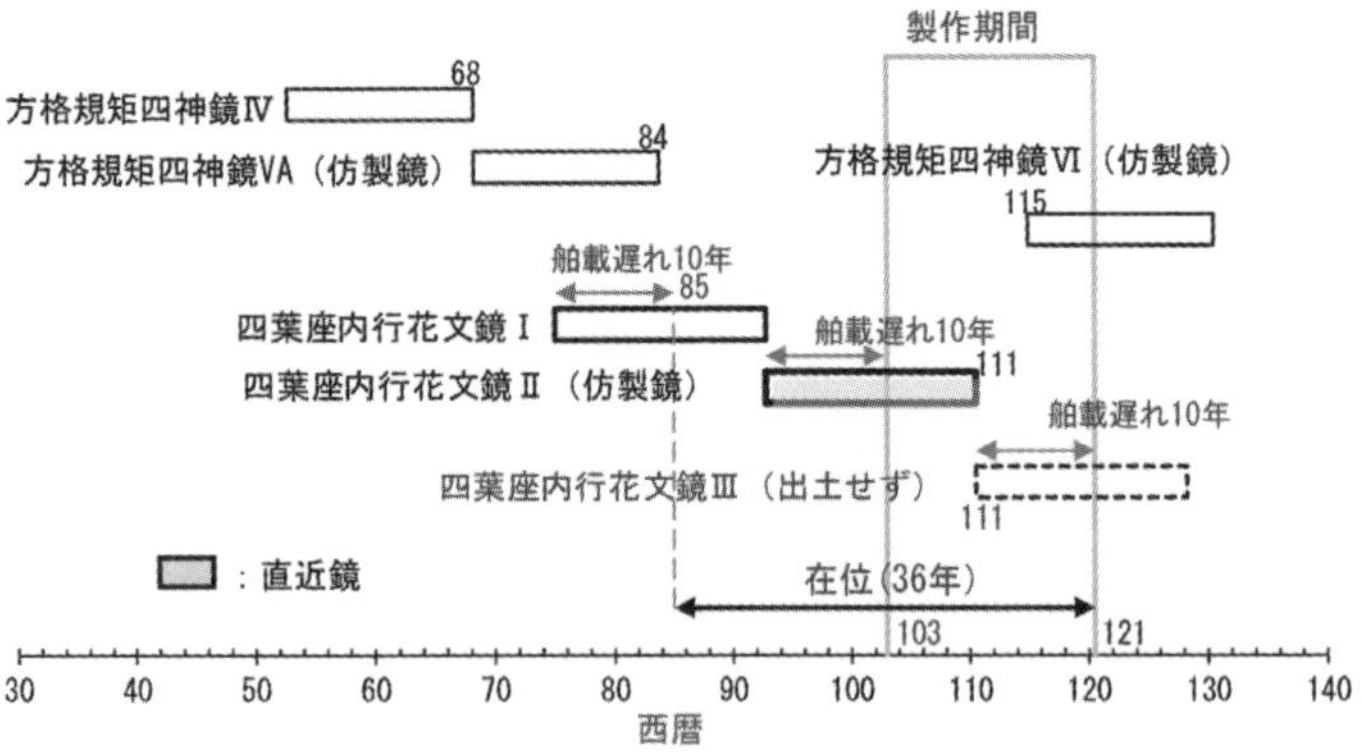

図5-8　平原女王の在位と鏡の並行関係

ることが知られており、一〇年程度と言われている。直近鏡は舶載鏡ではなく仿製鏡であるが、これを写した元鏡があったろうから、手元にないにしても一〇〇年頃には舶載していたのである。直近鏡の次に流行した四葉座内行花文鏡Ⅲ式は、王墓から出土していない。入手する前に、平原女王は逝去したからであろう。そこで、四葉座内行花文鏡Ⅲ式の舶来時点（一二一年）を女王の逝去年と考えると、即位したのは八〇年〜八五年頃になる。この頃、四葉座内行花文鏡Ⅱが舶来した直後の頃であり、最新鏡を手にしたのである。したがって、在位年数は、即位と退位の最大範囲をとっても三六年であり、古代王の在位期間に入ると見てよい。

　時系列的に連続している鏡は、方格規矩四神鏡Ⅳ式・VA式と四葉座内行花文鏡Ⅰ式・Ⅱ式で、直近は四葉座内行花文鏡Ⅱ式である。Ⅱ式が舶載するのは一〇三年頃からであり、この時点で仿製鏡の見本とした漢鏡が揃う。銅鏡の製作を開始できる準備が整うのである。祭祀用の銅鏡は、ある意味消耗品であるので、使用している間に割れたり、欠けたりするため、製品の補給が必要で、逝去まで銅鏡の製作体制は維持していたであろう。

さて、方格規矩四神鏡Ⅵ式が、逝去年より後に舶載された鏡にもかかわらず仿製鏡として出現している理由はなにか。Ⅵ式の前にはＶＡ式、ＶＢ式、ＶＣ式があるがその中の一つも出現しないのは、平原女王が必要としなかったからで、銅鏡製作の内製化に集中していたことの証でもある。方格規矩四神鏡Ⅵ式が、必要性とは別な意味で取り入れられたとすれば最新の鏡であったことであり、一面しか製作されなかったのは、製作期間末期に追加製作されたことによるものと考えられる。倭国では、漢鏡の流行年代に近い舶載鏡が重要視されたのかもしれない。

以上の理解に立てば、一定の条件下ではあるが、在位年三五年の間に連続する三つの流行鏡（前鏡・直近鏡・次鏡）により、王墓の築造年代を推定するモデル化ができることがわかる。また、この製作期間は、青銅材の供給面からみた平原女王の時代とも一致するので、モデルの整合性がとれている。したがって、離散的ではあるが推定式が表現できる。

王が即位した時点の鏡は、流行開始年から一〇年間を過ぎている。したがって、即位年Y1は、前鏡の流行開始年X1から少なくとも一〇年後か、それ以降であるが、便宜上、（X1＋10）年とする。退位年は逝去年と同じであるので、次鏡が副葬されていなければ、生前中に入手できなかったのであり、退位年Y2は次鏡の流行開始年X2から（X2＋10）年以内である。退位年は、在位年数の制約があるので、Y2とY1＋35を比較して短い年代となる。基本は、王墓の出土鏡

表5-7　即位年と退位年の計算結果

王墓	前鏡		直近鏡		即位年（Y1） ①+10	B=Y1＋35	A=②+10	退位年（Y2）
	型式	①始	型式	②終				
桜馬場	方格規矩Ⅳ	53	四葉内行Ⅰ	93	63	98	103	98
中原	四葉内行Ⅲ	111	四葉内行Ⅳ	146	121	156	156	156
三雲南小路	異体昭銘Ⅳ	-14	異体銘帯Ⅲ	6	-4	31	16	16
平原	四葉内行Ⅰ	75	四葉内行Ⅱ	111	85	120	121	120
井原鑓溝	方格規矩Ⅲ	37	方格規矩Ⅳ	68	47	82	78	78
吉武高木	-	-	多紐細文	-180	-205	-170	-170	-170
須玖岡本	四葉内行Ⅲ	111	八鳳凹帯A	129	121	156	139	139

注1：前鏡は流行の連続を優先したもので、副葬されたことの有無にかかわらない。
注2：多紐文鏡の出現期間は長いので、在位年数を遡り即位年とした。
注3：「始」は流行期間の開始年、「終」はその終了年を示す。

在位期間の推定モデル

即位年（Y1）　＝　前鏡の流行開始年（X1）＋10年

退位年（Y2）　［　＝　A　　A≦B
　　　　　　　　　＝　B　　A＞B

A　＝　直近鏡の流行終年（X1）＋10年

B　＝　Y1＋在位35年

と崩御年を関係付けるとすれば、所有していた鏡のうちで最も新しい年代の鏡が指標となる、ということである。もちろん、洛陽の流行鏡が全て舶載して王の手元にあるとは限らないし、在位年数は平均的ではあるが、寿命に限りがあるので崩御年と次鏡の舶載とは数十年離れることはないであろう。

　平原王墓のように時系列で連続した鏡が出土していれば、銅鏡の出現期間がわかっているので、概ねの在位期間を知ることができる。しかし、直近鏡とその前鏡（直近前鏡）が揃っていない王墓がある。平原女王の例からすれば、倭王は即位して権力の象徴である流行鏡を揃えようとする志向があったと考えてよく、被葬者は、何らかの理由で直近前鏡を入手できなかったのだろう。

漢鏡は多様な型式が時をおかず流行しており、全体で見れば途切れがない。そのような状況下では、直近鏡の型式と連続する鏡の型式を前鏡としても大きな支障は生じないであろう。この条件下で推定モデルを各王墓に適用し、在位期間を推定した（表5－7）。

王墓の推定実年代

王墓の築造年代は、退位年と同じとして取り扱うことができるが、副葬されていた漢鏡だけでは、ピンポイントの年代を推定するだけの精度はない。一定の幅（誤差）を持たせてしか表せない。倭王は次鏡の舶載年より相当前に退位（逝去）していた可能性もあるので、直近鏡の流行終年から退位年までを推定誤差として見込んだ（図5－9）。

王墓は、時系列と地域的な関係から桜馬場・中

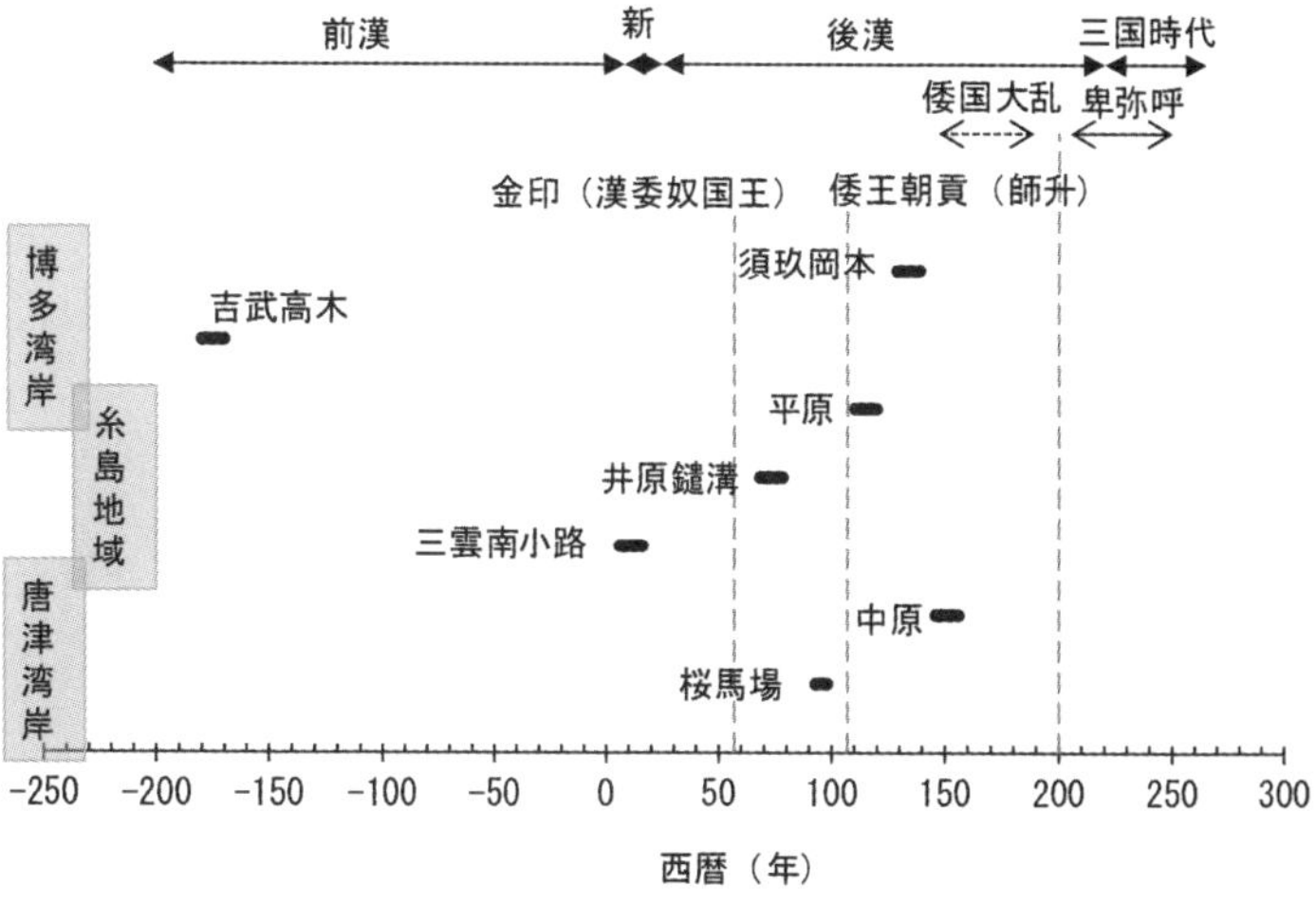

図5-9　王墓の推定実年代

原の唐津湾岸地域と糸島、博多湾岸のグループに分かれるのが見て取れる。そこから、王墓の位置が糸島地域から博多湾岸地域に移っていることがわかる。倭王がいた宮殿と王墓は離れていないので、王墓の移動は遷都を意味する。倭国の中心が糸島から博多湾岸へ移る理由は、遠征（侵攻）によって国域を拡大させ支配に有利な地域に中心を移したからではないか。歴史的には、倭国は倭王帥升によって一〇〇年頃に統一が図られたことは既に記した。王墓の年代からみて、倭国の統一は、吉武高木王と三雲南小路王までの時代に行われ、平原女王によって完成したと見られる。

一方、この時代、唐津湾岸の国々の趨勢はどうであったか。糸島地域は、日本列島に初めて大集落が形成し、発展して国が成立した歴史的事実がある。次代をさらに遡ると水田稲作が伝来し、定着した唐津湾岸が見えてくる。唐津湾岸は、水田稲作の集落が初めてできた地域であり、水田稲作の発展とともに、徐々に東に拡大し、糸島地域で一大勢力が出現することとなった。その後の唐津湾岸は、大陸との窓口となっていたため交易・新技術導入などで力をつけ、倭国内での影響力が大きくなり、一五〇年頃は自ら王を名乗るほどの豪族がいたのだろう。しかし、倭国大乱後、主たる豪族が現れた形跡がないので、卑弥呼によって評定されたか、臣下となったのだろう。そのような風景が、王墓の出現時代から見えてくるのである。

第六章　最初の統一国

1　糸島から東へ

地域文化圏の形成

　弥生時代は、北部九州から始まったことを疑う人は少ない。長江下流域から伝わった水田稲作による定住化が原則の弥生時代は、それまで狩猟を中心としていた縄文時代に取って代わった。この地で初めて大陸の新技術が列島に根付いた、と言ってよい。

　水田稲作は人々を定住させ集落化へと進展させた主たる要因であるので、技術を伝えた渡来人の文化も地域に根付いていく。これを表す標識には、遺跡として出現する支石墓がある。渡来人が支石墓の風習をもたらしたのである。

　支石墓の分布は時期で分けられ、唐津・佐世保では縄文晩期から弥生初頭に出現し、弥生前期から中期初頭にかけて分布が広がるが、中期末には殆ど消失する。支石墓の主体部（棺）の型式も、最初は土壙・石室であったが、分布が拡大するうちに甕棺に変わったという（甲元眞之二〇〇八）。北部九州の支石墓は、縄文晩期から弥生前期にかけて東へ伝播していったが、少なくとも弥生中期から中期末頃までには、それまでの縄文・弥生遺跡と並立して出土することが当然想定できる。この視点に立って、支石墓の分布の各地の主たる遺跡の出現開始年代を重ねてみると、博多湾岸地域には室見川上流に一か所あるだけで、那珂川・御笠川流域では全

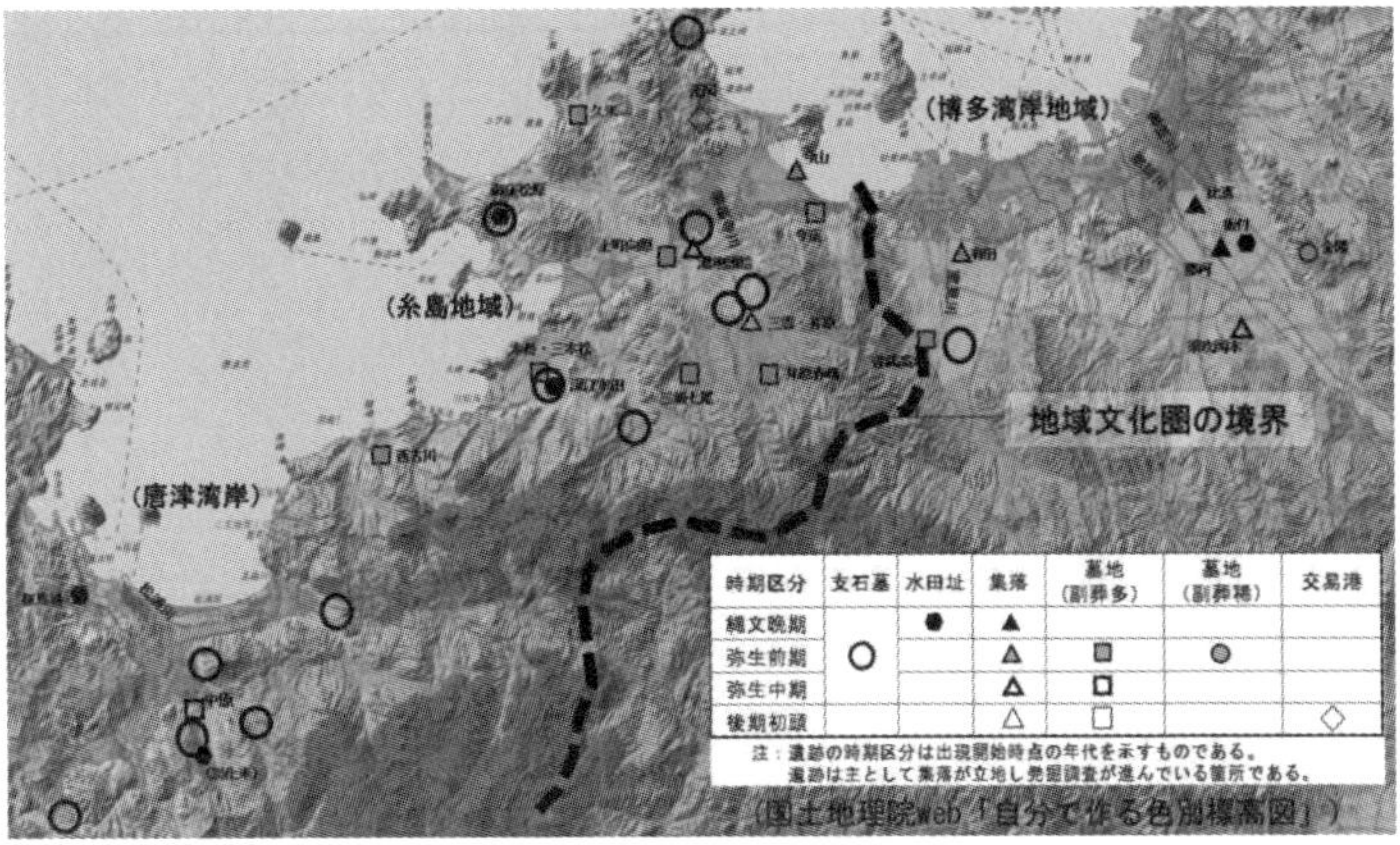

注：支石墓を含む遺跡分布は遺跡調査報告書、「常設展示図録」糸島市伊都国歴史博物館（2011）を参考として図示したもの。

図6-1　支石墓と並立する遺跡群の出現時代

く支石墓が出現していない。支石墓は糸島・唐津湾岸地域に集中しており、背振山地とそれに連続する山系を境界とする明確な地域文化圏の存在が見て取れる。(図6－1)。

支石墓は、唐津湾岸・糸島地域のほかに有明海沿岸地域にも広がっている。筑後平野にないのは、縄文晩期の氾濫原が湿地地帯であったからで、これを避けて菊池川や白川の各水系を水源とした農業水利が可能な地域に伝播したのであろう。しかし、唐津湾岸・糸島地域と博多湾岸地域では気候に差があるわけがなく、農水が得やすく利用可能地が広いことにより、収穫量の期待ができる程の差でしかない。それでも、支石墓が博多湾岸地域へ伝播しなかったのは、水田稲作技術は受け入れたが、外来の墓制の導入を拒絶した地域文化があったと言わざるを得ない。

弥生時代には集落が構成され、その中で階層ができ始めていたことが知られている。これは墓制にも表れており、優位性がない集合墓、首長と親族・臣下の墓が集合している特定集団墓、王が単独で埋葬された特定個人墓へと時代が下るに従い変わってきていることがそれである。

被葬者とともに埋葬する副葬品は支石墓にも見られるので、弥生前期頃には慣習化したのであろう。唐津湾岸・糸島地域では、弥生前期初頭の支石墓には磨製石器・碧玉など、副葬されたものもあるが、概ね副葬品がない。弥生中期頃になると多数の甕棺墓・石棺墓・土壙墓が出現し、わずかではあるが、銅剣・銅鏡・装身具・貝類などが副葬された墳墓が出土している。このような副葬品がある墓はそれぞれの地域を束ねた首長と考えられている。

しかし、那珂川・御笠川流域には、少なくとも弥生中期までは主たる首長墓がない。既に、集落群が形成され、自立できるだけの生活基盤（稲作収量）があり、集落間で結束して食料の収奪を守るための戦闘行動は必要なく、したがって、絶対的な統率者も必要がなかったのだろう。博多湾岸地域では、水田稲作技術は取得したが、外来文化を取捨選択できる人々が住んでいたのである。

王が出現した時代

大規模集落の人々は、主として水田稲作を主な生業とし、鍛冶・工房が並立していた。そこには首長がいて人々を統治していたと言われているが、そのような大規模集落が発生したのはいつの時代からであろうか。首長の墓は副葬品の豪華さによって判定されるが、このような墓が出現するのは弥生前期からである。中期に入るとこれらを束ねた王が出現するが、王墓は北部九州の糸島地域にしか出土していない。博多湾岸地域には首長墓や王墓が出土しておらず、弥生時代後期に入ってようやく王墓が出現する。王の出現は、時代の変遷と政治経済の発達と関わりがありそうで、弥生前期末〜中期初め頃の糸島地域をもう少し詳しく見てみる。

縄文海進の海面高は、TP＋2・2m（博多）に達したのであるから、平均満潮位を考慮するとTP＋2・5mあたりが、海岸側に居住する人々の生活に関わる海面高であった。湾内の波浪などを考慮すれば、概ねTP＋3〜4mが住居可能な高さだったであろう。

縄文海退により海面が低下すると、河川の流出土砂による砂州が湾内に広がっていくが、未だに湾内から弥生遺跡が出土していないのだから、その後も湾を維持していたと考えてよい。海岸沖に砂が堆積すると波浪で砂州（砂嘴）が形成される。今宿遺跡の甕棺墓群は砂丘にあり、今宿の先には両刃石斧が生産されていた今山がある。今山には生産物を搬出する道がなくてはならないが、弥生前期末には海岸と今山まで砂州で繋がっていたので、これが利用できた。糸島湾の東側は、今山を湾口とした広い湾奥形成し、西側は可也山が迫る湾を形成していたのである。

現在では、干拓で埋め立てられて湾の面影は全くないが、地形に陸側との境界が残っている。湾であった地域は陸地より一段低いので相対的な落差が生じ、等高線間隔が狭いところがそれ

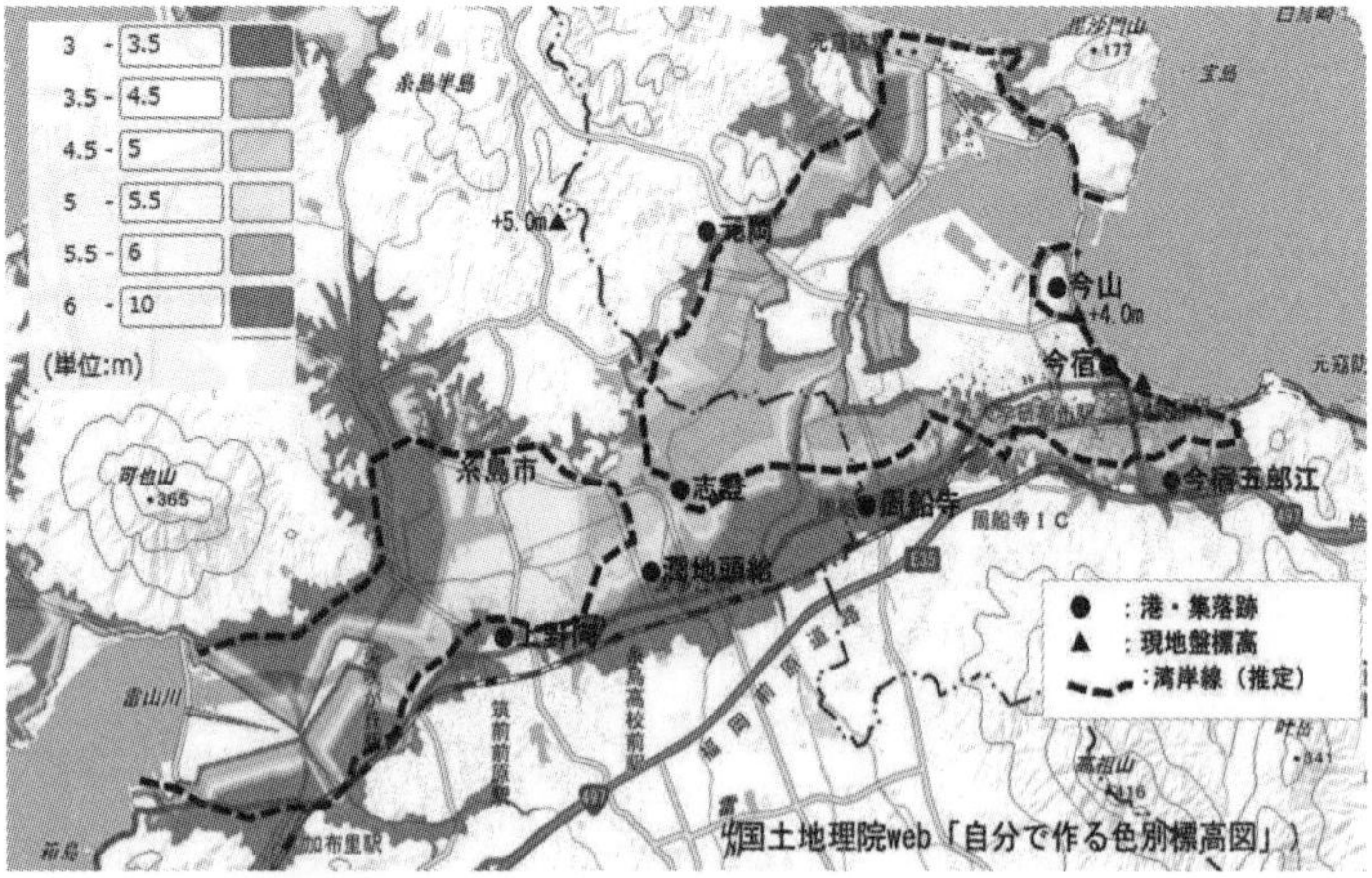

図6-2　弥生中期の糸島湾岸線（推定）

である（図６－２）。等高線が密になる高さはＴＰ＋４・５ｍ～＋５・０ｍであり、志登付近（ＴＰ＋５・０ｍ）や今宿の砂丘部（ＴＰ＋４・０ｍ～＋５・０ｍ）とほぼ同じ高さであり、弥生中期の糸島地域は半島部の東と西から湾が深く切り込んでいたのである。

東の湾（博多湾側）を狭めていったのは、瑞梅寺川の流出土砂の影響が大きかったに違いない。志登付近のわずかな陸地を挟んで西にあった湾（唐津湾側）は、主として雷山川の流出土砂が堆積していった。瑞梅寺川と雷山川の下流域は三角州で、幾筋かに分かれた河川が湾に続く氾濫原であった。三雲・鑓溝が中上流域に形成されたのは、下流が洪水氾濫で有効に使えなかったと考えれば理解できる。

弥生中期の潤地頭給《うるうじとうきゅう》遺跡・御床松原遺跡・深江井牟田遺跡や弥生中期末～後期初頭の元岡遺跡は海上交易の中心であったと言われ、元岡（交易）、潤地頭給（玉の工房群）及び御床松原（すずり工房、交易）は工房と港湾の機能を備え、内外との交易により原料輸入、生産、輸出を一括して行っていた。いずれも糸島の東西の湾に位置し、当時の湾岸線との位置的な関係でも矛盾ない。おそらく、弥生前期末には、半島部・湾内地域は港湾都市的な地域として成長し、三雲・井原がある瑞梅寺川中上流域の大集落群とは性格が全く異なっていたと見てよい。このような地域を遺跡群の特徴に注目し、糸島地域をイト地域（平野部）とシマ地域（半島部）に分けて集落構造を分析し、糸島地域は三雲・井原を王都とした伊都国であったと結論づけている（伊都国博物館二〇一一）。

次に、産業・流通の発達を地勢の点から見てみよう。糸島地域と博多湾岸地域との間には、背振山地から連なる山々が壁のように立ちはだかる。これを越えられる峠が二か所ある。日向《ひなた》峠と海岸側にある長垂山西の低い分水嶺（鯰川）である。

平野部にある三雲・井原は、弥生前期初めから古墳時代まで続いた大規模遺跡で、政治経済の中心地であった。長垂山の西の経路は、糸島側では湾岸が山地に迫り波浪被害を受けやすく、室見川下流域が湿地地帯であったので陸上交通路としては制約があった。唐津湾岸・糸島地域は、日向峠を通る経路がもっぱら幹線道路として利用され、三雲・井原は陸上交通の拠点となり地域内外の交易が盛んであった。

博多湾側から長垂山の谷部を抜けると狭いが海岸平野があり、そこには今宿五郎江遺跡がある。周辺には今山遺跡や今宿遺跡などがあり弥生前期からの遺跡が多数分布している。今宿五

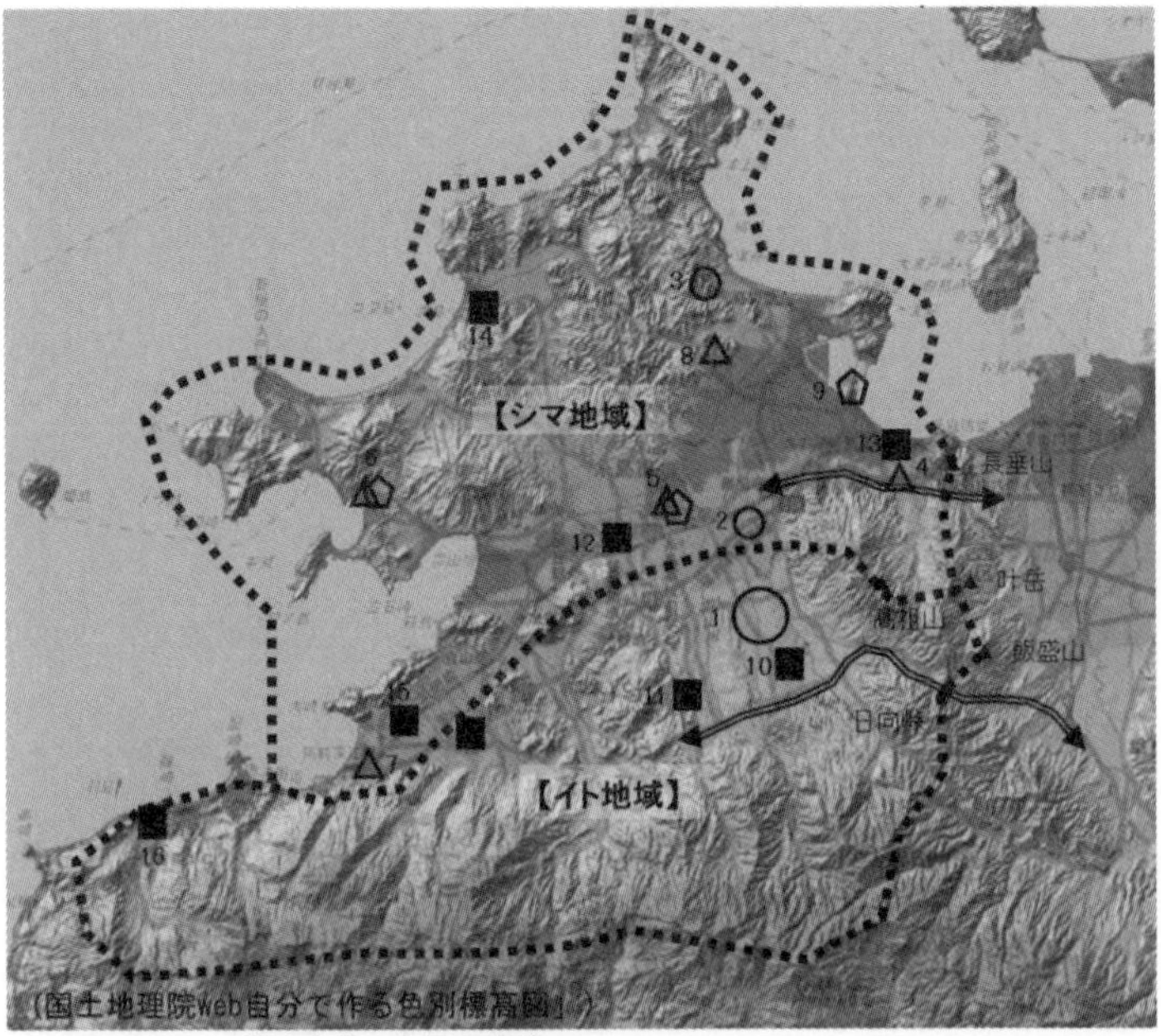

弥生中期の主要な遺跡

首長墓 ■	集落 ○	港（交易） △	工房 ⬠
10. 井原赤崎	1. 三雲・井原	4. 今宿五郎江	
11. 三坂七尾	2. 周船寺	5. 潤地頭給	
12. 上町向原	3. 大原	6. 御床松原	
13. 今宿		7. 深江井牟田	
14. 久米			9. 今山
15. 木舟三本松		8. 元岡	
16. 西古川			

↔ : 幹線経路（推定）

注：地域区分線（破線）は「常設展示図録」糸島市伊都国歴史博物館（2011）を参考とし設定したもの。

図6-3　糸島の地域区分

郎江は、前面に湾口を控え、高祖連山を越える峠の入口に位置していることから、陸海交通の拠点で船による交易の要衝ともなっていた。

地勢的には平野部と湾岸の間に位置する周船寺は、工房製品の交易を基盤とした集落形成の立地条件が整っているが、三雲・井原のような大規模集落には至らなかった。むしろ、弥生前期に出現した今宿五郎江へ、次第に重要度が移っている。弥生後期には地域を超えた交流が盛んになり、今宿五郎江が拠点となったのである。これら政治経済の趨勢を鑑みると、糸島地域は半島部と湾岸部を含めた「シマ地域」と平野部の「イト地域」に分かれていたというのは、正確には交易地域圏と農業地域圏が成立していたということのほうがより適切である。弥生中期では、大規模集落の首長は出現するが国を束ねる王は出現していないので、緩やかな繋がりで地域間のバランスが保たれていたのだろう（図6－3）。

糸島地域には最初に三雲南小路王墓が出現し、その後も王墓は続いて出現しているのであるから、弥生後期初めには三雲・井原に宮殿をおく王がいて、「シマ地域」と「イト地域」を支配し、大陸の窓口（交易）としての唐津湾岸地域とそこから供給される技術・資源をもって加工製品を生産し、他の地域へ供給する経済的な連携があった、と見てよい。

早良平野上流に位置する支石墓は、東側の墓制境界域にあたり、この地の集落遺跡と川を挟んで接する吉武高木遺跡がある。遺跡にある多数の墓群は、弥生前期から出現しており、弥生前期後半には初めての特定集団墓となる吉武高木王墓が出現する。この王墓は、弥生中期に出

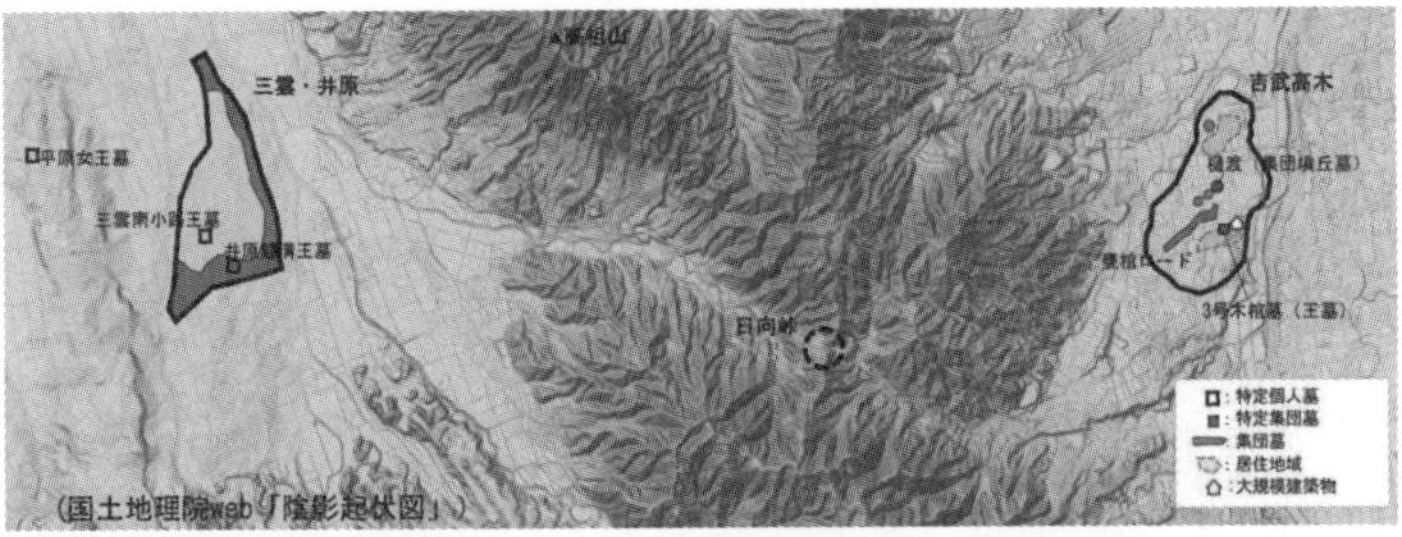

注：三雲・鑓溝は「常設展示録」糸島市立歴史博物館（2011）、吉武高木は「やよいの風公園」福岡市HPを参考に作図したもの。

図6-4　糸島の王都と吉武高木の位置関係

現する首長墓から「三種の神器」が副葬された王墓へと変わる時代にあたると見られ、唐津湾岸・糸島地域と同じ文化圏の中にあったと推察できる。

　三雲・井原と吉武高木は、糸島地域と博多湾岸地域を結ぶ幹線道路の線上にあり、日向峠を挟んで東側にある（図６－４）。地政学的な観点からすれば、吉武高木は三雲・井原の王都を護る砦の役割を果たしている。また、出土する遺構の特徴は、軍事拠点と戦死者を祀る聖地の性格を併せ持っており、その後の軍事行動からみて遠征基地とみてよい。

　吉武高木は糸島地域と同じ文化を持ち、糸島地域から突き出た位置に設けた軍事拠点であったのであれば、それは糸島地域の首長たちが日向峠を越えて博多湾岸地域へ侵攻することの意図を明確に示すもので、起源は弥生前期末～中期初めであったと推定できる。

博多湾岸地域への侵攻

大規模集落の首長が自らの領域の拡大を図る手法は、目標とする集落群（クニ）へ武力をもって侵攻し、圧倒するのである。その際には、侵攻する側もされる側にも死傷者が出て、その一部が後代に墳墓遺跡として出土する。吉武高木や金隈には、戦いによる受傷痕を持つ被葬者の甕棺が複数出土しており、それが実際なのである。

北部九州で様式化された最も古い墓は、支石墓である。支石墓は縄文晩期から弥生前期半ばで消滅し、その後、甕棺墓が主流となり、弥生後期終末（二七〇年頃）まで続く。平穏な時代であれば死者の変化が少なく、集落単位で小競り合いが起きて、数人の死者が出た年は多少変化する程度であろう。他国へ侵攻するような軍事行動が勃発すれば、死者は急増する。甕棺墓も死者に応じて変化する。これを指標にすれば戦いの趨勢がわかる。

しかし、それだけでは侵攻の実態を説明するには十分ではない。甕棺を指標とした侵攻の動きを追跡するため、いくつかの条件を揃えてみる。遺跡群の分布・規模及び判明している歴史的事実から導き出される。次がそれである。

・縄文晩期に水田稲作と支石墓の習慣が唐津湾岸に伝来し、弥生前期には博多湾岸で大規模な水田稲作が行われていた。
・弥生中期から後期初めに国が三雲・井原に成立し、そこには代々王がいた。
・唐津湾岸地域と糸島地域とは同一の文化圏であり、弥生前期には日向峠を越えて吉武高木に軍事的拠点を構築した。

表6-1　大型甕棺墓の期別平均個数

甕棺型式		期別	唐津湾岸・糸島地域		室見川流域		博多湾岸地域	
藤尾式	橋口式	推定実年代	唐津湾岸	糸島地域	吉武高木	早良地域	春日市	博多区
細刻突文		BC400～BC350	0.02	0.10	0.00	0.02	0.00	0.00
板付Ⅰ		BC350～BC270	0.09	0.18	0.00	0.04	0.00	0.00
伯玄社	KⅠa,KⅠb	BC270～BC210	0.50	0.13	0.00	0.12	0.43	0.03
金海	KⅠc	BC210～BC180	0.70	0.17	3.60	0.37	0.10	0.63
城ノ越	kⅡa	BC180～BC150	0.28	0.18	0.22	0.02	0.15	0.00
汲田	KⅡb,kⅡc	BC150～BC90	1.20	0.30	0.73	1.00	2.57	3.00
須玖	KⅢa	BC90～BC60	0.73	0.53	1.63	0.73	1.00	4.70
立岩古	KⅢb	BC60～BC30	0.93	0.23	1.37	1.07	4.67	1.53
立岩新	kⅢc	BC30～0	0.00	0.23	0.00	0.00	0.03	0.00
桜馬場	KⅣa,KⅣb	0～AD60	0.15	0.03	0.00	0.18	0.08	0.08
三津	KⅣc	AD60～AD90	0.10	0.10	0.00	0.00	0.00	0.00
日佐原	KⅤa～KⅤf	AD90～AD270	0.01	0.02	0.00	0.02	0.01	0.04

注：甕棺の個数は「九州の甕棺」藤尾慎一郎の甕棺墓地名表から甕棺墓を集計し期別平均したものである。また、推定実年代は橋口達也（2005）の年代区分に細刻突文、板付Ⅰを加えて編集したものである。

・弥生後期には倭国が成立し、都は糸島地域から東に移った。

北部九州では甕棺が大量に出土しており、甕棺を利用した絶対年代の研究で多くの成果がある。これまでの研究では、甕棺型式が概ね三〇年~六〇年で変わることに注目し、甕棺の型式と編年の関係が整理されているが、さらに型式の細分化も加えられている。甕棺の型式分類には諸説あり、また、推定実年代についても様々に提唱されている。

藤尾は九州の甕棺を対象に従来の甕棺様式を見直し、それまで提唱されていた型式の絶対編年対照表を作成しており、甕棺の編年は整理されたと見てよい（藤尾慎一郎一九八八）。その比較の中に橋口がいて、橋口は型式とそれに応じた実年代を与えている。（橋口達也一九八二）。橋口の型式は、まとめると藤尾と重なるので、藤尾の型式に実年代を与えることができる。

これを標尺とすれば、甕棺の時系列的な変化を評価するのが可能となる。縄文晩期に唐津・糸島地域に広がった甕棺墓は、弥生前期頃に博多湾岸に伝わり、弥生後期末で終わる。倭国が統一され新たな社会・政治体制が成立し、墓制も変わったのであろう。そうでなければ、ある年代を境にして全地域の墓制が変わるはずがない。

吉武高木の時系列変化も同じように政治的な意味合いを持つ。吉武高木では、弥生前期末に、突如大量の甕棺墓が出現し、弥生中期末以降は全く出土しなくなる。倭国統一に向けての一段階が完了し、吉武高木が軍事拠点の役割を終えたことの証なのである。このことについて、侵攻先（博多湾岸地域）と軍事拠点の関係における共通性の視点で分析してみる。

大型甕棺墓の数量は、未発掘の甕棺墓もあるだろうから、地域に葬られた死者の全てではない。また、甕棺墓は型式別に出現期間が一定でないのも誤解を生みそうである。

実際の戦いでは、侵攻する側とされる側で死傷者数が相違するので、変化の近似性に注目する必要がある。したがって、戦いの状況を知るには、実数より年代別のパターンが重要であり、甕棺の出土数を期間の平均出土数に換算して比較することにした（表6－1）。

糸島地域から東の博多湾岸地域に侵攻するには、まず、早良地域（室見川流域）を評定しなければならない。戦闘に突入すれば死傷者が発生するが、両者の甕棺墓出土パターンは一致しない（図6－5）。また、早良地域の甕棺墓の増大は、吉武高木の侵攻による戦いが原因ではない。吉武高木で軍を準備・編成し、侵攻を進めていったのであれば、戦いは直近の早良地域

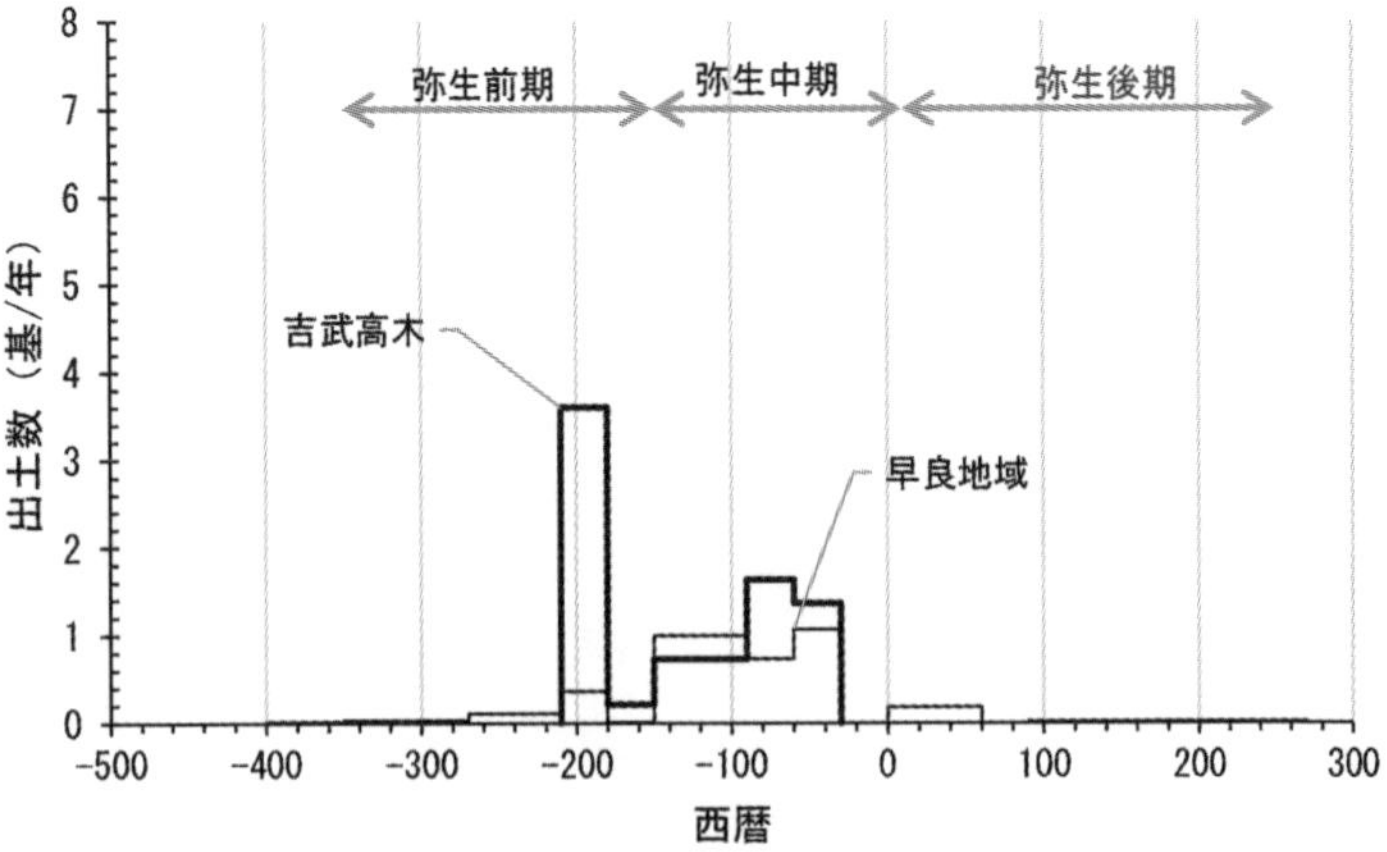

図6-5　甕棺墓の地域別分布（パターン1）

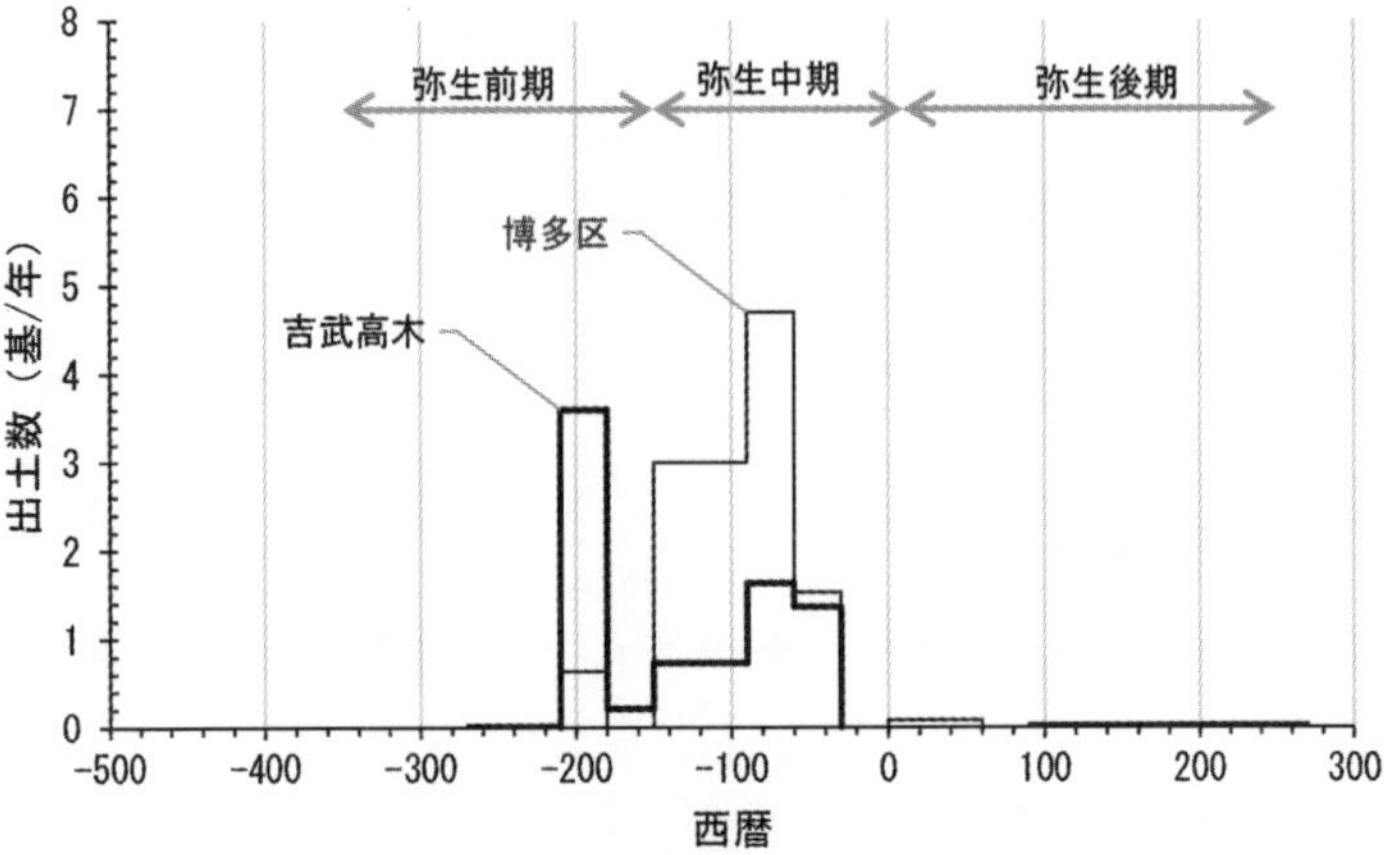

図6-6　甕棺墓の地域別分布（パターン2）

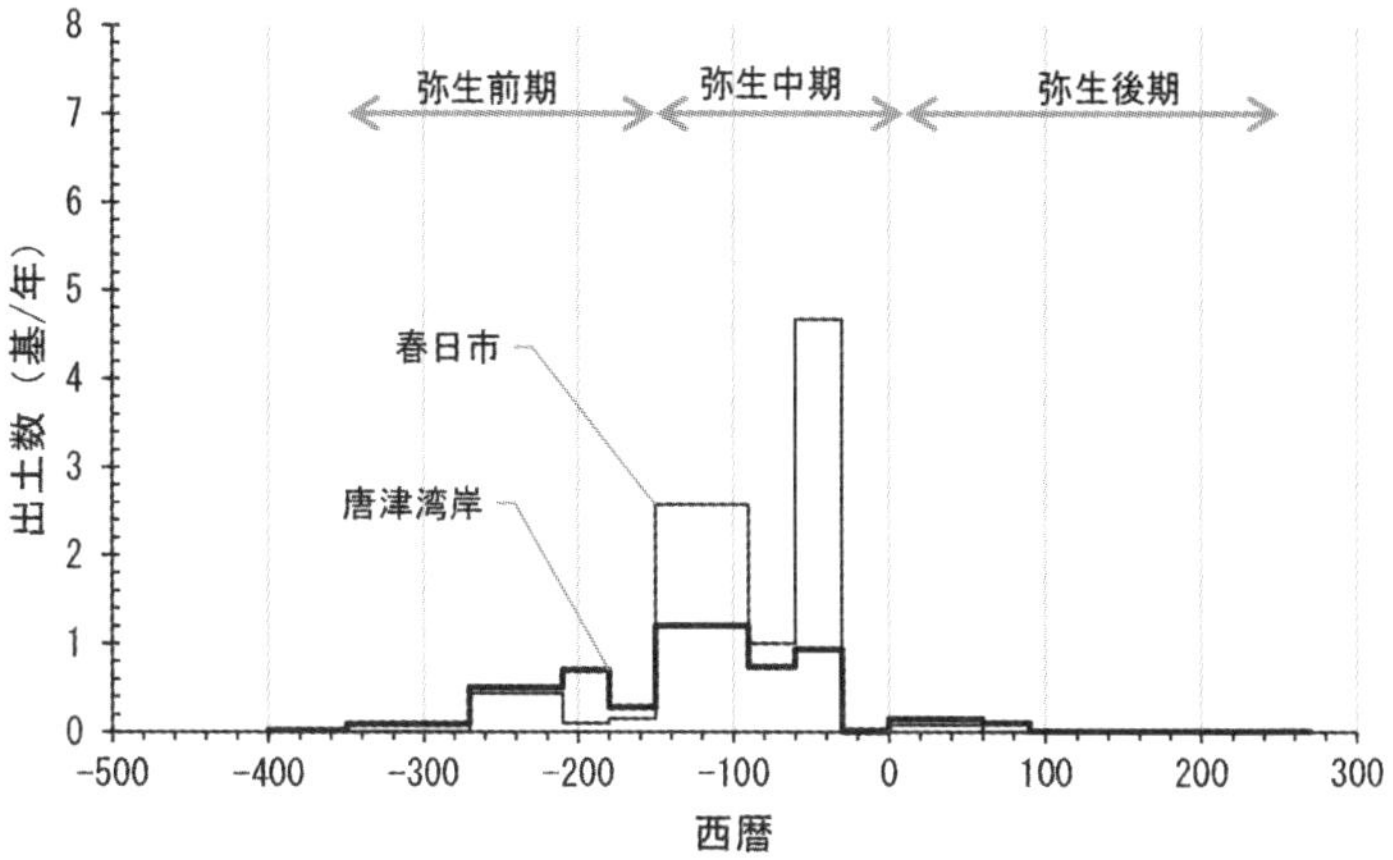

図6-7　甕棺墓の地域別分布（パターン3）

から始まり博多地域、春日地域の地域間で時期的遅れが生ずるはずであるが、それが見られない。ほぼ弥生前期末～弥生中に集中しているのである。

もう少し詳しく見ると、吉武高木は博多区地域と甕棺パターンが一致し、唐津湾岸地域は春日市域と一致する（図6－6＆7）。遠征軍を二手に分けた戦術的な特徴が見られるのである。また、早良地域は唐津湾岸地域の甕棺パターンが近似しており、弥生前期末では侵攻側にいたと考えられる。これらから導き出される事実は、吉武高木・唐津湾岸地域・早良地域が連合して博多湾岸地域へ侵攻したということである。また、主たる戦闘は前一五〇年～前三〇年に集中しており、長期の戦いが行われたのである。

博多湾岸地域で東西に分かれた戦いがあったとすれば、両者の地域別甕棺パターンは一致するはずである。また、攻める側の唐津湾岸・吉武高木・早良地域は、戦闘準備が整い次第に大群をもって侵攻していたので

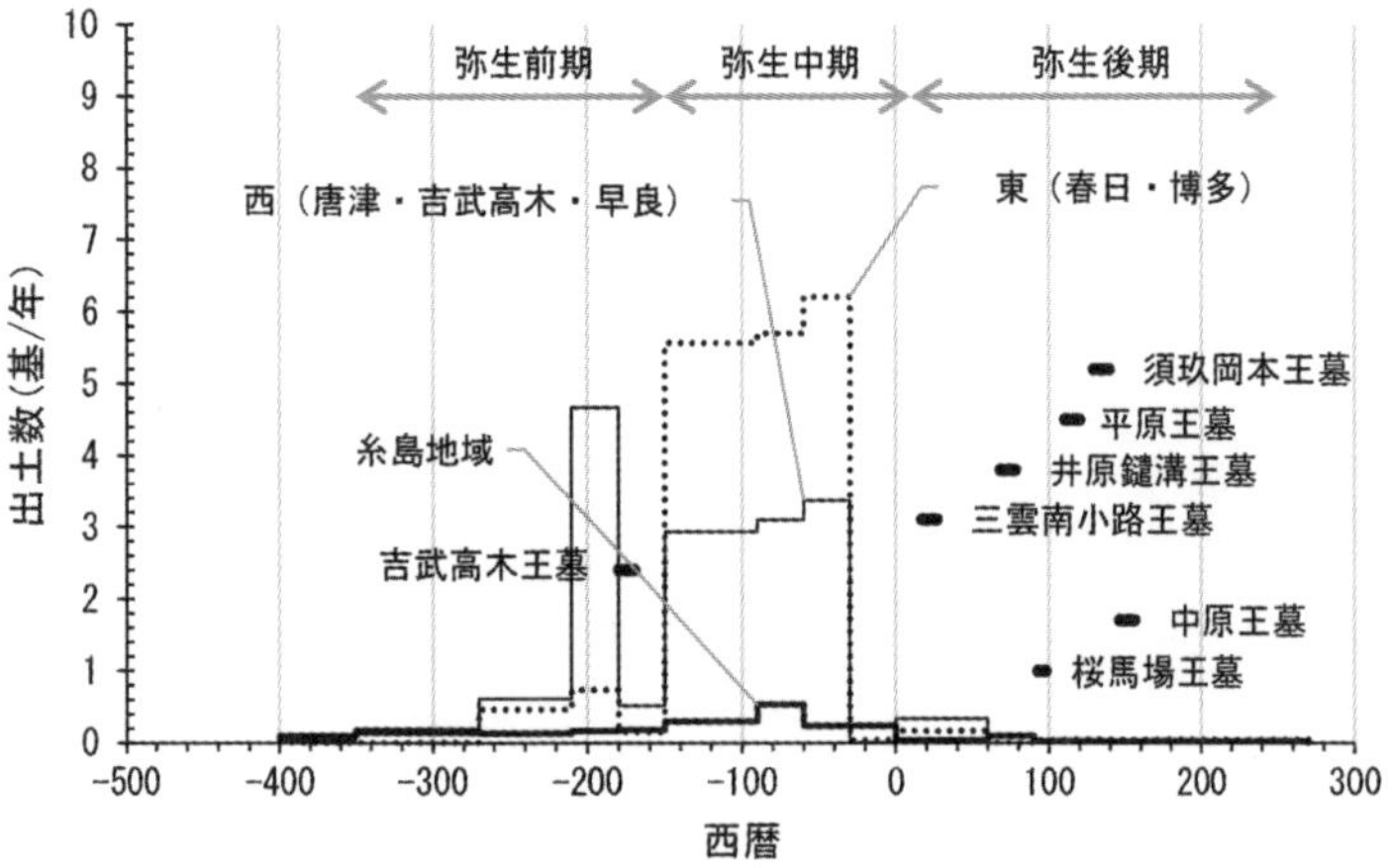

注：王墓との関係を参考として示したが、代々の倭王の存在は博多湾岸地域制圧後、倭国が大きく進展していったことの査証でもある。

図6-8　甕棺墓の東西地域分布

あるから、侵攻を受ける側の春日・博多地域では戦死者が多くなるはずである。両地域の甕棺を比較するとパターンは一致しており、春日・博多地域の甕棺が非常に多いことからも、分析の合理性は見て取れる（図6－8）。

図中で、前二一〇年〜前一八〇年が突出しているのは、殆どが吉武高木から出土したものである。他の地域にこのような変化が見られないので、疫病や台風・洪水などの自然災害に起因するものではない。吉武高木は、時間を遡ると縄文時代から古墳時代に至るまでの遺構が出土する複合遺跡で、縄文時代は北東部に中心があって、遺構や甕棺墓は弥生前期に集中している。糸島地域から日向峠を越えて侵攻する以前に、吉武高木には先住の人々がいたのである。

この時期の早良地域には、吉武高木以外の地域で対応する甕棺パターンに顕著な変化は出ていない。考えられる理由は一つ、この地で激しい戦いが行われ双方に多数の死傷者が出て、制圧した後に戦死者が葬られたということである。この付近には支石墓（四箇盤石支石墓）があるので糸島地域と同じ文化圏であったのだろうが、強圧的な侵略行動が反発を呼んだのだろう。

吉武高木は、王墓と呼ばれる墳墓が初めて出現した地でもある。被葬者は「三種の神器」を抱き、縁者や臣下が取り囲むように葬られている。人々に厚く信頼された人物だった。侵略した地であったにもかかわらず、である。弥生中期初頭から始まる博多湾岸への侵攻には早良地域も加わっているのだが、この王は、糸島と隣り合う地域で文化的に同質であることを感じ、吉武高木に拠点を築いたあとは武力を控えた統治によって早良地域の集落群を取り込んでいったのではなかろうか。武力によって侵略した痕跡が残っていないのであるから、人の力（信頼）によったとしか考えようがない。

改めて糸島地域の甕棺墓の推移（甕棺墓パターン）を見てみよう。糸島地域の甕棺墓パターンは突出した変化がなく、戦いのそれではない（図6－8参照）。それは、軍事拠点を王がいた三雲・井原にではなく、吉武高木に置いていたことに他ならない。博多湾岸方面の侵攻状況を考えると、吉武高木には遠征軍の総司令官がいて、この地に全軍を集め、装備や兵站を準備し、東への侵攻を重ねていった、と推測できるのである。

博多湾岸地域を制圧した糸島の王は、その後も代々この地に王墓を置いていたが、須玖岡本王墓は糸島地域を離れ御笠川中流域にある。王宮は都（首都）にあり王墓もそこに置くのが歴史的事実であるのだから、いつの年代かに糸島から博多湾岸へ遷都したとの考えに辿り着く。

2 倭国の統一

倭王の征服行動と痕跡

倭国が国際的な世界に登場するのは、魏志倭人伝が最初である。編者の陳寿は、最初に倭人の国情を一通りならべ、「倭国乱」の条でいきなり国名を登場させている。倭国の成立などの記事はない。後に編纂される後漢書（魏志倭人伝より一五〇年遅れ）を意識してのことだろう。倭国が中華王朝に初めて承認されたのが後漢の時代であるので、「倭奴国の朝貢」（五七）が重要な外交事績であっても載せていない。陳寿は、後漢書で記されるべき史実を峻別し、魏志倭人伝を編纂した。それは、中華王朝の正史の基本スタンスなのである。この事実に基づけば、後漢への朝貢は、博多湾岸地域を制圧した倭王（前三〇頃）から九〇年程度経ってのことで、倭奴の国王はそれから二～三代後の王ということになる。

卑弥呼の時代では、倭人の国の一〇〇余国を三〇国に統合しており、倭の五王時代では、大宰府に首都を置き日本列島、朝鮮半島南部を支配下に置いた倭国があった。五王の一人である武は、宋への上表文で「倭王は、自ら遠征軍の先頭に立って進軍した」と述べており、歴代の倭王は数々の遠征によって倭国の統一を図ったのである。倭王の戦争は、前二六〇年頃におきた地中海の覇権を巡るローマとカルタゴのような、対立する国家間の長期戦争ではなく、一方的に他国に攻め入った戦争であったことに注意を要する。

日本にもカエサルのガリア戦記（前五八〜前五一）のような遠征記録が残っていればよいが、倭王の遠征行動をまとめた歴史書は残っていない。この点について、日本書紀に景行天皇と神功皇后の熊襲討伐譚があることは先に記した。日本書紀の遠征譚では、天皇が進軍（巡幸）する先々に従わない部族がいて、それらの族長（首長）を次々に殺戮していったとある。激しい戦闘が行われていたのである。

古田武彦は、神功皇后紀・景行天皇紀の遠征譚における「巡狩」、「巡行」、「討伐」などの用法に注目し、行動の目的と背景を照らし合わせ、遠征譚の矛盾を慎重に分析した結果、倭国の征服記録を写していることを突き止めた。それが、倭国成立前に行われたことも既に述べた。古田は、九州全域の統一は次の二段階にわたっていたとしている。

筑後評定……遥か古に、橿日宮（香椎宮）を宮殿としていた王が、橿日宮を発進地とし、筑紫全域を討伐した。

九州統一……糸島中心部に王宮を構える、「前つ君」と呼ばれた筑紫の王が前原を発進地として周防の娑麼で終結していた遠征軍と合流し、南九州を討伐し九州一円を評定した。

倭王は自ら甲冑を装着して列島を制覇したのであるから、遠征では倭王に従わない国（部族）がいれば、そこで戦いが起き、戦いの痕跡が残る。また、国内規模の反乱が起きれば戦いが始まり、そこに痕跡が残る。

魏志倭人伝には、「兵は矛、楯、木弓を用いて戦う。木弓は下を短く上を長くし、竹箭（矢）には鉄の鏃、あるいは骨の鏃を装着している。」とある。戦いでは弓がよく使われ、既に鉄の鏃があったのである。鉄は青銅と同じ時代に伝来したが、弥生中期には鉄鏃は使われていた。骨の鏃も多用されていただろうが、鉄が貴重であった時代に、強力な殺傷力を持つ鉄鏃を戦闘用として生産したのである。

弥生時代の鉄鏃は、集落遺跡や墓地から発掘されることが殆どであるが、侵攻を受ける側では集落（居住区）から遠い場所での戦闘はない。したがって、倭王が征服を完了するまでの時代においては、鉄鏃の出土は戦いの痕跡と見なせる。

奥野正男は、全国で出土した弥生時代の鉄鏃・銅鏃を収集し、出土地（遺跡名・行政区）と時期（中期・後期・終末又は後期～終末・古墳初又は終末～古墳初）で整理している。特に、歴史的変動が大きい弥生後期から古代初期を三分割しているので、編年の実年代がわかれば倭王たちが日本列島を戦いによって統一した過程を知る有効な指標になる。

鉄鏃は、消耗品であり大量に製作されたであろうが、錆びるのであるから二〇〇〇年以上の時を経て出土するのは極めて稀と言ってよい。したがって、鉄鏃は、個数ではなく出土したこと自体が戦いの事実を示すものであり、奥野の鉄鏃データの新たな価値を見る。

奥野は鉄鏃の整理に「弥生終末」と「古墳初」という編年を加えているが、著書の中で鉄鏃の型式の変遷に言及しており出土表の整理に考慮していたふしがある。出土した鉄鏃は多種多様であるから、調査した鉄鏃の中には分類型式と相違し、弥生時代にも含まれないものが出現しないわけがない。これを区分するために「弥生終末」・「古墳初」を加えたのであろう。精緻な分析作業が行われたことが窺われる。

歴史学・考古学を問わず、弥生時代〜古墳時代の時期区分は研究者によって様々で、実年代で分割することはさらに容易でない。考古学では一つの時期区分を前葉・中葉・終末の三期に分け、さらに前半・後半の六分割した単位が最小のようである。弥生後期二四〇年間を六分割すると、時期単位は四〇年である。弥生遺跡の編年は主として土器で比定しているが、土器の編年は三〇〜六〇単位であり、一期四〇年は実用的な時期単位なのだろう。そこで、区切りの扱い良さを加味して時期単位を五〇年とし、奥野の時期区分に次のような実年代が割り当てられる。

弥生前期……………………前三五〇〜前一五〇

弥生中期……………………前一五〇～一〇
弥生後期……………………一〇～二五〇
弥生終末……………………二五〇～三〇〇
古墳初（古墳前葉）……三〇〇～三五〇

奥野がまとめた鉄鏃データでは、弥生時代を通じて北部九州に鉄鏃が集中しており、この地域に武力を持つ巨大な勢力があった、ということを示すものである。

熊襲討伐の時代とは

鉄鏃が「弥生前期」に殆ど出土していないのは、国同士の戦争がまだ起きていないことや鉄の流通が初期の段階で、絶対量が少なかったからであろう。「弥生中期」には北部九州と中国・四国・近畿に広がっているが、水田稲作の初期伝播ルート上に成立した集落群が所有していたものと見てよい。

倭王たちは、遠征に次ぐ遠征で各国を支配下に置き、国域を拡大していったのであるが、遠征記録として、日本書紀にある神功皇后及び景行天皇の遠征譚（熊襲討伐）が、実は倭王たちの遠征記録であるとすれば、遠征経路と重なる鉄鏃分布があるはずである。

神功皇后の遠征先は北部九州の筑後川上流域（朝倉、雷山、瀬高）で、景行天皇は南部九州

【神功皇后の熊襲討伐経路と鉄鏃分布（弥生中期）】

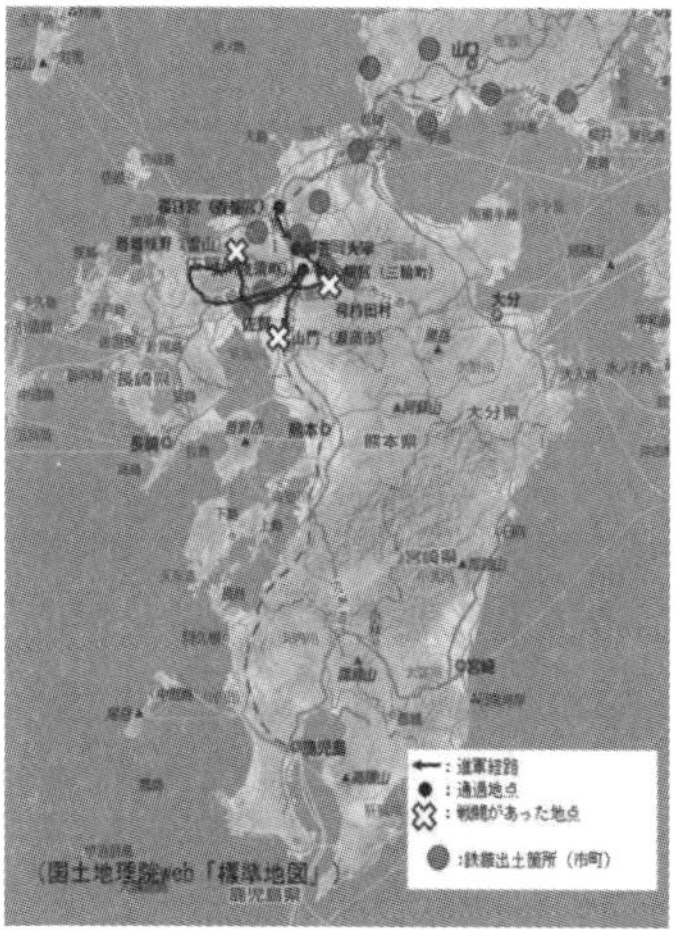

【景行天皇の熊襲討伐経路と鉄鏃分布（弥生後期）】

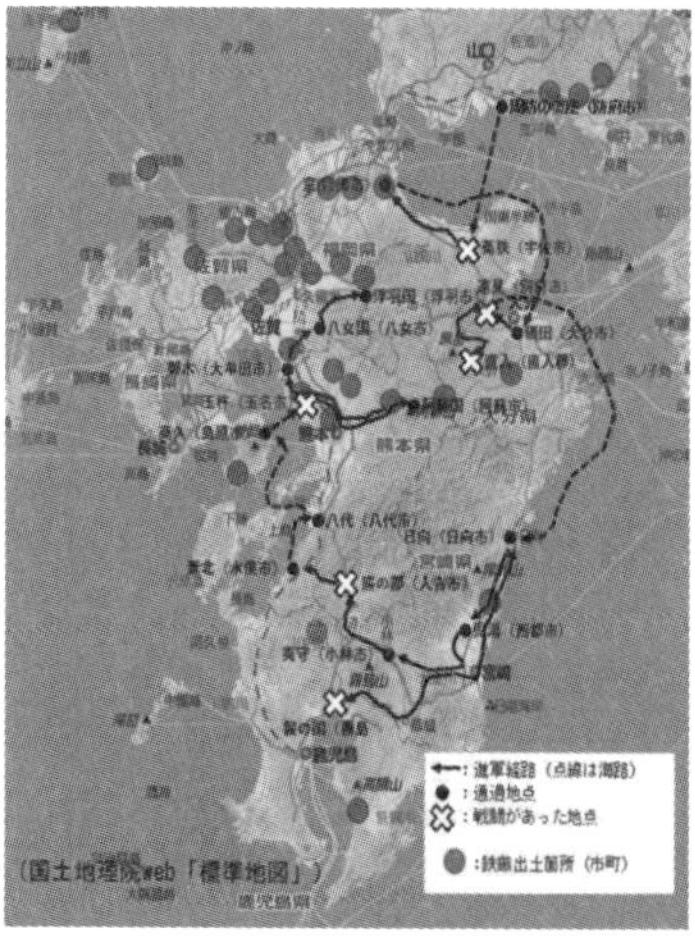

図6-9　天皇の遠征経路と鉄鏃分布の対応

（大分、宮崎、鹿児島、熊本）を踏破している。

その遠征経路は、日本書紀にある地名・戦いの状況と地形条件とを照らし合せてみれば選定できる。鉄鏃は、遠征の通過地点や戦闘箇所とは必ずしも一致することはないが、戦闘が行われたのであれば結果として近接した範囲に出土するはずである。期別の鉄鏃分布と遠征経路を重ねてみると、「神功皇后の討伐経路」は弥生中期の鉄鏃分布に、「景行天皇の討伐経路」は弥生後期の鉄鏃分布、と重なるのである（図6－9）。

詳しく見てみよう。

弥生中期の大規模な戦いは、糸島の王が日向峠を越えて東方面へ侵攻した時代（前一五〇～前三〇）にあたり、これに神功皇后の討伐が重なる。糸島の王の戦いの場は博多湾岸地域である。神功皇后は筑後川中上流域をくまなく侵攻するが、鉄鏃分布も同じ地域に広がっているのであるから、それが「神功皇后の討伐経路」の範囲なのである。とすると、神功皇后の遠征は、前三〇年～一〇年頃の事績となる。しかし、神功皇后の熊襲討伐は、仲哀九年（三〇一・一年歴）であり時代が全く違う。

弥生後期では「景行天皇の熊襲討伐」の他にも大きな戦いが起きており、南部九州の鉄鏃分布が景行天皇の遠征によるものとは言い切れない。そこで、歴史的な背景と戦闘痕跡の特徴から、遠征の実在を探ってみる。

征服行動とは異なるが、大規模な騒乱として「倭国大乱」（一四六～一八九）が起きたと後漢書にある。魏志倭人伝では、卑弥呼が共立される前に起きた「倭国乱」であり、同じ内乱を言っている。倭国内の国々の間で、戦争規模の衝突が起きたのである。前男王が退位した後、互いに攻伐したとあるので、王位継承問題が内乱の動機であったのだろう。

誰を王にするかを左右できる勢力があったのである。それは、倭王宗家と直接的な関係を持つ朝廷があって、そこにいる有力な首長たちがいたということである。彼らは「衆夷」にいて、首都を遠く離れた「毛人」や「朝鮮半島南部」であったとは考えにくい。「衆夷」の中でも北部九州を含めた周辺区域ではなかったか。

二四〇年頃、卑弥呼と狗奴国（王は卑彌弓呼《ひみくこ》）は争っていた。魏志倭人伝によれば、狗奴国は女王の領域内の南に接しているとあり、卑弥呼と卑彌弓呼との戦いは国境付近で行われていた。勝敗の決着がついていないのだから、戦闘は倭国の中心部まで及んでいない。

この二つの戦い以降には、卑弥呼逝去後の騒乱がある。この戦いの後、今度は壱与が女王として共立されるのであるから、これも王位継承に端を発していたと見て良く、北部九州に限定した戦いであったろう。したがって、南部九州全域に広がる鉄鏃分布は、「景行天皇の熊襲討伐」の痕跡なのである。

景行天皇の熊襲遠征は、景行十二年〜十九年（二四一〜二四五：一年歴）であり、卑弥呼の年代に一致しているが、卑弥呼は倭国王であるのだから、この時代の南部九州の討伐はあり得ない。遠征を指揮したのは卑弥呼以前の倭王であり、南部九州の鉄鏃分布は、倭王の遠征があったことの事実を示す痕跡と言ってよい。

遠征譚の進軍経路には、戦いのない通過しただけの地にも鉄鏃が出土しているのは不合理であるという指摘もあろう。この点について、日本書紀では、天皇が地方の政治や民の生活状態を視察することを「巡狩」と言うが、自ら反乱部族を討伐する行動も「巡狩」と記している。天皇を倭王に置き換えてみる。倭王は、武装した兵士たちを率いて進軍したのであるから、これから征服しようとする諸国の民衆に対する示威行動も含まれている。倭王の呼びかけに従わない部族がいれば討伐したが、戦わずして軍門に下る国もあったろう。それらの国が戦いに備え武器として鉄鏃を所有していても不思議ではない。

このような考古学的な視点で日本書紀を見ると、遠征譚は実在した事績であり、しかも大和朝廷ではなく、倭国の事績であるということの解明に至る。それはまた、歴史上の「戦いの痕跡」は、鉄鏃の出土分布である程度の裏付けが可能ということでもある。

最初に倭人を統一する

糸島には古から代々の王がいて、北部九州の最有力な王国があった。彼らにとって、弥生中期末～弥生後期は、唐津・糸島・博多湾岸を支配し、さらに勢力範囲を拡大する時代にあたるのである。

「弥生中期」では、糸島や唐津に鉄鏃が見当たらず筑後平野（朝倉・佐賀）及び瀬戸内海沿岸地域に分布している（図6－10）。

これらの鉄鏃分布は国家間で争ったにしては限定的で、瀬戸内海沿岸地域では海岸沿いに集中している。北部九州の遠征譚は神功皇后ではなく実際には倭王の征服行動によるものであるから、唐津・糸島に鉄鏃が出土していないのは実情に沿うものである。また、倭王が前三〇年頃に博多湾岸地域を制圧したとすると、四〇年後の一〇年頃には瀬戸内海の沿岸平地を支配していることとの時間的な不合理はない。

瀬戸内海沿岸地域の鉄鏃分布は、大阪湾沿岸地域まで連なっているが、この分布状態は、神武天皇の東征経路と重なる。神武東征は、奈良盆地制圧に特定した軍事行動であるが、補給のための寄港を繰り返しながら倭人の国の境界線付近にあたる児島湾（岡山）まで進軍し、この地で兵や武器の補給した後、一気に大阪湾へ突入する。この遠征は前一三〇年頃に行われたが、

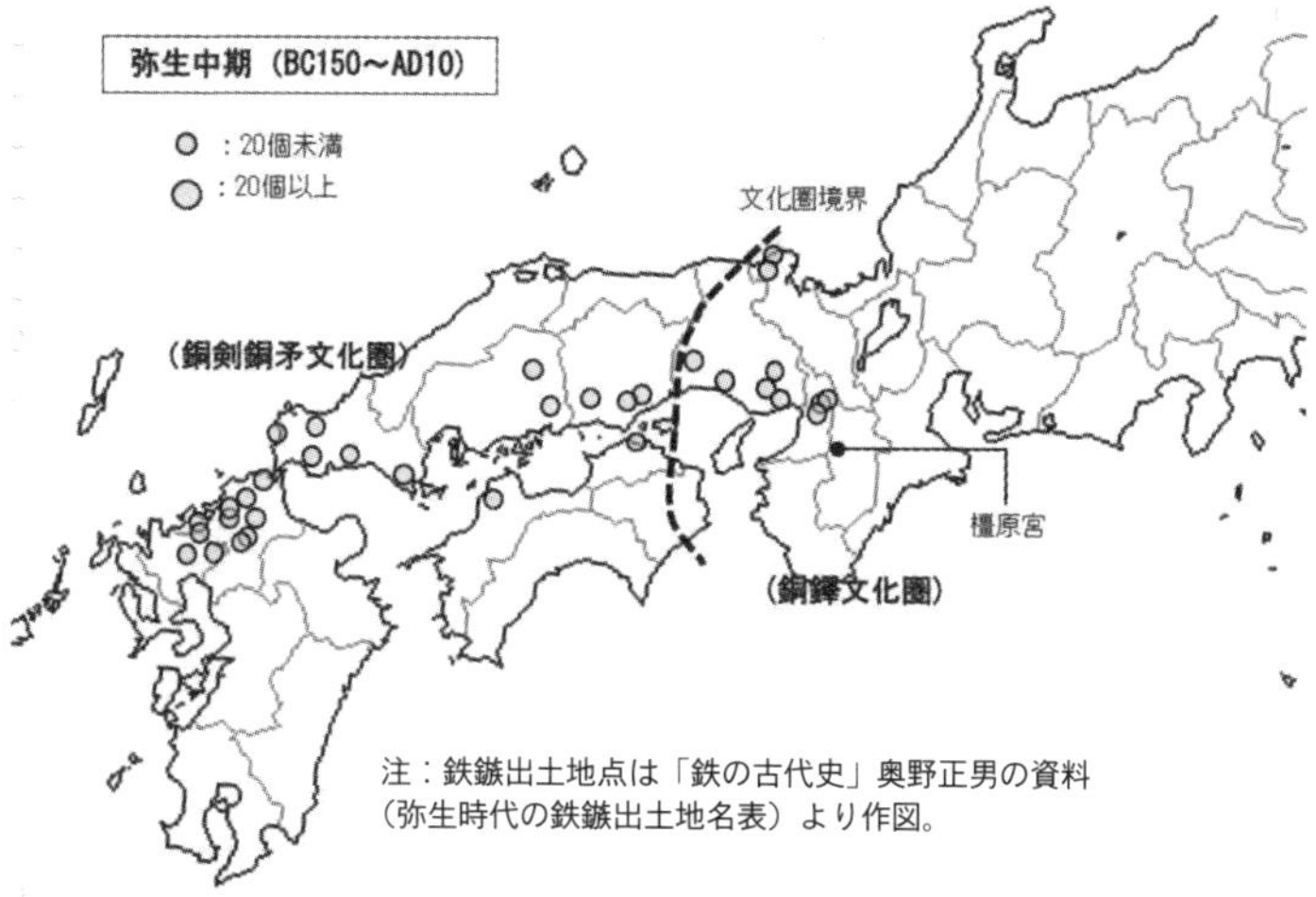

注：鉄鏃出土地点は「鉄の古代史」奥野正男の資料
（弥生時代の鉄鏃出土地名表）より作図。

図6-10　弥生中期の鉄鏃出土分布

この時、瀬戸内海沿岸地域の倭人は、北部九州に倭王がいて、遠征軍を送ることができるほどの強大な軍事力を持っていることを知ったはずである。大阪湾岸地域とそれに接する播磨灘の東鯷人は、倭王の侵攻を警戒し、橿原宮の大和朝廷の動向をにらみつつ、武器を準備し防衛戦線を敷いたに違いない。その結果が瀬戸内海沿岸から大阪湾岸に分布する鉄鏃分布に現れたのであろう。

弥生後期に後漢へ朝貢（五七）した倭王は、光武帝から「漢倭奴国王」の金印を授けられ、この時、倭国は初めて中華王朝より国際国家のお墨付きを得たのである。後漢は、朝貢の使者に聴取し、国として成立しているかを確認したはずである。この事情聴取によって国として認められたのであるから、倭王は一定の支配区域を有し、国として王室・政治の体制ができていたということになる。支配区域とは銅剣銅矛文化圏のことで、鉄鏃分布が倭王の評定した範囲と見てよい。五七年の朝貢は、糸島の大王が倭人の国々を制覇し、倭国を建国して倭王となり、初めて行った外交なのである。

戦いの時代に突入する

「弥生後期」になると、銅剣銅矛文化圏の鉄鏃分布は九州の全域に広がり、瀬戸内海沿岸に目を転ずると、分布は沿岸部から内陸部へと移動し、文化圏境界付近にあった鉄鏃が消失している。また、銅鐸文化圏では、大阪湾岸・湾奥や奈良盆地北端で多くの戦闘の痕跡があり、文化圏境界がやや西に押され、境界付近に鉄鏃が重なって出現する（図6－11）。

この時期の大規模な戦闘は、南部九州への遠征、倭国大乱、卑弥呼と狗奴国王卑彌弓呼との戦いがあり、日本書紀には崇神天皇・景行天皇及び神功皇后の遠征等の事績がある（表6－2）。これらの戦いは、大規模であったが故に広範囲であることから、鉄鏃分布に地域的な特徴が現れてよい。記紀の遠征譚や歴史書にある戦闘記事と鉄鏃分布から読み取れる戦いの痕跡から、該当する王たちの選定を試みる。

「倭奴国王」の朝貢から四三年後、一〇七年に朝貢した「倭国王帥升」は、年齢的に見て「倭奴国王」の次の王と見なしうるが、二代続けて朝貢した理由は何か。「倭奴国王」は、後漢の印璽を背景に、自らの主権を国内外に高らかに喧伝していたが遠征事業は未完成で、その王位

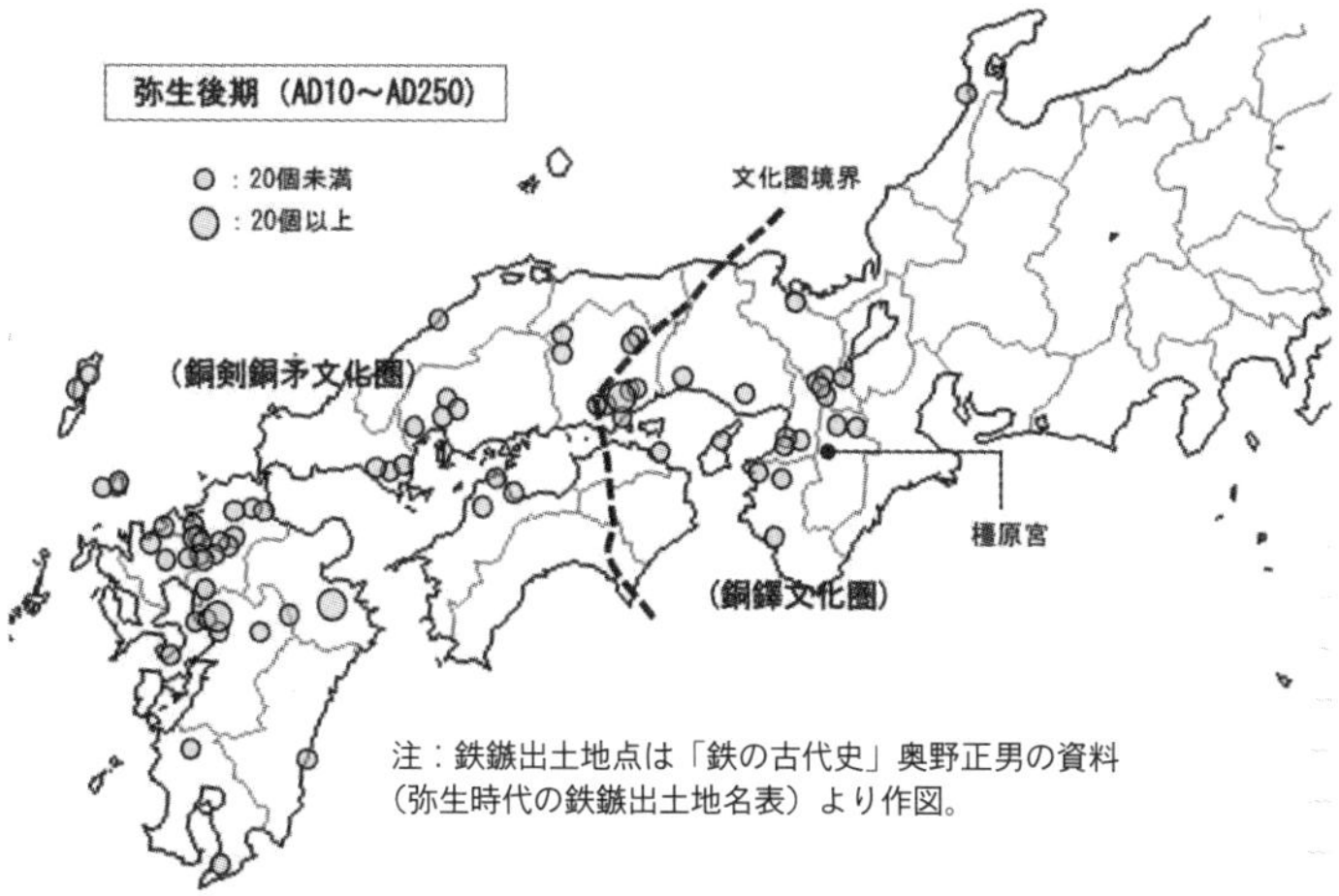

図6-11　弥生後期の鉄鏃出土分布

表6-2　記紀にある弥生後期の遠征譚

	大きな戦いの事績		年次	西暦	1年歴換算	備考
崇神天皇	高志道・十二道・旦波の征服	出発	10	-88	156	日本書紀は西海を加え四道。
		帰投	11	-87	157	
	建波邇安王の乱		10	-88	156	
垂仁天皇	沙本毘古王の謀反		4	-26	187	
景行天皇	熊襲討伐	出発	12	82	241	自ら遠征。古事記にはない事績。
		帰投	19	89	245	
	熊襲征討	出発	27	97	249	倭建命を派遣。
		帰投	28	98	249	
	東国蝦夷の征伐	出発	40	110	255	倭建命を派遣。
		病死	43	113	257	
神功皇后	熊襲征伐		仲哀9	200	300	自ら遠征。

注：年次は天皇在位の年代を言う。西暦は年次を換算したものであるが、対象の天皇時代は2倍年歴の範囲にあるので、１年歴に換算した。また、表中の（―）は紀元前を表す。

を継承した「倭国王帥升」が、倭人全てを支配下に置いたこと報告し、倭王の権威を高めることではなかったか。後漢書においても「倭奴国王」から卑文字の「奴」が取り払われ「倭国王」と表記されている。正史において、申請したとおりの国名となったことは、国王の格が上がったことを象徴している。「倭国王帥升」の功績は、「倭奴国王」が征服できなかった地域を評定し、倭人全てを支配下に置いたことである。したがって、遠征の痕跡は、まだ制圧されていなかった南部九州及び瀬戸内海内陸部にあるはずで、図6-11で示したとおりの鉄鏃分布の特徴と一致するのである。景行天皇の熊襲討伐譚は、「倭国王帥升」の事績を取り込んだのであろう。

卑弥呼が即位する前に起こった倭国大乱（一四六〜一八九頃）の年代に、崇神天皇（在一五二〜一八五：一年歴）が大和朝廷で初めて遠征を行っている。この遠征の成功により、大和朝廷は、奈良盆地から外に支配地域を拡大させたのである。崇神天皇は歴代天皇の最高位として古事記では「初國之《はつくにしらしし》御眞木《みまきの》天皇《すめらみこと》」、日本書紀では「御肇國《はつくにしらす》天皇《すめらみこと》」と称されている。意味は、「初めて国を領有統治した天皇」と解され、記紀ともに第一の天皇と伝えているのは、この遠征の成功を称賛してのことであろう。崇神天皇の遠征は記紀の両方に載せられており、日本書紀の四道将軍を派遣したことでよく知られているが、派遣方面が少し異なる。

古事記の派遣方面にある高志道は北陸道、東方十二道は伊勢・尾張・三河・遠江・駿河・甲斐・伊豆・相模・武蔵・総・常陸・陸奥を、旦波国は淀川流域外の敦賀湾岸地域を示すとされている。日本書紀では、これに西海が加わるが、地域としては山陽をあてる解釈がある。西海

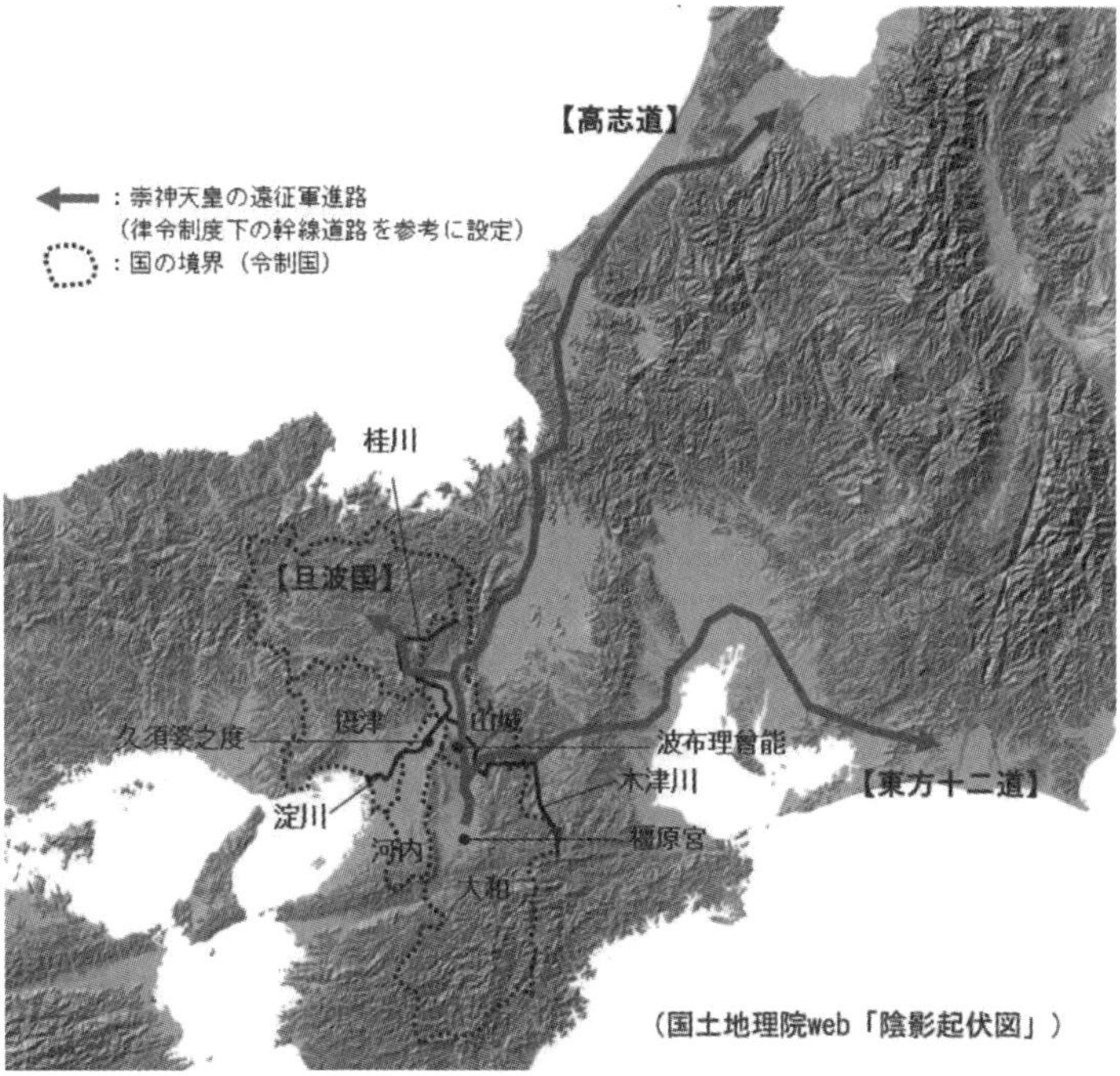

注：遠征は古事記にある「高志道」、「東方十二道」、「旦波国」へ討伐軍を派遣した事績によった。

図6-12　崇神天皇の推定遠征経路（古事記）

へ出るには大阪湾奥部を抜けねばならないが、攻略できていないのであるから、遠征は事実上不可能である。いずれにしても、近畿の中心部を外れている（図6－12）。

大和朝廷は、神武天皇が橿原に橋頭堡を築いてから天皇八代約二八〇年間（一年歴）、奈良盆地や周辺の有力豪族と姻戚関係を結ぶなど政略的な手段で、大和盆地の頂点に立つために永い時間を費やしてきた。その中で軍事体制を整え、兵や武器を補充・整備するのは容易なことではなく、崇神天皇に至ってようやく体制が整ったのだろう。しかし、外には力を蓄えていた豪族達がいたのだから、いきなり銅鐸圏の中枢がある大阪湾岸・淀川流域を攻略するなどできない。崇神天皇の領土拡大の戦略は、中枢部を避けて、周辺部を攻略することを目標とした、と解釈するのが実際的と言える。

高志道へ派遣される大毘古命《おおびこのみこと》については、出陣早々に建波邇安王《たけはにやすのみこ》が反乱を企て山城の和訶羅河（木津川）で合戦する記事がある。日本書紀では、武埴安彦《たけはにやすひこ》の反乱として戦闘の状況を詳しく記しているが、大筋は同じである。

建波邇安王の軍勢は、東方十二道へ進軍する大毘古命軍の行く手を阻むよう木津川左岸に陣を構えていたが、合戦が始まり建波邇安王が矢で射殺されると、軍は崩れ敗走し、波布理曾能及び久須婆之度の戦いで兵たちは切り殺された（図6－12参照）。この合戦は記紀で大きく取り上げられており、激戦であったことが窺われる。記紀には、必要以上に敵方を無残に殺戮する表現がちりばめられている戦闘場面が少なからずあり、建波邇安王との戦いもこれにあたる。勝利はしたものの自軍の損害も甚大で、罵倒せずにはいられなかったのだろう。

建波邇安王は、古事記に崇神天皇の庶兄（異母兄）とあるので、反旗を翻したとなれば大和朝廷への反乱と解することができるが、崇神天皇の二代前の孝元天皇記に「河内の青玉の娘の波邇夜須毘賣《はにやすびめ》を（孝元天皇が）娶って生まれたのが建波邇夜須毘古命《たけはにやすびこのみこと》である」とあり、崇神天皇にとっては叔父にあたる。反乱の首謀者としては役不足を否めない。また、建波邇安王の乱がクーデターであるのなら、盆地内部の豪族と呼応した戦いになるか、大和朝廷の中枢に近い位置から侵入し宮殿を占拠するか、いずれにしても盆地内での戦いであるが、史実はそうなっていない。

奈良盆地は、これを囲む地に住む勢力と対峙しているため、大和朝廷は直接対決を避け政略により関係を維持してきた。孝元天皇の妻となった波邇夜須毘賣は河内の豪族の娘であるので、その延長線上にある政略結婚であったろう。それが、崇神天皇の遠征で一転し、軍事的に近畿の勢力圏に踏み出した時点で、河内の建波邇安王と一大決戦となった、という見方がある（古田武彦二〇一〇）。

奈良盆地から外への出入口は奈良の北端に流れる和訶羅河（木津川）の谷地で、高志道及び旦波へ向かうには必ずこの川沿いを通過し、山城を縦断しなければならない。建波邇安王の軍が山城の波布理曽能で待ち伏せていたのは、戦術的には当然で地形的にも優位な位置に兵を構えていたと言っていい。実際には大敗し、兵たちは河内方面へ敗走し、途中で悉く切られてしまったが。

奈良大和は、大阪湾岸・湾奥にいる勢力により出口を塞がれていたが、崇神天皇は出口を扼していた山城を粉砕し河内まで侵攻したことで、初めての遠征を敢行できた。同時に、近畿は古くから東鯷人が住む地域であり大和盆地はその中心部に接していたが、崇神天皇の時代に至り、ようやくその一角を切り崩したのである。

弥生後期（一〇〜二五〇）頃の文化圏境界は、中期後葉に比べやや西側へ押しているのは、東側から圧力がかかったからである（図6－11参照）。近畿より東側（北陸・東海）にはまとまった勢力がいなかったのであるから、他民族の侵攻でやむなく移動し倭国側へ押し出されたのではない。東鯷人が西へ侵攻したと考えるのが合理的である。では直接の契機はなんであったか。

倭人と東鯷人は、知り得るところで前漢時代から互いに好意的ではなかったのだから、文化圏境界付近では争いが常習化していたであろう。ただし、一方的な侵攻がなければ境界付近に兵員を集中させることはないので、力は拮抗していた。倭王の南部九州遠征や瀬戸内海沿岸地域の戦闘跡が内部に広がっていることを鑑みると、遠征に集中する間に倭国の防衛ラインが手薄になり、それまで倭王の征服行動や大和朝廷の圧迫に刺激を受けた東鯷人が結束を固め、圧力をかけ始めたのではないか。そう考えると近畿地域に広がる鉄鏃分布の背景やこのような文化圏境界の移動が理解できる。

また、卑弥呼は倭国大乱の後に共立された倭王であるが、前男王逝去後の少なくとも四〇年間は互いに反目していたのであるから、即位した時点ですぐに戦いが終了したとは考えにくい。倭王が直接支配していた九州（衆夷の国）においては特に火種が残っていたと考えれば、北部九州に鉄鏃が多く分布していることも理解できる。

卑弥呼の前男王までは、倭王の九州・瀬戸内海を中心とした遠征で軍事力を西に移していたこと、その後の倭国大乱でさらに文化圏境界の防御が手薄になり、そこに東鯷人の強い圧迫を受ければ、倭国は侵攻される側となる。これに対応するには、軍を派遣し防御体制を整備しなければならず、卑弥呼は女王に即位して以降、巻き返しに全力を投入しなければならなかったはずである。卑弥呼と狗奴国王卑彌弓呼との間で、熾烈な戦いが起きていたことが魏志倭人伝に伝えられており、それが該当する戦役であろう。卑弥呼は、この戦いを帯方郡治（魏）に報告しているくらいであるから、軍事的な支援を要請するほどの戦いであったのかもしれない。

卑弥呼がいた時代の倭国は三〇か国からなり、それぞれに首長（王）がいた。首長たちは倭王の王位継承で意見が合わなければ互いに力で争うが、妥協して卑弥呼を女王として共立したのであるから、卑弥呼の真の敵は銅剣銅矛文化圏の外にいる。魏志倭人伝では倭国と狗奴国はずっと不和が続いていると記しているので、卑弥呼と狗奴国の争いとは国を接した二国間の戦争なのである。倭国と境界を接する国は東鯷人の国であり、その男王が卑彌弓呼ということになる。文化圏境に鉄鏃分布が集中し、児島湾を越えて大きく西方向に移動している実態は、卑弥呼に危機感をもたらせたに違いない。

再び内乱が起きる

二五〇年頃、卑弥呼が死んで倭国に再び騒乱が起きる。壱与は、共立されて倭王に即位すると、すぐに西晋の武帝へ朝貢している。それは、晋書にある泰始元年（二六五）の朝貢のことであり、騒乱は少なくとも一〇年以上続いたことになる。その戦いでは、「互いが誅殺しあい千人余りの死者がでた」と魏志倭人伝にある。この騒乱時代の痕跡は、「弥生終末」の鉄鏃分布とほぼ重なる。「弥生終末」の鉄鏃は、九州全域と防府地域に分布し、瀬戸内海や近畿には全くと言っていいほど出土していない（図6－13）。

卑弥呼死後の騒乱は、再び起きた王位継承を巡る内乱であるので、戦っていた豪族たちは倭王を支えた首長であったはずである。鉄鏃が北部九州・周防に集中して分布しているのは、その首長たちの国があったからである。「弥生中期」の北部九州・防府地域の鉄鏃分布は、「弥生後期」及び「弥生終期」と概ね同じであるので、最初に倭王の軍門に下った北部九州・防府地域の王は、その後の倭国を支えた首長たちであったのかもしれない。

西晋の正史（晋書四夷伝倭人条）には、壱与

注：鉄鏃出土地点は「鉄の古代史」奥野正男の資料
（弥生時代の鉄鏃出土地名表）より作図。

図6-13　弥生終末の鉄鏃出土分布

が朝貢して以降の倭国の国情を伝える記事がない。狗奴国との戦争を含めて、特筆するほどの事績がなかったからと考えるしかない。壱与は長い騒乱の後始末として、政治・外交・軍事の立て直しに傾注しなければならなかったろう。狗奴国へ再び侵攻するには兵員・武器の補充、兵站の準備が必要であるが、この時期に侵攻などありようがない。即ち、「弥生終末」の瀬戸内海・近畿に鉄鏃が殆ど出土していないのは、倭国と狗奴国との戦いが休止していたことを示すに他ならない。

卑弥呼と壱与の時代、大和朝廷は、景行天皇・成務天皇・仲哀天皇の三代が在位（一年歴）している。いずれの天皇も近畿の中枢域まで侵攻できていないのは、狗奴国が強国となっていたのであるからで、大阪湾岸湾奥にある中枢域の勢力は健在であった。

日本を統一した王

女王壱与から倭王旨までの事績については、内外の歴史書が殆どなく、「空白の四世紀」とも言われている。銅鐸文化圏は、古墳時代で消失するのであるから、倭国が銅鐸文化圏へ侵攻し、狗奴国を征服したのは間違いない。その後の倭王たちの存在とこれを裏付ける歴史的事実から、狗奴国が倭国を征服したという逆はあり得ないからである。

少し、視点を変えてみる。古代漢民族の名は、「姓・諱・字」で呼ばれていたことはよく知られている。例えば、三国時代の劉備玄徳は、「(姓) 劉、(諱) 備、(字) 玄徳」である。「姓」

は現在の日本と同じ名字にあたるが漢民族では出身地を伝えたものであった。「諱」は、人物の霊的な人格と強く結びついたもので、親や主君にしか許されない呼び名であったため、日常の呼び方として「字」ができたという。姓は、諸葛亮や司馬懿など二文字とする人物もいるが、諱は一文字が原則である。

歴代倭王で、漢民族にならって自らの名を漢風に呼んだ時代があった。倭王旨と倭の五王（讃、珍、済、興、武）である。倭王の姓は同じであるので、これを省略し、諱の一字をもって名乗ったのである。倭の五王の名は倭王武の上奏文にあるが、宋順帝を敬い自らを含めて「諱」でとおしたのだろう。倭王旨は、百済王から送られた七支刀の銘文に刻まれていた名であるが、対等の立ち位置とはいえ随分と無礼な表記をしたものである。

卑弥呼や壱与の名は和名である。倭王武より一〇〇年後の倭王の名は「姓は阿毎、字は多利思比孤、号は阿輩雞彌」（宋書倭国伝）である。「号」とは現在のペンネームにあたるらしい。命名の形式は漢風を踏襲しているが、呼び名は倭独自の様式となっている。白村江の戦いで、唐軍の捕虜となった筑紫君の薩野馬は和名である。

倭の五王は、大宰府を自ら開府し、漢の洛陽城と似た様式の都市づくりを行ったのは、中華王朝の皇帝を天子と仰いでいたからである。阿毎多利思北孤が名を和名に戻したのは、隋によって南北朝陳が滅ぼされると漢の直系が消えて天子と仰ぐ皇帝がいなくなり、隋と対等の立ち位置に自らを置き、独自の和名をもって天子を宣言したのであろう。

倭王旨とこれに続く倭王讃の時代（三七〇～四一〇頃）の国情を知る手掛かりがある。同時代の仁徳天皇の事績である。仁徳天皇（在三五七～四〇〇：一年歴）は、大規模な土木事業を実行して基盤整備を図り、課役を免除して人民を貧富から救い、国力の増強を図ったことでよく知られている。仁徳天皇の基盤整備は、奈良盆地だけではなく、堀江（排水対策）や茨田の堤（治水）の築造など河内平野にまで及んでいるのであるから、既に大阪湾岸・淀川流域には敵対する勢力がいないと見てよい。倭王が漢風の名をつけたのは、国際国家としての体裁を整えようとする意志の表れであり、背景には日本列島の統一がなければならない。日本書紀の仁徳紀には、大和朝廷が近畿を支配下としたことを書き表しているのであるから、倭王旨の時代には日本列島を支配する倭国が成立していたと考えられる。このような、時系列的な事跡を視野に置きながら、記紀を眺めてみる。

銅鐸文化は、四世紀の初めに消失したと言われている。古田は、それが銅鐸文化圏を支配していた勢力が滅亡したことであるとし、その滅亡の契機を古事記の説話に求めている。垂仁記にある、「沙本毘古王は、天皇を殺そうと謀反を起こすが成らず稲城に立てこもる。天皇は軍勢を差し向け、城と伴に焼き殺し、滅亡させた。」という事績がそれである。沙本毘古の稲城は茨木市にあるので、茨木市一帯にいた近畿中枢勢力が滅亡したことの史実を伝える伝承であるという（古田武彦二〇一〇）。

沙本毘古王の謀反は一八七年（一年歴）であるので、弥生後期に銅鐸文化が消滅したとするには早すぎる。大和朝廷が銅鐸圏を自ら手中に収めたとすれば、当然、正史に記すべき天皇の遠征事業である。あえて、「沙本毘古王の妹で垂仁天皇の妃であった沙本毘古売が、兄に夫の暗殺を頼まれ苦悶した末に諦め、兄と伴に炎上する城で死ぬ」という説話にまで変えて掲載する必要があるとは思えない。また、大和朝廷が垂仁天皇の代で銅鐸圏を含めた近畿と北陸・東海・関東・東北の全てを支配する一大国家に成長していたのであれば、大和朝廷はもはや倭国と別の国であり、宋書には「倭国伝」と例えば「大和国伝」の名で分けて記されるはずであるが、そうはなっていない。沙本毘古王は、古田が比定したように茨木市（佐保川）に本拠地があるとすれば、謀反が起きた「弥生後期」の摂津・河内付近に密集している鉄鏃分布が戦いの痕跡であろう（図6－11参照）。だとしたら、「古墳初」の鉄鏃分布でも同様な地域に集中して分布しているのをどう理解するか（図6－14）。垂仁天皇の時代で銅鐸文化圏が大和朝廷によって制圧されているのであれば、「古墳初」の銅鐸文化圏で大規模な戦闘が起きるはずがなく、鉄鏃が広範囲に分布しているのはどう考えても不合理である。

大和朝廷が八代の天皇を経て、奈良盆地からようやく外へ出ることができたのは、大和朝廷を取り巻く勢力が強力であったことに他ならない。記紀を追跡して明らかになってきたのは、その勢力範囲は大阪湾岸・湾奥の淀川を囲む摂津に中枢があった、ということである。この勢力は、倭国の歴史からも見えてくる。卑弥呼と争った狗奴国である。卑弥呼が容易にして勝てなかった狗奴国は、近畿中枢部の摂津に都がある周辺の国々を従えた強国で、卑弥呼が魏へ援

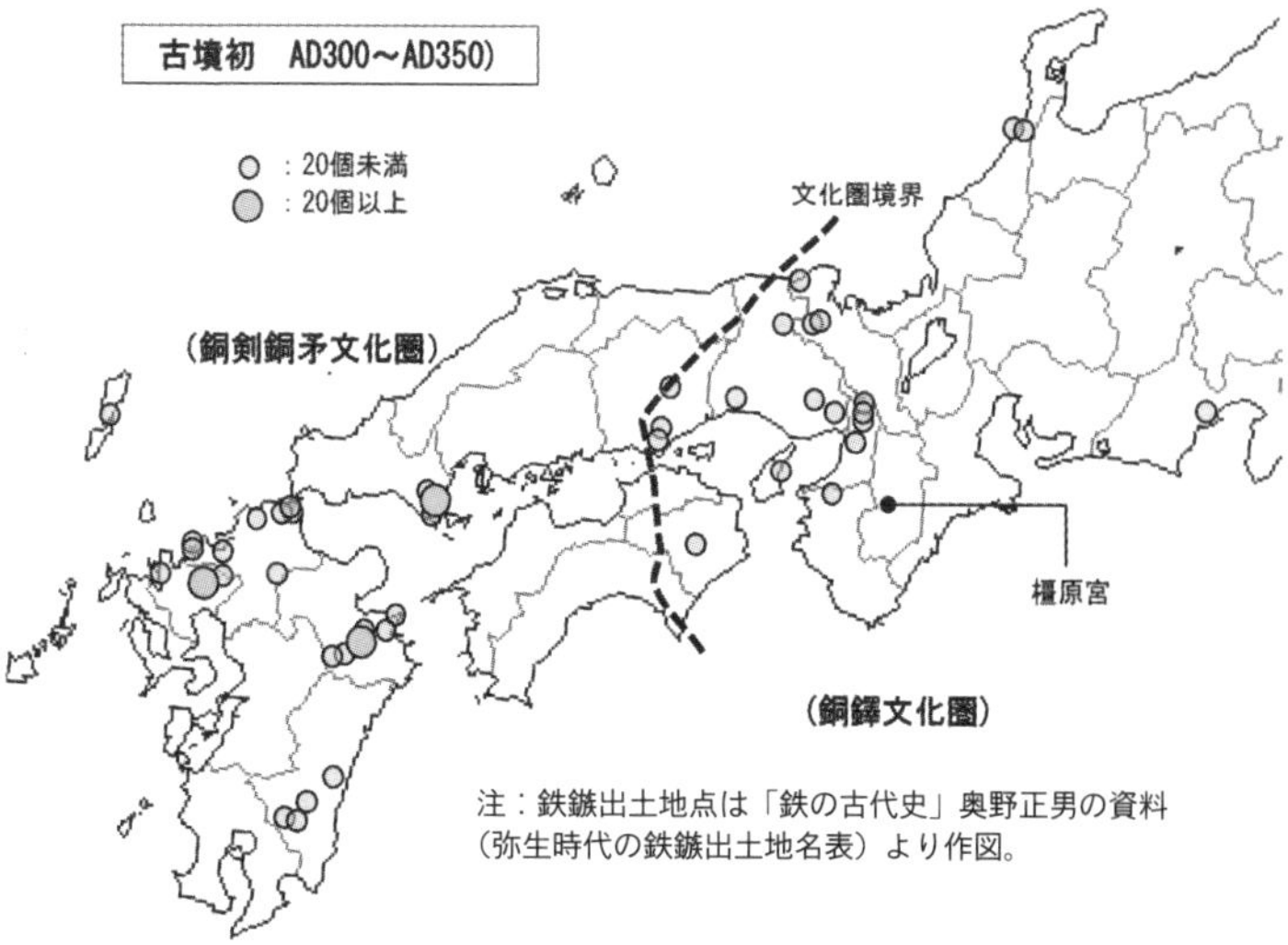

図6-14　古墳初の鉄鏃出土分布

軍を求めるほど強かったのである。それは、崇神天皇が王国の一角を崩したが、中枢部に影響が及ばなかったがゆえに、王国の結束力が増し倭国への圧迫を強くしたのかもしれない。

それでは、政略的な戦術をもって支配域を拡大してきた大和朝廷が、崇神天皇の代に至り急に軍事行動によって支配地拡大ができたのは何故であろうか。弥生時代に一方的な密度を持つ北部九州の工房群は、大陸の新技術と大量生産能力を有する卓越した国家であったことを示すものである。また、倭国は古くから瀬戸内海を遠征や交易の幹線経路としてきたが、弥生後期半ばの銅剣銅矛文化圏の統一に伴い制海権を完全に握った。北部九州から瀬戸内海・播磨灘・鳴門海峡を通る海路が確立され、ここを通って紀ノ川河口へ上陸すれば、奈良盆地に孤立している遠征軍（橿原宮）へ物資の安定供給が可能となったのである。倭王帥升の倭国統一は、大和朝廷の展開を活発にさせた直接の契機と考えてよい。

これらを背景とすると、倭国は、神武天皇が東征によって奈良大和に橋頭堡を構築して以来、大和朝廷が蓄積した周辺諸国の情報をもとに銅鐸圏へ侵攻し、また、大和朝廷は周辺部攻略で銅鐸圏の中枢に圧力をかけ、東西からの二面攻撃にさらされた狗奴国は、ついに降伏に至ったと考えられないか。近畿を突破した倭国軍は、大和朝廷軍と合流し出雲・近畿・北陸・東海に侵攻して日本列島を制覇したと考えるのが実際的である。この視点に立って、鉄鏃分布を考察してみる。

「古墳初」の鉄鏃分布は、中国・四国には殆ど出土せず、九州・周防地域と銅鐸文化圏に広く分布する（図6－14参照）。銅鐸文化圏では、境界付近と敦賀湾から大阪湾岸に鉄鏃が密集し、戦いの痕跡を示している。西か東のいずれかの方向に鉄鏃が広がって分布していれば、一方の力によって押し出されたと解することができるが、まるで銅鐸文化圏の中でしか出土していないのは、狗奴国は二方面から攻撃を受けたからではあるまいか。九州・周防地域の鉄鏃は、壱与の時代の末期と重なるが在位中に内乱が起きた形跡がないので、戦闘の痕跡ではない。おそらく、地域の豪族が遠征に向けて準備していた武器の一部であろう。倭国は、遠征する場合に中枢を離れた位置に軍事拠点を設けて兵員・武器を揃え兵站を準備し、そこから目標地域へ出立する傾向が見られる。国域が広がれば拠点は一か所以上となる可能性は十分ある。近畿方面の遠征軍は、防府地域（山口）と大野地域（大分）を出発地とし瀬戸内海を通って銅鐸文化圏の中枢部に侵攻し、背後から侵攻してきた大和朝廷軍と共同して狗奴国を降伏させたとすると、鉄鏃分布に納得がいく。この「古墳初」の時期区分は、女王壱与の在位と重なる。とすれば、三〇〇年頃日本列島を統一したのは邪馬壱国の女王壱与であることに帰結する。

卑弥呼逝去後の倭国の政情は魏志倭人伝に伝えられているが、同様な記述が梁書（六三六）にある。

正始中　卑彌呼死　更立男王　國中不服　更相誅殺　復立卑彌呼宗女臺與為王　其後復立男王　並受中國爵命（梁書倭諸夷伝・倭条）

〈正始の間（二四〇～二四九）、卑彌呼は死んだ。改めて男の王を立てたが、国中が服さず、互いに誅殺しあった。そこで再び卑彌呼の宗女「臺與」を王として立てた。その後、また男の王が立った、いずれも中国の爵命を拝受した〉

卑弥呼が逝去した後に壱与は即位したが、その次の王は男王であった、というのである。魏志倭人伝では、壱与逝去後の倭国の政情は記述されていない。魏（二二〇～二六五）が滅んで以降の事だからである。壱与の朝貢は、大乱が終息して早々の泰始二年（二六六）の記事が晋書に残されている。泰始二年の朝貢は、晋王朝建国の祝賀のためである。倭国統一は魏時代ではなく、晋の時代に入ってからで、在位年数を考慮すれば晋時代の中半より以前ということになり、これまでの考古学的な分析と概ね一致する。

さて、卑弥呼が神功皇后であれば、次王にあたる天皇も女性でなくてはならないが、実際は男王（応神天皇）である。また、壱与が神功皇后にあたるのであれば、梁書の記述内容と一致するが、記紀が意味するところではない。歴史の事実からすると、日本書紀の事績は不合理なのである。日本列島の統一は国家成立の骨格をなす偉業であるので、これを成し遂げた王の名は人々が記憶として受け継いでいくのは必然である。これを歴史から消すことができないのだから、日本書紀では、大和朝廷の遠征と評定の事績を、倭国の歴史から取り込んで仕立て上げるしかないのである。

3　倭国の時代

糸島の王は博多湾岸地域を征服した後、侵攻を各地に広げ倭人を統一し、さらに東鯷人を支配下に置いて日本列島を統一するに至る。この遠征の時代に、倭王は度々中華王朝へ朝貢しているので、倭王がいた実年代を知ることができる。したがって、日本に残っている史書や考古学的な分析により遠征の実態と合致すれば、倭国が存在していたことの裏付けとなる。

しかし、過去を遡るのであるから、仮定と分析的評価に頼らざるを得ず、推定を伴う。そこに、異論が成立するのである。伝承や歴史書から見えてくる古代の実像は、考古学的に実証されねばならない。

倭国が実在したことの考古学的な実証とは、歴史上の人物が埋葬されている墓が特定できたこと、以上のことはない。出土した王墓の中には、遠征の事実に該当する倭王がいるはずで、被葬者と合致すれば、倭国が存在していたことの事実を示すものとなる。

倭王の墓は、吉武高木、三雲南小路、井原鑓溝、平原及び須玖岡本の五か所である。王墓の築造年代は前章で概定しているので、歴史上に現れた倭王が埋葬されている可能性について、これまで得られた倭国成立の過程（歴史）を整理し、補強しつつ推定を試みる。

最初の倭王

大陸では最古の王朝として、二里頭《にりとう》文化（前二〇〇〇～前一六〇〇）とそれに続く殷（前一六〇〇～前一〇〇〇）が知られている。殷の政治形態は、甲骨文字によって解析が進んでいるが、その中で、王が多数の兵を従えて支配地に狩りに出かけることが定期的に行われ、また、王は、壮大な宮殿を創り行政の中心としたが、神事のため祭壇を併設し、そこで大勢の臣下を集めて祭祀を行っていたという。狩りは、軍事訓練や支配地の視察を兼ねたもので自らの力を誇示することが目的であり、祭祀儀礼は王の権威を演出するもので、臣下に特別な存在であることの意識を定着させるものであった、と言われている。このような、絶対の権力を持つ王を最高位とする国のありようは、長い年月を経て形成されたものであることは間違いない。

日本列島では、弥生時代に入りようやく大規模集落が出現し始め、弥生後期に列島を支配する王が出現する。その年代はどう見積もっても三〇〇年を超えないのである。その中にあって、他の地域に住む人々を力によって征服し、自らの文化に従わせるという行動思想が、自然発生的に培われたとは考えにくい。殷・周などの大陸文化の情報が伝わっていたとしか思えない。とすれば、大陸の影響を受けた遺跡群が集中的に出土している地域に、最初の王朝があったのではないかとの考えに至る。

歴史学的な事実とこれを裏付ける多様で継続的な遺跡群の存在からみて、最初の王は糸島地域において誕生したと断定できる。古の時代からの大陸との繋がりが強く、新たな文化や新技術を早くから取り入れ、初期水田稲作と金属器・土器などの生産・販売によって大集落圏を形成できたのは糸島地域のみである。中心地域は三雲井原で大王はこの地で誕生した。したがって、最初の倭王は、糸島から日向峠を越えて東へ進出した大王なのである。

倭人は、前漢（前二〇二〜後八）の正史である漢書の地理志燕地の条に初めて出現する。漢書地理志燕地には事績に元号が付記されていないので、朝貢の年代を特定できないが、中華王朝で初めて元号ができるのは、前漢武帝が即位した建元元年（前一四〇）からであるので、前漢が始まって間もない頃だったのだろう。

漢書を編纂した班固（三二〜九二）は、同時代に「漢倭奴国王」が朝貢しているのであるから、当然、日本列島の国情を得ていたはずである。ましてや中華王朝が東夷の王に印綬させているのであるから、班固は倭人の国々を統一した倭国が成立していたことを知らぬはずがない。それでも漢書に統一国家としての事績が皆無であるのだから、前漢時代には、倭国は成立していなかったのである。

三雲・井原の大王が征服行動に踏み出すのは前二〇〇年頃であり、最初に日向峠を越えて吉武高木に軍事拠点を築いた。前漢が朝鮮半島に楽浪郡を設置して植民地化を始めるのが前一〇八年で劉邦が即位してから一世紀後のことであるから、軍事拠点の構築は前漢の成立と呼応したものではなく、大王自らの意思決定によるものなのである。

さて、大王とそれに続く王たちは、前一五〇年頃から繰り返し博多湾岸地域に侵攻し、前三〇年頃に制覇した。吉武高木に葬られた王墓（前一七〇年頃）は、博多湾岸を制覇した年代よりやや時代を遡るので、被葬者は博多湾岸地域を征服した王ではない。それでも王を示す「三種の神器」を副葬しているのは、糸島の外に拠点を築いたこと自体が画期的だったのだろう。本格的な征服行動を号令するには絶大な権力の確立が絶対条件であるので、この時代に糸島から外へ出た大王が倭王の祖であり、それが吉武高木王墓の被葬者ではなかろうか。

遠征時代の倭王

倭王が博多湾岸地域へ侵攻した時代に神武東征が行われた。神武天皇は、一族郎党を率いて日向を出発したと記紀にあるが、一定数の兵員で構成する軍団を組織しなければ他国に侵攻などできない。食料・飲料水などは遠征の先々で現地補給ができるが、戦闘で消耗した兵員や武器の補充は不可能と言ってよい。本国からの補給なしで大遠征を果たすことなどできるものではなく、兵站と倭王の征服戦略とが無関係であるはずがない。神武東征は、本隊とは別に組織された遠征軍による近畿侵攻作戦であったと考えるのが妥当である。神武天皇は瀬戸内海及びその沿岸地域を通過しているのであるから、そこに拠点（集落）を持つ豪族たちが待ち構えていれば戦闘が発生し、侵攻の刺激を受けて武器を揃えた豪族たちもいたはずで、その痕跡が鉄鏃として出土していると見てよい。

神武天皇が別働の遠征部隊と考えれば、最初の倭王は倭人のみならず東鯷人の全ての国を征服することを戦略的目標に置いていた、ということになる。にわかに信じ難いかもしれないが、これを裏付ける資料がある。宋書である。倭王武が南北朝宋へ「昔より祖先は自ら甲冑を着け、山川を跋渉し、安らかに暮らす暇なし」と上表しているのは、倭王たちが長期戦略に立ち、日本列島統一の意思を代々継承し、倭国の歴史を刻んできたことの表れなのである。

弥生中期（前一五〇〜一〇）の鉄鏃は、北部九州から近畿まで及んでいるが、本州のそれは疎らであり、北部九州に密集している。

この時期は倭王が北部九州を制圧した時代で、吉武高木遺跡と筑前の金隈遺跡から出土した夥しい甕棺と受傷痕を残す甕棺の存在は、激しい戦いがあったことを示しており、その痕跡である鉄鏃が数多く出土するのは当然と言っていい。博多湾岸地域の征服は一一〇年間にわたって行われ、激しい戦闘が行われた時期もあったろうから、勝者の倭国であっても人的・経済的な損失が大きかったことは想像に難くない。漢では、長く戦闘が続くと国が疲弊し混乱を招くので一度兵を休め国力回復に努めるのが歴史的事実である。倭王は、古くから中華王朝へ頻繁に朝貢していたのであるから、当然、このことを知っていただろう。筑前を制圧した後には兵を休め、国内の社会基盤を整備し国力の充実をまって、筑後・瀬戸内海沿岸地域への遠征を企画したと考えられる。

国力回復には、後の新羅や百済では二〇年〜三〇年を要しているので、これを参考にすると、次の遠征準備が整うのは前一〇年〜一年頃となる。倭王はその後、遠征を再開するが、瀬戸内海内陸部・南部九州を残しながら概ね倭人の国々を支配下に置いたのは「漢倭奴国王」であるから、五〇年頃には征服地域を加えた政治機構や行政機構等の構築を終えていたである。

次の倭王は、最後に残している南部九州の征服にとりかかる。時代は「弥生後期中葉」である。九州の地形は、筑後と肥後の間に九重連山が、肥後と薩摩の間には九州山地が立ちはだかり、北部九州から南へは簡単には侵攻できない。また、平地が少なく黒ボク土に覆われ農業生産に向かないので、集落は盆地や海岸部に点在し、海路での遠征となる。このため、兵站が容易でなく、大軍をもって一機に征服する戦術が適用できないこともあり、最後の征服地となったのだろう。

景行天皇の遠征譚では、最初に周防の娑麼《さば》（防府市）に遠征の拠点を築き、船団を組んで宇佐に上陸し、転戦しながら京《みやこ》（行橋市）へ達する。そこからは山地を避けて海路をとり、途中の豪族を評定しつつ日向に達する。ここにベースキャンプ（高屋宮）を設営し襲の国を評定した後、葦北（水俣市）に抜け、そこからまた海路で進み阿蘇国を評定し、自国領内の御木に凱旋している。南部九州の地形的環境がよく反映されている。南部九州の遠征譚は、兵站を含んだ計画的・戦術的な行動が見て取れ、実在を疑えないのである。また、速見（別府市）から日向（日向市）まで海路をとるには、途中の豊了海峡が難所で潮待が必要であり、少なく見積もっても三日はかかる。嵐と遭遇すればさらに数日を要する。また、鹿児島・宮崎は台風の常襲地域であるから、遭遇すれば船団は壊滅的被害を受ける。倭王は東海岸の海路を熟知し、かつ、台風を予見できたとしか思えない。計画性と予見能力を持っている同時代の王と言えば平原女王しかおらず、この王こそが、倭人の国を統一した「倭国王帥升」なのである。

一方、大和朝廷の日本国統一は、神功皇后と景行天皇によってなされたとしている。何故神功皇后かといえば、魏志倭人伝は、卑弥呼が倭国の女王として君臨していたことを事実として伝えており、無かったことにすることはできないからで、卑弥呼に見合う人物として神功皇后を選び、巫女（神を憑依できる）としての能力を持った女王に仕立て、かつ、北部九州の征服譚に仕上げたのである。また、景行天皇は、自ら遠征して南部九州を評定しただけではなく、皇子の日本武尊を遣わせ、熊襲征伐では瀬戸内海や大阪湾岸地域、蝦夷討伐では信濃国、越国、甲斐、武蔵・上野、駿河をも完全に制圧している。この二つ一連の事績は、大和朝廷が遠征によって初めて日本列島の統一を達成したことを伝える内容となっている。記紀ではさらに念を入れ、日本武尊が凱旋途上の鈴鹿で無念の病死を遂げるのを加筆して、伝承的な物語に仕上げ、景行天皇の事績を強調している。無理はあるが女王の性格を通じて卑弥呼を神功皇后で置き換えが成功したとしても、どうして、日本列島統一譚を景行紀に持ってこなくてはならなかったのか。

最初の遠征を行った崇神天皇は「御肇国天皇」と呼ばれているのであるから、彼を統一天皇とするほうが相応しい。それでも、この時代は景行天皇でなければならない事情があった、としか考えられない。

日本列島の統一となれば、奈良盆地を越えて広く戦闘が行われたと誰しもが思う。弥生後期は、九州・中国四国・近畿のほぼ全域に鉄鏃が出土するのであるから、激しい戦闘が各所で起きていたのは事実である。ここに、南部九州遠征（八一〜八九）をもってくれば、「倭国王帥升」の朝貢（一〇七）より二〇年程前の差でしかなくなり、統一後に後漢へ使者を遣わしたのは倭国ではなく大和朝廷で、国際的な国家として認知された、とすることができるのである。しかし、その事実を示す記録を、大和朝廷は持ち合わせていない。実際には遠征などしていないし、後漢へ朝貢の事実もないのだから。日本書紀の編纂者たちは、倭王が南部九州を征服し倭国を建国した事実を、大和朝廷の全国統一の事績とするしかなく、その時期に重なる景行天皇の統一事業にすり替えざるを得なかったのである。

「弥生後期後葉」に入ると戦乱は一気に終末を迎える。「倭国王帥升」と卑弥呼の間には男王（前男王）が即位し三五年〜四〇年（一年暦）で退位する。その後、後継者を巡って内乱が発生し、卑弥呼が女王として共立されるのが二〇五年の頃である。卑弥呼が女王に即位した時代の倭国は、東鯷人の国に押されており、その中心に狗奴国の卑彌弓呼王がいた。卑彌弓呼は手強く、倭国大乱で圧迫が弱まったことを好機とし勢力範囲を西に伸ばしてきたのである。

大和朝廷は、卑弥呼と同時代に崇神天皇（在一五二〜一八五：一年暦）が近畿の周辺部を侵攻していたが、完全に支配するまでには至らなかった。垂仁天皇（在一八六〜二三五：一年暦）の時代に入ると、銅鐸文化圏の東部周辺を征服し中枢部に達する勢いとなり、東西から狗奴国を挟撃する体制が整った。

古墳初期（三〇〇年頃）、卑弥呼の後を継いだ壱与は、大和朝廷と連携し銅鐸文化圏への侵攻を開始する。大和朝廷に背後を突かれた狗奴国は大いに混乱し、その隙をついて壱与の倭国軍が突入し、中枢部の摂津を制圧したと考えられる。吉武高木王が前二〇〇年頃に日向峠を越えて遠征拠点を築いてから、約五〇〇年を経て、ようやく目的を達成したのである。大和朝廷は、奈良盆地へ侵入してから一大勢力を築き、日本列島を大きく転換させる力となり、倭国の近畿遠征軍として役割を果たしたのである。

王墓の被葬者

王墓の被葬者については、倭王の逝去年と王墓の築造年とが重なれば、同一人物と確定できるが、即位年代と王墓築造の推定実年代にそれだけの精度がないので、関連する要因で補強する必要がある。王墓の築造年については、副葬された銅鏡の推定実年代（流行年代）を基本としたが、評価の年代誤差は四〇〜五〇年以上とはならないであろう。

倭王の逝去年は、退位年と同じと考えてよいので、どちらか判明すればよい。中華王朝の正史を介し、朝貢や使節が訪れた時の実年代を知ることができるが、王の履歴や在位に関する基本情報に限りがある。「卑弥呼」や「壱与」は魏志倭人伝で詳細が伝わっているのである程度の履歴を知ることができるが、記録が少ない倭王の在位についてはどう推定すべきか。朝貢や関係事績から得られる実年代を基に、歴代で在位に矛盾が生じない程度の仮定を加え、詳細な点まで説明できないにしても、概定することはできる。四章と多少重複するが、改めて歴代倭王の在位を追跡してみる。

中華王朝の正史から知り得る情報として、朝貢の他に王位の中断や騒乱等の年代が多いほど在位の推定精度が向上するが、倭国大乱（一四六〜一八九）による王位の中断は重要である。中断前には、「漢倭奴国王」、「倭国王帥升」及び卑弥呼の「前男王」がいる。倭国大乱は王位継承に起因するので、大乱の始まりが前男王の退位と重なることになる。そこで、一四六年を基準とし、在位年数を三五年として倭王たちの在位期間を推定（逆算）してみる（図6－15）。

・**前男王**

前男王の退位直後に倭国大乱が勃発するので、退位した実年代は大乱開始の一四六年頃である。在位年数を三五年とすれば、在位は一一〇年～一四六年である。

・**倭国王帥升**

「漢倭奴国王」の次の王で、銅剣銅矛文化圏を完全に支配下に置いた。前男王の即位年を一一〇年とすれば、在位は七五年～一一〇年頃であり、朝貢（一〇七年）と年代は整合している。

・**漢倭奴国王**

一部を除く銅剣銅矛圏の国々を征服（五〇年頃）し、倭国を建国した王である。「倭国王帥升」の即位は、七五年頃と推定されるので、在位は

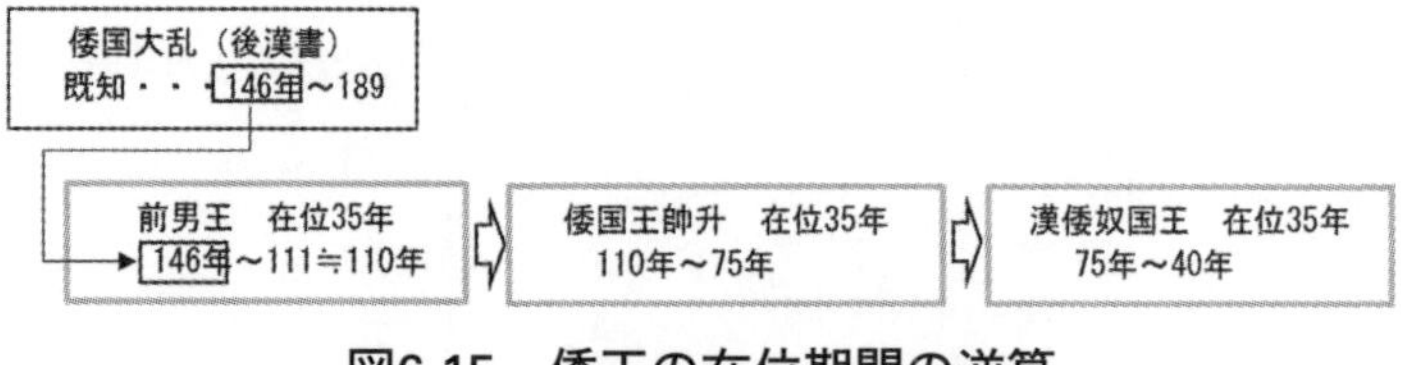

図6-15　倭王の在位期間の逆算

四〇年～七五年頃であり、印綬（五七年）とは整合する。

倭国大乱後は「卑弥呼」が共立されて女王となり、次に「壱与」が王権を継承する。二人の女王の在位については、既に推定しているが、概略を記す。

・卑弥呼

卑弥呼が即位した年齢は、壱与の即位年齢が七歳（一年歴）であったことを参考にすると一〇歳前後とみられる。「親魏倭王」の印綬を受けた二四〇年は三五歳位であったので、即位年は二一五年頃となる。卑弥呼は、二四七年に魏へ狗奴国との戦いの戦況報告を行っており、その後逝去している。したがって、在位は二一五年頃～二五〇年頃であろう。

・壱与

壱与は、三〇〇年頃、日本列島を統一した倭王と考えられる。卑弥呼の死後に再び王位継承不服とした内乱が起こり、壱与が女王に共立され泰始元年（二六五年）に西晋へ朝貢している。この時の朝貢は、西晋建国の祝いと国交の継続を期待してのことだろうから、短期間で実施するべき課題であった。卑弥呼の死後、内乱が起きたということは、卑弥呼時代の政治を良しとする首長が多かったのである。女王壱与も、当然、同じ政治方針をとったはずで、朝貢はすぐに準備でき西晋に使者を遣わせることができたであろう。したがっ

表6-3　歴史上に現れる倭王の在位（推定）

王	在位期間（年）	推定条件
漢倭奴国王	40　～　75	後漢朝貢57年を含む35年間在位
倭王帥升	75　～　110	後漢朝貢107年を含む35年間在位
前男王	110　～　146	倭国大乱開始が退位年で35年間在位
卑弥呼	205　～　250	魏志倭人伝の記事に準拠
壱与	265　～　300	倭国相伐後即位してから35年間在位

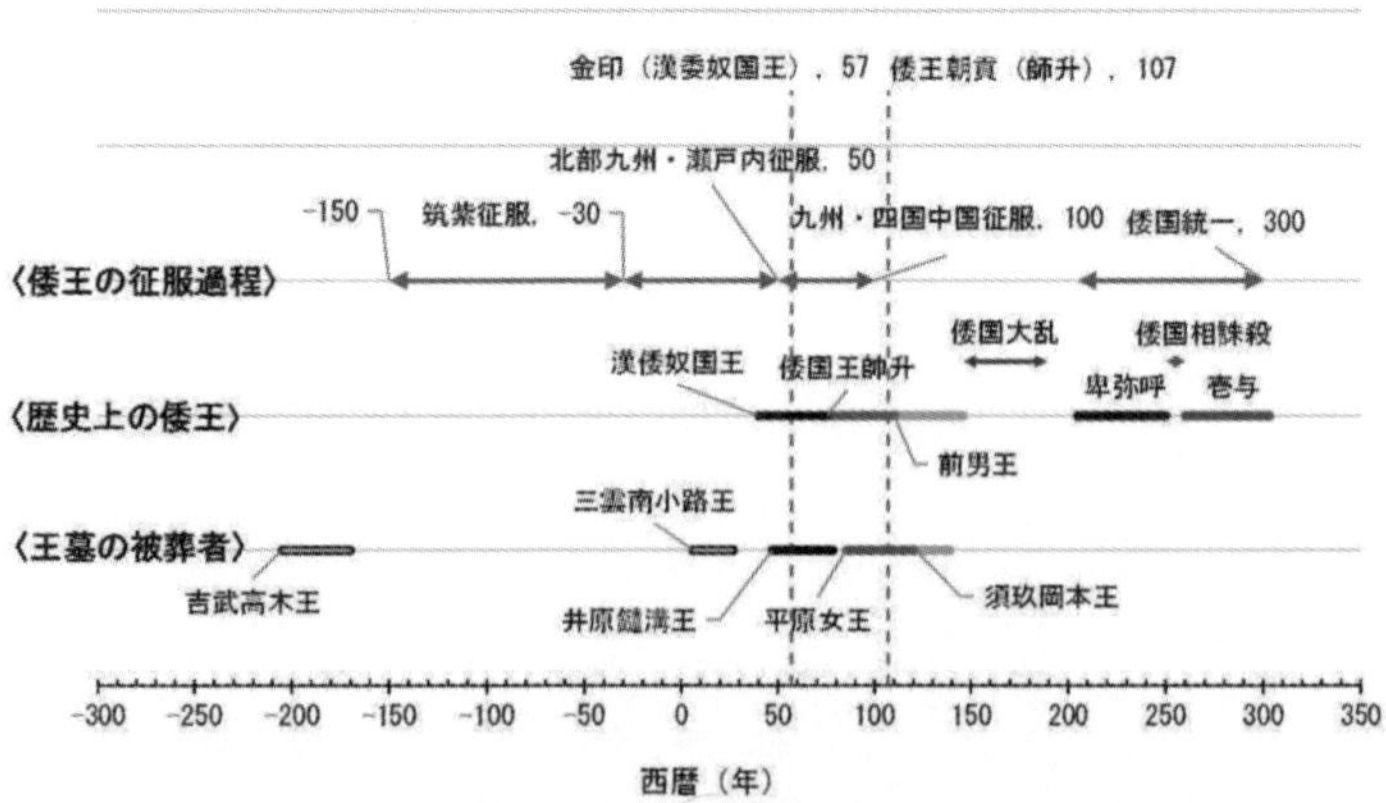

図6-16　歴代倭王と王墓被葬者の在位比較

て、即位は二六五年頃で在位年数を三五年とすれば、在位は二六五年～三〇〇年となる。

以上のように、歴史的な事績を追跡することで、概算ではあるが倭王の在位（年代）が得られるのである（表6－3）。

何度も言うことになるが、糸島・筑紫には三種の神器が副葬された王墓が出土しており、歴代の倭王のものであることは間違いない。王墓については文字情報が全く残っておらず、築造の年代だけが被葬者の指標なのである。中国正史の朝貢記事や東夷伝にある倭人・倭国の国情を表した記事からみて、「漢倭奴国王」

から「壱与」まで、王不在の時代があるが網羅されているので、いずれかの倭王に重なる王墓があるはずである。この視点で両者の在位を比較してみる（図6－16）。

吉武高木王は、まだ倭人の国として中華王朝の正史や内外の歴史書に出現しない時代の王であるから、歴史上の倭王に該当しない。王墓の被葬者は、前漢の始まりと同時代の王で、吉武高木に大規模な軍事拠点を構築し、ここから日本列島の征服を始めた、倭国の始原の祖なのである。三雲南小路王は、皇后と思われる甕棺と一緒の墳墓に埋葬されており、副葬品の豪華さでは弥生時代の最高位にあるといってよい。そのためか「漢倭奴国王」の墓とする説もあるようだが、やや年代を遡るので歴史上の倭王とは違うように思われる。また、卑弥呼及び壱与は弥生終末から古墳初めに在位した女王で、王墓群より五〇年以上後に出現した倭王であり、王墓の築造年代から大きく外れる。比較対象のできる王墓は井原鑓溝王墓、平原王墓及び須玖岡本王墓の三か所である。

（1）井原鑓溝王墓

井原鑓溝王墓は「漢倭奴国王」と重なる。糸島の三雲・井原地域は、王墓や親族（または臣下）と思われる甕棺墓が数多く出土する地域で、倭王の拠点（都）が置かれていたと言われている。同地域には築造年代が連続する三雲南小路王墓、井原鑓溝王墓及び平原王墓があり、出自は同族であったと考えるべきである。倭国の征服の過程では、三雲南小路王は一〇年頃に北部九州を討伐した後、瀬戸内海沿岸地域に圧力をかけている最中の王であり、井原鑓溝王は倭人の国々をほぼ支配下に置いた王の年代に相当する。東夷の国が後漢に冊封されるには、国家体制をなしていることが必須であるので、この点からも井原鑓溝王墓の被葬者は「漢倭奴国王」に違いない。

(2) 平原王墓

平原王墓は、伝えられている墳墓の形状や副葬品の豪華さ、特に、銅鏡の種類と数が際立っており、卑弥呼の墓であると言う歴史家もいる。出土した銅鏡は一般的な直径一一cm程度〜四六cmまでの大きさを揃え、しかも、国内製作された鏡が殆どであり、祭祀に使われたことは明白である。墳墓や遺構は太陽の動きを意識した配置となっており、霊能者（巫女）による卜占が行われていたことを想像させ、卑弥呼が行っていたという鬼道のイメージに合致している。しかし、年代は卑弥呼より一〇〇年程早く、同一人物とは考えにくい。平原王墓の年代は「倭国王帥升」の在位期間に相当する。

「倭国王帥升」については、一般に帥升を倭王の名としているが、朝貢で倭王が自ら後漢の宮殿へ出向くことなどないのだから、「倭王が（後漢へ）遣わせた帥升を代表とした使節一行」と解するしかない。中華王朝へ朝貢する際には、国名と王の名を伝えるのが通例とされているが、後漢書の建武中元二年（五七）及び安帝永初元年（一〇七）の朝貢には倭王の名がない。

この点については、倭国は漢字が普及しておらず、倭国の情報を後漢側へ正確に伝えることができなかったと推察できる。このような中で、編者の范曄は一〇七年の倭王に新たな情報として「帥升等」を書き加えたのだろう。後漢書には倭王の個人情報がなく、朝貢した倭国王が女王であったか男王であったかは、わからない。

「倭国王帥升」が後漢に朝貢したのは、九州・四国・中国にあった倭人の国を完全に統一し、倭国王として表敬訪問しこれを報告するためであったであろう。この時の倭国王に印綬がないのは、「漢倭奴国王」と同じ国の王であり既に倭国を東夷の国家として認めていたからである。

平原女王は鉄刀を抱いて葬られ、多くの銅鏡と多数の玉が遺骸の周りに配されていた。その姿は、巫女というよりは「戦う女神」であり、倭国統一を指揮した王に相応しいものがある。であるがこそ、一五〇年後の倭人たちは偉大な女王が倭国統一に導いた時代を思い、その再来を卑弥呼・壱与に託したのではないだろうか。女王たちが宿敵の狗奴国と戦いこれを撃破して日本列島を征服したことを思うと、歴代倭王の強い意志を感ずるのである。

（3）須玖岡本王墓

卑弥呼の前男王は、遠征を行っていない。それまでの遠征や戦いによって消耗した国力を回復するため、遠征を中断して経済力の増強や生活基盤の整備を目指したと考えると、それを示す施策の結果は遺跡群に現れるはずである。

須玖岡本王墓は、春日丘陵下端にあり宮殿も近傍にあったろう。春日丘陵には、全域に当時の先端技術工房群とこれを支える人々の住居があったことがわかっており、糸島の王墓群と風景を異にしている。また、工房群の周りに深い溝（環濠）を構築しているところを見ると、この地が倭国の最重要地域であることを窺い知る。

須玖岡本から下流は御笠川と那珂川に挟まれた微高地が広がっているが、ここにも弥生後期の密集した住居・工房の遺跡群（比恵・那珂遺跡群）が出土しており、近年、遺跡群を縦断する幹線道路跡が発掘されている。幹線道路は弥生終末から古墳初めの遺跡と言われているが突然出現するわけがなく、弥生中期には須玖遺跡群、比恵・那珂遺跡群、博多遺跡群が存在しており、地域を縦断的に繋ぐ道路が既に存在していたと考えてよい。弥生後期には、生活・生産・流通の基盤が整備されていたのである。須玖岡本王は、この地を王都とし政治力に加えて経済力のある王として君臨していたに違いない。

長期の戦争によって人的・経済的損失が続いていたならば国力が消耗し、このような大規模な基盤整備などできない。須玖岡本の発展は、遠征の中断と大きな関係を持っている。倭国統一を指導した歴代倭王の中で、遠征（他国への侵攻）が中断しているのはこの王しかいないのであるから、王墓の被葬者は前男王なのである。

遷都

魏志倭人伝では、「倭国は一〇〇余国あったが卑弥呼の時代には三〇か国に統合され、その中に邪馬壱国、伊都国及び奴国がある」と記されている。また、「邪馬壱国には倭国の女王がいて、伊都国は倭王の直轄地で一大卒を置いていた」とも伝えている。しかし、妙な記事である。倭王は三雲・井原にいたはずであるが、邪馬壱国に倭王の都があると言っているのだから。この理由については、倭王の征服行動と王墓の位置関係で整理すると、明確になる。即ち、一〇〇年頃、倭人の国は倭国王帥升（平原女王）によって統一される。倭国王帥升までの王墓は糸島にあるので、都は三雲・井原にあったと言うしかない。須玖岡本王墓は春日にあるのだから、前男王の時代には王都が博多湾岸に遷都していた、ということである。

前漢の武帝は匈奴討伐（前一二九～前九九頃）を開始し、漢の支配域が膨張し始める。後漢では光武帝の匈奴討伐と西域進出が進められ、九五年に遠征軍総司令官の班超がローマ帝国へ使者を送るなど、漢の領土が歴史上最大となる。この時代、高句麗はまだ成立していないので、皇帝の目が東夷に向いていない。漢が西域拡大に目を向けている間に「糸島の倭王たち」が倭人を統一し、日本列島統一までの第一段階を達成したことは、実に幸運でなかったか。倭国王帥升の次に即位した前男王の時代に入っても、変わらない国際環境が続いており、倭国が侵攻（遠征）を一旦休止することの条件が揃っていたのである。

須玖岡本がある御笠川と那珂川との間の流域は、弥生遺跡群が集中し歴史的な痕跡を残す遺

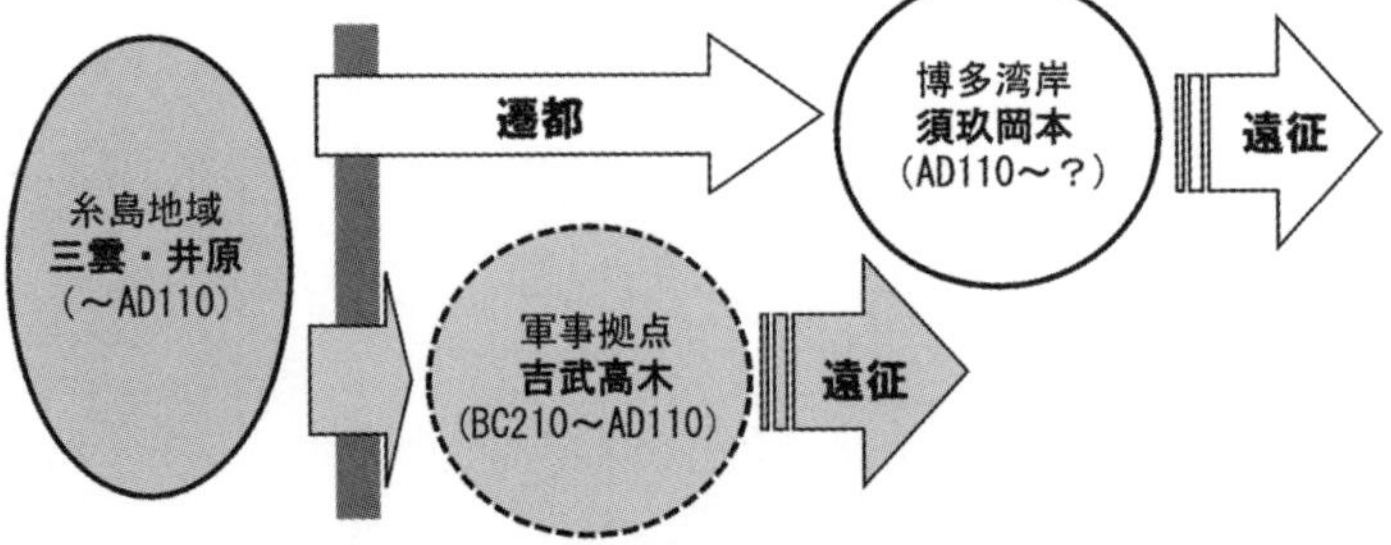

図6-17　遷都、糸島から博多湾岸へ

物も多く出土する地域で、全国レベルでも他を圧している。この地域には、青銅工房や鍛冶工房があり、武器や祭器を生産して九州や中四国地域へ供給し、また、ガラス製品等の生産拠点があり、高価な装飾品を流通させていた。工房の隆盛は古墳時代まで継続している。このような生産拠点は、資源・資材の供給が受けやすく、人的資源が得やすい条件を整えないと成立しない。また、外敵の侵入、略奪から守りぬく軍事力が必要であり、行使できる国家の存在が背景になければならない。須玖岡本王墓はこの地域の唯一の王墓であり、被葬者の前男王は「三雲・井原」から「須玖の丘」へ遷都した倭王であることに矛盾はない（図6－17）。

伊都国の役割

倭国の始源の地である糸島は、地域的にイト（平野部）とシマ（湾岸部を含む半島部）に分かれていたが、王の都はイトにあったと言われている。魏志倭人伝では、「一大国（壱岐）から末盧国（唐津）に上陸し、五〇〇里進むと伊都国に到着し、そこから東南方向一〇〇里に奴国がある。」と記している。この時代は「国境線」という概念は希薄であるから、距離は国境間では測れない。関所や宮殿など特定の施設や場所で距離を表すしかない。この点に注意して記述の意味を整理すれば、末盧国から海岸沿いに五〇〇里の距離を海岸沿いに進むと伊都国があり、国を接して奴国があると言っている。地政学的に理解するならば、「シマ地域」が伊都国、「イト地域」が奴国にあたる（図6－3参照）。弥生後期中頃には、糸島地域は二つの国に分かれていたのである。それでは、糸島地域を二つの国に分けたのは誰だろう。

倭国大乱が終息して、卑弥呼が即位するまで約一五年間の空白がある。おそらく女王共立までの調整期間であったのだろう。そのような状況では、卑弥呼に国の体制を一変させることを期待されていたとは考えにくい。卑弥呼の時代には、既に二つ国があったのである。考えられるのは卑弥呼の前男王である。前男王は、歴代倭王がいた糸島地域から首都を博多湾岸地域に移せるほど臣下の首長たちを圧倒する力を有していたのだろうが、それは国内が騒然とするほどの大事件でもあったはず。

倭国大乱は王位継承に起因しているのであるから、争いには各国の首長や有力豪族たちも参加した。争いを起こした勢力は、前男王に反目する関係にあったからこそ大乱となったのである。糸島地域の倭王一族や唐津湾岸地域の首長たちは、遷都に対して当然不服であったはずで、大きな反目勢力となったのではないか。この一端を魏志倭人伝で知ることができる。それは、「伊都国には外交窓口（点検・照合）と特別な一大卒を置き邪馬壱国から北の諸国を検察していた。」という記事である。一大卒については既に記したが、倭国全体が対象ではなく限られた地域の国々を検察する一団がいたのである。この時代、朝鮮半島にはまだ確たる国家が出現していないので、唐津方面から侵攻してくる外敵は考えなくてもよい。実際、防人（防衛軍）は配置されていない。一大卒は、諸国の検察が目的であると言うのであるから、狗奴韓国・対海国・一大国・末盧国・伊都国・奴国・不弥国までの国々を監視するための軍隊であり、歴代倭王がいる国も含まれることになる。しかし、歴代倭王がいた国を監視下に置くような政治体制が起き得るのだろうか。

大陸の古代国家である殷（前一六〇〇～前一一〇〇）と殷王朝を滅ぼした周（前一一〇〇～前二六五）は、いずれも祭祀儀礼を根幹とした国家体制としていた。殷代前期の都は二里岡に置かれ鄭州《ていしゅう》商城《しょうじょう》と呼ばれ、そこから西へ約84km離れた偃師《えんし》区に副都市として偃師商城が建設されている。殷は、軍事力をもって前王朝である二里頭文化の王朝を征服したが、前王朝の人々は、高い政治知識や豊富な青銅器の製作技術を持っていたためこれを支配下におくこと、王朝の軍事力を警戒すること、等から前王朝の王宮を監視する副都を建設した（落合淳思二〇一五）。副都は、二里頭遺跡と川を挟んで東7・3kmに偃師商城を建設したが、一時間程度で軍を到達させることができる目と鼻の先であり、前王朝への圧迫は心理的にも大きかったであろう。

倭国は、魏志倭人伝にあるように占卜儀礼が国家の根幹になっており、倭王と支配下の国々とは共立関係にあって間接統治と言ってよく、その点で殷・周の国家体制に似ている。それは、古代より中華王朝に朝貢してきた倭人が、殷・周から伝えられる祭祀儀礼の文化を北部九州に持ち帰ったことを記すものであり、副都の存在も知らぬはずがない。

唐津には国際港があり、大陸との往来や貿易の拠点として機能していた。糸島半島の湾岸部には青銅・宝石・硯などの製造技術を持つ工房群があり、国内各地や大陸・朝鮮半島と交易する港がそこにあった。糸島と唐津は交易の回廊を形成していたのである。また、三雲・井原には都があり歴代の倭王がいて、これまで培ってきた政治・経済の知識が蓄積されていた。国際国家となった倭国は、外交・輸送の安全を確保することが優先課題であったことに加え、須玖岡本の基盤整備には糸島の政治・経済及び工業生産技術が不可欠であった。また、糸島の都を護る兵力も侮れなかったろう。遷都時点の環境は殷の副都建設と似た条件下にあり、都を博多湾岸に遷都するには、糸島を管理下に置く必要があったのである。

前男王はどうしたか、歴代王朝がある三雲・井原と富をもたらす軽工業地帯・交易港のある湾岸地域を切り離したのである。その上で副都を建設し、交易の回廊を直轄で管理したところに前男王の政治的手腕を垣間見るのである。

国際的な外交・貿易の窓口があり検察を置く行政拠点には、指揮権を持った信頼できる人材を配置する必要がある。これに官吏・兵員を合わせて一〇〇〇人程度いれば十分機能を果たす。しかし、新たな国を創設し、そこに王とする人材を登用することなどできない話である。前男王は、糸島の地勢と産業構造を見極めた上で、糸島湾岸地域を独立させて伊都国（副都市）とし、そこに歴代倭王の系譜から人材を登用して王に据え、奴国を牽制した、と考えると伊都国の必要性と役割が理解できる。

卑弥呼が女王に即位してもなお伊都国が継続した理由はなにか。倭王として備えねばならないのは、首都防衛である。仮に、大陸から北部九州へ侵攻しようとすると、対馬、壱岐を経て唐津に上陸し、海岸沿いに進めば王都へ一直線で達する。唐津から糸島までの交易回廊を整備することは、首都防衛の弱点にもなるのである。

少し遡るが、前男王の時代から既に始まっていた後漢の崩壊は、周辺地域の支配力を低下させ、朝鮮半島内にも自立の動きが出始めていた。後漢は黄巾の乱（一八四）により社会の動揺が始まり、霊帝の崩御とその後継を巡って内乱となり、社会は一層混迷する。やがて魏・呉・蜀が鼎立する三国時代（二二〇～二八〇）に入り、魏は朝鮮半島の支配を事実上放棄した。この時期を待っていたかのように、玄菟郡の太守であった公孫氏が遼東郡支配し、二〇七年頃には朝鮮半島南部にまで及ぶようになる。大陸や朝鮮半島から倭国への侵攻勢力が眼前に迫っていたのである。このような時代に遭遇していた卑弥呼は、唐津から糸島の守備と背振山地系の峠を関門とした防衛体制を築く必要があり、前男王の交易回廊守備を首都防衛体制に組み込み、結果として、副都体制を継続させたのである。これが、魏志倭人伝が伝える邪馬壹国の実像なのである。

第七章　神武東征

1　東征の実像

東征の動機

古事記の神武天皇は、高千穂宮で兄弟と合議し東征を意思表示するが、動機は「(誰からも指示されず）自ら支配できる新たな国へいく」ことである。日本書紀では、「瓊瓊杵尊《ににぎのみこと》が天上から降臨してから地上は良い世界になったが、まだ安定しない地域があるのでそこを評定し、新たな世界を造る。行き先は、饒速日命《にぎはやひのみこと》が天上界から降りて住んでいる国があるので、その地を獲得する。」が東征することの動機である。しかし、記紀は、神武天皇が置かれていた背景を全く記していないので、東征の必然性が見えてこない。もう少し読み進めてみる。

神武天皇は、最初に草香村（日下）に上陸を敢行する。草香村を上陸地点に選んだのは、背後の生駒山地を越えるとすぐに奈良盆地の中枢へ達する地形的な要衝であったからに他ならない。その要衝で待ち受けていた長髄彦《ながすねびこ》（古事記は「登美の那賀須泥彦」）の兵力が強大であったがために、東征軍は多大な損害を被り、退却を余儀なくされるのである。そこで、神武天皇は迂回作戦をとり、熊野から奈良盆地へ侵入しようとする。そこには居住する多くの豪族がいて戦いを挑んできたが、神武軍は多様な作戦を駆使してこれを突破した。奈良盆地へ突入してからも戦いを有利に進め、再度、長髄彦と戦うが勝負がつかず、饒速日命が投降して戦いが終わっている。
　こうしてみると、神武東征とは軍事作戦であり、日本書紀が戦歴をより明確に描いているのである。軍事作戦であるならば、敵を定め、敵地を攻略するための戦略と戦術がなければならない。東征は日向を出発地とするのだから、神武天皇は銅剣銅矛圏にいた倭人の一族である。目的地が内国（奈良盆地）とすれば、敵は近畿の銅鐸圏にいる東鯷人である。これを背景にすれば、神武東征は次のように分析できる。

近畿は天照大御神（銅矛銅鐸圏）に従わない地域であり、そこでは豪族たちが自分の勢力範囲（境界）を競っており、饒速日命がいる内国（奈良盆地）がその中心である。東征の戦略的目標は、内国を征服することであり、遠征によって饒速日命を王とする長髄彦を討ちとり、従わせるのが戦術的な目標である。

　日本書紀には、「天神の一人であった饒速日命は天磐船《あめのいわふね》に乗って天降り、降り立った地が国の中心である」、とある。原文には「国の中心」を「六合之中心」と記しており、六合が天地四方の意味でその中心にあると、解されている。具体的には、「大八洲」の中の日本豊秋津洲が本州で、そこに位置する奈良大和が「国の中心」である、と言うのが歴史学会の定説である。橿原宮に、神武天皇が祀られている事実があるから、そう言えるのだろう。しかし、記紀にこれを比定できる証拠はない。

本来、神武天皇は九州の出自なのであるから、神代は倭人の地域を対象とした創世記でなければならない。古田は、伊弉諾尊《いざなぎのみこと》・伊弉冉尊《いざなみのみこと》の国生みの説話にある「大八洲」の「洲」は「クニ」を意味し古地名で呼んだものである、と喝破し、筑紫を中心として東限が淡路島であり、銅剣銅矛文化圏の東限と一致することを解析的に見出している（古田武彦二〇一〇）。「国の中心」に豊秋津洲《とよあきつしま》を置くのは、神武東征時代からはるかに下った平安時代の景色であり、東征の妥当性を位置付けるため、奈良大和を「国の中心」にしたのである。「国の中心」さえ押さえれば、地上（日本列島）を征服できるという基本的な思考をそこに見る。

天照大神の孫である瓊瓊杵尊は、大国主命の出雲禅譲により地上の全てを支配した。同じように神武天皇が饒速日命の禅譲により「国の中心」を奪取した。記紀によく見られる権力移譲の考え方であり、後年の編纂者が新たに挿入したのであろう。軍事的な遠征であった神武東征は国譲りに置き換えられ、真の意が俄然変わったのである。

時代背景

歴史学的及び考古学的に見て、弥生時代の北部九州は経済的・文化的に他を圧倒しており、糸島地域にその中心的な存在があったことは間違いない。糸島の三雲・井原にいた王が日向峠を越えて早良平野へ進出して吉武高木に戦略的拠点を構築し、これを起点として博多湾岸地域へ侵攻、その後、筑後川東部地域を征服して北部九州を制覇した。さらに瀬戸内海沿岸地域に侵攻した後、南部九州を評定して倭国を樹立した。倭人の住む地域では、倭国成立をかけて侵攻と征服が弥生前期末～弥生後期初にあったのである。この戦いの歴史の中で、東征が吉武高木に戦略的拠点を築き東へ侵攻した時代と同時代に行われた征服行動であるとすれば、神武天皇とその一族だけの問題ではなくなる。

神武東征は、倭国統一ための戦略として企画された戦役なのである。

日本書紀の神武東征では、筑紫から難波までは二年半（一年歴）、古事記では約八年（一年歴）かかっている。東征軍は、瀬戸内海沿岸地域の豪族を制圧しながら近畿へ向かった、としか考えられない。後に倭王は、東鯷人と激しい戦いを繰り返すことになるが、これに備え、瀬戸内海を掃海し海路を定めた可能性も無視できない。神武天皇は瀬戸内海沿岸地域を制圧し、補給（輸送航路）を確保しつつ軍を河内湖に到達させたのである。東征は倭国の戦略上で重要な侵攻作戦であったと見てよい。したがって、この遠征戦役を指揮できる人物は、信頼ができ身分の高い豪族が相当するのであって、神武天皇は倭王と同族ではないかとも考える。

神武天皇は奈良盆地の戦役に勝利しているが、その後、糸島へ凱旋した形跡は記紀にはない。行ったきりなのである。記紀の性格からして当たり前といえるが、それでも戦役の勝利は名誉なことであるのだから、発地の日向へ報告する記述があってよい。ないのは、奈良盆地を完全制圧できなかったことの他に、さらに近畿全域・東方へ進軍する意図があったからではないか。

神武天皇は、東部方面の総司令官として、奈良大和に倭国の橋頭堡（橿原宮）を築いた、とするのが東征の帰結であろう。

東征経路と問題点

神武東征は、古事記（七一二年）と日本書紀（七二〇年）の両方にある。一連の事績は物語風で天皇記の中でも大きく割いて書かれており、記紀の中でも重要な役割を果たしている。この東征経路について、戦記の順に進軍地点を整理してみた（表7－1）。

東征軍の経路は、筑紫から船で瀬戸内海を通り、途中で補給を行いつつ、吉備国に到達するとその地に高島宮を置く。この地から軍を整え船団を組んで一気に難波碕《なにわのみさき》（浪速之渡）を目指して航行し、そこから河内湖へ侵入して白肩津《しらかたのつ》に上陸を敢行するのである。白肩津とは現在の東大阪市日下町付近と言われている。

東征の発地は、古事記では高千穂宮がある日向とある。日本書紀は起点を明記していないが、東征経路を追うとどうも九州らしいという理解となるが、何故このような回りくどい記述としたのか。日本書紀は、日本国には天皇がいて、全ての政を担い律令制をもって君臨する独立国であることを内外に発信することを目的に編纂した、と言われている。当時、倭国は唐軍に果敢に挑んだが、白村江《はくすきのえ》の戦いに大敗し筑紫は唐軍に占領（六六四年～六七二年）されていた記憶が生々しく、倭国と別の国であることを強調するための政治的判断であえて明記しなかった、

表7-1　神武東征の進軍地点

■古事記

高千穂宮で東征を議る➡日向➡豐国の宇沙➡竺紫の岡田宮で1年間滞在
➡阿岐国の多祁理宮で7年間滞在➡吉備の高島宮で8年間滞在➡速吸門➡浪速之渡
➡青雲の白肩津（日下の蓼津）、上陸し待ち受けていた登美の那賀須泥毘古と激戦になり五瀬命負傷
➡南の方へ旋回し渡海➡紀国の男之水門（男水門）、五瀬命が死亡（紀国の竈山に埋葬）➡熊野村➡吉野河之河尻（八咫烏）➡宇陀（兄宇迦斯を殺す）➡忍坂大室（土雲八十建を殺す）➡兄師木・弟師木を殺す➡邇藝速日命・登美毘古降伏➡全ての荒ぶる神々評定➡白檮原宮を造営

■日本書紀

10月東征合議の地から遠征に旅立つ➡速吸之門➡筑紫国の宇佐➡11月筑紫国の岡水門
➡12月安芸国の埃宮➡翌年1月吉備国の高嶋宮に滞在し3年かけて渡海準備、2月進軍開始➡難波碕➡3月河内草香村白肩津（川を遡上）に上陸
➡4月竜田➡生駒山➡孔舎衛坂で激戦（五瀬命負傷）➡草香村津（蓼津）に退却
➡5月茅渟の山城水門（五瀬命戦没）➡紀伊國竈山➡6月名草村（女賊評定）➡佐野
➡熊野神邑　➡海上渡航中に暴風雨に遭遇（稲飯命、三毛入野命を失う）
➡熊野荒坂津（女賊評定）➡菟田下縣（八咫烏）➡8月兄猾を殺し菟田下縣を評定
➡10月国見ケ丘（八十梟帥と激戦の末破る）➡11月墨坂(兄磯城を殺し磯城邑を評定)
➡12月長髄彦と激闘するが勝負がつかず➡饒速日命が長髄彦を殺し皆帰順
➡翌年2月層富縣《そうのあがた》の波哆の丘岬(新城戸畔《にいとべ》)、和珥の坂下（居勢祝《こせのはふり》）、臍見の長柄の丘岬（猪祝）の3部族を皆殺し➡高尾張邑（土蜘蛛を殺す）
➡3月橿原の地に宮殿の造営開始

と推論できる。ただ、記紀の相違が混乱の要因ではない。発地を混乱させているのは、記紀の遠征経路が相違している箇所があるからで、それは、速吸之門《はやすいのもん》（速水門）を通過した位置なのである。

古事記は吉備の高嶋宮から船を漕ぎ出してから通過するが、日本書紀では発地から船を漕ぎ出して真っ先に通過する。全く違う場所である。これまでの説では、神武天皇は日向《ひむかの》国《くに》（宮崎）において、東征もそこから出発したとするのであるが、日向国を出てから宇佐（宇沙）を経由し筑紫の岡水門《おかのみなと》（岡田宮）へ向かうというのであれば、位置的な矛盾が生じない、ということが大きな理由ではなかろうか。

「水門」とは、古くは河口・湾口・海峡を意味するが、ここでは海峡のことをいい、潮

流が速く複雑な海域を示す。瀬戸内海では「水門」が数多く存在し、経路の表記や背後にある伝承だけで位置を特定することは、なかなか難しいのである（図7－1）。

東征の発地

神武天皇は瓊瓊杵尊を祖（祖父にあたる）とするのであるから、天孫降臨の地にいたとすることに疑義を唱える人はいない。天孫降臨の地は、古事記では「竺紫《つくし》の日向《ひむか》の高千穗の久士布流多氣《くしふるたけ》」である。日本書紀には本伝と諸説にあり、本伝では「日向の襲《かさね》の高千穗峯」、諸説に「筑紫の日向の高千穗の槵觸峯《くしふるたけ》」とあり、「筑紫」が加えられている。日本書紀の編者たちは、諸説で「筑紫」を加えることで〝こうは書いたが古来の伝承を省略し事実を曲げたの

図7-1　瀬戸内海の主な狭窄部

ではない〟という怪しげな立ち位置である。「日向」は「筑紫」にはない、とより強調しているようにも見える。

「槵觸峯」の「槵」は〝むくろじ〟とよばれるムクロジ科の木で、実が薬用になるので魔除けの霊力を持つ木としても伝えられ、数珠にも使われる。「觸」は〝触れる〟という意味の他、「外物（他の物・外の物）に関わりを持って生じる心の作用」（仏教語）の意味があり、「槵觸峯」を〝霊力を宿す木々がある山〟と解せる。また、「日向」は〝ひなた〟と読み、降臨の地を含めた一定範囲の地域を言うのであろう。

「槵觸峯」は高千穂の一角にある霊的な峰というのであるから、同じ地域にあると見てよい。日向は、筑紫という広い地域をさらに限定した地域であると読める。筑紫が地域を示し、日向の地に霊山「くしふるたけ」があるということである。とすれば、降臨した地は次の関係にある。

筑紫　∨　日向　∨　高千穂＝槵觸峯

「槵觸峯」を霊山と認知していたということは、神が宿ることの理解やこれを恐れる概念を持った人々がいたということである。糸島と筑紫には、平原女王が太陽の往復移動から農暦を知る標尺としていたといわれる高祖山《たかすやま》がある。これを中心とする山並の稜線上に日向峠《ひなたとうげ》がある。

平原女王は、神である太陽が高祖山に降りたつ時期を宣言（予知）することであるので、天孫降臨の伝承を体現しているといってよい。

次に、諸説から離れ、考古学的な視点から見てみる。

弥生時代を通じて国の出現を表す大集落、王墓の船載銅鏡、青銅・鉄の工房と製作遺物、明確な墓制を示す甕棺墓等は九州に出土する。特に、中華王朝との関係を強く表す船載銅鏡は、北部九州に集中している（図7－2）。弥生時代の宮崎では大淀川河口に集落跡や土器などが出土するも、集積はまばらで、他地域へ遠征できるほどの国が成立していたとは考えにくい。日向は地名を表す名詞で、我が国の各地にあり〝ひゅうが〟と読まれることが多い。宮崎の日向を天孫降臨の地とする説も〝ひゅうが（ひむか）〟と読ませている。宮崎の日向が大和朝廷の始源の地であるとすれば、天照大神から授けられた「三種の神器」や関連する遺物が出土してよいはずであるが、全く出土していない。考古学的な裏付けがないのである。

「三種の神器」は、瓊瓊杵尊が天上の神の使い（地上の王者）を証明するものであり、後に天皇が天上の神々の子孫であることの証として必要不可欠な宝器である。日本列島で「三種の神器」が出土している場所は、筑紫の三雲南小路、井原鑓溝、平原、吉武高木、及び須玖岡本しかない。この事実と瓊瓊杵尊降臨の持つ意味との一致は、まさに高祖山が「高千穂」の具体的な場所を表すものである。したがって、日向とは当然これらを含む糸島地域を示していると言ってよい。

注：「倭における国家形成と古墳時代開始プロセス」岸本直文（2014）歴博研究報告NO.185を参考とし作成したもの。

図7-2　船載銅鏡の出土分布（BC100頃〜BC50頃）

もう一つ、潮流を再現し検証してみる。

古代船は、半分に割った丸太に木板で補強した準構造船が再現されている（毎日新聞二〇〇四）。それは、現在のカッター船に近い構造を持つ手漕ぎの船である。手漕ぎの船は速力が遅く、潮流が逆潮《さかしお》の時間帯であれば船速は低下し、潮の流れに乗れば船速は速まる。海峡地点の潮流が、逆潮で船速より速ければ前に進めないので、潮待が必要となる。即ち、航行距離は潮流の変化に影響を受けるのであるから、船速に潮流の流速を加えた速度で評価するのが実際的である。古代船の速度については、帆と櫂で推力を得るガレー船（古代ギリシャ・ローマ時代の二段オール船）が知られており、次のとおりである。

・**櫂による巡行速度**：1.5〜2.3kn（2.8km/h〜4.3km/h）

・**帆を付けた巡行速度**：3kn（5.6km/h）、順風追風6kn（11.1km/h）以上

また、復元古代船の船体性能実験では、櫂による巡航速力は1・5kn～3・0knという結果が得られている（下川伸也、他二〇〇五）。帆船は、弥生時代に日本列島に存在していたかはわかっていない。日本列島の人々は、既に周の時代から中華王朝へ往来し、前漢の時代には南シナ海を渡り京都へ達する技術があった。その倭人が帆船を知らぬはずがない。考慮すべきであろう。これらを参考として、巡航速度を推定した（**表7－2**）。

通常の海域を航行するのには特段の制約はないが、海峡では潮流が圧倒的に速いので、これを通過するには船の性能が大きく関係してくる。櫂の力では最大3kn程度まで速力が出せるので、海峡付近で潮流が逆潮であっても流速3kn以下であれば通過可能である。順潮では流れに乗ればよいのだが、設計速度3knを上限とする古代船では、これを超える潮流に対する操船が難しく、構造上の安全にも気を配る必要がある。海峡では幅が狭く、船団を組んでの通過は危険を伴うものがあり、地元の水先案内人であればそのことにも熟知していたはずである。少なくとも潮流が＋－3kn以内の時間帯を選ばないと、安全に通過できないのである。

弥生時代は高度な航海技術がないので、夜間航行をしなかったと考えてよい。視認できる明るさがある時間帯を航行するのであれば、早朝七時から夕方一七時頃まで（約一〇時間）である。これを簡単にして、一〇時間を漕ぎ進み、最寄りの港で休息し翌朝の同時刻に出航し、こ

表7-2　古代船の巡行速度（推定）

航行状態	気象	動力	速度	備考
通常	風なし	櫂の力	V1＝ 2.0kn	風が出たら帆だけで進む。
	風あり	帆の力	V2＝ 4.5kn	
作戦時	風なし	櫂の力	V1＝ 3.0kn	武装した兵のみで強襲する。
	風あり	帆の力	V2＝ 4.5kn	

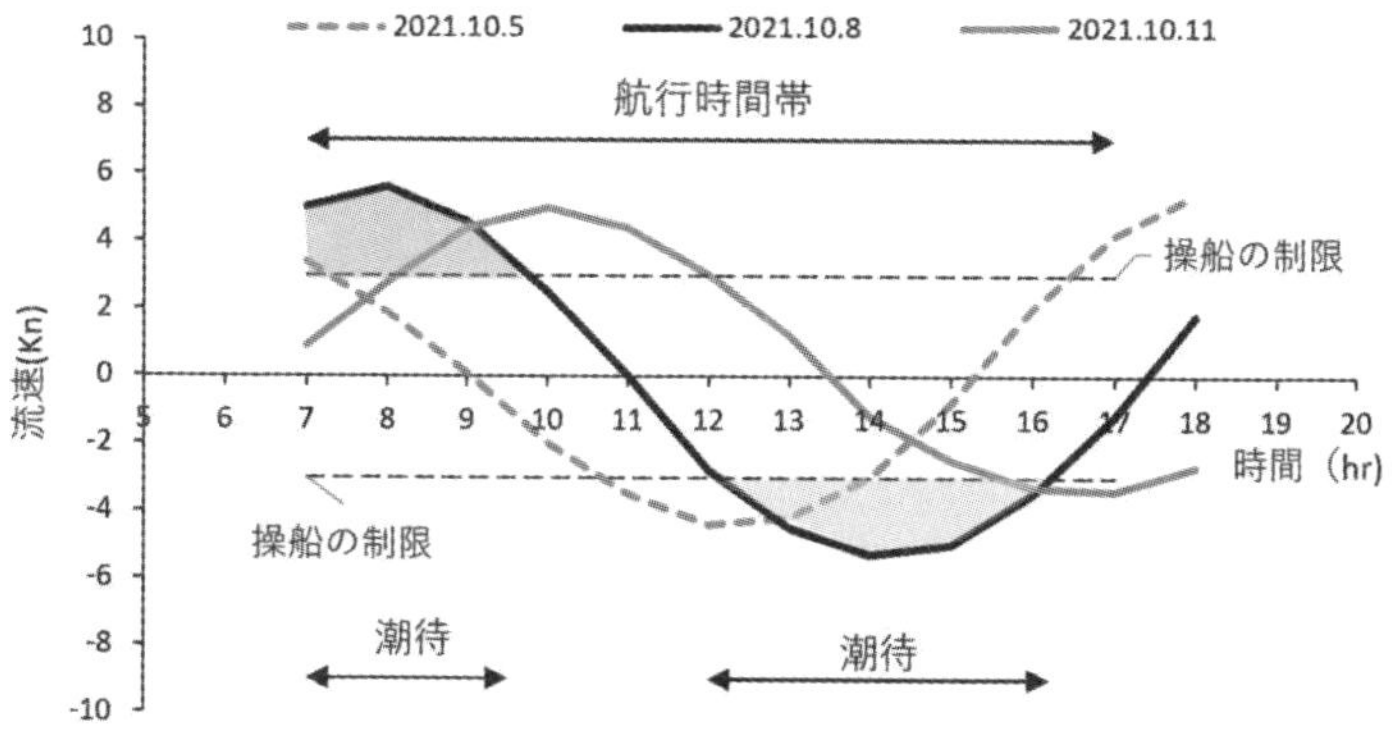

注：流速は、海上保安庁海洋情報部web「潮流推算」によりシミュレートしたもの。（－）は船の進行方向に対し逆向の潮流を示す。

図7-3　豊予海峡の流速変化（2021年）

れを目的地まで繰り返す航行モデルで、時間と経路の関係を具体にしてみる。

海峡の潮汐は、最近四か年の推算潮位の中で、「規則的な昇降」の期間で、かつ、振幅が大きい二〇二一年を基本パターンとする。神武天皇は、太歳甲寅（前六六七）一〇月五日の朝に宮崎日向を出発する。一日の航続距離は、櫂で３３・２km、帆の力では７９・５kmである。豊予海峡まで１７５kmあるので、櫂では五日、帆が使えれば二日程度かかる。潮位変動によってもたらされる豊予海峡の潮流は、船の方向と同じ流れの順潮で最速４kn程度、逆向きの逆潮では５kn程度であり、潮汐の波形

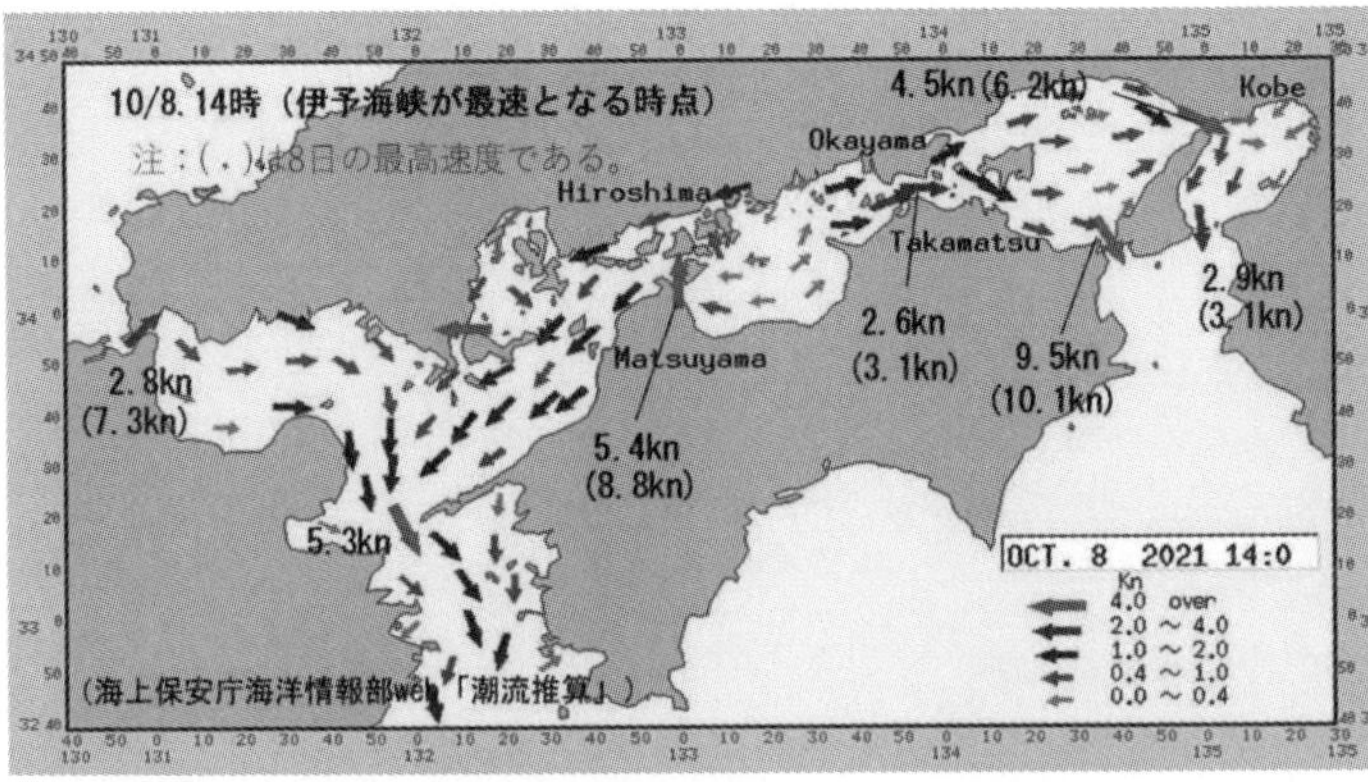

注：地点流速は、海上保安庁海洋情報部web「潮流推算」による計算値を加筆したもの。

図7-4　瀬戸内海の潮流ベクトル（2021.10.8　14時）

が変わっても三時間程度は通過可能な時間帯が現れる（図7−3）。

東征軍の船団が豊予海峡に達するのは、風があれば帆力で一〇月七日、櫂のみでは一〇月一〇日に到達するのであるが、潮流が操船の限界となる3knを下回る時間帯は、八日であれば一〇時〜一二時、一〇日は一二時〜一六時頃である。どちらにしても、潮待すれば安全に通過できる。

東征軍が潮待し、出航するのを一〇月八日とすると、潮汐が最高となる時期にあたるが、各地の潮流は豊予海峡5・3kn、鳴門海峡9・5knで、一時間後の一五時になると明石海峡6・2kn、鳴門海峡で10・1knの最速に達する。この時、潮流ベクトルを見ると、瀬戸内海は潮流が燧灘《ひうちなだ》を境に東西に二手に分かれた流れが生ずることがわかる。播磨灘では、鳴門海峡と明石海峡を出入口とする流れが生じ、潮目の複雑さが見て取れるが、豊予海峡の前後の海域はほぼ一方向の流れである。この後しばらくすると上げ潮に転じ、流れは逆向きとなるが、やはり燧灘で相殺される。瀬戸内海の潮流は鳴門海峡が最速で、豊予海峡を大きく上回っている（図7―4）。

水先案内人を必要とするのは、海峡幅が狭く海岸付近の岩や浅瀬に座礁する危険性があること、海峡や取り巻く海域の潮流が複雑で操船に支障を与えること等の海難リスクが高い場合である。

豊予海峡は海峡幅が8・3㎞であるが、鳴門海峡の1・8㎞に比べれば圧倒的に広く、海峡付近は播磨灘ほどの難所とは言い難い。また、瀬戸内と南部九州とは弥生中期後葉〜末葉に相互的な交流があった（河野裕次二〇一〇）。東征の時代、宮崎と瀬戸内とを繋ぐ航路は既に知られていたのである。宮崎日向に高千穂宮があったのであれば、神武天皇は豊予海峡を知らぬはずがなく、水先案内人は必要としないのである。

高島宮から難波碕へ

日本書紀では、神武天皇は高島宮を建て、一年半（一年歴）をかけて船を揃え武器・兵糧を揃えたとある。高島宮は銅鐸文化圏に接近した位置にあり、最前線の基地と言える。この地から一気呵成で播磨灘・大阪湾を抜けようとする意図が見て取れる。前進基地を設営し、完全武装の兵を揃えるのであるから、軍団の規模は小さくないのである。

播磨灘は潮流が複雑であり、水先案内の指示を確実に伝えるために各船の離隔は狭くなるの

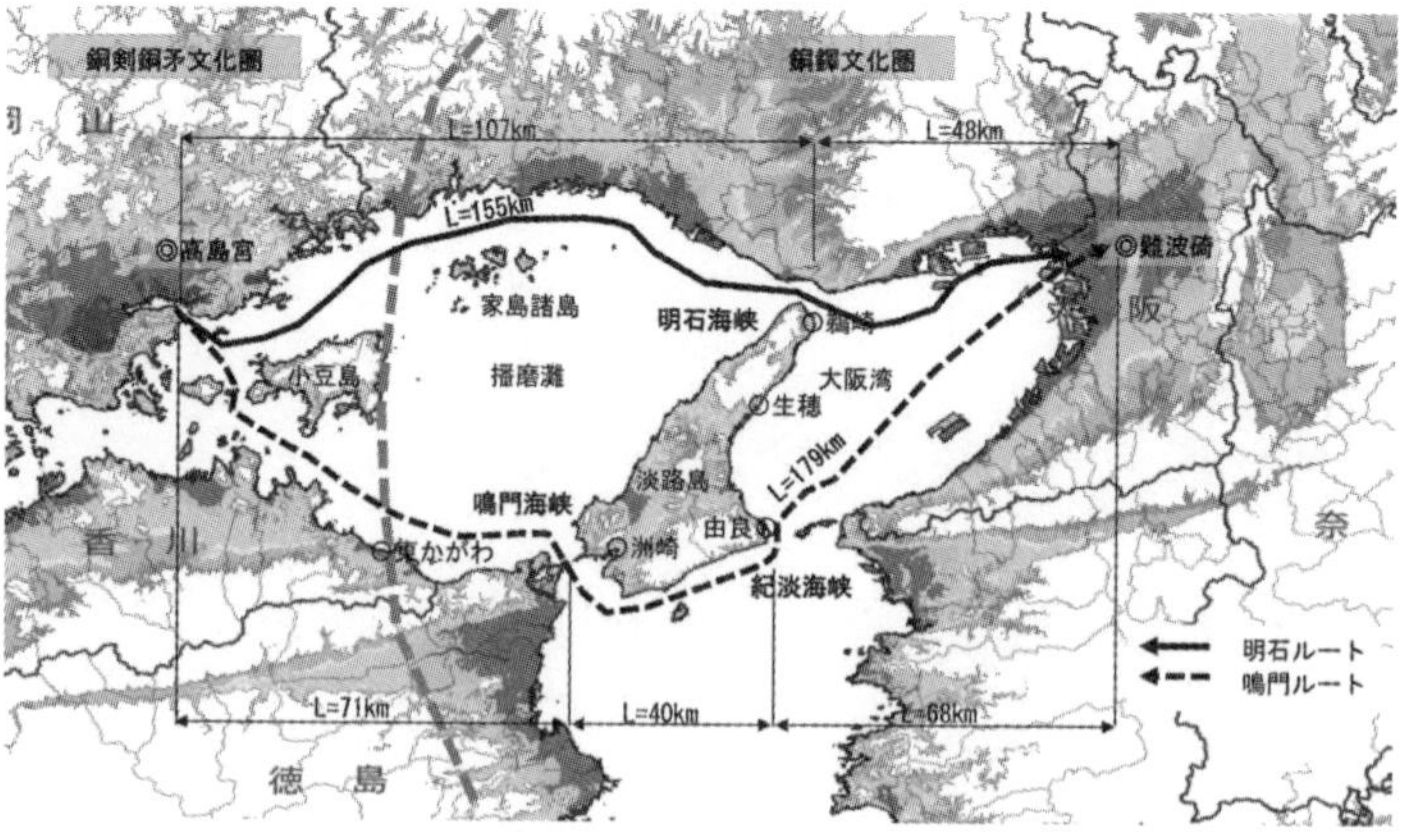

図7-5　神武東征で想定される侵攻ルート

で、接触による沈没の可能性が高かったであろう。播磨灘と太平洋は干満差が大きく、明石・鳴門のいずれの海峡においても潮流が複雑で流れが速い。瀬戸内海を知悉していない東征軍は、当然、水先案内を付けたであろうから、どちらの海峡も通過できたはずで、主として戦術的な面から侵攻経路を決定したと考えてよい。速吸之門の位置は、侵攻経路と不可分なのである。

戊午年（前六六三）二月一一日、東征軍を載せた船団は高島宮から出て播磨灘へ漕ぎ出した。ここから、古事記では「波速之渡」を通過して白肩津へ上陸したとあり、日本書紀では「難波碕」で兵員を整え、さらに川を遡上して白肩津へ上陸したとある。したがって、神武天皇は、船団を組んで明石海峡か鳴門海峡のいずれかの海峡を通過し、速やかに難波碕に達することが第一の戦術的目標であった。とすれば、高島宮から明石海峡を抜ける明石ルートか、鳴門海峡を抜け左に舵を切って友ケ島水道を抜ける鳴門ルートのいずれかを選択するしかない。播磨灘の潮流は、中央部に二つの海峡に向かう流れが生じ、陸側は潮流が速いので陸側の潮流に乗れば海峡への航路をとりやすい。これを条件として神武天皇は、小さな島々の間を抜けつつ航行時間が最短となるルートを選んだに違いない（図7－5）。

モデルを簡単にするため潮流を無視して、二つの侵攻ルートで到達する時間を概算してみる。櫂の力と帆の力を使えたとすると、船速は２kn～６・５kn程度である。航行可能な一〇時間を無休で航行したとする。いずれのルートも一日では難波碕に到達できない距離である。風が得られれば淡路島に寄港した後、下げ潮を選んで大阪湾へ突入できるが、そうでなければ、途中の島にも寄港しなければならない。

明石ルート　航路延長約１５５km……四・二日～一・三日
鳴門ルート　航路延長約１７９km……四・八日～一・五日

明石ルートは、赤穂付近を越えると銅鐸文化圏に入るが、淡路島や小豆島を含めた島嶼には銅鐸が出土しておらず、祭祀器として銅剣、銅戈《どうか》が出土しているので、神武側の文化を持っていたと思われ、島嶼を利用することができただろう。鳴門ルートでは、香川が銅剣銅矛圏に入っているので、この地を利用したであろう。最終寄港地を出たら、どちらのルートを選んでも、途中に補給地はない。これら経路上の制約条件を踏まえて、船団を追跡する。

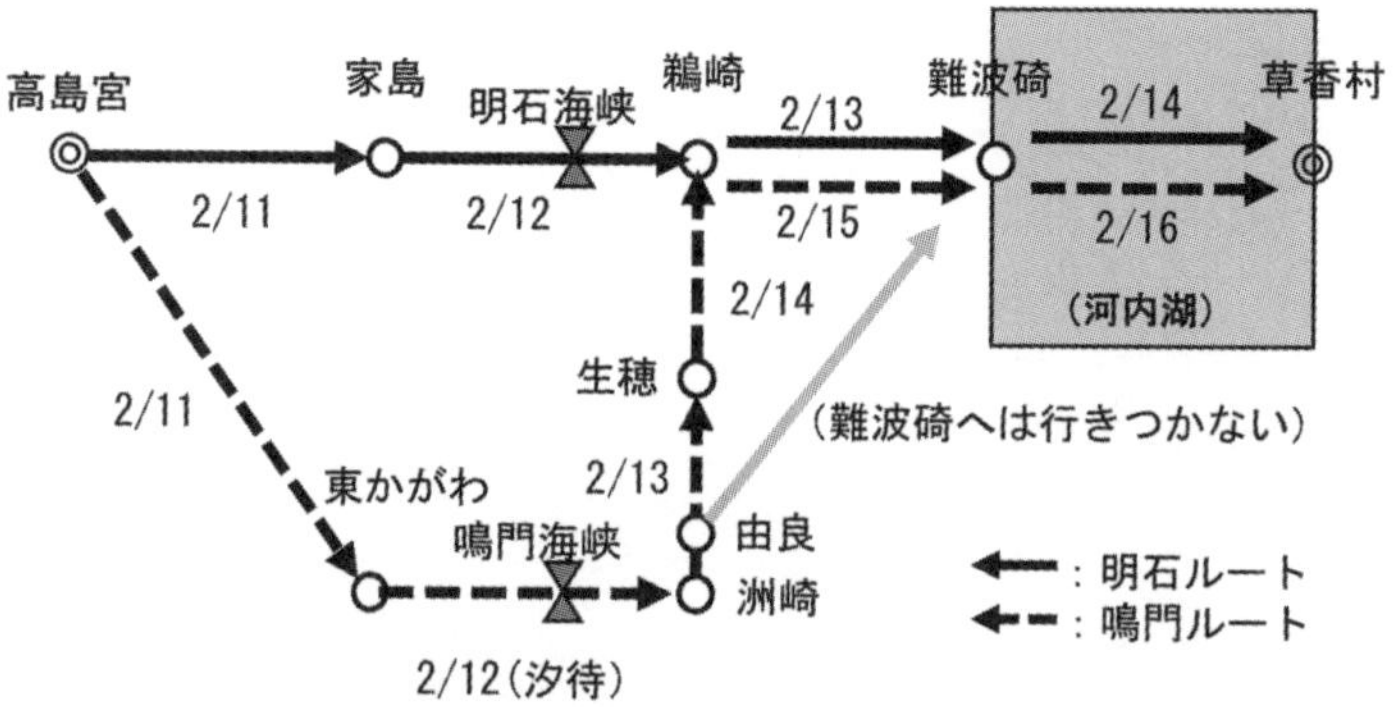

図7-6　侵攻ルート別の寄港地と日程（推定）

明石ルートでは、二月一一日に出航して、まず、明石海峡の通過を目指す。播磨灘の潮流は上潮にあたり一一時三〇分頃まで逆潮で、それ以降、下げ潮に転じ船は潮流に乗って速度が増す。しかし、櫂の力（3 kn）では、明石海峡に到達しない。帆の力（6・5 kn）が得られてようやく到達できる。実際の作戦では、風の要因は付加的であるので、櫂のみで船を進めたとすると、一七時頃に家島に到着できる。二月一二日、家島から明石海峡を抜けて淡路島の最終寄港地（鵜崎付近）に入る。ここで船団を整え翌一三日には、一気に大阪湾を渡海し難波碕へ到達することができる。

鳴門ルートを採用したのなら、櫂だけでは鳴門海峡に到達できないので、四国の東かがわ市あたりの湾に寄港したであろう。櫂と帆の両方の力が使えたとしても紀淡海峡付近までで、近くの港に寄港しなければならない。実際の経路について、明石ルートと同様に櫂の力による船速で追跡してみる。高島宮を出てから可能な限り航行するとすれば、最初の寄港地は東かがわ付近となる。翌日一二日、七時に出発すると一二時頃には鳴門海峡に到達する。この日の鳴門海峡は一〇時三〇分から一六時三〇分まで逆潮で一一時から一六時頃まで３㎞を超えるため、潮待しなければならない。鳴門海峡を越える頃には夕方となるので、紀淡海峡を抜けて最短で難波碕に向かうのであれば、ここで一泊し翌一三日に紀淡海峡を過ぎてすぐの由良付近に寄港し軍船を整える。翌日、難波碕へ向けて出港するのであるが一日では渡海できないのである。最終寄港地を変更する必要がある。淡路島東岸から難波碕まで、可能航行時間内で到達できる地点計測すると鵜崎付近しかなく、どちらのルートを選定しても最終寄港地となる。

そこで、洲崎から出発し、可能航行時間内で最大距離にある生穂付近に寄港し、一泊する。翌二月一四日午前中に鵜崎付近に接岸し、兵を休息させ船団を整える。翌一五日朝、出航し、難波碕へは一六時三〇分頃到達する。明石ルートに比べて二日程遅くなる（図７－６）。

鳴門ルートは、途中の補給（兵站）という点で明石ルートより優位に見て取れるが、船団を速やかに目的地へ運ぶという戦術的な目標に対しては、次の欠点が認められる。

・鳴門海峡は操船上で安全な時間帯が短く、船団を一度に通過させることができない。
・難波碕まで最短の明石海峡付近を最終寄港地としないと大阪湾を渡海できない。

東征軍は草香村の白肩津へ上陸し、生駒山の裾で待ち受けていた長髄彦軍と会戦したのであるから、大阪湾の渡海は奇襲作戦ではない。真正面から大船団をもって長髄彦軍に畏怖感を与えること、上陸後、すぐに転戦できるよう上陸作戦を速やかに完了させることが優先される。そうであれば、神武天皇は、戦う前から兵団に損害を与えるようなリスクを極力避けたに違いない。この点では圧倒的に明石ルートが優位である。特に、鳴門海峡は海峡幅1・3kmで潮流が非常に速く、動力を持たない古代船で、かつ、船団を組んでの操船では、船同士の接触による転覆の可能性が極めて高いのであるから、なおさらである。

高島宮を離れて播磨灘へ漕ぎ出したならばそこは敵地であり、未知の海域を通過するのだから、神武天皇は事前に十分な調査をしたに違いない。船団を率いての攻撃であるとするなら、明石ルートを選ぶしかなく、日本書紀にある「速吸之門」は「明石海峡」を指し示しているのである。しかしながら、明石ルートにしても、海域の気象条件に左右されることを考えれば、ギリギリの渡海

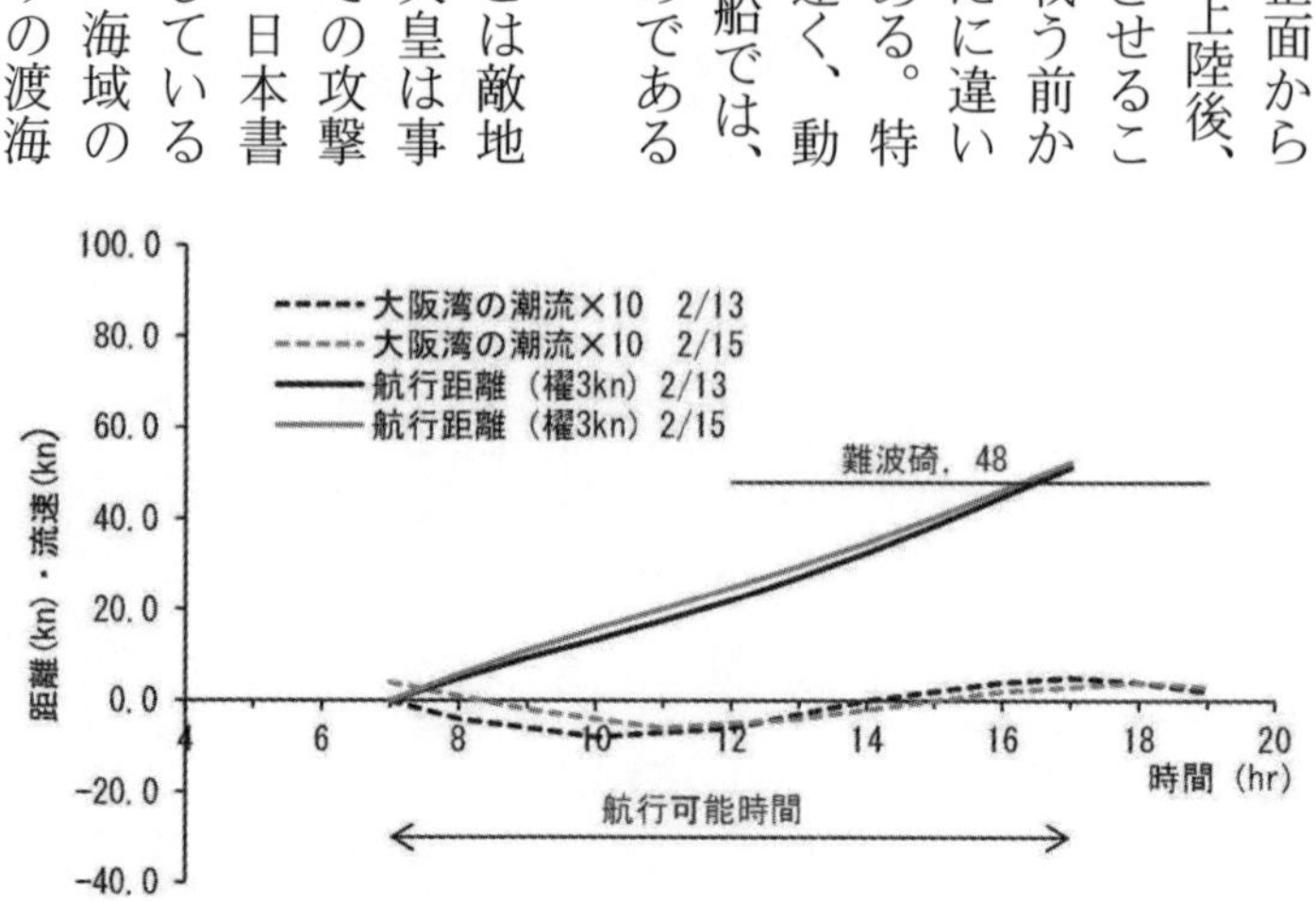

注：流速は、海上保安庁海洋情報部web「潮流推算」によりシミュレートしたもの。（－）は船の進行方向に対し逆向の潮流を示す。

図7-7　鵜崎からの航行距離と大阪湾の潮流

であったのである。幸運としか言いようがない。日本書紀にあるように「舳艫相つぎ、まさに難波碕に着こうとするとき、速い潮流があって大変早く着いた。」の一節は、大阪湾を東征軍が一丸となって櫂を漕ぎ進み、難波碕にようやく着いた、という情景が見て取れる。ここに、「速い潮流」をわざわざ特記しているのは、順潮に助けられたことを幸運とした兵たちの本心であったのだろう。

大阪湾を渡海した二月一三日の潮流は、淡路島を七時に出発すると直ぐに逆潮に入り、一四時頃から順流に変わり、難波碕に到達した十六時頃には最速の流れとなっている（図7－7）。東征軍は、実際に「速い潮流」に遭遇したのである。

もちろん、同じ時間帯でも潮汐が反転する年代もあり、これをもって史実とするに足りないとする指摘もあろうが、東征軍が大阪湾を渡海する最終段階で順潮となった潮流は、実際に存在していたのは確かである。その事実は、なにより日本書紀にある事績の内容と重なるのであるから、東征が史実であることの一つの証である。

2　河内湖の景色

河内湾の変遷

最終氷期の最寒冷期後（約一万八〇〇〇年前）から始まった海水面の上昇は、約六五〇〇年前～約六〇〇〇年まで続く。この海面上昇は縄文海進と呼ばれ、大阪湾の最高海面は、TP＋3mに達した（前田保夫一九八〇）。このため、縄文期の大阪湾は今よりさらに奥まで浅い湾が入り込んでいたが、上町台地より東の水域を、特に河内湾と呼んでいる。現在では、海水面の低下と河川の流出土砂により消失して河内平野となり大阪平野の一部をなしているが、その範囲は低平地部のほぼ全域にわっている（図7－8）。

河内湖は、河内湾から河内平野に至る埋積途上の水域とされるが、その成り立ちには諸説ある。これまで支持（ほぼ定説に近い）されている市原の理論では、河内湾の時代Ⅰ（約七〇〇〇年～六〇〇〇年前）、河内湾Ⅱの時代（約五〇〇〇年～四〇〇〇年前）、河内潟の時代（約三〇〇〇年～二〇〇〇年前）、河内湖の時代（約一八〇〇年～一六〇〇年前）の埋積過程における最終の自然形態としている（市原実一九七八）。市原は、少なくとも二〇〇〇年前までは河内湾と海とは繋がっていたと言うのである。また、海と切り離された原因は、上町台地から北に延びている砂州（砂嘴）によるものとしている（図7－9）。

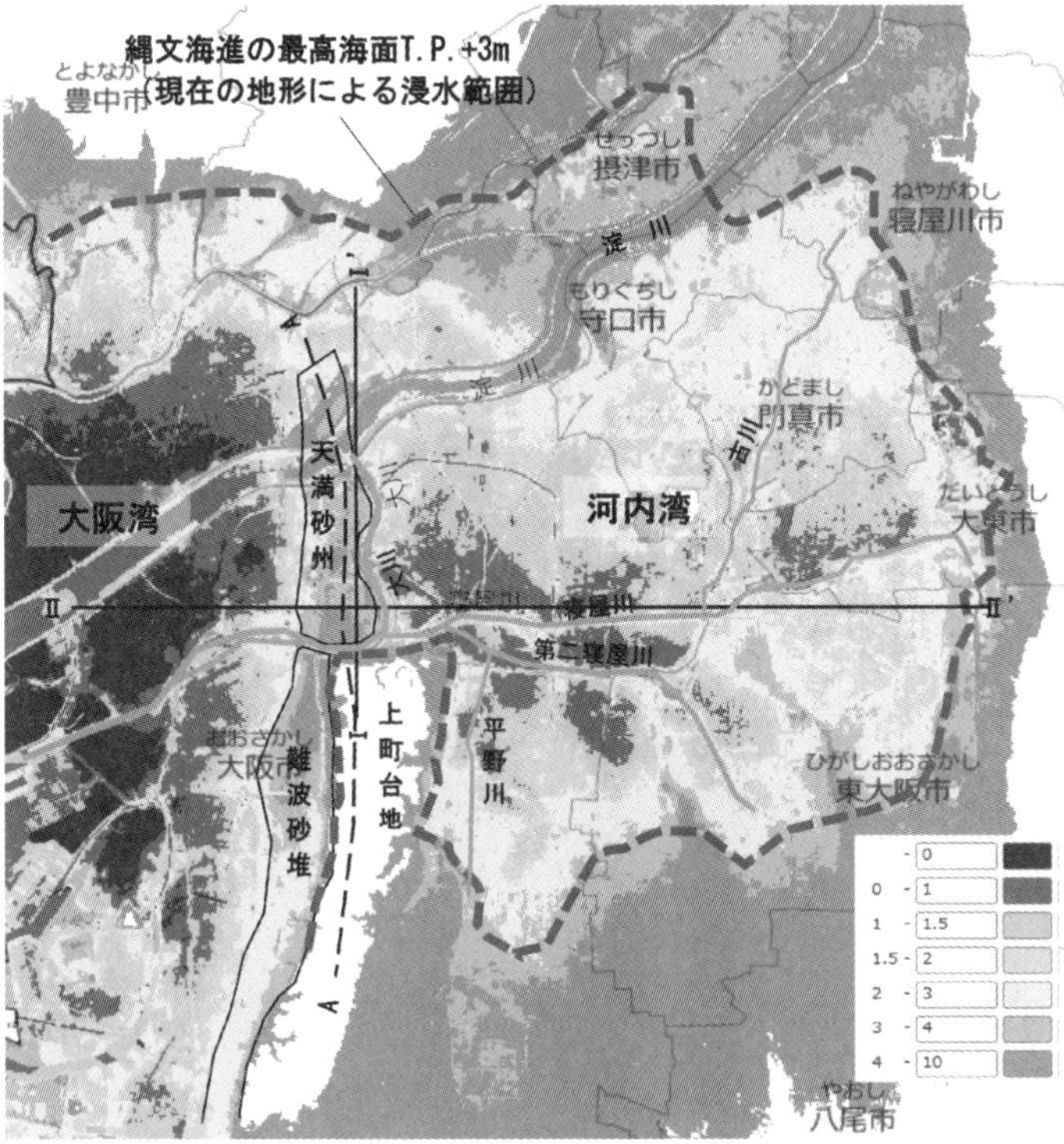

図7-8　縄文海進の海面想定最大範囲

市原の説に従うと、東征軍は難波碕を通り白肩津に上陸するのであるから、河内潟時代に吹田市側の開口部から湖へ侵入した、ということになる。

上町台地北の砂州は、「長柄」と呼ばれていたが、国土地理院では上町台地端部から北に伸びた砂州を「天満砂州」と呼んでおり、現在、この名称が使われている。「天満砂州」は、河内湾が河内湖へと変遷する過程で重要な役割を果たす地形的要因であるが、標高が3〜4mの微高地であり、上町台地の成因と全

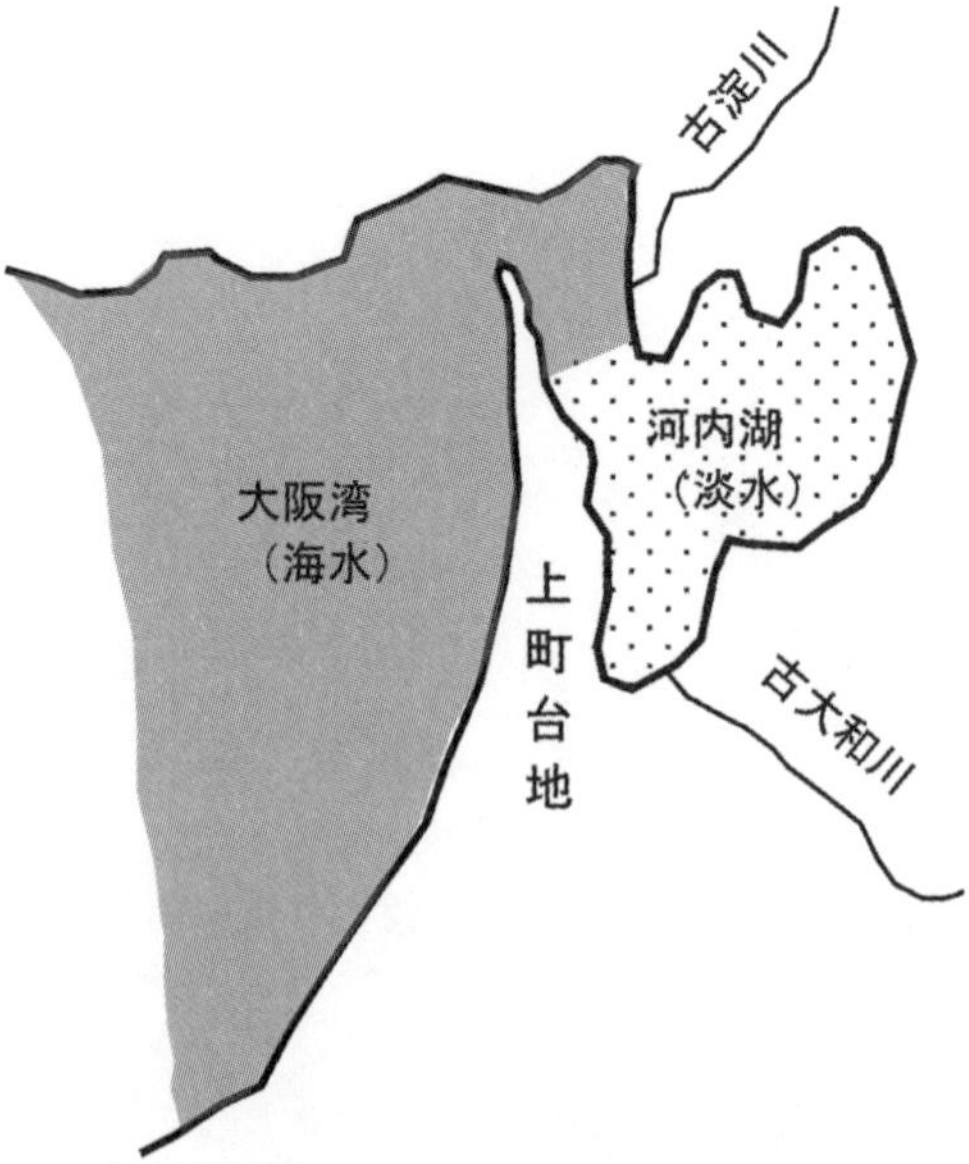

注：「大阪層群と大阪平野」市原実（1975）URBAN KUBOTA NO.11を参考に作成したもの。

図7-9　河内潟の時代（3000～2000年前）

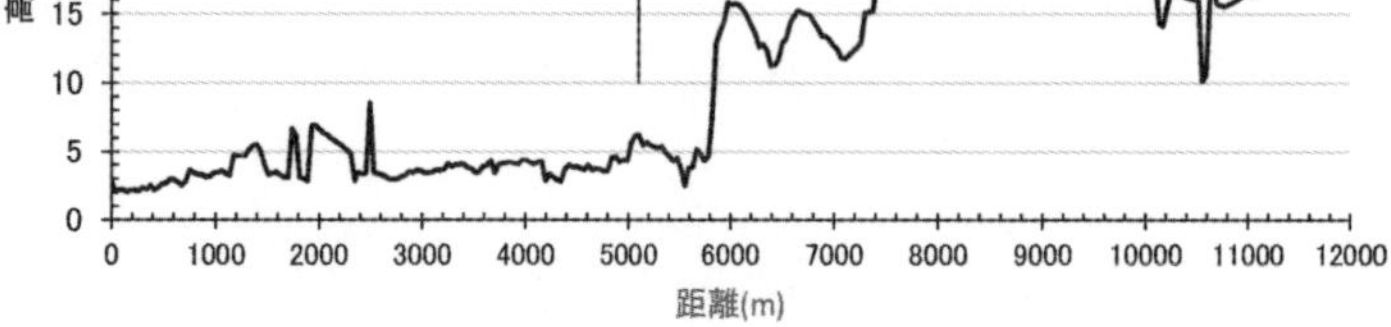

注：国土地理院web「計測ツール_断面図」の標高から作成した。断面位置は図７－８（A－A'）を参照のこと

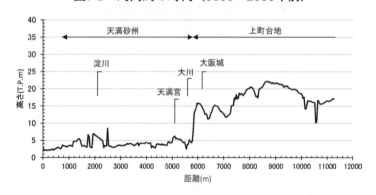

図7-10　天満砂州～上町台地の縦断形状

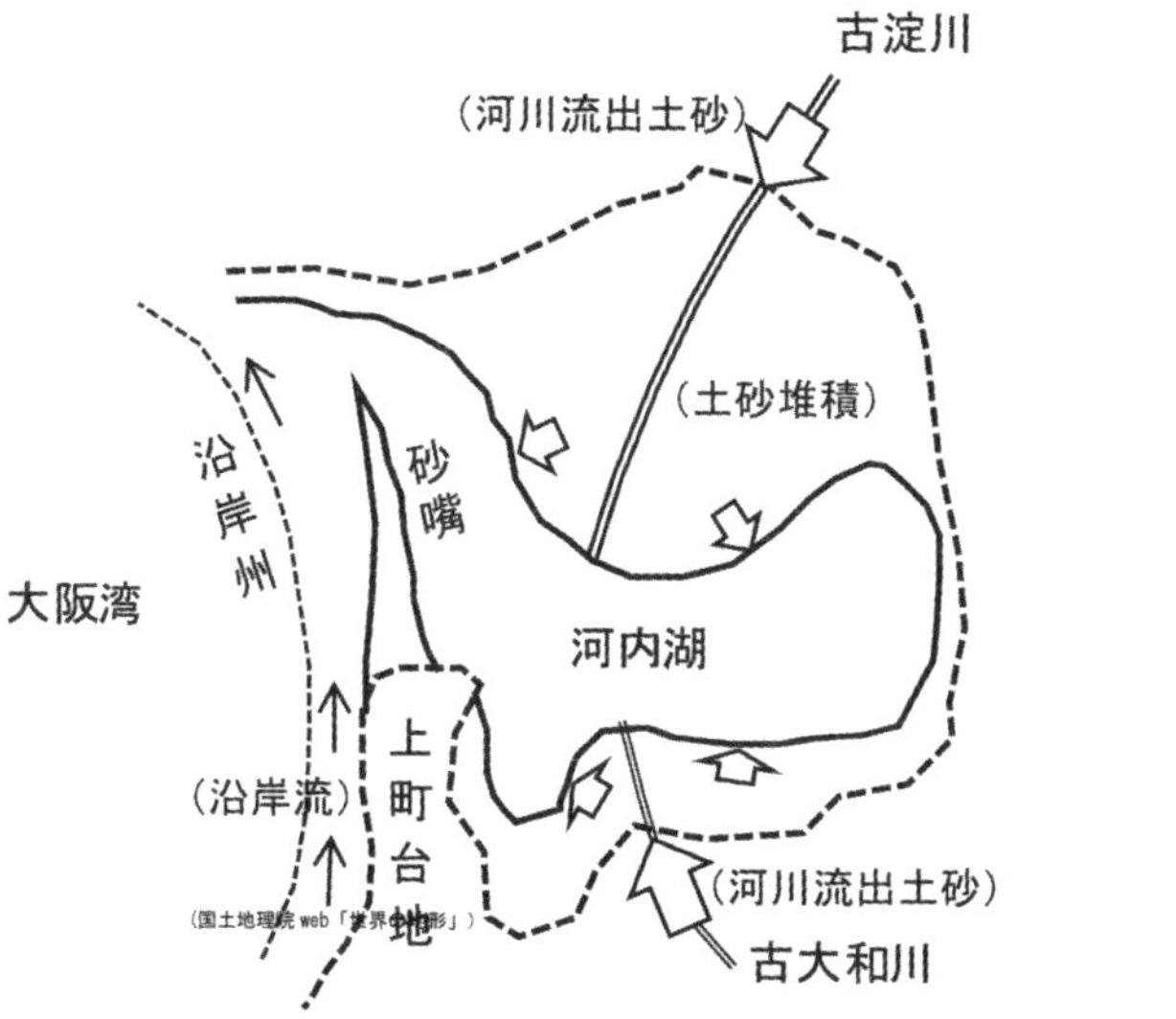

注：「沖積平野の地質」市原実、梶山彦太郎（1986）地学雑誌95より河内湖の埋積理論をモデル化したもの。

図7-11　河内湾の埋積モデル

く異なることが見て取れる（図7－10）。

上町台地の西側の微高地は「難波砂堆」・「堺砂堆」と呼び、地形区分では「砂堆」であり「砂州」ではない。「砂堆」は、旧海岸線に沿って波浪によりできた砂礫質の微高地で一般面より0・5m～数メートル程度高い、と定義されている。

河内湾の埋積過程を初めて年代で表したのは、梶山・市原である。大阪駅地下クヌギ材化石のC14年代測定値や沖積層の層序から、大阪湾には既に海が侵入していたが河内地域にはまだ侵入していない時代があったことがわかり、これを「河内平野の時代」と呼び、河内平野の内陸部まで海が浸入した約七〇〇〇年前～四〇〇〇年前を「河内湾の時代」と名付けた。さらに年代別の古地理図について、海岸線をボーリング柱状図のC14年代測定値と、貝などの化石分布境界を辿り画いたのである（梶山彦太郎・市原実一九七二）。この中で、河内湾の埋積は、河川の流出土砂と冬季の北風により上野台地から北方に発達する砂州によるものとし、その過程をモデル化している（図7－11）。

これにもう少し説明を加えてみる。モデル化した湖岸線が時間とともに狭まっていくのは、淀川・大和川水系の三角州が発達して埋積が進み、合わせて沖合に堆積している「沿岸州」を補給源にして長柄（砂嘴）が発達していき、河内湾を徐々に閉塞させていくという理論にもとづいている。

梶山・市原による天満砂州（砂嘴）の発達は、河内湖の成り立ちに大きな影響を及ぼしたとする説のほかに、淀川の三角州の発達と大和川水系の流出土砂による三角州の形成と発達によって河内湾が狭められ湖となった、とする説がある（趙哲済、松田順一郎二〇〇三）。その考え方は、「天満砂州」は砂嘴ではなく淀川の流出土砂により河口に堆積した砂州の一部であるとするもので、河内湖は大阪湾と繋がった汽水湖であったが、淀川三角州が出口を塞ぐと海水の出入りが少なくなり、弥生時代中期（二四〇〇年前～二〇〇〇年前）には淡水域が広がった、と結論づけている。

河内潟や河内湖は、河内湾が埋積していく過程で出現し人々の目には景色となるが、弥生中期の河内湾が、大阪湾と接続した川に見えるほど水域が狭くなっていたとするならば、日本書紀で描かれている戦いの光景により近く、東征の時代と整合する。したがって、河内湖は、「天満砂州」の存在をなくして語れず、成因と生成について改めて地質学的な整理をする必要がある。

大阪平野の地質

現在の地質は、海面が急激に上昇し始める約一万八〇〇〇年前から堆積を始める沖積層である。大阪平野については、大略的に基底層と粘土層の梅田層に区分されてきたが、現在の地質区分は、三田村・橋本の説が主流とされているようである。最初に梅田層と呼ばれた層序は難波累層となり上部、中部、下部、最下部の四つの層序に区分され、中部が海成粘土層でMa13層とも呼ばれ、梅田粘土層にあたる。また、後期更新世の天満層を含むそれより下層は、田中累層と名称を変えている。難波累層の基底礫層は、一万年前までの堆積層であることがC14年代測定からわかってきている。

海成粘土層は、細粒土が海水中に流入して形成された堆積物であるので、その存在が海域であったことを示す。河内湾の時代は大阪平野全体が海面下であったのだから、上町台地より西に海成粘土層が厚く堆積しているのは理解できる。東側は河内湖の時代に海洋とは連続しないので非海成とする説もある。しかし、地盤データベースを用いた地質分析などによって、どちらも海成粘土層であることが分かってきた（図7－12）。即ち、河内湾が埋積されていく過程

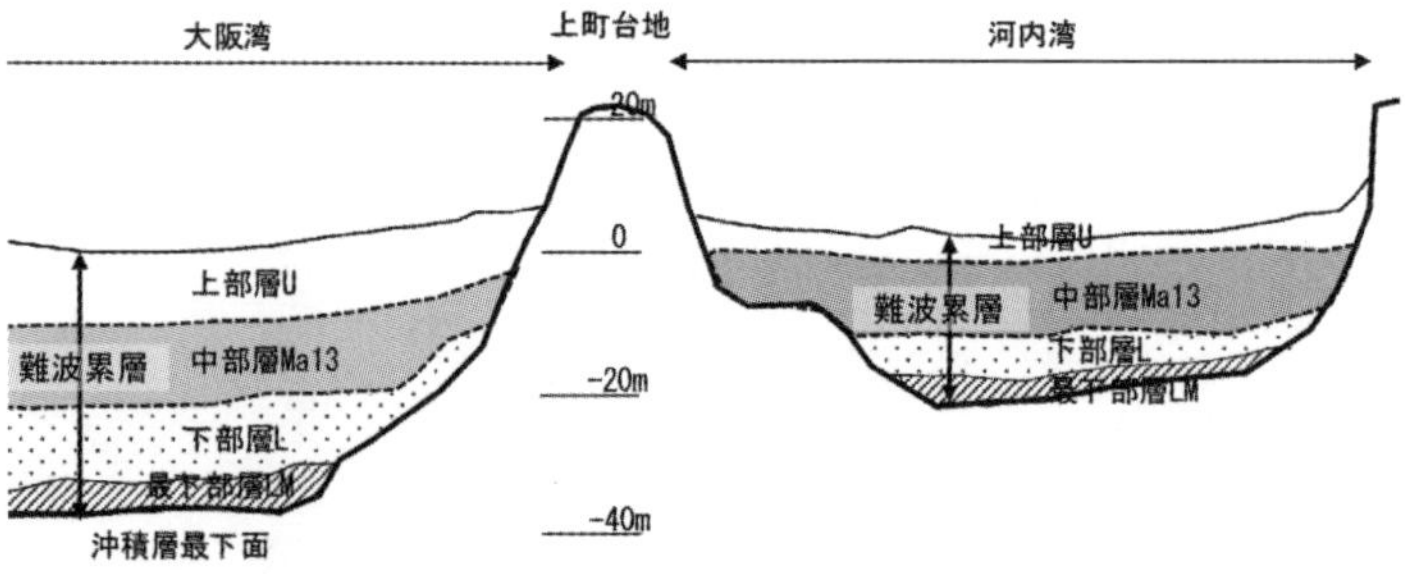

注：「ボーリングデータベースからみた大阪平野難波累層基底礫層の分布」三田村宗樹、橋本真由子（2004）第四紀研究43の地質層序を参考に作図したもの。

図7-12　大阪平野の地質縦断（模式図）

において常に海水との交換があり、河内湖時代にも淡水化されることはなかった、ということになる。

難波累層の最下部層（LM層）は天満砂礫層と呼ばれ、完新世の初めの約一万一七〇〇年前に堆積した沖積層であるが、発生源は山地や台地を削った谷（溺れ谷）で、その流出物が谷底に堆積してできた地層である（三田村宗樹、橋本真由子二〇〇四）。もともと、天満砂礫層は旧淀川による流出物が上町台地西縁沿いの限られた地域に堆積したとされていたが、大阪平野に流入していた河川水系がもたらした砂礫層で、大阪平野の最下部層をなすものである、というのが現在の評価である。

難波累層最下部の底は洪積層の最終期地形そのもので、二万年前頃の古地形でみると上町台地付近で急落し基盤が削られたような形状がある。この地形は、古淀川と大和川の合流付近にあたることから、洪水流量が一挙に増大したことにより、下刻が顕著であったのだろう。天満砂州は、まさに落差付近に出現した連続堆積体なのである。

海成粘土（Ma13）は、シルト・粘土で代表され、大阪平野で10m〜15m、河内平野では8mとやや層厚が薄く、いずれも沖積層下部の砂礫層（L層）に接する。河内平野でMa13層の層厚が薄いのは、大阪湾の基底高が数m〜10m程度低いことが主たる要因であり、加えて完新世に入って海進による年代の水深変化と補給される細粒土量の違いにより差が生じたと考えてよい。

また、沖積層の層序については大阪港でC14年代値が得られており、堆積年代がわかっている（藤田和夫・前田保夫一九八五）。堆積年代と層厚から堆積速度を求めると、上部砂層は0・3cm／年、中部粘土層が0・3cm／年、下部シルト質粘土層が0・4cm／年程度である。Ma13層は中部粘土層で堆積速度は0・3cm／年と考えてよいだろう。

天満砂州の地質層序

大阪平野の地質は、「関西圏地盤情報ライブラリー」（KG-NET）が関西圏地盤情報データベースのボーリングデータ等を基にして250mメッシュごとの地盤モデルを作成し公開しており、大阪平野全域の地質を同一の基準と精度で見ることができる。地盤モデルとは、メッシュ内の複数のボーリングに対し平均モデルで地質情報を整理したもので、粘性土、砂質土、礫質土、有機質土及び火山灰層で区分され深度方向の物性値が格納されている。粘性土は、モデル土性が海成の特徴を示しており、海成粘土（Ma13）に相当する。

天満砂州の地質層序を断面で見ると、粘性土を全く含まない堆積範囲がある（図7－13）。大阪平野の粘性土は、海面下の時代が長く続いていたためMa13層が厚く堆積したのであるから、それが全く層序にないのは、沖積時代に海面上昇の中にあって、常に露出し離水していたことを示す。一方、南北の端部では、礫質土や砂質土の下に粘性土（Ma13）がある。それは、海面が急激に上昇し、長期にわたって海面下であったために海成粘土が堆積し、その後、河川系の流出土砂が堆積していったことを表している。天満砂州は、最初から上町台地と離れていたのである。

これまでの理論のように天満砂州の

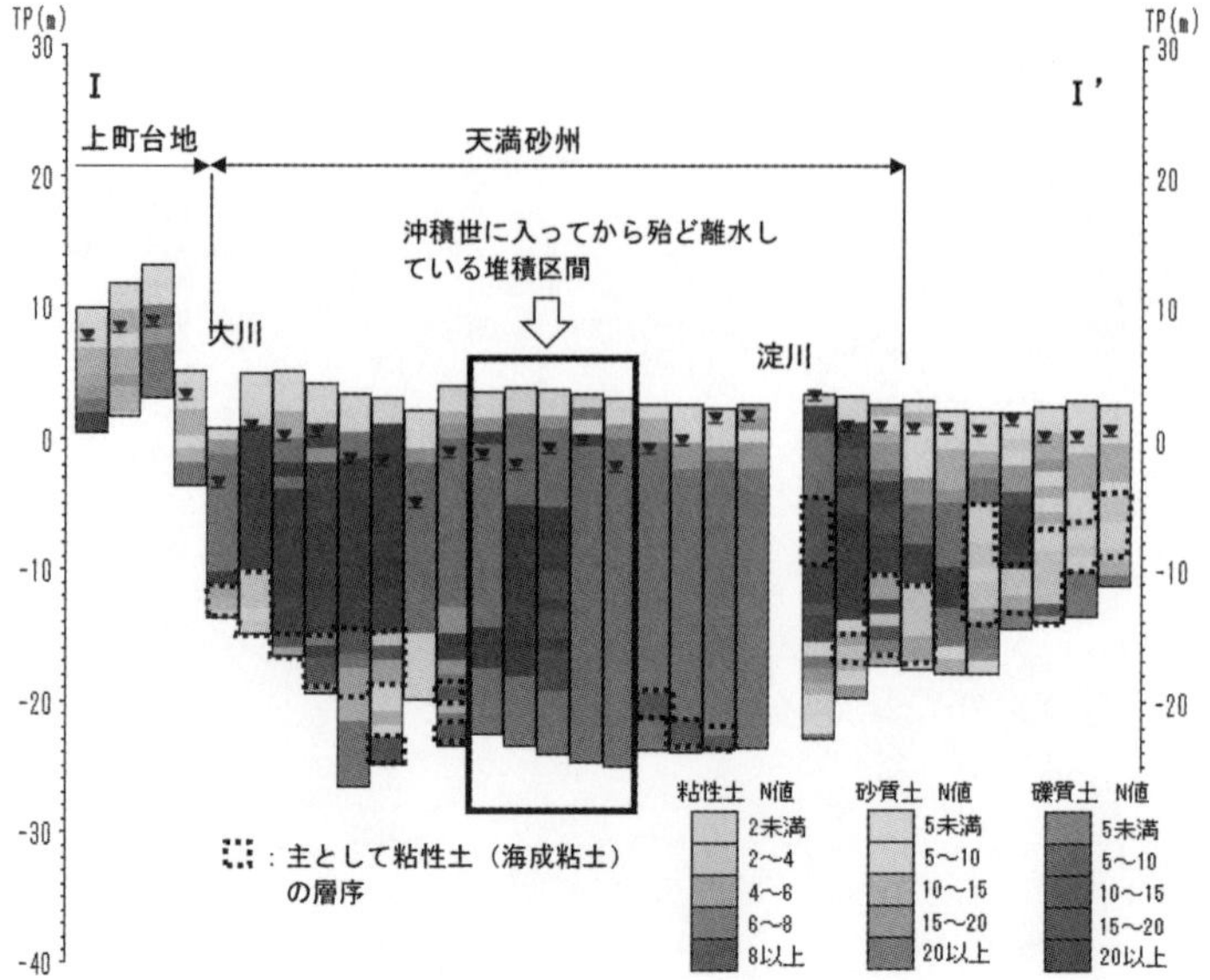

注：地質縦断図は「関西圏地盤情報ライブラリー」（KG-NET）で作成し、説明を加筆した。断面位置は図7–8を参照のこと。

図7-13　天満砂州の地質断面

成因を砂嘴であるとすれば、上町台地の北方向に小島のような砂州が離水して存在していたという景色はありようがなく、不可解としか言いようがない。

天満砂州が砂嘴である可能性

沿岸流によって運ばれる砂礫が、湾口を塞ぐ方向に発達した砂の堆積を砂嘴と言い、砂嘴が成長し反対側に達すると砂州と名称を変える。

砂嘴の形成プロセスは、いまだ明確になっていないが、波の力と岸沖漂砂に大きな影響を受けるのは明らかである。この点に注目すれば、①海浜の先端部が海面の上昇とともに砂州が発達し、陸側に潟湖を形成する、②海岸砂州（バー）が海面低下によって離水し砂州が形成される、の二つの学説が検証の対象となる。長柄は海面上昇時に形成されたとしても、急激な海面上昇によって海面下になる。海退後に離水して砂嘴になるには、海面下で沿岸砂州が形成されていなければならないので、沿岸砂州の発生が砂嘴となる条件の一つと考えて良い。

沿岸砂州について少し説明を加えてみる。海浜では海岸が波により浸食され砂礫となり、河川から流出土砂が海域に達すると、それらは、沿岸流にのり漂砂となって運ばれ海底に沈む。海底に堆積した漂砂は、波の力で陸側に運ばれるが、繰り返しの波で砂浜ができ固定すると砂州となる（図7－14）。沿岸砂州は、平均干潮位より下に形成される砂州のことで、砕波による浮遊砂で形成されるステップより深い位置で発生する。

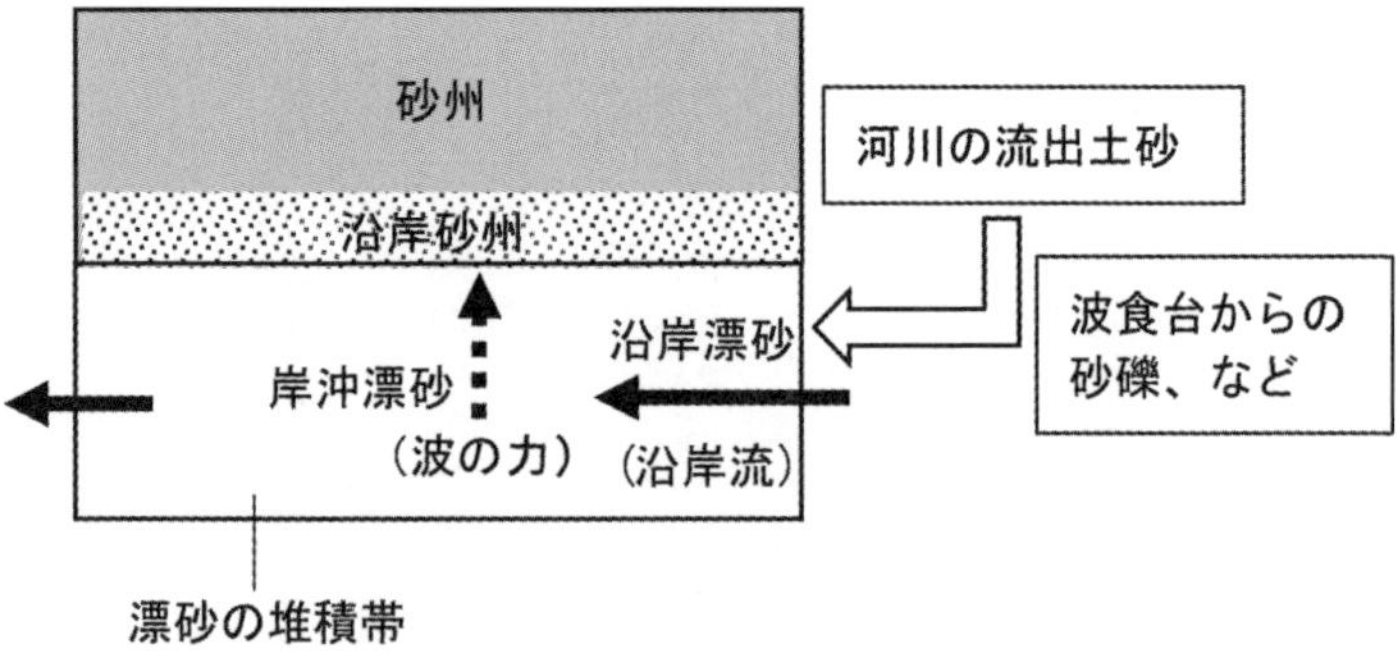

図7-14　海浜過程（モデル図）

砂州の形成は、波の波形（波高H、波長L、周期T）と底質の特性（粒度d）によって表され、「暴風海浜（バー型）」とステップのみ発達した「正常海浜（ステップ型）」に大別される。沿岸砂州は暴風海浜の条件下で発生するが、正常海浜との間に発生限界があることがわかっており、大阪湾の波浪条件が「暴風海浜」であるならば、砂嘴発生の可能性が高いことになる。

大阪湾の沖積世の開始から現在に至る気象や地形・地質は大きく異なるので、沿岸流と波の相対的な関係を知ることは難しいことかもしれない。しかし、海底に堆積した漂砂は、天満砂州を形成している砂礫そのものとなるのだから、海浜作用の痕跡として採用できる。また、波浪は縄文海退が始まって以降、海水面は概ね定位にあり変動が小さいので、現在と極端に相違することはないであろう。ましてや内湾の大阪湾では、差が少ないと見てよい。とすれば、現在の波浪条件を適用することについて絵空事とは言えず、砂嘴発生について一定の可能性を評価できる。

神戸港沖にはナウファス神戸（国土交通省）で波浪が観測さ

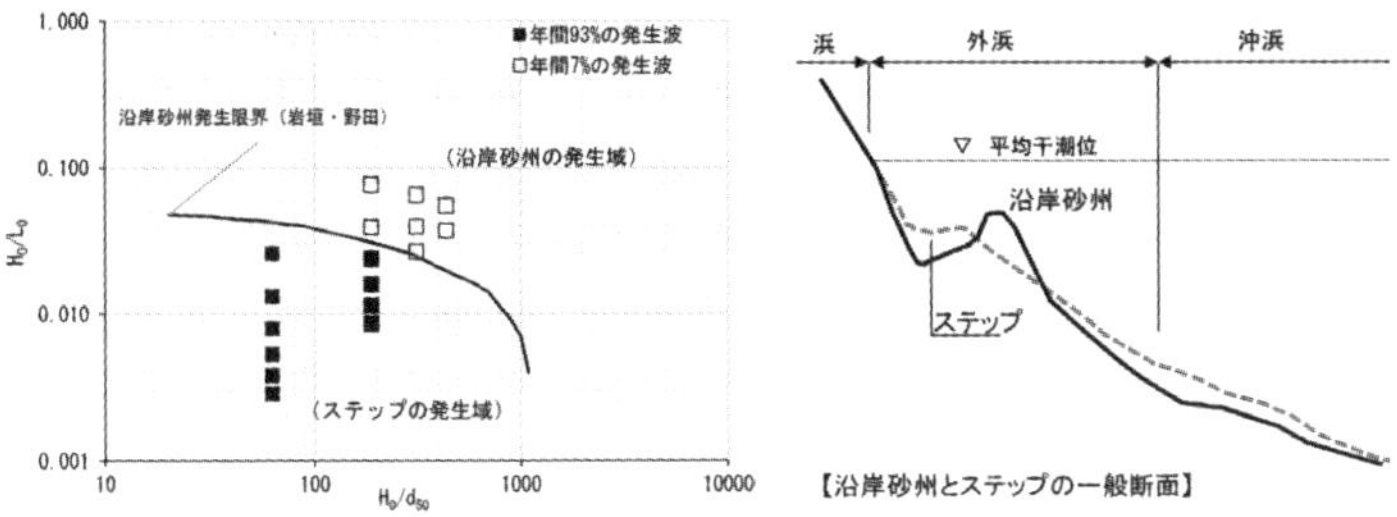

注１：「沿岸砂州発生限界」は水理公式集の読取値である。

注２：波浪観測データの特性値は「大阪湾と伊勢湾における波浪特性及び沿岸波浪モデルの予想特性についての調査」濱名実ほか（2012）測候時報第79によった。また、波長はL0＝gT2/2πから、周期Tを神戸港の観測値を用いて算定したもの。

図7-15　大阪湾の波浪と沿岸砂州の発生条件

れており、観測データから二〇〇八年～二〇〇九年の波高と周期が出現頻度で整理されている（濱名実、他二〇一二）。これを大阪湾の波浪条件とし、沖浜の底質は難波累層下部の砂礫資料「大阪駅前の粒度分布（西垣好彦・藤田和夫一九八五）」より代表粒径を４㎜（50％粒径）とし、沿岸砂州の発生限界と重ねてみた（図７－15）。大阪湾の波浪は90％が外浜にステップを形成する程度の力しかなく、沿岸砂州を形成するまでの条件を満たしていない。

砂州は、前面の海底に堆積している漂砂が岸沖方向の上下に働く波の力により時間をかけて堆積するものであるが、海底に一定量の漂砂がなければ発生しない。その視点で見れば、沖積層の開始時点ではLM層（砂礫）がありその上にはL層（砂質シルト）が堆積しているので沖浜の底質条件は揃っている。しかしながら、大阪湾は奥の深い湾岸地形であり、外海に比べて波高は高くないことは容易に理解できる。日本沿岸の砂嘴・砂州は外洋に面しているか、外洋性の湾（湾口が大きく開き大深度の湾）に面している（武田一郎二〇二一）。

外洋か外洋性の海域であれば、波高の大きいことが基本的な要件である。大阪湾の波高は年平均値で０・４ｍであり、外海の０・８２ｍ（石廊崎）に比べて圧倒的に小さく、沿岸砂州を形成できるまでの力があるとは考え難い。沿岸砂州発生限界との関係から見ても砂嘴が発達する可能性は低いと言える。

天満砂州の生成過程

大阪湾の海面変化は、前田がC14年代測定（ＢＰ）で一九五〇年を基点として年代を遡った「相対的海面曲線」を提案している。それによれば、河内湾の底部（LM層の上部）は、低い地域でTP-21ｍ程度であるので、概ね八六〇〇年前に海水の侵入が始まる。もともと、海面上昇は地球の温暖化に起因するものであるから、雨量が増加し地表の下刻を促進することで河川系流出土砂の粒土構成・量が変わり、海面の拡大で堆積の形態も変わるのであるから、河内湖の埋積過程は、海面の変化と密接に関連していることを先ず認識しなくてはならない。

また、大阪平野は一定の層序をなしているという特徴から、堆積速度が分析の有効な手段となる。大阪平野の地質は難波累層（LM層）を基底とし上部、中部、下部層の層序を成しているが、海面下の時代が長く続いたため中部の海成粘性土層（Ma13）が卓越しており、河内湖最終期の層序を示す指標になる。

天満砂州が河川系の堆積物であるとすれば、海面上昇によって変わる河内湖の水理的条件と

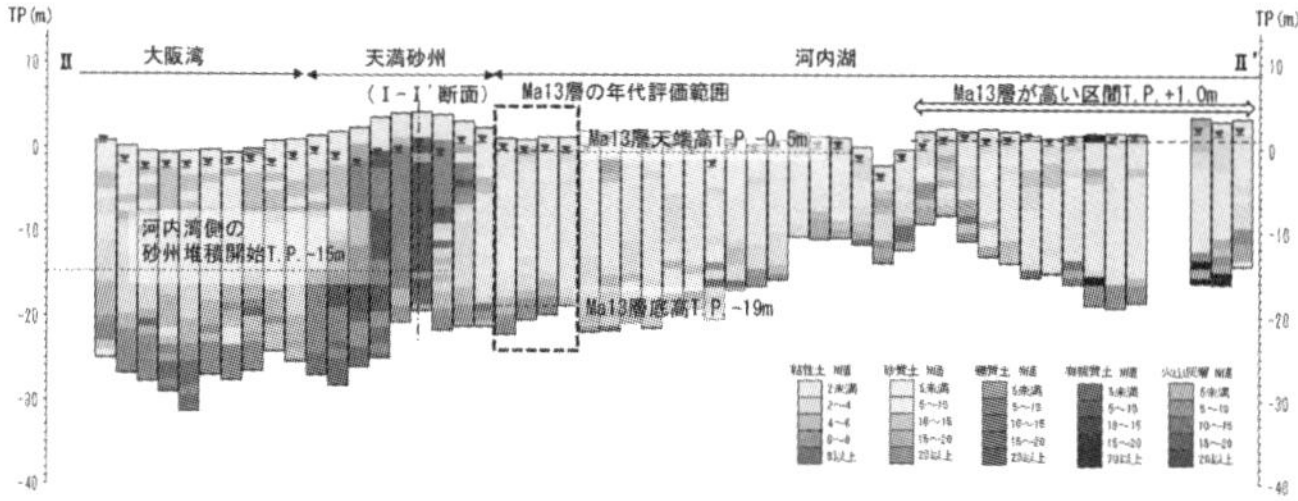

注：地質縦断図は「関西圏地盤情報ライブラリー」（KG-NET）で作成し、説明を加筆した。断面位置は図7-8を参照のこと。

図7-16　河内湖の地質縦断

流域から河道を通じて流出する土砂による層序として痕跡を残す。したがって、河内湖の埋積過程の大略は層序の特徴から知ることができるはずで、大阪平野全体をカバーしている「関西圏地盤情報ライブラリー」の地盤モデルを適用してみる。

河内湾全域の地盤メッシュと難波累層基底面の等高線図（古地形）とを重ねると、層序の生成過程を推定できる。海水が侵入する前は雨水が地表を削り低位部に堆積したシルト・砂・礫等が洪水によって流出し、河内湾・大阪湾のML層上部に堆積する。海水が河内湾に侵入し、さらに上昇するに従い洪水の流れが低下し、シルト・砂などの細かな粒径を中心とする土砂が運ばれてくる。やがて全域が海面下になると洪水は拡散し土砂は河口付近に堆積、微細な細粒分は海水中に漂いやがて海成粘土層が形成されていくのである。

地質層序は、LM層の上に砂質土が堆積し、それより上の中部層は途中でシルトやシルト混り砂が層序をなす箇所もあるが、粘性土（Ma13）が卓越している。上部層の砂質土は、古淀川や古大和川付近ではやや厚く堆積している。天満砂州のLM層から上が砂礫層であって粘性土（Ma13）が見当たらない断面では、天満砂州に堰き止められたように砂質土が堆積している。これに対し、南端部では粘性土（Ma13）の上に砂礫が堆積し湖底の砂質土層が薄い。大川と合流する寝屋川沿いには、最終期の池があったと言われ全体に厚く粘性土（Ma13）が堆積しており、この付近から大阪湾へ流出していったことを表している（図7－16）。このような地質層序は、天満砂州を横断する淀川から北側にもみられる。

海面が大阪湾のLM層上に広がる約九〇〇〇年前までは、流域に降る雨は地表面を少しずつ削りながら河内湖の低位部に集まり、微小な細砂とともに流下する。豪雨であれば洪水となり、大量の土砂を掃流する。海面上昇時代では数百年に一回程度の豪雨が度々生起したはずで、大洪水となって河内湖内を流下したであろう。地形上、上町台地付近から流下断面が急拡大しているので、洪水の流速が低下する。大阪湾の海面が低い時代であれば、断面変化付近に比重が大きい砂利・砂礫が取り残され堆積する。天満砂州が洪積世最終期の地盤が急落する区域と重なっているのは、これをよく表している。

流出土砂の堆積は洪水頻度によって変わるが、粘性土（Ma13）のない地層があるのだから、少なくとも、河内湖に海水が侵入する以前に天満砂州の原形が形成されたであろう。その後、洪水が発生する度に流出土砂が天満砂州で停止し、土砂が補給され成長していったと考えるのが自然である。

天満砂州の原形が形成されてから、全体にシルト混り砂や砂礫が堆積し始めるのは、Ma13

図7-17　河内湾の洪水流路（推定）

層上面の高さがTP-15ｍあたりに達して以降なので、約七七〇〇年前まで大阪湾と河内湾とは広い開口部で繋がっていたのである。それでは、以後の開口部はどのように変わっていったのだろうか。

天満砂州の地質は砂、シルト混り砂及び砂利・礫混り砂が中心をなすが、南北端では「砂利・礫混り砂」が際立っている。砂利・礫は粒径が大きいので、流速が速くないと掃流されてこない。「砂利・礫混り砂」は、洪水の存在を窺わせるのである。

「関西圏地盤情報ライブラリー」で「砂利・礫混り砂」の層序がある地盤メッシュ（礫質土N値20以上）を図示してみると天満砂州の南北端に集中し、古淀川と古大和川に沿って分布していることがわかる。さらに、古地形と見比べれば、コンターの低位部に洪水流路があったことは明らかである（図7－17）。古淀川は、最初、幾筋かの流れであったが、堆積が進むに従い流路となり蛇行を始めるが、「砂利・礫混り砂」の分布は沿川に散らばっており、流路が変遷した特徴を読み取ることができる。上流（門真市付近）にある「砂利・礫混り砂」は、下部層にのみ出現していることから、Ma13層が堆積するにしたがい流路を変えたか、消失した可能性が高い。また、大川の川沿いには礫質層が分布しており流路があったことを示す。位置的にみて古淀川の分流であったことを示しており、古大和川の洪水と合流して大阪湾へ流出していたのである。さらに、南北端に存在する礫質土の天端高が周囲の地盤高に相当していることも、河内湖終末期まで通水断面（洪水流路）が存在していたことを示すものである。

天満砂州の開口部は、海面上昇とともに大阪湾と河内湖との水面差が小さくなり、流速が低下して土砂の堆積が進み開口部は狭まっていくが、洪水時のフラッシュ効果により、一定の流下能力を持つ開口部が河内湖の最終期まであったと考えてよい。

河内湖の最終期の姿

河内湾の埋積過程は、主として古淀川及び古大和川による三角州の発達と海面低下とが相まって、徐々に湖面が減少していった。古大和川は、江戸時代の付け替え工事によって直接大阪湾へ流出するまで、河内湾の土砂堆積に強く影響していた。しかし、古淀川の流域面積が圧倒的に大きく、北側から砂州が発達してきたことは明らかで、市川はこれを河内湾の埋積モデルに反映させたのであろう。

河内湾時代には古淀川は河道を成しておらず、山地に降った雨は洪水となって河内湾へ直接流入していたので河口部付近に土砂が堆積した。海面の低下に従い河口土砂は河内湾に広がり、やがて三角州となる。三角州は、洪水によって供給される土砂によってさらに湾内に拡大し、天満砂州に達するまでになり、砂州上を流下する流路は古淀川となって歴史上に姿を現すのである。古大和川では相対的に三角州の発達が遅れ、最後まで湖面を残していたのが寝屋川沿いであったことを古地図で知ることができる。理由は、流域の大きさの違いもあるが、古大和川には奈良盆地があり土砂の発生源が限られていたこと、弥生前期頃まで奈良湖が存在し、洪水流量の低減と相まって河内湖への土砂流出が抑制されたことも一つの要因として考えられる。以上は、これまでの研究成果で知ることができる事象であるが、このような埋設過程を具体的な地質層序で見てみる。

古地形では古淀川と古大和川との間、現在の守口市付近の地盤が高く、分水嶺の役割を果たしていたのだろう。「関西圏地盤情報ライブラリー」の地盤モデルで見ると、古地形の地盤コンターに応ずるように、古淀川沿いの上部層は砂、シルト混り砂を主とする厚さ5ｍ～10ｍの砂質土で上下流に広く堆積し、古大和川では上部層がシルト混り砂で層厚が薄い区域で0・5ｍ～1ｍ、厚い区域でも3ｍ～4ｍであり、堆積土砂の違いが際立っている。粘性土（Ma13）からみれば、逆の関係にあり、古淀川では土砂堆積が早い時代から始まっており三角州が形成

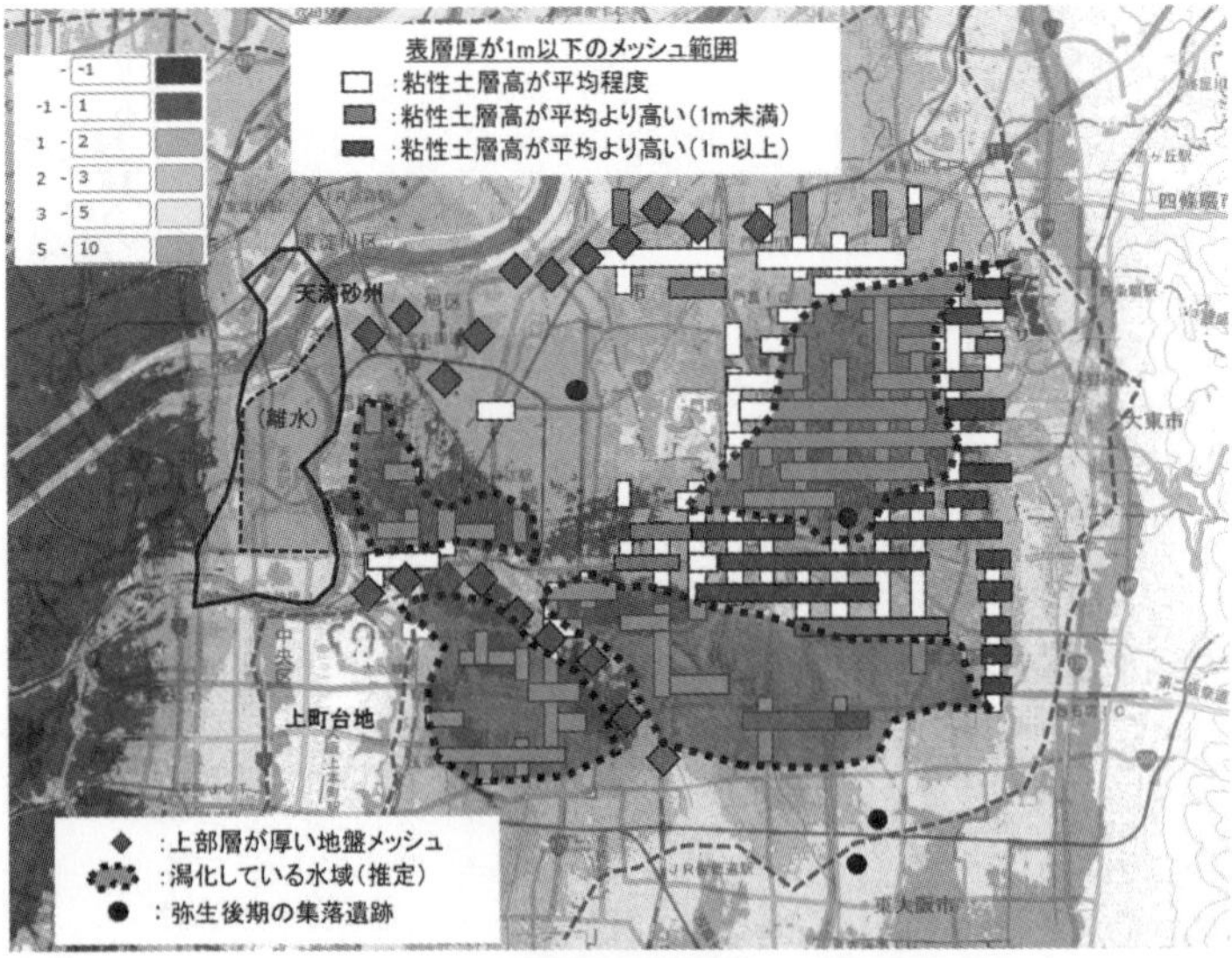

図7-18　河内湖終末期の水域特性

されていったのである。このような層序の特徴からみても、古大和川の低位部には最終期まで水域が残っていたことは明らかである。

それでは、河内湖の最終期に水域を残した地形とは、どのような姿であっただろう。

最終期の湖面とは地質層序で言えば、上部層下のMa13層が生成されていた時代である。河内湖の最後は人の手によって水面が埋め立てられ消失したのであるから、その上にある表層が流出土砂を構成する砂、シルト質砂などではなく、土工によって地層をなしている地域が最終期まで湖面を残していたと言える。表層については、実際のボーリング柱状図で見ると、層厚０・５ｍ～１ｍの埋土が殆どである。地盤モデルの地質は、上部層、中部層、下部層に区分し、砂質土、粘性土、礫質土、等を１ｍごとにＮ値の大きさによって層序の特性を表している。上部層には表層の区分はないが、最上層の砂質土が層厚１ｍ以下でその下層が粘性土であれば、これを表層と見なせる。河内湖内の表層が粘性土（Ma13）の上にある地盤メッシュを抽出し、水域の範囲と層高を区分して整理してみた。最終期まで水域を残していた地域は、概ね古地形の谷部に広がっているが、粘性土（Ma13）の天端高が相対的に高い水域がある。その水域は、東西方向のメッシュでみられ南北方向のメッシュには殆ど現れていないので、下流に比べて水深が深いことを意味している。この理由として考えられるのは、河川系の三角州が発達し、徐々に河内湖が埋め立てられて浅い水域が出現し、本来の河内湖が大幅に狭められていたのではないか。

南北方向の地質縦断をみると、表層は薄いが粘性土（Ma13）と砂質土が互層で堆積したメッシュが広く存在しており、シルトや細砂が堆積し水深が浅くなり始めたことを知ることができる。河内湖は干満の影響を受けていたので、干潮時には底面が現れることもあったのだろう。弥生集落跡の存在を考慮すると、そのような浅い水域は潟化していたと考えるのが実際的である（図7－18）。

古大和川は、潟化による支川を集めて大阪湾へ流出していたのである。したがって、図7－18で示した「表層厚が１ｍ以下」の範囲において、潟化している地域を除いた水域と古大和川の流路が河内湖の最終の姿であったと推定できるのである。上部層が砂質土で層厚が最も厚いメッシュは、概ね古淀川及び古大和川の流路に位置しており、それぞれの主流があったのだろ

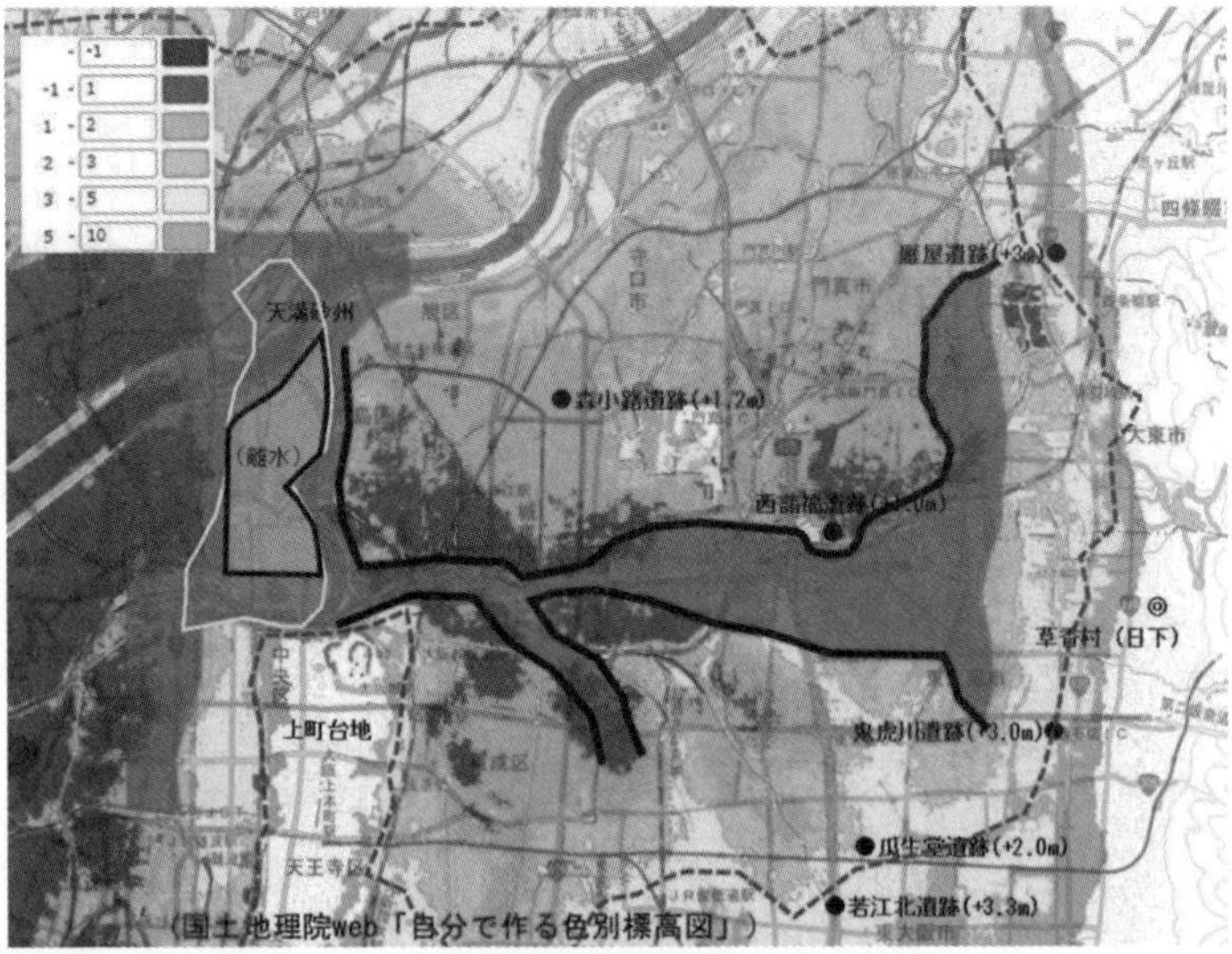

図7-19　河内湖の湖面（2030年前頃）

う。河内湖の最終期では、古淀川沿いに潟化している水域はないので、三角州に主たる洪水流路が形成されつつあった。古大和川では、現在の寝屋川沿いに河川の景色が見えていたのである（図7－19）。

それでは、河内湖が最後まで水面を残していた年代を考えてみる。概略の推定実年代は、Ma13層の層厚と堆積速度で割り戻せば知ることができる。地質層序に他の土質ができるだけ含まれない地盤メッシュを選定するとより精度が高い。対象断面は、多くの水面を残していたと考えられるII－II断面（図7－8参照）とし、概ね粘性土（Ma13）からなる地盤メッシュの範囲を選んだ（図7－16参照）。この評価範囲の堆積厚は平均18・5m程度で、堆積速度を0・3㎝/年とすれば、六一七〇年程度の期間を要して生成したことになる。底高は

TP-19ｍであるので、海面が達するのが八二〇〇年前となる。この年代からMa13層の堆積が始まる。したがって、河内湖末期の粘性土（Ma13）の高さTP－0・5ｍになる年代（YBP）は、二〇三〇年前となる。これを推定実年代に換算すると前八〇年頃であり、多少の誤差を考慮しても、神武東征の前一三〇頃ではやや幅が広い河川があったと考えて良い。

ところで、現在の開口部（大川）は、仁徳天皇（在三五七～四〇〇：一年歴）が天満砂州を開削して通水させたとする説がある。天満砂州が砂嘴を成因とするならば、大川は後年に開削されたに違いなく、次に示す「堀江」の一節がその根拠となっている。

冬十月　掘宮北之郊原　引南水以入西海　因以號其水曰堀江（日本書紀第十一仁徳天皇）

〈冬十月、宮の北部の野を掘って、南の水を導いて西の海（大阪湾）に入れた。その水（掘割）を名付けて堀江といった〉

仁徳天皇がいた「難波の高津宮」は上町台地にあり、大阪城から南に1・5㎞ほど離れた位置にあったのだから、「宮の北部の野」とは、上町台地と古大和川の間にあった低地を言うのであろう。この地はかつて潟化した泥土の地であったが、仁徳天皇の時代には三角州がさらに拡大しそこが原野となっていた、と読み取れる。「南の水」とは、長雨で河川水位が上昇し満潮時になると逆流して、高津宮から南にある低地（農地・居住地）に溢れ出た湛水のことである。背景にあるのは、古大和川の流下能力が低下し豪雨になると水位が上昇するが、大阪湾の満潮と重なると排水不良と相まって低地に溢水し農地・居住地に浸水被害をもたらしていたということである。

仁徳天皇の時代は河内湖の時代（一八〇〇〜一六〇〇年前）にあたるが、まだ大きく湖面を残しており、大阪湾との水位差は殆どないので潮位の影響が河内湖の低地に及ぶことの表記と矛盾していない。しかしながら、大阪湾の干満に影響され浸水被害が頻発しているのであれば、天満砂州を開削しても河内湖の水位が低下するわけではないので、低地の湛水軽減効果が期待できない。仁徳天皇が、事業効果が殆ど得られない大工事を官僚たちに指示したとは到底思えない。

日本書紀で記している土木工事は、低地の湛水時間を短くするのが事業の目的であり、「堀江」は雨が止んだ後、速やかに排水させるための水路のことで、湛水時間を軽減させるための内水処理対策なのである。「堀江」は「宮の北部の野」を開削して古大和川へ合流させ、干潮時に「南の水」を大阪湾へ排出する排水路と解釈するのが、仁徳天皇が指導した風景と合致する。

河内湖は天満砂州で大阪湾と仕切られ、二か所の開口部で接続していた。それは、後に北側が古淀川、南側は古大和川の河口となった。神武天皇が橿原宮で即位したのが前一三〇年（一年歴）とすれば、河内湖の終末期とほぼ同時代である。東征軍は、難波碕から河内湖に大きな川と水辺の景色を見たはずである。

3　神武天皇の実在

東征経路と少しの追記

東征経路は、神武天皇の居住地を日向《ひなた》（糸島）とすると、古事記がこれに近い。東征の発地を糸島とし、奈良盆地までの到達経路を古事記に沿ってまとめてみる。

糸島を出発した東征軍は、最初に筑紫に行き、その後、豊国《とよくに》の宇沙《うさ》で地場の豪族である宇沙《うさ》都比古《つひこ》・宇沙都比賣《うさつひめ》から宴を供され、筑紫の岡田宮に行き半年（一年歴）滞在する。宇沙は宇佐市のことで、岡田宮は遠賀川河口にある崗水門のあたりといわれている。神武天皇が筑紫から宇沙に行き、再び筑紫に戻るのは何故か。

日本書紀の巻第一神代上に、素戔嗚尊《すさのおのみこと》の振る舞いに怒った天照大神をなだめるために約束した「素戔嗚尊の誓約」が記されている。その中の一節に、天照大神が素戔嗚尊の十握剣《とつかのつるぎ》を食べて生んだ市杵嶋姫命《いちきしまひめのみこと》、湍津姫命《たぎつひめのみこと》、田霧姫命《たぎりびめのみこと》を葦原中国《あしはらのなかつくに》の宇佐嶋へ降臨させたとある。宇佐嶋とは宇佐神宮のことと言われ、この三柱は後に海神として宗像《むなかた》神社に祀られるのであるから、宇佐は海上交通に関係する地なのである。筑紫と瀬戸内との海上交通では周防灘を通過しなければならないが、宇佐は古代の海上交通の要衝と言われており、この地にいる豪族たちがこの内海を支配していたのだろう。

神武東征の時代は、糸島の王は博多方面を攻勢中であり、征服できたのが前三〇年頃なので、豊国（豊前・豊後）まで影響を及ぼしていない。東征軍が周防灘を安全に航行するには、宇沙都比古・宇沙都比賣と交渉が必要であったろう。古事記にある「大御饗《おおみあえ》」とは天皇へ奉る御膳で、服属儀礼と解されているが、神武天皇か名代となりうる人物が出向き交渉がうまくいった、ということである。これを行動で表せば、本隊を岡田宮（岡水門）に残し、別途、交渉団が宇佐に出向いたとすると辻褄が合う。

崗水門を出て阿岐国の多祁理宮《たけりのみや》（埃宮）に到着する。多祁理宮は広島県安芸郡婦中町とされている。滞在期間は約三か月半（一年暦）であるので、食料の調達・休息だけではなかったのだろう。

多祁理宮からは吉備の高嶋宮で四年間（一年暦）滞在する。日本書紀には、「行宮を建て、船舶を揃え、武器や兵糧を蓄えた」とあるので、高嶋宮は前進基地であった。武装した上陸部隊の編制と船舶を整えるのに四年は長いように思われるが、本国からの兵員・武器の補給や複雑な潮流を持つ播磨灘の調査や敵地の動向を探ることにも時間を要したのだろう。

東征軍は船団を組んで高嶋宮を出発し、速吸門《はやすいのと》（明石海峡）を通過し、浪速之渡《なみはやのわたり》（難波碕）に到着する。ここから、河内湖内の河を遡上し、草香村（日下村）の白肩津で上陸を開始する。この地には既に登美《とみ》の那賀須泥毘古《ながすねびこ》（長髄彦）の軍が待ち構えていたため、激戦となり、兄の五瀬命《いっせのみこと》が重傷を負う。神武天皇は、一時退却を指示し、作戦を変更して紀伊国へ向かう。長

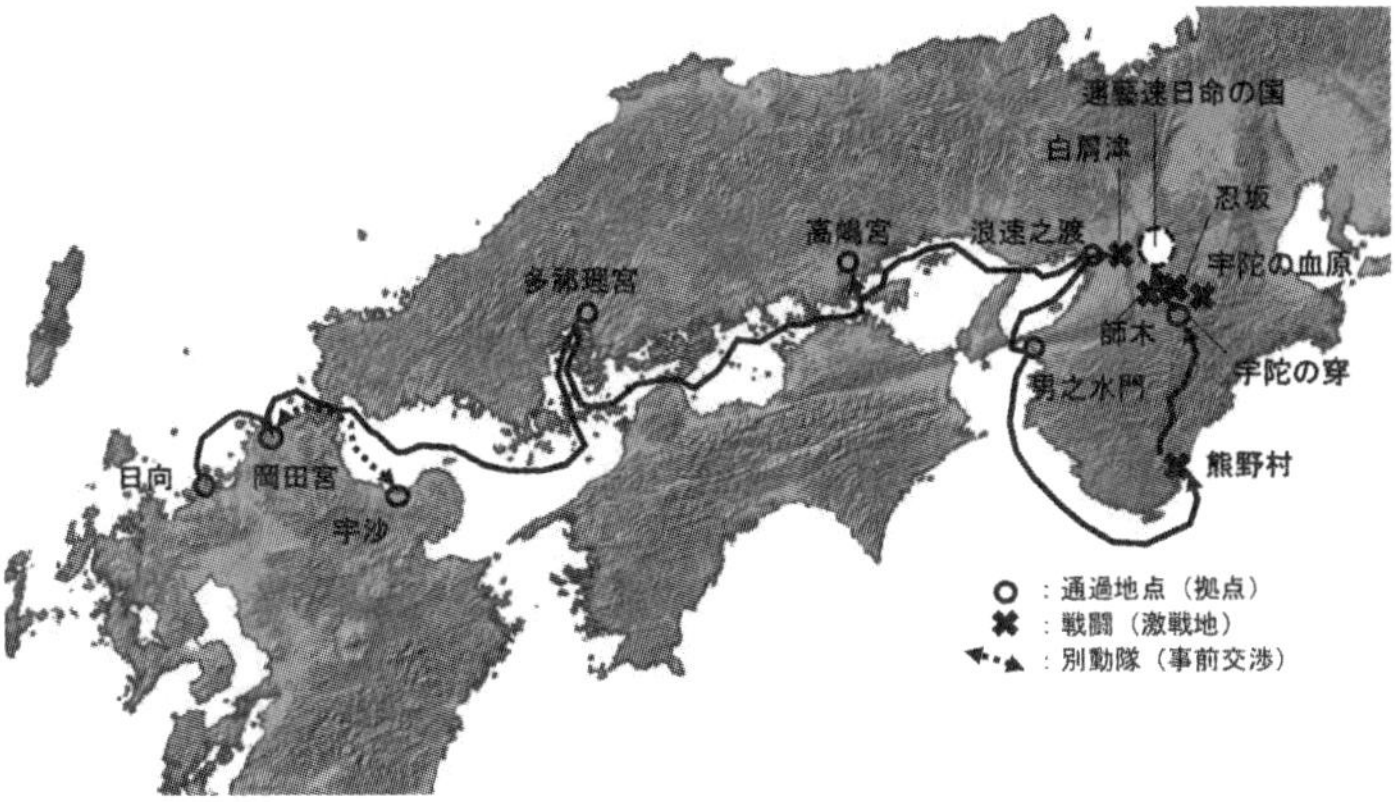

注：東征路は古事記を基本とした。

図7-20　神武天皇の東征経路

大な山越えによる奇襲攻撃に作戦を変更したのである。途中の男之水門《おのみなと》（山城水門）で五瀬命は戦傷により逝去する。遺骸を亀山に葬り、熊野村へ進軍するが、日本書紀では渡海の途中で天皇の兄にあたる稲飯命《いないのみこと》と三毛入野命《みけいりののみこと》を失っている。

東征軍は熊野村に到達すると、ここから紀伊山地を越えて宇陀《うだ》の穿《うがち》まで進軍するのであるが、この間に天照大神の横刀《たち》や八咫烏《やたがらす》の導きなど、神話的な語りが入る。熊野村は新宮市あたり、宇陀の穿は宇陀市の八坂神社付近と言われている。熊野村に上陸し、宇陀の穿へ行くとしたならば、谷筋を抜けたであろうが、それでも日本有数の多雨地帯で高い木々が密集している山地を集団で登るのは容易ではない。五瀬命の負傷、戦死と現実的な語りから、一挙に神話的な風景となるのは、紀伊山地の進軍がいかに困難を極めたか、畏敬の念を含めつつ神憑り的な逸話として表現したものではないか。

宇陀の穿から先は、各地で土豪が待ち構えており、激戦となる。これを切り抜け、奈良盆地の北部地域を支配する師木《しき》の二兄弟を切り倒して、ようやく奈良盆地への侵入を果たすのである。日本書紀では、二兄弟を打倒した後、最後に長髄彦と再戦するが、勝利できなかったことは既に述べたが、神武天皇は、奈良盆地の全てを掌握することができなかったのである。

以上の東征経路は、記紀の記事に従いこれまで問題となっていた点を検証し、取りまとめた結果である。こうしてみると、記紀にある事績は、多少の解釈の違いはあるにせよ、現在の視点でみても大きな矛盾がなく不審な点も少ない（図7－20）。

東征の事実とは

神武東征の実在は何をもって証明できるか、考古学的な関連遺跡・遺物が出土していない中で、唯一の手掛かりが伝承であるが、記録に残すことの意味を十分に認識していない時代性や記録そのものにバイアスが含まれていたことを考えれば、個々の不明点を議論しても事実の姿は見えてこないように思う。

神武天皇は、戦略的な目標であった奈良盆地の制圧ができず、本国の糸島と遠く離れ補給が十分でない中で橿原宮に拠点を構えたが、周りを異文化の民族に囲まれている現実は、脅威であったに違いなく、軍事力だけでは自軍を維持できないと判断するのは自然である。

その後の天皇たちは、姻戚と政略によって大和盆地内の豪族たちを臣下とし、王室と朝廷を創り上げ、やがて大和盆地から外へ打って出ていくのであるから、神武天皇が「力」から「親和」の方向に政策かじを切り、この選択を継承し国としての力を高めていったと見てよい。この歴史の端緒が長髄彦を打ち負かせなかった事績であり、それによって大和盆地に発する天皇家が長い歴史を刻んできたことが神武東征の事実を裏付けていると考えるべきである。

第八章　倭国の滅亡と日本国

1　倭国と大和朝廷

任那《みまな》の蚕食

古代から朝鮮半島南部には倭人が居住していたことは遺跡群から明らかで、魏志倭人伝には倭国の一国をなす狗奴韓国があったと記されている。広開土王碑（四〇〇年頃）では、任那《みなま》・加羅《から》、安羅《あら》等の国名を見ることができる。朝鮮半島の諸国は離散集合が激しく一定の国域を定めるのに諸説がある。任那国としては四七八年に倭王武が宋への上表文で「百済・新羅・任那・加羅・秦韓・慕韓六国諸軍事、安東大将軍、倭国王を自称した」とあり、日本書紀では雄略七年（四六三）に吉備上道田狭臣《きびのかみつみちのたさしん》が任那の国司に任じられた話が出ている。少なくとも倭王武の時代に、倭国が支配する任那が成立しており、国域が最大となっていた（図8－1）。

継体《けいたい》六年一二月（五一二）、百済《くだら》が使者を送り任那国の上哆唎《おこしたり》、下哆唎《あろしたり》、娑陀《さだ》、牟婁《むろ》の四県が欲しいと上奏してきた。大伴大連《おおとものおおむらじ》はこれを了承し、詔を得て物部大連麁鹿火《あらかひ》を使いとして百済の使者に伝えることになったが、「倭国の国益に背く」との妻の諫めを受け入れ、別人に託し、上奏文に基づく四県が百済に与えられた。一般には「任那四県の割譲」と言われ知られるところである。日本書紀では、継体天皇の許諾を得た経緯や最終的に詔を伝えた人物が明らかにされておらず、闇の中である。

百済の要求について、真っ先に支持したのが哆唎国守《たりのくにのみこともち》である穂積臣押山《ほづみのおみおしやま》であった。理由は、「百済と併合したほうが安全を確保でき、倭国の国益に繋がる」ということであった。哆唎国守は任那国の地方長官で、これに任じられている穂積臣押山は天皇の臣下にあたるが、高句麗・百済・新羅としのぎを削る時代にあって、自国の領域を百済に任せるというのは道理に合わない。余程国力が低下し、国家的な規範が既に崩壊していたような書きぶりである。世間では、百済と穂積臣押山・大伴大連の間に贈収賄容疑があったと見られていたと、あるのも頷ける。とすれば、継体天皇が知らぬ間に、重臣が勝手に詔を交付（私文書偽造）したのである。四県割譲は、まさしく、国家への背任行為であった。

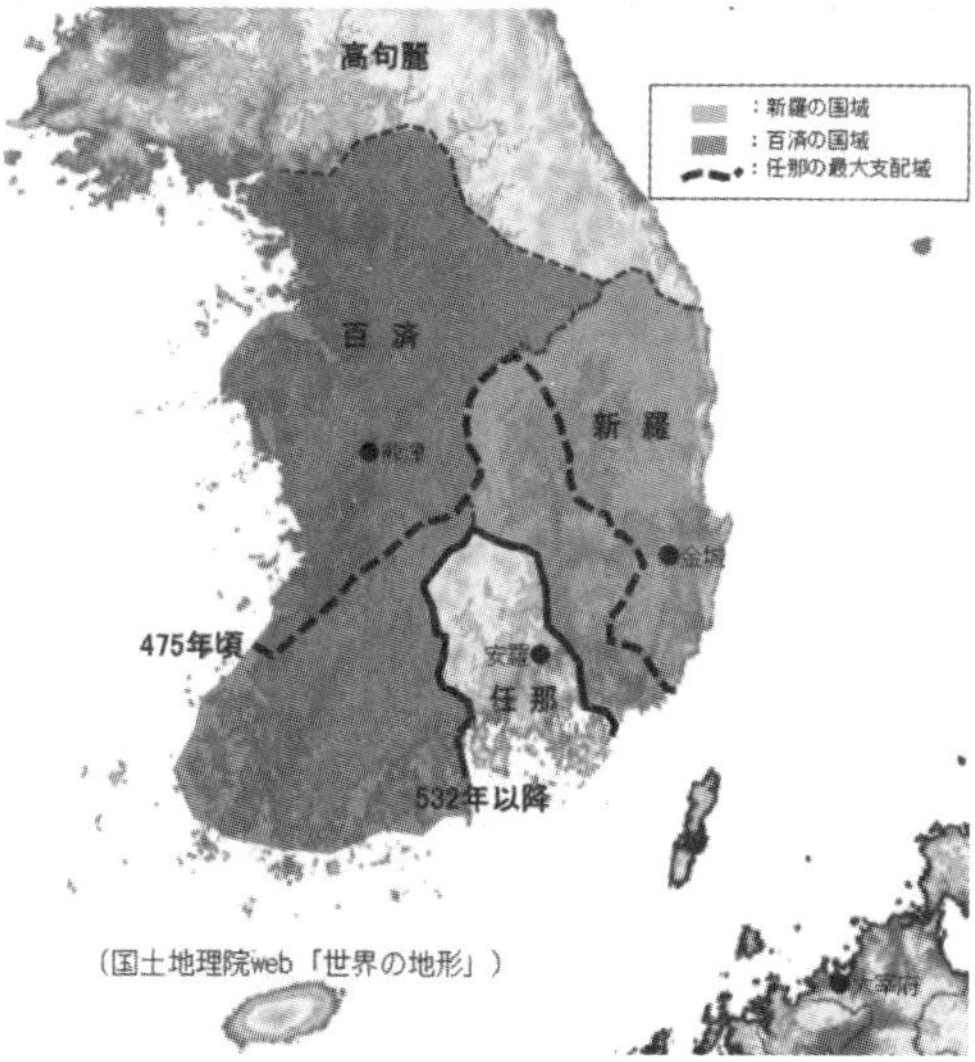

注：任那の国域は「任那興亡史」末松保和（1949）を参考に作成したもの。

図8-1　5世紀〜6世紀初めの任那国

　継体七年六月（五一三）、百済は「伴跛《はへ》国《くに》が己汶《こもん》の地を奪ったので、返還を取り仕切ってもらいたい」と、大和朝廷に願い出た。一一月には己汶・帯沙《たさ》を欲しいと申し出て、了承されている。ここでも穂積臣押山が一枚かんでいる。また継体二三年三月（五二九年）、百済は加羅国の多沙津《たさつ》を朝貢の経路としてもらいたいと願い出て、要求どおり獲得している。しかし、日本書紀には要求に応じた理由が記載されておらず、これもまた闇の中である。

新羅は、大和朝廷より高句麗との関係を強化していたが、安心できず隙を見せると城を奪取される状況下にあった。このため、雄略八年（四六四）には大和朝廷へ救援を要請しこれに応じた大和朝廷が高句麗を撃破するなど主従関係を持っていたようだが、一方で任那を侵略するなど、面従腹背の行動が多く見られ、調略にも長けた手強い国となっていた。もともと大和朝廷と新羅とは関係が良くなく、雄略九年三月（四六五）、大和朝廷は新羅の討伐に向かう。しかし、なかなか降伏せず、派遣された臣下同士が戦闘の中に内紛を起こし紀大磐宿禰《きのおおいわのすくね》が韓子《からこの》宿禰《すくね》を殺害するなど、軍規の乱れもあって、目的を達成できなかったという。新羅は法興王《ほうこうおう》（在五一四～五四〇）の代で国力が回復し、次王の真興王《しんこうおう》（在五四〇～五七六）は、五六二年に任那を併呑し、その後、朝鮮半島を統一する以前では最大の版図を獲得する。新羅の台頭により、朝鮮半島における倭国の足場が完全に消滅するのである。

五世紀末以降、百済や新羅の圧力が強く、任那は次第に侵略されていくが任那諸国は自立性が高く、強く対抗していたと言われている。しかし、日本書紀では、任那が国域を縮小させせやがて滅亡に至るのは、政治の腐敗や軍の規律が極度に低下したことが大きな原因であった、と言わんばかりである。

大和朝廷の隆盛

秦の始皇帝が初めて統一国家を成立させたのは、中央集権という制度を初めて持ち込んだからと言われている。それは法をもって刑罰・徴収・労役の全てを運営し、そこには、官僚によって制御する社会制度があった。始皇帝という最高権力者がいて制度によって人民を強制することで資源を集中させ、国力を向上させたのである。

大和朝廷にも、これと似た手法が出現している。それは部民制度と氏姓制度であり、大和朝廷の強力な政治体制をつくり近畿王朝の発展の基礎となった。

部民制度は人々を品部《しなべ》（技術者集団）、朝廷に属する子代・名代、豪族の領有民である部曲《かきべ》等の職能に分けて領土と人民を管理し、中央の経済力を高め地方の支配力を強化するものであった。部民制は五世紀頃に成立したと言われている。

氏姓制度は、もともと大和朝廷で政権層にいた豪族が氏と呼ばれる組織を構成していたが、天皇（大王）と隷属関係を結び、朝廷における一定の政治的地位や官職・職務に就く資格と、それを世襲する権利を与えられるようになった。氏姓制ができた時代はよくわかっていないが五世紀以降と言われている。

允恭《いんぎょう》四年九月（四一五）、「自分の姓を偽るものがいて、政治を混乱させているので厳重に対処するように」と詔が下されたが、百官・臣下たちは、それはできぬと口を揃えて言うので、「盟神探湯《くがたち》」をさせて氏姓を正したとある（日本書紀第一三允恭天皇）。允恭天皇は、これまでなんとなく政権中枢にいた豪族たちを、制度で管理下に置いたのである。氏姓を明らかにするとすれば、所有している部民の扱いにも厳格な位置付けが必要となるので、部民が制度化されたのもこの年代ではなかろうか。

大和朝廷の経済的な力量としては、古墳群の築造に見て取れる。古墳の築造が始まったのはよくわかっていないが、関東から九州にわたり分布している。天皇の御陵とされる大規模な前方後円墳は四世紀末から五世紀に多く作られ、大阪・奈良に集中して分布している。前方後円墳は大きいほど被葬者の権力も大きかった、と言うわけではないが経済力の大きさを知る指標となる（図8－2）。

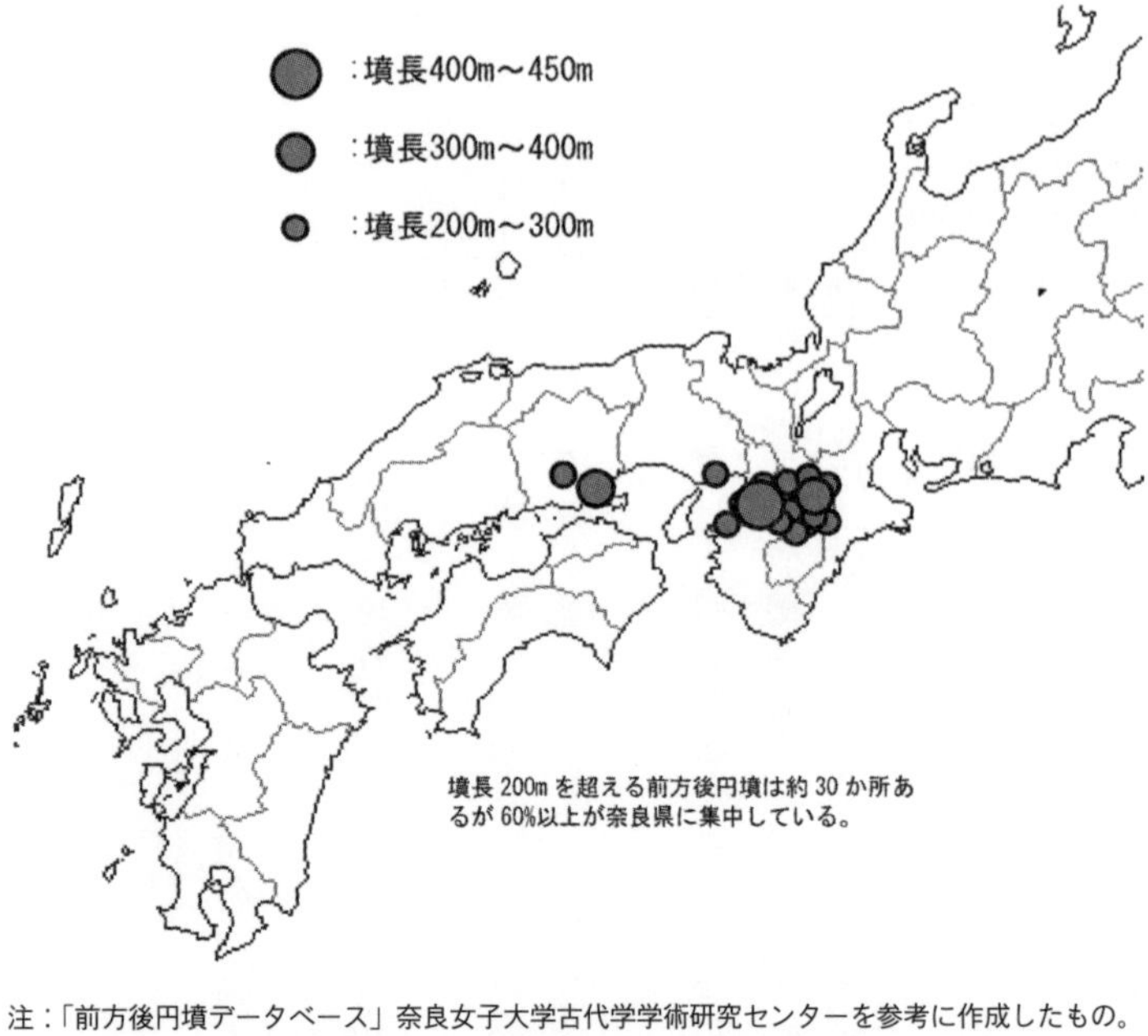

注：「前方後円墳データベース」奈良女子大学古代学学術研究センターを参考に作成したもの。

図8-2　古墳時代の大型前方後円墳（墳長200m以上）

仁徳天皇稜（全長約４７５ｍ）については、古代工法で築造すると総工事費七九六億円との試算がある（岡山県古代吉備文化財センター二〇一九）。現在価格にデフレートすると約一二〇〇億円である。特に、大規模な前方後円墳は、仁徳天皇稜の他、応神天皇稜４２０ｍ、履中天皇稜３６５ｍで三代続けて築造されているが、これらを延長比で工事費に換算すると総額が約三二〇〇億円となる。仁徳天皇稜を築造に費やした期間は一五年以上と言われているが、莫大な費用を投入するだけの経済力があった。近畿圏では古墳中期〜古墳後期に大型の前方後円墳が数多く作られているのであるから、近畿王朝の経済力は相当高かったと見てよい。五世紀初めには社会を制度化して王権を確立させ、大和朝廷を頂上とした強力な国家体制が近畿圏に成立していた姿を見て取れる。

ちなみに古代の推定人口は、弥生時代（二〇〇年頃）に九州一〇・五万人で畿内一〇・一万人と同程度であったが、平安時代頃（七二五年頃）になると九州四〇・五万人に対し畿内が九六万人になるという（鬼頭宏一九九六）。人口の増加は、社会環境の改善や農業基盤の整備ができて初めて起こる動態であるので、この点からも近畿王朝の力が圧倒し始めていたことが理解できる。

どちらが大和朝廷の姿か

大和朝廷は、仁徳天皇が奈良・大阪の開発を進め国土基盤の整備を行ったことから始まり、五世紀後半から六世紀初めには社会制度が整い強国へと変貌したと見てよい。同時代に、任那の国守や大和朝廷の重臣たちは政治を怠り、高句麗との戦いで多大な犠牲を払い支配域を維持してきたにもかかわらず、朝鮮半島の安定に資する軍事力さえ著しく低下していることは、とても同じ国家とは思えない。この相反した社会状況は、いずれも日本書紀で描かれている事績であるが、どちらが本当の大和朝廷の姿なのだろうか。

日本書紀は、当然ながら大和朝廷の論理で事績が記載されており、中華王朝との関わりについても同様である。しかし、中華王朝は中華思想を基本とした独自のルールを持っており、それに沿って外交関係を見ていかねば、主体が見えてこない。

既に何度か記しているが、古代の東アジアは、中華王朝が国際社会の中核をなしており、蛮夷の国々は冊封関係が成立しない限り国際国家（独立国家）として認知されなかったことはよく知られている。したがって、他国との外交ができるのは冊封された王だけで、一度中華王朝の天子から印璽を授かれば、王朝が滅亡しない限り継続するのである。

倭の五王は百済を含めた七七か国を支配する安東大将軍の叙爵を宋の順帝に求めたが、百済は三八四年に東晋から使持節都督鎮東将軍百済王を与えられ独立国・国際国家として認められていたため、倭王武が何度懇願しても百済が安東大将軍の支配下になることを許されなかったことが、このことをよく表している（古田武彦二〇一五）。

日本列島は邪馬壱国の王が統一して倭国を建国し、激変する国際環境の中にあって徐々に衰退の道を辿るが、大和朝廷が日本国を自称し唐から冊封を受けるのが八世紀初頭であるから、それまでは日本の外交は倭国が担っていたのである。したがって、前述した五〜六世紀の日本書紀にある百済や新羅との外交の事績は、大和朝廷のものではない。とすれば、任那に関わる一連の事績は倭国の記録を写したということになる。その視点で、倭の五王以降の日本書紀を見なおしてみる。

倭の五王時代、高句麗の広開土王とその子の長寿王との激烈な戦いにより人的・物的な損害を被りながらもそれまでの任那の国域を護ってきた。しかし、高句麗との戦いは人的・物的な損傷があまりに大きく、国力が低下したのであろう。相反するように百済の東城王（在四七九〜五〇一）や新羅の法興王（在五一四〜五四〇）が行った社会制度・政治体制の立て直しが功を奏し、国力が増していたことを考え合わせると、百済・新羅による任那の蚕食が倭国の国情を物語ったものであることがよく理解できる。また、倭国が百済と親密であったことは、その後の武器提供や倭国兵の派遣記事から見て察することができるが、死力を尽くして護った任那の一部諸国を百済に割譲し、経営させるまでの信頼関係があったとは到底思えない。百済に経済力と軍事力があってこそ起きた事件であろう。倭国の国力は相当に低下し、政治の中枢が割れていたことが推察できるのである。

このような倭国の衰退に対して、大和朝廷が臣下として倭国の中枢にいたのなら、朝鮮半島の国域を維持するために強力な軍を送れただろうし、何より、倭国を経済面で支えることができたはずである。倭国の衰退と大和朝廷の隆盛という、相反する国情を、同じ国の事績としてシラっと書き綴る日本書紀の傲慢さは、国難ともいえる外交に対して大和朝廷が全くの傍観者であったことを表すものである。また、もう一方の見方からすると、倭国は国力が低下し大和朝廷を抑え込む力がなくなっていた、ということであろう。大規模な前方後円墳群が奈良・河内湖に集中している背景にはそれがあった、と見てよい。

倭国と大和王朝の交錯

倭国と大和朝廷の立ち位置が逆であれば、日本書紀にある外交の事績は主として倭国のものであり、倭国と大和朝廷が交錯する遣隋使からの事績の意味合いも劇的に変わる。そこで、朝鮮半島が覇権闘争へと一気に転換する推古天皇から天武天皇の時代について、倭国を中心とした外交の事績として時系列的に整理すると、大和朝廷の外交と交差するところがなくなる（図8－3）。

日本書紀では、大和朝廷が中華王朝へ初めて朝貢したのは推古一五年七月（六〇七年）からであり、それ以前の朝貢記事はない。隋書によれば、倭国から遣わされた最初の遣隋使は六〇〇年に来て、六〇七年には倭王多利思北孤の親書を携えた使者が隋煬帝に謁見している。したがって、大和朝廷から遣わされた小野妹子は六〇七年の倭国遣隋使の一員ということになる。

日本書紀は、小野妹子はあたかも推古天皇が遣わした正使という立ち位置で記しているが、中

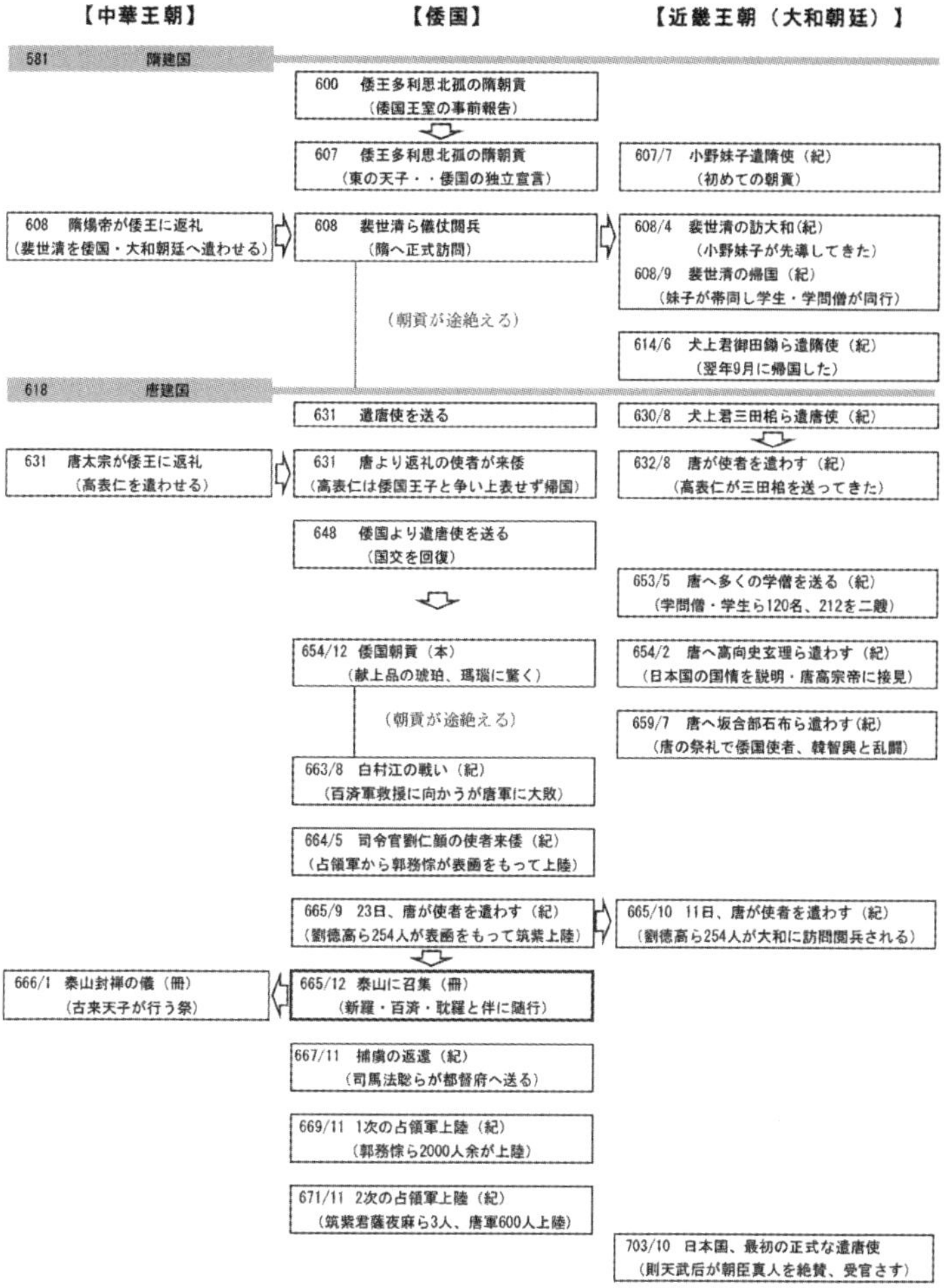

注：旧唐書の本紀と倭国・日本国の条及び日本書紀より整理したもの。（紀）は日本書紀、（本）は旧唐書本紀の事績による。（冊）は「冊府元亀」によるものである。

図8-3　隋・唐への朝貢及び返礼の時系列（中華王朝の規範で整理）

華王朝のルールからすればあり得ないのである。おそらく、大和朝廷は倭国が遣隋使を送ることの情報を得て、なんとか倭国の随員に加えたいと考え、政治的な工作をしたのではないか。そうでなければ同年に遣隋使を送ることなどあり得ない。小野妹子は、推古六〇八年に隋の正使である裴世清《はいせいせい》を奈良から隋に送る際、学生・学問僧を帯同させている。大和朝廷の遣隋使の目的も仏教知識の獲得であったのだ。推古天皇を補佐する聖徳太子は、仏教をもって政治を行おうとした最初の指導者で、自らがなすべき政治思想を形にするには、最新の仏教を知ることが課題であったのだろう。何とか隋へ学僧を送りたいとすれば、倭王の遣いに同行するしかない。

倭王とすれば、これまで大和朝廷が遣使の一員に加わることなどなかったし、必要もなかったのであるから、近畿王朝が既に国家規模の国となっていたことの査証であり、倭国はこれを無視できなかったと考えるべきである。ここで倭国と近畿王朝が、歴史上で初めて交錯したのである。

さて、推古一六年（六〇八）に隋の煬帝は、返礼のため裴世清を遣わせ、小野妹子に国書を預けた。裴世清は、小野妹子に先導され筑紫に上陸し、天皇の前で挨拶し国書と贈り物とを合わせて差しだした、と日本書紀にある。一方、隋書には、六〇八年に倭王へ返礼したことは記してあるが、小野妹子の名はおろか近畿王朝へ返礼したことなど全く出てこない。この点について、隋書の末尾にある「朝命既達、請即戒塗。」は、「倭王には天子の朝命を達し終えたので、さらに旅に出たいのでその警護を要求した。」という意味で、裴世清は筑紫から大和へ向かった、と解釈できるという（古田武彦二〇一五）。

中華王朝は、これまで冊封した国（独立国家）にしか正使（国書を携えた使い）を送らなかった。その事績は、正史に記録として残している。中華王朝が、東夷の歴史を考察して朝貢の背景など書き連ねることなどできないし、そのようなことはしない。しかし、隋書の裴世清はいずれかに向かおうとしているのなら、受け手側に記録があるはずで、これが前述の推古一六年の記事と合致している。

中華王朝は朝貢した王や遣わされた正使の名は、冊封される側が報告してきたものを正確に書き記すことを原則としている。隋書に大和や推古天皇の名が記載されていないのなら、なかったと見るべきであるが、記述内容と符合する事績が日本書紀にあるのなら事実と見てよい。この年、中華王朝は、初めて倭国と近畿王朝の関係を現地で知ることになる。

隋が滅び、唐が建国されると、倭国は遣唐使を送るようになる。倭国は六三一年に唐へ朝貢してから白村江の戦い（六六三年）まで三回使者を送っている。近畿王朝の朝貢は、多少のズレもあるが、倭国に合わせて実施していたと見てよい。太宗《たいそう》皇帝は、六三一年の朝貢の返礼として高表仁《こうひょうじん》を倭国に送るが、高表仁は王子（多利思北孤の皇太子利歌彌多弗利？）と礼で争い、言上もせずに帰国した。日本書紀では、同年に高表仁らが小野妹子に先導されて大和へ入り、天皇の前で太宗皇帝の謝辞を読み上げたとある。旧唐書では事績に月日が記載されていないので正確には言えないが、同じ年の七月までに長安と筑紫を往復し、その後に大和へ向かうのは無理（作為）がある。大和朝廷は、倭国から大和朝廷へ関心が移ったことを強調しているのだろう。

斉明五年七月（六五九）、大和朝廷は、皇帝が主催する「冬至の祝い」を祝賀するため遣いを送っている。「冬至の祝い」には諸説あるが、周代から始まった暦法で冬至にあたる日を一年の始まりとしていたが、漢代に暦法が改正されて正月一日を新年とするようになり、その後二〇〇〇年以上、歴代皇帝は冬至に天を祭る壮大な儀式を行っている。この遣唐使の従者の一人に伊吉博徳《いきのはかとこ》がいて、記録を残しており、日本書紀の参考資料（伊吉博徳の書）となっている。この中で、「冬至の祝い」の席で日本の客人らがいて、名を韓智興《かんちこう》と言ったという。

この日本の客とは、倭国の遣いであることは間違いない。祭礼の直後に倭国と大和朝廷の使者が争い、韓智興は唐に罪有りとして流罪に処されるが後に減刑される。高宗《こうそう》皇帝の前で争うというのは相当なもので、韓智興の怒りは最高潮に達したのであろう。「唐皇帝の正式な祭礼に、倭王以外の使者がくるとは何事か！」、と怒声が聞こえてくるようである。しかし、日本書紀の字面を追ってみると、「伊吉博徳の書」は大和朝廷が倭国と同等に皇帝に謁見でき、礼節も会得し倭国を凌ぐまでになっていたと、自らの立ち位置をより強調する役割を果たしている。

朝鮮半島の勢力図が劇的に変わるのは、隋が五八一年に統一国家を成立させ朝鮮半島の制圧を始め、最初に高句麗へ出兵した五九八年以後である。この時代の朝鮮半島は、高句麗、新羅、百済が割拠していた。任那は五六二年に新羅によって征服されたが、その後も諸国の自立性は強かったと言う（井上秀雄二〇〇四）。

六一八年、中華王朝は隋が滅びて唐が建国されると、再び、朝鮮半島の制圧を開始するが、唐は隋に比べて慎重で、新羅・百済・高句麗の関係を巧みに操り、侵攻の機会を待つ戦略をとった。やがて三国は、新羅と百済・高句麗の連合軍との戦いになり、唐は劣勢となった新羅からの援軍要請を受けいれ、六六〇年に水陸一三万の大軍を動員し、まず、百済を降伏させた。百済は滅亡後も重臣の福信が、大和にいた百済王子の豊璋を王にして百済再興を図ろうとし、これを支援する形で斉明天皇は大軍を朝鮮半島に送ることを約束する。白村江の大敗の三年前である。

天智元年（六六二）、唐・新羅の連合軍に攻撃された高句麗は、大和朝廷に支援要請し、これを受けて援軍を派遣している。翌年の天智二年八月（六六三）には新羅の攻勢を受けた百済王から救援要請を受け、一万余の大軍を渡海させ白村江に向かったが、待ち受けていた唐の水軍に殲滅されるのである。

唐が朝鮮半島に侵攻した頃の大和朝廷は、斉明天皇（在六五五～六六一）がいて、百済王豊璋へ援軍を派遣したのは中大兄皇子（天智天皇）である。斉明天皇は、軍を引き連れて航路で筑紫へ向かい博多に上陸して朝倉宮に陣を構える。倭国の政府が置かれている大宰府には入っていない。その斉明天皇は、七年七月（六六一）に陣中で崩御し、奈良へ引き返して殯《もがり》している。殯とは天皇の葬儀儀礼であるので、公表されれば国全体で喪に服すことになる。斉明天皇の崩御で遠征軍も奈良に帰ったとみてよい。

歴代の天皇で遠征中に崩御した天皇は、斉明天皇の他に仲哀天皇がいる。夫人の神功皇后は、天皇の死を知らせないで殯もせずに、神の啓示に従い熊襲と討伐し、取って返して新羅へ遠征している。異常な事である。唐との決戦は国難と言ってよく、異常な事態であったのだが、中大兄皇子は神功皇后のように、まずは眼前の事態を打開する行動をとっていない。

斉明天皇が崩御すると、皇太子であった中大兄皇子は、すぐに政務を代行し、大和から長津宮（博多大津）に移り、百済救援の指揮を執ったという。斉明七年八月、中大兄皇子は援軍を前軍と後軍に分けそれぞれ将軍を任じて百済に送るが、再度、大和から遠征軍を率いてきたという記事がない。さらに、海外遠征の大軍を調達するのであるから、倭国の中枢が関わらねばならないが、大宰府に中大兄皇子は入府していないのである。それでは、百済に援軍を送った主体は誰か、倭王以外にいない。

2　倭国の滅亡

滅亡の契機

倭国の遣唐使は、六五四年で途絶えるが、以降の外交事情を日本書紀から追ってみる。唐は、六六三年八月に白村江で倭国軍を大敗させ、翌月七日には百済を州柔城で滅亡させた後、占領軍を駐留させる。天智三年五月（六六四）、占領軍司令官の劉仁願《りゅうじんがん》は郭務悰《かくむそう》らを遣わし上表文を、直接、大和朝廷へ出向いて手渡したことのように記載している。次の年の天智四年九月二〇日には、劉徳高《りゅうとくこう》ら二五〇人が唐高宗の上表文を持って筑紫に上陸し、二二日に都督府へ参上した。同年一〇月一一日には奈良菟道《うじ》で盛大な閲兵に臨んでいる。

一見、特段の疑問は生じないような事績の連なりに見えるが、百済占領軍の使者と唐からの使者が時をおかずして大和朝廷へ訪問した理由はなにか。倭国は、白村江で大敗を喫したが降伏はしていない。倭王の王朝は継続している。そうであれば、占領軍の使者や唐の使者が、上表文を持って倭国ではなく大和朝廷に行くことはあり得ない。

この疑問に応える視点がある。「泰山《たいざん》の召集」である。

高宗皇帝は、麟徳三年正月（六六六）に泰山に封禅の儀をあげようと天下に命を発し、前年の六六五年には新羅・百済・耽羅《たんら》・倭人ら四国の使者が泰山に向かった。「封禅」とは、四方の蛮夷の諸王を統治する古の天子の儀であり、中華王朝の天子が行う祭りである。劉徳高は、倭国を正式に召集するため、この詔を記した上表文を携えて、筑紫の都督府を訪問して泰山に集まることを命じ、その後に大和朝廷へ向かったのである。六六五年、高宗は洛陽から泰山へ向かうが、その行列に従った蛮夷諸国の中に倭国が加わっていたことが冊府元亀にある（古田武彦二〇一〇）。

この指摘を踏まえ、前後の流れを整理してみる。「泰山の召集」は、白村江の大敗により百済王豊璋《ほうしょう》は高句麗へ逃げて百済は降伏し、倭国の遠征軍が撤退した後すぐのことである。この時、唐と倭国とはまだ交戦状態であるので、天智三年五月（六六四）の百済の占領軍劉仁願が筑紫都督府へ郭務悰を遣わしたのは、唐皇帝の使者が行くので、無用な手出しをしないように、予め釘をさしたと推察できる。

天智四年（六六五）、高宗皇帝の上表文を持った劉徳高が向かう先は、日本列島の王がいる筑紫の都督府であり、そこで、倭王に「泰山の召集」を命じた。それが九月二〇～二三日の出来事である。劉徳高らは、上表を終えて、筑紫を出発してから二〇日後に大和で盛大な歓迎を受けたのであるから、至急に移動している。何故、劉徳高らは急いで奈良へ向かったのか。諸説あるが斉明五年（六五九）の太宗皇帝の前で倭国の使者と争う事件を起こしたことで大和朝廷の存在に関心を持ったこと、唐の東アジア政策に大和朝廷が必要であったこと等ということなのだろう。

「泰山の召集」は、唐が支配する諸国の全てを集めこれを天子が統治宣言する儀式であり、高宗皇帝は召集した蛮夷の諸王・諸州の使者たちの前で唐の圧倒的な強さを示すとともに、百済・倭国は制圧された東夷の国として晒し、唐の力を天下に知らしめたのである。唐の諸州や四方蛮夷の諸王の使者の前で、百済と倭国の両国は、唐に従わなかったことを罪としてこの地で厳しく問いただされたのであろう。

「泰山の召集」の後、倭国の国際的な評価は急落し、東夷の盟主を掲げることなどできなくなった、と言ってよい。当然、倭王の権威は失墜し、倭の五王以来、他国との戦争による人的損失や経済的な疲弊が一挙に噴出し、倭国の弱体化と連動していったことは、想像に難くない。

滅亡の時

日本書紀によれば、白村江の戦いの後の天智六年一一月（六六七）に、百済の占領軍司令官は、捕虜になった坂合部石積《さかいべのいわつみ》らを筑紫都督府へ送って倭国を牽制し、天智八年（六六九）に唐から郭務悰ら二〇〇〇人を上陸させた。天智一〇年十一月（六七一）には、こんどは白村江の戦いで捕虜になった筑紫君薩野馬《つくしのきみさちやま》を前面に立て、唐から二〇〇〇人が上陸してくる。

唐は、降伏した諸国の王を長安に連れ帰り再教育し、征服地の改革がすんでから故地へ送り返し支配する羈縻《きび》支配《しはい》による冊法《さくほう》体制という外交政策を用いており、薩野馬の帰還も同様な背景がある、とする説がある。そうであれば、倭国は継続していくはずであるが、それは歴史の事実と相異する。

天智八年と天智一一年に上陸した唐軍は規模が同じなので、同一であると解釈することもできるが、捕虜を自軍の前面に出して敵を牽制するやり方は、中華王朝や朝鮮半島で行われてきた戦いの常套手段であり、それが形を変えてやってきていること、年次が三年ズレていること等を考慮すれば二回に分けて上陸したとするのが妥当である。二回目の内訳は唐の使人四〇〇人と送使一四〇〇人であると日本書紀は記しているが、送使は武器を装備した護衛兵であるので、軍事的作戦を実施した可能性が高い。しかし、唐が北部九州へ侵攻し倭国と戦闘したという記録はなく二回の派遣軍が何を目的としていたのか、日本書紀は語ってくれない。

唐が朝鮮半島に侵攻してきた六四五年には任那は既に滅亡しており、倭国は朝鮮半島の覇権闘争の当事者には含まれていない。とは言え、百済と同盟国であったのだから、敗退側の責任は負わされたのは間違いない。百済が降伏してから五年経って上陸してきたのは、白村江の戦いで勝利したが、高句麗討伐が完了しておらず、軍を二方面に分散させることはリスクが大きいと考えてのことだろう。

唐が朝鮮半島で一応の作戦を終えた後、次に白村江の戦いで一万人の兵を渡海させた国へ攻撃するのに、総勢二〇〇〇余人は派遣軍の規模としては小さすぎる。この派遣軍が筑紫に駐留していたとして、三年後に二〇〇〇人を上陸させても四〇〇〇人余りである。軍事力によって制圧する気はなかった。唐軍は、要塞化している筑紫へは容易には上陸できないと踏んで、捕虜を前面に出し、唐の遣いとそれを護衛する兵に制限し交戦を避けたのは、戦闘状態を終結させ戦後処理を協議する意図を持っていたからに違いない。

一回目の派遣軍は、倭王との協議がうまくいかず、戦後処理が決裂した。それでも、唐軍の総攻撃とならなかったのは、唐皇帝の慎重さによるのかもしれない。二回目の派遣軍で唐が連行してきた筑紫君薩野馬は、日本書紀の字面を追うだけでは倭国側を牽制する人質（捕虜）として連行してきた中の一人という記事にしか見えないが、白村江の戦いで救援軍を直接指揮した倭王とする説が多くある。

筑紫君の「君」は、中華王朝・朝鮮の王朝でみられ王や皇族につけられていた称号で、大和朝廷では開化天皇（在一二一〜一五一：一年歴）の皇裔に多く与えられ、地方の大豪族の首長にもいたとする説が支持されている。日本書紀の磐井《いわい》の乱（五二七）では、「首領の筑紫磐井が物部麁鹿火《もののべのあらかい》に切られ、その子の筑紫君葛子《くずこ》は罪を逃れるため屯倉《みやけ》を献上した。」との一節がある。磐井は筑紫の王であるので「君」の称号がついてよいのだが、そうではなく皇子についている。

王の磐井が切られた後ですぐに葛子が即位したから、ではないだろう。「君」は皇子それも皇太子につく称号と考えるべきである。一方、古事記の継体紀には「竺紫君石井」とあり、葛子の屯倉については記載がない。日本書紀は、反乱の首領をより強調するため「君」の称号をあえて削除した、とすると地方豪族にある「君」は首領を含め皇子たちにもつけられていた称号なのだろう。同じ「君」の用法をここに適用すると、筑紫君薩野馬は倭王の皇子である。何故なら、薩野馬が倭王であるならば、白村江で捕因された時点で倭国は滅亡したことになるからである。

朝鮮半島の覇権闘争では、倭王は百済救援には失敗したが、国として敗れたわけではなく、唐に降伏する理由がない。倭王は大宰府にいたのである。戦う意思は十分あったはずで、天智三年（六六六）に水城を強化し天智四年（六六七）には都督府を囲むように大野城・椽城《きいじょう》を新たに築造しているのは、首都防衛戦に備えたことの物証であり、命じたのはほかでもない倭王である。

こうしてみると、唐は大軍をもって渡海し戦うことのリスク、倭軍の徹底抗戦による自軍の消耗を避けるために、倭国と講和に持ち込もうとしたのではなかろうか。そのため、まず捕虜を返還して倭王を牽制し、その後、最小限の兵をもって上陸し、武装解除を要求したのだろう。

もちろん、百済に駐屯している唐の占領軍一三万人は強烈な恫喝となっていたはずである。しかし、倭王は降伏しなかった。唐は、一計を案じ、捕虜の筑紫君薩野馬を人質として、一回目と同規模の兵たちとともに上陸させ、倭王に降伏を迫り、ついに都督府を開城させたのであろう。

戦争の勝者は、敗戦国に占領軍を送り進駐させて占領政策を実施し、二度と反攻できないように、徹底的に破壊するのが常である。例えば、古代ローマは、前二六四〜前二〇一年の第一次、第二次のポエニ戦役でカルタゴと死闘を繰り広げ、第二次ポエニ戦役ではハンニバルがアルプス越えによる奇襲攻撃を敢行し、各地でローマ軍を破り首都ローマ近郊まで攻め進み、ローマ人を追い詰めたことであまりに有名である。ローマ軍は、前二〇二年にハンニバル軍に勝利しカルタゴと一度講和するが、戦いは継続し前一四六年にローマ軍はカルタゴ全市を征服する。降伏を拒否した市民は奴隷にされ、カルタゴは城壁も神殿も家も市場も全て破壊され、平らに敷きならされ、一面に塩がまかれたという（塩野七生一九九五）。唐の占領政策は、ローマ軍の徹底さはないだろうが、降伏したとなれば武装解除し首都を破壊することで国の中枢機能を停止させ、王室を解体して、確実に滅亡させたはずである。

3　日本国の登場

倭国と近畿王朝の激突

日本書紀では、倭国と大和朝廷の日本国（近畿王朝）とは同じ国であるとしているので、倭国と近畿王朝が戦った事績はあるはずがない。しかし、西と東の王朝が争った事績はある。筑紫国造磐井が命令に従わないので、継体二一年八月（五二七）に大和朝廷は筑紫へ大軍を送り、翌継体二二年一一月（五二八）、激闘の末に磐井を斬った、とする「磐井の反乱」である。鎮圧にあたった継体天皇（在五〇七～五三一）は、物部麁鹿火に、「長門より東は自分が治めるので、筑紫より西はお前が統治せよ。」と命じている。この記事から、大和朝廷の支配区域は、近畿・中国までで、九州・四国は倭国の直轄地域であったと読める。磐井の反乱は地方豪族の武装蜂起で、これを鎮圧した継体天皇の力を見せつけた筋立てなのである。しかし、筑紫は倭国の中心地域であるから、「磐井の反乱」とは倭国と大和朝廷の戦いであることは誰が見ても明らかで、倭国併合の契機になったと連想させる。

戦いの発端は、継体二一年八月に新羅が奪い取った任那の南加羅・喙己を奪還するため大和朝廷が新羅討伐軍を派遣しようとしたが、磐井が途中で阻止したことに始まる。磐井は既に肥前・肥後・豊前・豊後を支配下において、対馬海峡の海路を遮断していたと言うのである。継体紀にある磐井の支配区域を図示すると、なるほどそのように見える（図8－4）。新羅へは、唐津から隠岐、対馬を経て南加羅へ上陸する渡海ルートがとられるが、仮に岡水門（遠賀川河口付近）から沖ノ島、対馬を経て南加羅へ上陸するルートをとったとしても、豊前を抑えられれば大いに支障が出るのは明らかである。

しかし、それは大和朝廷が主体とした軍事行動との前提で見た理解であり、この時代は倭国があってその中心が大宰府（都督府）なのだから、磐井にかかわらず大宰府の許可がなければ、大和朝廷が新羅討伐のための派遣軍など送れないのである。即ち、外交の主体は倭王であり、新羅への派遣は倭王が命じたものなのである。その視点で磐井の支配区域を見ると筑前が入っ

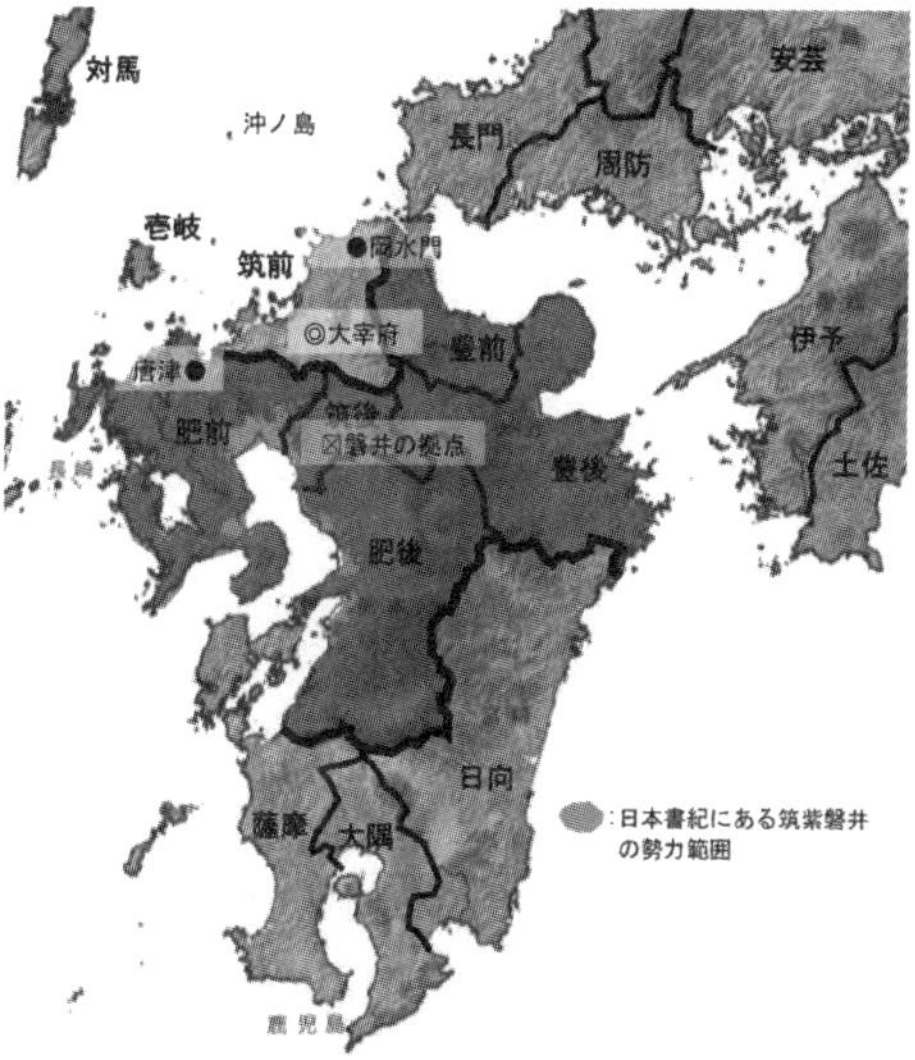

図8-4　筑紫君磐井の支配区域

ていないことに気づく。筑前は、倭国が創建された時代の直轄区域であり、糸島王朝の流れを組む王が支配してきた伝統の地でもある。磐井の支配区域は、これを囲むように広がっている。

倭国は、朝鮮半島の覇権闘争において任那を国境として戦ってきた。闘争末期では、百済と連携し両国の国益に応じた外交（軍事含む）を目指してきたように見えるほど、交流が盛んであった。日本書紀にみる百済との外交は、大和朝廷は百済からの仏教・儒教など新思想や新技術を重要視し、四県割譲の政治判断あったとする説があるが、あくまでの大和朝廷側から見た判断であり、倭国に置き換えるとそうは見えない。国力が増した新羅の侵略によって任那が蚕食の一途を辿る中で、交流頻度が多かった百済と同盟的な関係をつくらざるを得なかったのではなかろうか。大宰府の指導者は百済を選択したが、磐井は新羅に傾倒した戦略をとったのであるから、朝鮮半島の対応について倭国内では意見が二分していたことになる。その対立構造は、図8－4に示した両者の支配区域に現れて

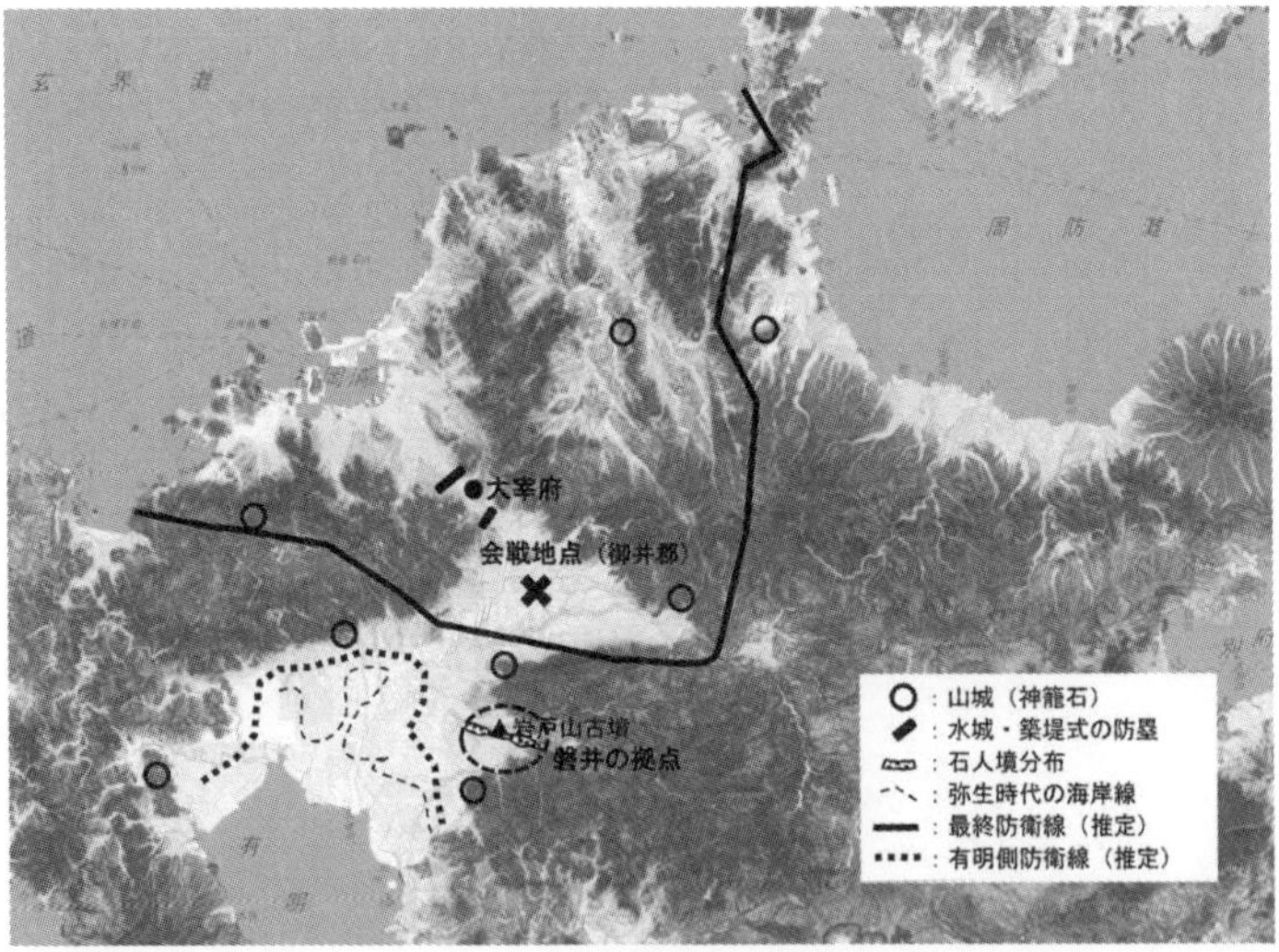

注：弥生時代の海岸線は「北部九州における縄文海進以降の海岸線と地盤変動傾向」下山正一（1994）第四紀研33によった。また、石人墳分布は「筑紫の石製表飾（石人石馬）と古墳文化」柳沢一男（1994）記念講演会を参考として図示したもの。

図8-5　6世紀初めの大宰府を守る防衛線と磐井の拠点

いるのである。そうすると、次の仮説が見えてくる。

倭の五王は糸島の王の系譜を紡いできた王朝で、多くの倭人を失い国力を消耗させながらも朝鮮半島の国域を確固たるものにしてきた。その後、三〇年を経ずして、百済への四県割譲や新羅の侵略によって倭国の国境が狭められていくことは、外交の失敗以外の何ものでもなく、これを良しとしない豪族が複数いたはずである。これまでの王朝に不満を持つ豪族を集めた国域が形成され、筑紫磐井がその首長となったのではないか。「磐井の反乱」が政治的・社会的に倭国を大きく揺るがしたのであれば、日本書紀にその痕跡が残っているはずで、関係する事績や背景を整理し、掘り起こしてみる。

筑紫には神籠石《こうごいし》と呼ばれる石を積んだ山城が点在している。山城は、山頂付近に渓流を挟んだ両斜面を１ｍ程度の矩形に成型した石を数段重ねて囲んだもので、実際には積石を押さえとして木柵をつくり、城壁としていたようだ。日本書紀には神籠石が築造された記事がなく、年代はわかっていないが、朝鮮式山城と言われる大野城・椽城より古い時代であることは確かである。いずれにしても、重要拠点（大宰府）を守護するのに有効な地形的要件を満たしていた場所にあった、と考えてよい。山城は、山地の稜線を城郭と見立て、点と線で構成する古来の防衛方式であることを考慮すれば、筑紫の防衛線を推定することができ、その中心に水城を城壁とする大宰府がある（図８－５）。この防衛線は、筑前の行政区界とほぼ重なっており、磐井といえども破れなかったのだろう。

八女市には、石人墳《せきじんふん》が東西に帯のように分布している。石人墳とは凝灰岩を削った人型の石像を副葬した墳墓のことである。この地域は、幾世代にもわたる墓域と考えられており、一一基の前方後円墳が一大古墳群を形成している。その中にある岩戸山古墳（前方後円墳）が磐井の墳墓であると比定されている。岩戸山古墳からは石人の他に石馬・石鶏・石猪・石盾・石壺・石刀などが出土し、他の墳墓を圧倒している。磐井は、八女市一帯を拠点としていたと考えてよい。磐井は、支配区域の大きさからみて大王であるが、石人・石馬を副葬する独自の文化を持つ地域を拠点としているのであるから、糸島王朝の系譜から遠い。

日本書紀の継体紀の巻末に、天皇の崩御年を継体二五年（五三一）としているが、これは百済本記によったもので、「ある本」では天皇は二八年（五三四）に崩御した、との注記がある。

其文云「太歳辛亥三月　軍進至于安羅　營乞乇城　是月　高麗弑其王安　又聞　日本天皇及太子皇子　倶崩薨（百済本記逸文）

〈その文が言うのには「二十五年三月。進軍して安羅に至り、乞乇白を造った。この月高麗はその王の安を殺した。また聞くところによると、日本の天皇及び皇太子・皇子皆死んでしまったと〉

「薨御《こうぎょ》」とは、「親王・女院・摂政・関白・大臣などの死去すること」という意味の言葉で、天皇の死去は、「崩御」と記される。日本書紀では、天皇の死去を「崩」と記し「崩御」とは書かれていない。その使用法からみると百済本記の「崩薨」は天皇と皇太子らの死去にかかる言葉なのだろう。この「日本の天皇及び皇太子・皇子」とは、誰を指し示しているのか諸説ある。そもそも、継体天皇には勾大兄皇子《まがりのおおえのみこ》（安閑天皇）、檜隈高田皇子《ひのくまのたかたのみこ》（宣化天皇）他、合わせて八人の皇子がいるが、全てが死んだという記事はなく、日本書紀と百済本記とは一致していないのである。このことについて、古田は次のように解いている。

継体天皇の逝去年は、安閑天皇が即位したのが元年（五三四）であるから、「ある本」の継体二十八年が正しい。百済本記を採用するのであれば、継体紀では実際の事績を三年遅らせて編纂しなければ、辻褄があわなくなる。磐井の死の年次は三年遅らせると継体二十五年（五三一）となり、百済本記にある天皇と皇太子らの「崩薨」と一致する。百済本紀は、磐井の死のことを指し示している。（古田武彦二〇一〇）

天皇とは国王のことであり、筑紫磐井を天皇というのであれば倭王ということである。磐井は、自らに賛同する豪族（諸国の王）を背景として、伝統の糸島王朝系譜から王権を奪い取ることに成功し、王朝を構えたのだろう。既存の王朝に対して反旗を翻す豪族が多数くいたとすれば、国内は不安定となり社会秩序が乱れ、さらに、政権が交代すれば内外の政治政策は逆転する。この時代に朝鮮半島の任那が蚕食され滅亡に至る事実は、政治的な混乱による結果なのである。しかし、磐井の政権は長くは続かず、大きな勢力が現れ激闘の末に破れ、一族は死に絶えたのである。

日本書紀の「磐井の乱」をそのまま読み通せば、大和から物部麁鹿火が率いる遠征軍が磐井の影響下にない筑前へ船で向かい、まずは博多湾に上陸し、大宰府を通過して御井郡で会戦となったことになる。しかし、九州が大和朝廷の支配下になっていないのであるから、博多湾の上陸戦から始まり、大宰府の防衛線を破り、水城と険阻な山地で構成される城郭に囲まれている大宰府を制圧し、それから磐井と決戦するのである。倭国は大軍を渡海させて戦えるだけの軍事力と高い戦闘能力を持つ兵を有しているのであるから、大和朝廷の遠征軍がそうやすやすと前線を突破できるとは思えない。長期の攻防戦が予想され、日本書紀にあるような一年で終了するような軍事行動ではあり得ない。また、「磐井の乱」から約六〇年後、隋へ遣いを送っている多利思北孤は倭王であるから、倭国はその後も続いている。したがって、大きな勢力とは、大和朝廷ではない。再び結集した糸島王朝を系譜とする王しかいない。

会戦が行われた御井郡は、大宰府と八女の間にある平地である（図8－5参照）。両軍の拠点と地形的な関係から見て、会戦前、大宰府には糸島王朝に関係が深い豪族で構成される軍がいて、八女に磐井軍がいた。磐井軍は大挙して進軍し、大宰府の防衛線を破るが、御井郡あたりで両軍がぶつかり激闘となったと推定でき、日本書紀の情景に合致する。

「磐井の乱」は、日本書紀編纂時点から約一五〇年前に実在した倭国の内乱であり、風土記などで、鮮明な記憶として語り継がれている。この事実は容易に無視できないので、日本書紀では西にいた豪族の反乱に仕立て上げ、大和朝廷の力の成果として正史に織り込んだのであろう。

日本国の成立

七世紀前半の日本列島には、筑紫にいる伝統の倭王と近畿一帯を支配下においた大和朝廷が奈良橿原にあった。大和朝廷は倭王に対して不思議と従順で、近畿王朝の国力が大きくなっても王権を取って代わるような行動をした気配がない。新しい王が既存の王から王権が移るとすれば、戦いの勝者となるのが歴史の必然であるが、大和朝廷への王権移行は簡単ではないようだ。

倭国が消滅した理由について日本書紀の事績から導き出される結果は、漢民族の東方支配が西晋の滅亡によって完全に消滅し、朝鮮半島の覇権闘争が始まって以降、倭国は戦いに明け暮れ大いに消耗したが国力は回復せず、白村江の大敗による人的・物質的な損失が致命的となり、その後、唐に降伏した、ということである。

唐は筑紫都督府に占領軍を送り、天智一〇年（六七一）に倭王と都督府を消滅させるが、大和朝廷には手を出していない。もちろん、大和朝廷が支配する近畿王朝は倭国の数ある国の一つであり、国の中枢が機能しなくなれば倭国が崩壊し、唐の管理下に置かれることになる。唐が完全に倭国を再起不能とするのであれば、筑紫都督府を上回る国力を持つ大和朝廷も解体の対象になったはずであるが、逆に王権委譲を認めたのは何故なのだろう。

少し、時代を振り返ってみる。唐太宗は遼東・朝鮮を支配下に置くため、六四五年最初に高句麗を攻める。高句麗は強く、度々の攻撃を退け唐は攻めあぐねた。そこで、唐は作戦を変更して遼東から朝鮮半島の支配に乗り出す。新羅と連合して六六〇年に百済を滅亡させ、六六三年に倭国を白村江で破り、再興した百済を完全に滅亡させた。この勝利の余勢を駆り六六八年、平壌城を陥落させて高句麗を滅亡させる。ここまでは唐は侵攻作戦を成功させているが、六七八年新羅は唐軍を朝鮮半島から追い出し統一新羅を建国し、唐は朝鮮半島支配が失敗するのである。

倭国が白村江で大敗を喫した時点では高句麗は健在で、まして新羅とは連合しているのであるから、唐の遼東・朝鮮の支配は見えていなかった。その中で、倭国の中枢部のみに占領軍を送り戦後処理を行っているのは、大和朝廷を存続させて支配下に置き、高句麗・新羅に対する圧力として、日本列島を唐の東の砦にすると考えたふしがある。これを大和朝廷は察知したのではないか。その証拠が旧唐書に見られる。

日本国が中華王朝の正史に初めて登場するのが旧唐書であり、特に、日本国条冒頭の節の解釈については喧々囂々であることはよく知られている。

日本國者　倭國之別種也　以其國在日邊　故以日本為名　或曰　倭國自惡其名不雅
改為日本　或云　日本舊小國　併倭國之地　其人入朝者　多自矜大　不以實對
故中國疑焉（旧唐書日本国条）

〈日本国は、倭国の別種（別の国）である。その国は日の出の所にあるので、日本と名づけた。あるいは言う「倭国は自らその名が雅でないことを嫌い、日本に改めた」と。あるいは「日本は昔、小国だったが倭国の地を併せた」とも言っている。その国の使者が宮殿に参上した時は、その多くは自国が広大であると自慢し、事実をもって対応しない。したがって、唐は（彼らの主張に）疑念をもっている〉

「日本國者　倭國之別種也（日本国は、倭国の別種なり）」は、断定の物言いであり唐側の認識なのである。ところが、唐側は日本国の使者が「国が日の出るところにあるから日本国にした、とか、倭国が自ら日本国と名称を変更した、とか、日本国が倭国を併合した」などと言っていてどうもよくわからない、と日本国の言い分に疑いを呈しているのである。唐は、白村江の戦いの直後に、劉徳高を奈良大和に差し向けて大和朝廷を現地で調査しているので、国号改称の経緯を知っているはずである。それにもかかわらず国号変更の疑問を問いただそうとしているのは、確かに不可思議なことである。

この件について、大和朝廷は倭国から王権が移り新政権となったが外交も引き継いでいるため、白村江の戦いの戦後処理などで唐と間接的に対立する関係にあり、外交上この国名問題を避けようと四苦八苦した結果という説がある（井上秀雄二〇〇四）。この分析と唐が行った占領政策を重ねてみると、前述の「疑問の問い」が形になる。

大和朝廷は、倭国に代わって日本国を独立国としたいと考えており、戦後処理で唐の方針にかなう従属（属国）を迫られてはかなわない。唐と正式（独立国）な国交を結ぶためには、唐が事前に行う国情調査で倭国の責任を取らされないように、国号問題を何としてもクリヤーしなければならない。唐側としても、外交上優位に立とうとし日本の弱点をついてくる。この時の切羽つまった状況が、唐側と大和朝廷の使者たちとの問答となったのであり、日本国と倭国は別の政権であるということを疑問視しているのではない。

日本国と倭国が同じ国であると主張する我が国の歴史学界には、あまり意味のないことかもしれないが、原文からみて明らかに違う国であると唐はとらえている。そしてまた、日本書紀の事績を追跡してもこの結果に行き着くのである。

大宝二年（七〇二年）、文武天皇は粟田真人《あわたのまひと》を執節使（大使より上位）として唐に派遣し、七〇三年、真人は則天武后に司膳卿を授けられた。日本国の遣唐使が唐の官位を授与されるのであるから、その遣いを出した日本国も唐から独立国家として承認されたことを意味する。ここで初めて国際国家となったのである。

おわりに

日本列島には倭国と日本国があった。最初に倭国が成立しその後大和朝廷が王権を継承し日本国となり、その延長線上に現在の日本がある。

前漢の成立は、始皇帝が創設した皇帝が官僚を組織して国を治めるという仕組を踏襲しながらも、儒教という天子の思想を動力として政治を動かす中央集権体制で国を治めるカタチを具体的に示すことになった。

倭人は前漢より前から往来していた形跡があるので、中華王朝の変遷をつぶさに見てきたと考えてよい。倭人は前漢とほぼ同じ時代に倭王が出て倭国を創出させたが、その後も繰り返し朝貢を行ってきた。余程漢王朝に感化されたのか、倭の五王は漢風の名を使い、漢風の政治体制や都市整備を取り入れるなど、漢王朝を敬い、慕っていた。それは、漢が滅びその系譜をひく陳王朝が滅亡するまで、漢王朝を護る東の壁を自認していたのである。倭王は、漢の完全な消滅を見て、自らを東の天子と自称するようになる。

確かに漢を正統な中華王朝と認め、消滅した時点で独自の道を歩むのは一見すると正当性があるが、歴代中華王朝の外交の基本である中華思想を全く無視するのであれば、対立を招くのは必定である。倭王多利思北孤の上表文が隋煬帝を怒らせたのは、中華王朝の礼を逸したこと

のみならず、漢王朝より格下と見ていることを感じ取ったからに違いない。このことが隋・唐との対立を生み、白村江での大敗を契機として滅亡へと追い立てられたのではなかろうか。

倭国が滅亡した時代の奈良大和には、神武天皇が開いた大和朝廷が、天皇を頂点とした近畿王朝を成立させていた。神武東征が行われた前一三〇年頃は、糸島の王たちが北部九州の各地へ遠征していた時代であり、東征は近畿に居住する東鯷人の征服が目的であったに違いない。倭人の遠征は、常に王が遠征軍の先頭に立って戦闘を指揮していた。

既に記したが、倭の五王の上表文にある「昔より祖先は自ら甲冑を着け、山川を跋渉し、安らかに暮す暇なし」の一節でそれがわかる。遠征の主力は、北部九州の制圧に向かい、もう一つは近畿へ向かったのである。神武天皇は近畿討伐の使命を帯びていたのであるから、王族の系譜にいた人物と考えてよいであろう。

そして奈良橿原に拠点を構築した神武天皇を始祖として、その直系を王に頂く大和朝廷が生まれた。大和朝廷は、奈良盆地の地場豪族を取り込みながら支配地域を拡大し、さらに盆地内の開発整備に乗り出す。四世紀初頭、大和朝廷は倭王と呼応して東鯷人と戦い近畿を完全な支配下に置いてから、河内平野の大規模な開発に着手した。その結果、農業生産量が増大しそれに伴い人口が増え、各種産業が活発となったが、奈良大和は近畿と北陸・東海を結ぶ交通の要衝に近接していることもあって大いに発展し、筑紫と並ぶ大都市圏が形成されるに至る。隋・唐の時代まで、日本列島の国名は倭国で倭王が主権を有していたが、滅亡後大乱に至らず王権

が大和朝廷へ移行できたのは、近畿王朝が筑紫に都を置く倭王と同規模かそれ以上の国力と影響圏を有していたからであろう。

近畿王朝がそれほど充実した国となったのは、天皇を頂点とした官僚体制が整っていたからではないか。この視点に立つと聖徳太子の出現が重要な意味を持つ。聖徳太子は、天皇を頂点とした中央集権体制の構築を目指した、とするのが現在の評価であるが、最高権力者と制度による強制だけでは政権が長く続かないのは始皇帝の例を見れば理解できる。中央集権体制とは階層化した組織によって、皇帝の命令が滞りなく最下層の人民に届く行政機構なのであるから、組織の一つ一つが確実に連動していかねばならない。そのためには組織を動かす「動力」(思想)が必要なのである。

前漢では、その「動力」として儒教が採用され組織の隅々に行きわたったが、その後の中華王朝は、皇帝が入れ替わっても体制・組織はそのまま継承されるという易姓革命が繰り返されてきた。現在でも体制の名が変わったが本質は変わっていないように見える。

聖徳太子の中央集権構想には、儒教の影響が全くない。聖徳太子は自ら策定した憲法十七条を「動力」としたのである。憲法十七条は、世界最古の憲法と評されているが、内容は官吏の心構えを具体化したものであり、いわゆる成文憲法というものではない。しかし、この時代の新思想であった仏教の教えを前面に出して、なすべきこと、やってはいけないことを書き記すことで組織の秩序と方向を明確にしたのは、画期的と言える。それは、次代の天智天皇と天武

天皇によって構築された律令制度（大宝律令）の設計思想にも継承されたに違いなく、倭国滅亡後、日本は中華王朝の直接の影響から離れ、自らの文化を創造していくことができたのではなかろうか。

我が国では、日本国が奈良大和で創建されて以来、一系の系譜（王室）を背景とする天皇を頂点とした歴史ある国であるとの認識が定着している。だから倭国の存在がわかったところで、社会的影響などないと考える人が殆どであろう。

だが、考えてみていただきたい、日本には少なくとも文化が異なる二つの民族がいて、大陸の思想・文化・新技術の流入や軍事的圧迫を受けつつ、独自の文化を共有できる国を創造したのは簡単なことではない。辛苦と犠牲の歴史の中、列島を国家として形づくった倭国を礎として、一系の大王（天皇）を選択できたことにより、日本人と日本国の同一化が生まれたのである。この事実を日本人は十分に理解しておかねばならないのではないか。

敗戦後、進駐軍の徹底した占領政策によって日本人は同一化を見事に失い、民族意識も殆ど消えそうに見えるが、精神の基層には民族固有のアイデンティティーが流れていると感じている。戦後の民主主義教育を乗り越え、日本人の誇りを取り戻すには日本の歴史を直視するのが最も効果的であり、特に、批判的な古代史を正確に知ることは重要かつ急務である。

しかしながら、最近の歴史学・考古学は大いに進化しているが、歴史の事実がいっこう繋がらないので、自信を持って日本を語れないのが現状ではなかろうか。事実を伝える歴史資料が

少ないからといって仔細で思考を停止するのではなく、まずは、紛れのない大きな歴史の流れを押さえることが肝要ではないか、と考える次第である。

【主要参考文献】

・中華王朝の正史＝漢書地理志燕地・呉地、三国志魏志倭人伝、後漢書東夷伝、宋書倭国伝、隋書俀国伝、旧唐書倭国条・日本国条
・日本書紀、古事記　（底本は「日本古典文学大系」による。）
・宇治谷武二〇一四「全現代語訳　日本書紀　上下」講談社学術文庫
・次田真幸二〇一一「古事記　（上）（中）（下）　全訳注」講談社学術文庫
・三木太郎一九七八「中国正史倭（倭国・倭人）伝の資料系統について」北海道駒澤大学研究紀要
・「常設展示図録」　糸島市立伊都国歴史博物館二〇一一
・原田大六一九六六「実在した神話」学生社
・古田武彦二〇一〇「失われた九州王朝」ミネルヴァ書房
・古田武彦二〇一〇「邪馬台国はなかった」ミネルヴァ書房
・奥野正男一九九一「鉄の古代史　弥生時代」白水社
・片山一道二〇一五「骨が語る日本人の歴史」ちくま新書
・藤尾慎一郎二〇二一「日本の先史時代」中公新書
・渡邊義浩二〇一九「漢帝国-400年の興亡」中公新書

・落合淳思二〇一五「殷-中国最古の王朝」中公新書
・井上秀雄二〇〇四「古代朝鮮」講談社学術文庫
・塩野七生二〇〇二「ローマ人の物語　ハンニバル戦記」新潮文庫
・小室直樹一九九七「悪の民主主義」青春出版社
・藤尾慎一郎一九八八「九州の甕棺」国立歴史民俗博物館研究報告第21集
・中村大介二〇一六「支石墓の多様性と交流」長崎県埋蔵文化センター研究紀要第6号
・岡村秀典一九八四「前漢鏡の編年と様式」京都大学学術情報リポジトリ
・岡村秀典一九九三「後漢鏡の編年」国立歴史民族博物館学術情報リポジトリ
・岡村秀典二〇一一「後漢鏡における准派と呉派」東方学報京都第87冊
・新井宏二〇〇七「鉛同位体比から見た三角縁神獣鏡」シンポジウム東アジアの鏡文化
・新井宏二〇一二「平原鏡から三角縁神獣鏡へ」季刊邪馬台国
・齋藤努、他二〇〇八「鉛同位体比分析による古代朝鮮半島・日本出土青銅器などの原料産地と流通に関する研究」考古学と自然科学　日本文化財科学会誌
・馬淵久雄二〇〇七「鉛同位体比による青銅器研究の30年」考古学と自然科学　日本文化財科学会誌
・馬淵久雄二〇一四「漢式鏡に含まれる錫の産地について」日本文化財科学会誌
・吉田広　二〇一四「弥生青銅器祭祀の展開と特質」国立民族博物館研究報告第185集

・市原実　一九七五「大阪層群と大阪平野」アーバンクボタNO.11
・市原実、梶山彦太郎一九八六「沖積平野の地質」地学雑誌97－7
・前田保夫二〇二三「海面の変化と海岸線の復元」神戸の自然シリーズ4　六甲の森と大阪湾の誕生
・下山正一一九九四「北部九州における縄文海進以降の海岸線と地盤変動景行」第四紀研究33
・三田村宗樹、橋本真由子二〇〇四「ボーリングデータベースからみた大阪平野難波累層基底砂礫の分布」第四紀研究43
・武田一郎二〇二一「日本の沿岸における湾口砂州と砂嘴の分布」奈良大学地理Vol.127

著者プロフィール

星 幸三（ほし こうぞう）

1951年新潟県生まれ
1975年東洋大学土木工学科卒業
卒業後、建設コンサルタンツ会社に入社
河川の治水・利水計画及び構造物設計に従事
技術士（建設部門）

最初に倭国があった

2024年 5 月15日　初版第 1 刷発行

著　者　星 幸三
発行者　瓜谷 綱延
発行所　株式会社文芸社
〒160-0022 東京都新宿区新宿1－10－1
電話 03-5369-3060（代表）
03-5369-2299（販売）

印刷所　株式会社エーヴィスシステムズ

ISBN978-4-286-24985-8